UNIVERSITÉ DE LILLE — FACULTÉ DE DROIT

DE LA

CAPACITÉ JURIDIQUE

DES

ASSOCIATIONS

FORMÉES SANS BUT LUCRATIF

ET

NON RECONNUES D'UTILITÉ PUBLIQUE

ÉTUDE D'HISTOIRE, DE JURISPRUDENCE ET DE LÉGISLATION

SUR LES FORMES INFÉRIEURES DE LA PERSONNALITÉ MORALE

THÈSE POUR LE DOCTORAT EN DROIT

PAR

Jules ÉPINAY

AVOCAT

LAURÉAT DE LA FACULTÉ (MÉDAILLE D'OR DE DOCTORAT)

PARIS

LIBRAIRIE NOUVELLE DE DROIT ET DE JURISPRUDENCE

ARTHUR ROUSSEAU

ÉDITEUR

14, rue Soufflot et rue Toullier, 13

1897

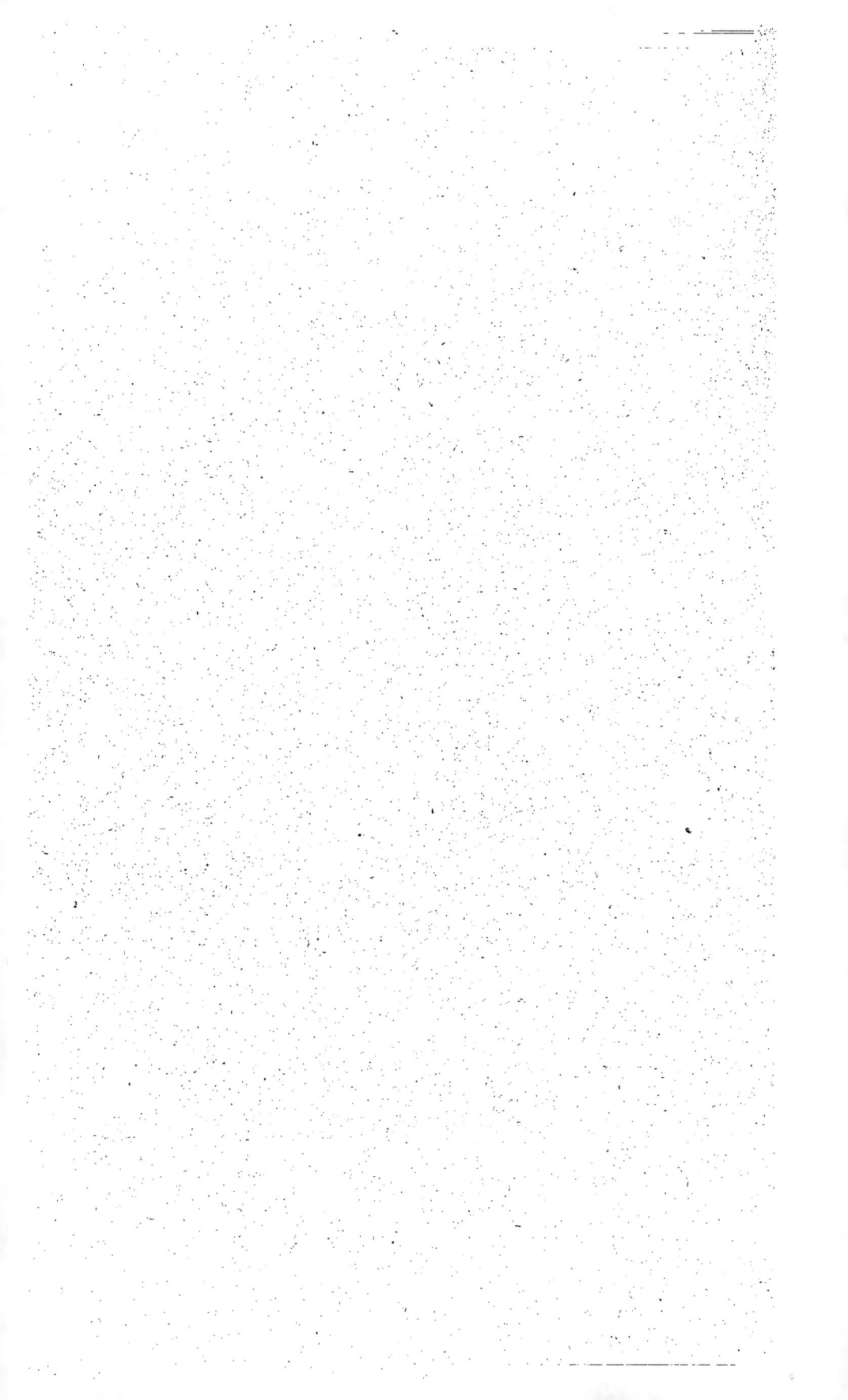

THÈSE

POUR LE DOCTORAT EN DROIT

FACULTÉ DE DROIT. — UNIVERSITÉ DE LILLE

MM. VALLAS, doyen, O.I. ✿.	Professeur de droit civil et de législation et économie industrielles (Doctorat politique).
FÉDER, O.I. ✿.	Professeur de droit civil.
GARÇON, O.I. ✿.	Professeur de droit criminel et d'histoire du droit public français Doctorat politique).
LACOUR, O.I. ✿.	Prof. de droit comm. et maritime.
BOURGUIN, O.I. ✿.	Prof. de droit admin., principes du droit public et droit constit. comparé, et chargé du cours d'Economie politique (Licence).
MOUCHET, O.I. ✿.	Professeur de droit romain.
JACQUEY, O.A. ✿.	Prof. d'Hist. du droit (Licence), droit intern. privé, droit intern. public, et législ. et écon. rurales.
WAHL, O.A.✿✿.	Prof. de proc. civ., voies d'exécut., législ. française des finances et science financière.
JACQUELIN, agrégé,	Chargé du cours de droit adminis. (Licence). Droit admin. approf. Doct., et droit const. (1re année).
PELTIER, agrégé.	Chargé du cours d'Hist. du droit (1re année) et Hist. du droit français (Doctorat juridique).
COLLINET, agrégé.	Chargé du cours de droit romain et Pandectes.
DUBOIS	Chargé du cours d'écon. politique et hist. des doctrines économiques (Doctorat politique).
MARGAT	Chargé du cours de droit civil.

Administration.

MM. VALLAS, doyen, O.I. ✿.
SANSON, secrétaire, O.A. ✿.

Doyens honoraires.

MM. DRUMEL, ✶, O.I. ✿. Sénateur des Ardennes.
DE FOLLEVILLE, O.I. ✿. Député de la Seine-Inférieure.

SUFFRAGANTS :

MM. BOURGUIN, *professeur. Président de la Thèse.*
GARÇON, *professeur.*
JACQUELIN, *professeur agrégé.*

UNIVERSITÉ DE LILLE — FACULTÉ DE DROIT

DE LA
CAPACITÉ JURIDIQUE

DES

ASSOCIATIONS

FORMÉES SANS BUT LUCRATIF

ET

NON RECONNUES D'UTILITÉ PUBLIQUE

ÉTUDE D'HISTOIRE, DE JURISPRUDENCE ET DE LÉGISLATION

SUR LES FORMES INFÉRIEURES DE LA PERSONNALITÉ MORALE

THÈSE POUR LE DOCTORAT EN DROIT

Soutenue le jeudi, 4 février 1897 devant la Faculté de Lille

PAR

Jules ÉPINAY

AVOCAT

LAURÉAT DE LA FACULTÉ (MÉDAILLE D'OR DE DOCTORAT)

PARIS

LIBRAIRIE NOUVELLE DE DROIT ET DE JURISPRUDENCE

ARTHUR ROUSSEAU

ÉDITEUR

14, rue Soufflot et rue Toullier, 13

1897

PRÉFACE

La question de la liberté et de la capacité des associations désintéressées est, à l'heure actuelle, plus que jamais à l'ordre du jour. Partout dans les livres, les discours, les journaux, et les discussions politiques et économiques on reconnaît et on proclame l'erreur des juristes qui, pendant tout le cours de l'histoire du droit consacrèrent avec un singulier esprit de suite leur vie et leur talent à ruiner les sociétés et les associations et à préparer l'apothéose moderne de l'État. Les hommes, après avoir abattu les vieilles murailles gothiques qui les séparaient, à ce qu'ils croyaient, de la lumière et de la liberté, se prennent aujourd'hui à soupirer après ce qu'ils ont détruit ! L'association, à les entendre, serait le remède souverainement bienfaisant, qui apaisera le trouble profond, dont la société se sent agitée. En Grèce, dit-on, les Athéniens avaient élevé des autels au Dieu inconnu. Chez nous, l'association semble tenir la place de cette divinité symbolique et mystérieuse qu'adorait la démocratie de l'Attique et elle bénéficie de cette recherche ardente et anxieuse des améliorations législatives qui caractérise l'époque où nous vivons.

Elle constitue de plus en plus une de ces quelques solutions simples et nettes qui, au dire de leurs partisans, mettraient fin à la question sociale.

Les penseurs l'exaltent sans en chercher les conséquences et sans en pressentir les effets. Au milieu de leurs apologies et de leurs enthousiasmes ils ne songent pas au lendemain et ne se souviennent pas des enseignements de la veille. Ils se laissent attirer par le charme de perspectives aussi tentantes qu'incertaines !

Un mouvement quelconque, dans nos états modernes, s'oriente toujours vers une réforme législative. Les individus, se sentant isolés malgré leur liberté solennellement proclamée par les Codes et les Constitutions, se sont adressés tout d'abord à l'Etat et aux Chambres. Jusqu'ici leurs pétitions et leurs sollicitations n'ont abouti qu'à des modifications de détail et à des concessions de peu d'importance. Entre la pesante machine administrative perfectionnée par un siècle d'usage et les citoyens : il n'existe encore en France que peu de corps indépendants et autonomes. Les projets présentés aux Chambres n'ont pu réussir à triompher de la résistance douce mais obstinée que leur opposent les principes de notre législation impériale. Les uns après les autres ils ont dû à la suite de discussions plus ou moins académiques, rentrer dans les cartons de nos assemblées délibérantes où ils dorment d'un calme sommeil que rien ne semble vouloir interrompre. Les moindres modifications au Code civil attendent quelquefois un quart de siècle pour être votées : faut-il dès lors s'étonner de la longue station qu'on impose aux propositions de lois sur les associations ?

Beaucoup de juristes se laissent aller au découragement en face de ces lenteurs. Nous ne comprenons ni leur conduite ni leurs regrets. Pourquoi s'obstinent-ils à frapper à une porte qui ne s'ouvre pas ? Que ne s'adressent-ils au contraire à la jurisprudence dont c'est le rôle et l'honneur de construire avec les matériaux qu'elle peut glaner çà et là dans les lois et règlements, les théories que la Codification, forcément limitée à l'horizon étroit de son époque, n'avait point soupçonnées? Une législation n'est pas une formule morte et un recueil immuable de textes pétrifiés. Elle doit vivre et marcher avec le milieu social, sous peine de manquer à son but et à sa mission !

Quand on parle de l'association, on a le grand tort de faire table rase de tout ce qui existe et de croire nécessaire un remaniement de fond en comble des institutions actuellement en vigueur.

Il y a là une grande erreur. On oublie trop en raisonnant ainsi que la jurisprudence administrative et judiciaire n'est plus aujourd'hui ce qu'elle était autrefois, et qu'elle aussi tente de donner droit de cité à l'association auparavant méconnue. Jusqu'à ces dernières années, la doctrine paraissait ignorer ces efforts de la jurisprudence. Des ouvrages nouveaux parus récemment en France et en Belgique ont enfin compris qu'il fallait s'adresser au juge aussi bien qu'au législateur. Ils ont montré une voie nouvelle que l'on suivra désormais après eux.

Ce livre sera consacré à l'examen de ces tendances originales. Il essaiera de démêler la théorie inconsciente ou vaguement pressentie qui flotte dans l'atmosphère des prétoires de justice, et qui n'attend que des occasions favorables pour s'éclaircir et se préciser.

S'appuyant sur l'esprit traditionnel de notre droit, tel que l'ont modelé de longs siècles d'histoire consacrés à l'élaboration progressive de l'État un et centralisé que nous connaissons aujourd'hui, il essaiera de prouver que le développement de la jurisprudence suffit à nous donner ce que nous réclamons vainement du parlement et des législateurs.

Bref, dans cette étude, au lieu de faire de l'association une panacée sociale et une personne juridique pleinement capable, nous lui reconnaîtrons les seuls droits que sa nature comporte et que son but exige. Ainsi limitée et circonscrite, la société désintéréssée peut, si nos idées triomphent un jour, servir à la fois à l'État et au citoyen et remplacer leur antinomie menaçante du temps présent par une neutralité bienveillante.

Tel est l'objet de cet ouvrage. On lui pardonnera ses imperfections en présence de la difficulté de la question. On voudra bien se souvenir en outre qu'à part les livres de MM. Vareilles-Sommières (1) et Van den Heuvel (2), la

---

(1) Comte DE VAREILLES-SOMMIÈRES. *Le contrat d'association et la loi*. Paris, 1893.

(2) VAN DEN HEUVEL. *Situation juridique des associations sans but lucratif*. Bruxelles et Paris, 2º édit. 1881.

nature juridique de l'association sans but lucratif a été
jusqu'ici passée sous silence par la doctrine. Puisse cette
rareté des œuvres théoriques nous servir d'excuse et de
justification !

INTRODUCTION

La Révolution dans sa lutte violente, contre la France
du passé brisa toutes les corporation et toutes les associations, où jusqu'alors pourtant s'était conservée la liberté,
pour ne placer en face de l'état centralisé et souverain,
qu'une poussière d'individus. Jamais plus ouvertement
ne triompha le rationalisme abstrait mis à la mode par le
Contrat social. Au lieu des groupes sociaux remuants et
indépendants de l'ancien régime, les montagnards ne
virent plus avec un satisfaction profonde, que des mona-
des individuelles, définitivement égales et libres.

Les âges d'or de l'Association avaient vécu. Dans sa
reconstruction géométrique et classique de la France e
1800, le premier consul se garda bien de laisser revivre
les corps supprimés par la Révolution : leur poussée
désordonnée et souvent inattendue aurait dérangé la
pureté des lignes et la simplicité toute romaine de l'édifice
administratif où il enfermait alors la France ! Le Code
pénal, en son fameux article 291, porta à l'association le
coup de grâce. Les bureaux des préfectures devenaient
souverains appréciateurs de l'opportunité et de l'utilité
des associations. Sans cette estampille administrative au-

cun groupement désintéressé désormais ne peut vivre. Et encore ne confère-t-elle qu'une existence précaire et étroitement resserrée dans un cadre rigide, par les principes du droit civil.

A cette législation les divers gouvernements qui se succédèrent en notre pays n'apportèrent que des changements accessoires et des modifications de détail. Au milieu de notre société instable, inquiète de son avenir, et frémissante d'une fièvre de réformes, elle subsiste inattaquée.

L'esprit public semble pourtant s'en éloigner de plus en plus. A mesure que s'efface dans la mémoire des hommes le souvenir de l'oppressive tyrannie des corps et des groupes de notre passé, beaucoup de philosophes et de juristes n'en parlent plus qu'avec des regrets émus. Vers 1820, notre siècle a retrouvé et recompris les cathédrales gothiques, aujourd'hui il se reprend à aimer ces antiques corporations qui firent la vie des humbles plus unie et plus heureuse au sein de ces grandes familles industrielles qu'elles formaient ! La division en provinces, les confréries et corporations, les chapitres et les ghildes trouvent à l'heure actuelle plus d'admirateurs qu'elles n'en eurent jamais, même au moyen âge !

Avec les associations corporatives nous avons infiniment perdu, dit-on partout dans les livres de Science sociale.

On déplore avec une éloquence attendrie leur disparition. Aux faibles, répète-t-on sans cesse, elles assuraient une protection et un appui, au travail industriel elles fai-

saient obtenir une équitable rémunération. Les fêtes magnifiques qu'elles donnaient aux jours de chomage mettaient un peu de pittoresque et d'idéal dans l'existence monotone et grise du travailleur. A tous les points de vue donc
il les faut regretter !

A entendre ces lyriques apologies d'un passé bien mort,
on se pénètre de cette vérité d'expérience, que rien ne
vaut tant que le recul pour faire apprécier une institution ! Le malheur est que les contemporains ne partageaient
pas nos enthousiasmes. Les groupes où l'on murait alors
leur vie les faisaient tellement souffrir qu'ils n'en aperçe-
vaient point les beautés. Et puis ces théories modernes
semblent plutôt exercices d'esprit ou de style qu'œuvres
vraiment pratiques. A l'heure actuelle personne ne voudrait plus de ces corps autonomes et tout puissants. Sans
doute ils présentaient des avantages, mais sous le faix
opprimant d'une réglementation insupportable, l'individu
ne voyait que ses souffrances et oubliait les services
rendus.

Une institution d'ailleurs, une fois détruite, ne revit
point dans un stage social suivant. Ce qu'elle contenait de
détails heureux et de conceptions utiles passe tout simplement dans l'institution nouvelle et transformée qui lui
succède.

Quant à la forme surannée de l'institution disparue, elle
reste presque toujours dans un abandon complet, et malgré leurs efforts, les auteurs d'ouvrages d'archéologie juridique ne peuvent la tirer de l'oubli !

Un courant plus puissant se dessine contre la législation impériale dans le camp de ceux qui s'occupent des questions ouvrières. La liberté du travail avait rendu, même jointe à la liberté de coalition, l'ouvrier assez faible devant le patron auquel son capital permet la plupart du temps d'attendre et de réduire ainsi les résistances des salariés. Beaucoup d'économistes ont cherché et ont cru trouver dans l'association un remède contre cette situation. De ce mouvement est née la loi du 21 mars 1884 sur les Syndicats professionnels qui, pour une des premières fois depuis 1810, reconnaît largement, mais à certains individus seuls, et dans un but déterminé, la faculté de s'associer. L'expérience d'ailleurs a été plutôt décourageante, et sauf en matière agricole, les associations ainsi créées se sont efforcées autant d'encadrer certain parti politique et de faire prévaloir certaines conceptions sociales que de réaliser quelque chose de pratique et d'utile. En dehors de l'industrie, la législation de l'association n'a pas bougé. Les écrivains qui prônent le retour au passé, eux-mêmes, ont beaucoup plus visé l'industrie que les autres parties du vaste domaine de l'association. Néanmoins, il y a actuellement, on ne peut le nier, direction et tendance vers un réveil de l'association.

Par malheur, toutes ces aspirations, aussitôt que formées, se heurtent infailliblement à notre législation impériale. On l'a compris. Et comme en notre pays les réformes législatives demandent presque toujours un demi-siècle pour devenir des réalités, on a essayé de faire dire aux textes du Code civil le contraire de ce qu'on leur faisait dire auparavant. Les textes et les principes habilement et subtilement interprétés n'ont pu que céder, non sans résistance toutefois, à la douce violence dont ils étaient l'objet.

Et maintenant à la fois en France et en Belgique, beaucoup de jurisconsultes marchant sur les traces de MM. Van den Heuvel et de Vareilles-Sommières, les auteurs de ces généreuses tentatives, proclament les mérites trop longtemps méconnus du Code civil et le disent très favorable aux associations, contrairement à ce que la sociologie et l'histoire donnaient à penser. Il nous faudra juger ces théories juridiques d'une originalité séduisante et d'une logique pressante qui, au rebours d'une longue tradition, reconnaissent à l'Association, pleine et entière liberté, dans son existence et dans sa capacité, jusque-là bornées de tous côtés par une théorie d'une sévérité inflexible. D'autre part, en Allemagne, des systèmes chez nous très peu connus, et faisant appel à toutes les ressources de la métaphysique nationale, ont atteint à peu près les mêmes résultats, mais d'une manière que nous croyons plus scientifique. Avant d'entrer dans le vif de cette bataille de théories et de systèmes, force nous est de préciser avec le plus de soin possible le sujet que nous avons choisi et d'en faire en quelque sorte le tour pour en donner le plan ou le schème et comme la vue panoramique.

Tout d'abord il est bien évident que nous ne nous occuperons nullement des sociétés civiles et commerciales.

Elles ne soulèvent point de difficultés politiques et sociales et tout le monde s'accorde à en proclamer l'impérieuse nécessité économique. Ce que nous avons à étudier, ce sont les sociétés, non point comme les précédentes régies par l'article 1832 du Code civil et ayant la répartition des bénéfices réalisés dans une commune entreprise comme but essentiel, mais celles au contraire créées en vue de satisfaire à des aspirations d'un ordre plus élevé. En un mot, c'est ce que les Anglais appellent les associations « not for profit » et notre doctrine les associations sans but lucratif, qu'il nous faut examiner dans ce travail.

De pareilles sociétés se proposent pour fin la diffusion de la science ou de la religion, la vie en commun sous une règle spirituelle, la propagation de certaines idées littéraires ou artistiques, ou même le plaisir et l'agrément de leurs membres. Le rôle qu'elles jouent est des plus importants. Elles permettent d'accomplir de fort grandes choses. Depuis le couvent monastique où l'esprit de sacrifice s'exalte tellement qu'il arrive à l'ascétisme et aux plus hautes formes du dévouement et de la piété, jusqu'à l'humble cercle où les ouvriers viennent passer leurs jours de repos et de fêtes ; elles sont animées d'un même esprit de charité et de solidarité et elles s'efforcent de remplir une mission de pacification et d'union. Dans les pays qui nous environnent, l'État les encourage et les honore. Notre législation fait exception à ce concert presque unanime. Pour elle, une association désintéressée a toujours été non e œuvre utile qu'il faut aider, mais un suspect que la haute police doit surveiller.

Ces associations, si peu favorisées par nos lois, constituent le sujet de l'étude juridique qui va suivre. Tâchons de bien poser et de nettement délimiter le problème à résoudre.

Vis-à-vis de nos associations une question préliminaire se pose tout d'abord. Sont-elles douées de vie ? Ont-elles une existence légale ? Cette controverse difficile et très discutée de Droit administratif, nous ne nous en occuperons point. La capacité juridique des associations sans but lucratif nous retiendra seule. Mais il importe néanmoins d'esquisser à grands traits les solutions généralement admises en cette matière, d'un intérêt fondamental. Tout de suite faisons-le, en nous réservant au demeurant, d'y revenir par la suite. La clarté de la discussion exige absolument d'ailleurs cet examen préalable.

On le sait, la légalité des associations est subordonnée de par notre Code pénal à la nécessité d'une autorisation administrative, quand le nombre de leurs membres dépasse vingt personnes. La plupart des auteurs déclarent cette législation non applicable aux congrégations religieuses. Et en effet le Code pénal, modifié par la loi de 1834, semble ne viser dans sa terminologie que les sociétés composées de laïques, qui de temps en temps se réunissent dans un même local, où ils n'ont nullement leur domicile commun. Bref, il ne paraît s'occuper que des sociétés temporelles et pas du tout des congrégations religieuses. Bien plus l'article 291 du Code pénal ajoute que dans le nombre fatidique de vingt ne sont pas compris les membres domiciliés au siège des réunions sociales. Or, tous les membres d'une congrégation habitent généralement dans la maison où se réunit l'association. On peut donc dire que la loi, à en juger par ses expressions et son esprit, ne vise que des individus ayant des domiciles séparés et non point des individus dont le domicile particulier se confond avec le local de la société.

Les motifs du Code pénal de 1810 et la discussion de la loi de 1834 confirment cette interprétation. La législation préoccupée alors uniquement de l'agitation des clubs ne pensait pas aux associations de l'ordre religieux (1). Il entendait les laisser sous l'empire du droit commun contenu dans la loi de 1825 sur les congrégations religieuses de femmes et rappelé avec beaucoup de bruit en 1827 par la pétition de M. de Montlosier contre les jésuites.

Bref, l'article 291 ne s'inquiète pas du tout de la vie en commun des congrégations religieuses, consacrée à des œuvres de charité et d'assistance ou à la contemplation

(1) Reconnaissons toutefois que le garde des sceaux, M. Persil, fit une déclaration assez ambiguë sur les associations religieuses. d'où il paraît que l'article 291 leur est applicable. Ses paroles sont tellement confuses qu'elles ont eu la fortune rare de servir à la fois d'argument aux partisans et aux adversaires des Congrégations.

Nous n'insisterons pas sur elles parce qu'elles semblent en effet confondre le droit de réunion et le droit d'association en matière religieuse.

D'ailleurs, cette déclaration de M. Persil fut la seule allusion faite à la situation des communautés religieuses. Ce qui montre bien qu'on ne songeait nullement alors à réformer leur condition juridique.

mystique de l'au-delà. Seulement ces associations tombent
sous l'action d'autres dispositions législatives. Les décrets de messidor de l'an XII et ceux de 1880 (1) en effet
les déclarent dissoutes et illicites : quand elles ne se sont
point fait reconnaître. De sorte qu'elles n'échappent à l'article 291 et à l'obligation de l'agrément administratif que
pour se voir proclamer illicites et dissoutes. C'est dire
qu'en présence de ces textes excessivement restrictifs et
de l'esprit hostile de la législation, les Congrégations non
reconnues ne peuvent mener qu'une vie incertaine et précaire toujours à la merci d'un réveil de la défiance, un
moment endormie, de l'autorité administrative. Retenons
ces prohibitions, nous aurons dans tout le cours de cette
étude à nous en souvenir fréquemment ; elles se peuvent
résumer ainsi : pour les Congrégations, point de situation
intermédiaire entre la concession de personnalité et le
non être, rien que la reconnaissance et tous ses privilèges ou la vie en marge de la loi, tolérée la plupart du
temps, mais quelquefois brusquement anéantie dans les pé-

(1) Les décrets de messidor an XII et de 1880 sont les plus connus,
mais il y a d'autres dispositions législatives contre les associations
religieuses. Citons la loi de 1790 qui supprime les ordres et congrégations à vœux solennels, la loi de 1792 qui anéantit toute vie monacale,
la loi du 18 germinal an X art. 11 par *a contrario*, et enfin la loi de
1825 sur les congrégations reconnues de femmes d'où découle clairement l'incapacité absolue, des congrégations de femmes non reconnues, loi dont nous aurons à parler plus loin avec quelques détails.
Tous ces textes réunis imposent, comme on le voit, la distinction de
l'association laïque et de l'association religieuse. Ils sont trop importants pour qu'on les néglige délibérement.

riodes d'hostilité qui d'ailleurs sont assez rares ; l'État pré-
férant à des luttes sans victoires, une paix armée avec des
lois fiscales très sévères pour arrêter la mainmorte et son
essor.

Au contraire, les associations laïques jouissent d'une
condition juridique intermédiaire entre l'attribution de la
personnalité et l'existence de fait simplement tolérée.
Cette condition, au surplus, à en croire la doctrine, ne vaut
guère mieux que celle des communautés religieuses non
reconnues. Faisons-en l'esquisse à grands traits. Aussi
bien ne sera-ce pas long, puisque l'autorisation préfectorale obtenue ne permet, paraît-il, que la réunion à certaines dates fixes. On le prétend au moins. Si la malheureuse association veut se prouver à elle-même son existence, en vendant, en achetant, en passant un contrat, ou
en estant en justice, elle ne fait que s'agiter dans le
vide. Car le droit civil s'empresse d'ajouter aux rigueurs
du Code pénal la sanction de ses nullités. Et il entoure
l'association d'un cercle d'incapacités qui, appliquées à la
lettre, tueraient rapidement toute association libre. —
Heureusement la pratique se montre un peu plus large
que les théoriciens, et elle laisse aux sociétés désintéressées une légère capacité qui leur donne la possibilité,
non pas de vivre à leur aise, dans le plein épanouissement de la liberté, mais de vivre au jour le jour, ce qui
est déjà beaucoup. Que si l'on oppose à la doctrine le
sombre tableau que nous venons de tracer, elle répond,
comme les rédacteurs du Code pénal, avec une tranquille

assurance que l'association n'à qu'à se faire reconnaître d'utilité publique, et qu'alors elle aura toute la capacité qu'il lui faut. Pourquoi, insiste-t-elle, toutes ces plaintes assidues ! elles sont oiseuses ! le gouvernement autorisera toutes les associations licites, il ne refusera l'estampille qu'à celles qui seront véritablement dangereuses. Le plaisant raisonnement vraiment! Outre que l'on peut douter du libéralisme gouvernemental dans un pays comme le nôtre, où sont si ardentes les luttes politiques, la reconnaissance d'utilité publique offre-t-elle tant d'avantages ? Grâce à elle, en réalité, on échange tout simplement une indépendance tolérée contre une dépendance avouée et reconnue, des freins d'or contre des rênes flottantes !

Cela ressemble de près à la fable du loup et du chien. Beaucoup d'individus aimeront mieux une liberté précaire que le collier dont parle le fabuliste. En effet, l'association d'utilité publique doit d'abord de par la loi, soumettre à l'approbation de l'administration tous les dons et legs qu'elle reçoit (art. 910 du Code civil). Là ne s'arrêtent pas dans le fait ses allégeances. Elle a des statuts approuvés par l'autorité administrative. Ceux ci prévoient minutieusement les aliénations, les acquisitions, les contrats essentiels, les procès, etc., et font dépendre le tout d'une autorisation en bonne et due forme. Sous ce tissu de règlementations sans fin, l'association perd toute initiative et se lasse d'agir et d'exister. Elle mène une vie morne et désolée et ne cherche ni à se développer ni à s'accroître.

Le moyen qu'il en soit autrement ! La société, comme

l'individu, a besoin de liberté. Sans ce ressort puissant,
la volonté commune qui l'anime défaille et se meurt.

Ces considérations expliquent pourquoi, en France, il
y a si peu d'associations par comparaison avec les pays
voisins. Les citoyens qui ont à opter entre les incertitudes
d'une vie condamnée par la doctrine juridique ou les dé-
primantes entraves de la personnification, dans le doute
s'abstiennent. Peut-on décemment les en blâmer ? Le seul
moyen de relever en France l'esprit de groupement ce serait, non pas de multiplier les déclarations d'utilité publique, mais de proclamer la liberté pour toutes les sociétés désintéressées. Elle seule rendrait des effets salutaires.
Indépendants dans leurs associations, les individus appren-
draient à gérer les affaires communes, et comme toute
liberté se double de responsabilité, cette gestion leur
donnerait cette gravité, cette tournure pratique d'esprit qui
distinguent surtout les associations anglo-saxonnes et que
notre réglementation à outrance se charge chez nous
d'anéantir le plus rapidement du monde.

Nous connaissons maintenant le sujet exact de cette
étude. Elle se propose d'examiner les deux derniers degrés
de capacité que peuvent avoir les associations, la tolérance et l'habilitation de police. Laissant en dehors de
notre plan les associations reconnues d'utilité publique,
qui forment le troisième degré, le troisième type d'association, nous rechercherons donc la nature et les caractères
des deux espèces de capacité dont nous avons à nous préoccuper. Comme nous le verrons, cette nature et ces carac-

tères ne sont pas ce que pense généralement la doctrine.

Une fois que nous les aurons déterminés avec précision, il nous faudra les mettre aux prises avec les différentes situations où dans la vie juridique s'affirme et s'exerce une capacité. Autrement dit nous ferons alors jouer le mécanisme dont nous aurons auparavant indiqué le type et trouvé les lois. Successivement nous examinerons les procès et les actions en justice, les libéralités, les acquisitions à titre onéreux, en un mot tous les actes juridiques qui s'imposent à un être capable de droits et susceptible d'obligations.

Ainsi circonscrit et délimité, le sujet que nous avons à traiter apparaît avec clarté. Il est donc bien entendu que nous n'examinerons pas la question de l'existence des associations, mais celle de leur capacité juridique. La règlementation administrative influe toutefois, et il n'en saurait aller autrement, sur la position même du problème. Différente pour l'association laïque et l'association religieuse, elle nous dicte la *summa divisio* du plan que nous comptons suivre.

Nous basant sur cette divergence profonde fortement accusée, dans les lois et la jurisprudence, entre l'association laïque et l'association religieuse, voici comment nous croyons devoir diviser cette étude. D'abord dans une partie générale et exclusivement théorique, nous nous demanderons quelle est la capacité de l'association prise en elle-même, en son essence, et non en chacune de ses manifestations.

Pour ce, nous commencerons par retracer la filiation historique de nos associations actuelles. Nous les verrons se développer à Rome sous la protection de mœurs plus fortes que
les restrictions des lois, s'épanouir dans notre moyen âge
avec une puissance singulière qu'explique l'enthousiasme
religieux de ces siècles de foi, puis jusqu'à l'œuvre napoléonienne perdre pied à pied tous leurs privilèges et enfin, avec
le Code pénal, devenir ces groupements languissants qu'essaient aujourd'hui de réveiller les économistes et les sociologues. Après cette introduction historique capitale
pour l'intelligence du sujet, viendront des chapitres consacrés à la revue détaillée des systèmes récents soutenus,
en France, en Belgique et en Allemagne sur la capacité de
l'association sans but lucratif. Malgré les idées neuves et
quelquefois très séduisantes qu'ils ont mises en circulation, nous nous verrons néanmoins contraints et forcés, de
par nos textes administratifs, de faire de l'analyse là où ils
font une simple et harmonieuse synthèse.

Cette analyse des différentes incarnations de l'esprit
d'association et de la capacité à laquelle elles peuvent
prétendre constituera la matière de la deuxième partie de
ce livre. Divisée en deux sections, l'une employée à l'étude
de l'association laïque sans but lucratif et l'autre à celle de
l'association religieuse désintéressée, elle s'efforcera, en
une revue minutieuse de la doctrine et de la jurisprudence,
de formuler les dernières tendances du droit et d'indiquer
vers quel but se dirige sa curieuse évolution. Elle conclura
à l'opposé de la grande majorité des auteurs en reconnais-

sant aux associations sans but lucratif une certaine
forme de capacité qu'elle essaiera de préciser et de dégager des textes et des principes.

Les résultats ainsi obtenus à la suite de l'examen attentif des lois, de la doctrine et de la jurisprudence, une
troisième et dernière partie, les mettra en présence des
lois fiscales récentes, dans lesquelles le législateur semble
avoir soulevé un peu du voile, derrière lequel il se com-
plaisait auparavant à cacher sa pensée ; relativement à la
capacité des associations.

Cette fiscalité nouvelle révèle des tendances vers une
originalité plus grande. Nous les comparerons avec celles
des lois étrangères, dont le plus grand nombre paraît
animé au rebours des nôtres d'un vivifiant esprit de tolérance et de liberté. Tout cela terminé, il ne nous restera
plus qu'à rechercher en parcourant rapidement les projets de loi sur les associations, l'avenir qui leur est réservé,
et enfin à donner nos conclusions. Ce qu'elles seront, d'a-
vance nous pouvons le prévoir. Dès le début de cette
étude, elles se devinent et s'annoncent.

C'est qu'il y a en effet disproportion absolue entre les
quelques avantages accordés maintenant aux associations
et les concessions qu'elles réclament encore ! Un mouvement puissant et presque unanime traverse aujourd'hui
la science politique en faveur de l'association. Cette renaissance de l'esprit de groupement, qui demeurera une des
caractéristiques les plus saillantes de la fin du xix° siècle,
étouffe au milieu des prohibitions de la doctrine.

Pourquoi s'étonner dès lors que nos lois, même interprêtées avec un libéralisme croissant, par les Tribunaux, ne satisfassent plus personne à l'heure actuelle ? Redigées dans un moment de centralisation à outrance, où le prestige d'un gouvernement victorieux faisait oublier la perte des plus précieuses libertés, elles ont la rare vertu de réunir contre elles dans un désir commun de réforme, à peu près tous les jurisconsultes et tous les philosophes.

Dans leur enthousiasme, beaucoup de partisans de l'association vont trop loin toutefois. Ils oublient l'intérêt de l'État pour ne penser qu'aux triomphes des idées qui leur sont chères! Il y a là une faute que nous ne commettrons pas. Nous ne voulons pas plus la mort des sociétés non lucratives que celle de l'Etat. Représentant des intérêts impérissables d'une nation, le pouvoir social ne doit pas disparaître sous la crue désordonnée de groupements autonomes et souverains. Il faut qu'il conserve et sa force et sa prééminence.

Toutes ces raisons nous dicteront nos conclusions finales. Nous plaçant à égale distance de ceux qui ne voient le salut que dans un retour à ces institutions du passé, que l'éloignement pare de la poésie des lointains souvenirs historiques, et en même temps de ceux qui fondent uniquement sur l'avenir la réussite de leurs chimériques espérances, nous chercherons une formule conciliatrice entre les regrets des uns et les rêves utopiques des autres. En un mot, dans tout le cours de cette étude, no·

pousserons et l'exaltation de l'état et celle de l'association.

Notre préoccupation constante sera d'unir ces deux
grandes institutions et de remplacer l'antinomie que l'on
persiste à établir entre elles par un accord commun et
une entente durable !

PLAN DU LIVRE

INTRODUCTION. — Place. — Importance. Délimitation et division
du sujet.

TITRE PREMIER
La capacité de l'as-
sociation en soi.
{ Chap. I. Histoire de la capacité juridique
des associations désintéressées.
Chap. II. Les théories françaises et belges.
Chap. III. Les théories allemandes.

TITRE DEUXIÈME
La capacité de l'as-
sociation dans la
pratique de son
fonctionnement.

Section I. L'as-
sociation laï-
que.
{ Chap. IV. Sa capacité
Chap. V. Son fonc-
tionnement.

Section II. L'as-
sociation reli-
gieuse.
{ Chap. VI. Sa capacité
Chap. VII, Son fonc-
tionnement.

TITRE TROISIÈME
La capacité de l'as-
sociation en légis-
lation, tendances
actuelles, réfor
mes désirables.

Chap. VIII. La législation fiscale.
Chap. IX. La législation étrangère et les
conflits de lois.
Chap. X. Les projets de lois sur la capacité des associations.

Chapitre VI. — CONCLUSION. — Synthèse du livre. — Valeur sociologique de la théorie qu'il adopte.

BIBLIOGRAPHIE

Ouvrages généraux.

AUBRY et RAU. — *Traité de droit civil*, tome I, § 54, pages 185 et 189, anc. édition.

F. LAURENT. — *Principes de droit civil*, tome I, *passim*.

HAURIOU. — *Traité de droit administratif*, *passim*.

DUCROCQ. — *Traité de droit administratif*, *passim*.

BAUDRY, LACANTINERIE et HOUQUES FOURCADE. — *Traité des personnes*, tome I, *passim*.

Répertoire de Dalloz et supplément au dit répertoire.

DALLOZ. — Alphabétique (D.).

SIREY. — Recueil périodique (S.).

Répertoire de Fuzier Herman.

CONRAD. — Handvörterbuch aux mots « *genoss enschaft* et *Vereins und Versammlüngs Freiheit* ».

Articles de Revue.

MONGIN. — *Revue critique*, année 1890, page 697, « Etude sur la situation juridique des Sociétés dénuées de personnalité civile. »

DE VAREILLES-SOMMIÈRES. — *Revue critique*, année 1895, page 314, « Réponse à M. Beudant ».

LACOUR. — *Revue critique*, année 1881, pages 30 et sq.

JANET. — *Revue des Deux-Mondes*. La propriété pendant la Révolution. Nº du 15 septembre 1877.

DARESTE. — La liberté d'association. *Revue des Deux-Mondes* du 15 octobre 1891.

SALEILLES. — *Nouvelle Revue historique du droit*, année 1888. Le domaine public à Rome et son application en matière artistique (*passim*).

CLUNET. — *Journal de Droit international privé*, année 1893, pages 289 et sq., article de M. Lainé sur les personnes morales en Droit international privé.

Année 1894. *Journal des économistes*. Le droit de posséder des associations, article de M. Hubert Valleroux. *Réforme sociale*. n° du 2 mai 1893, La liberté d'association et la loi, article de M. Maurice Vanlaër.

Annales de l'Ecole libre des sciences politiques, article de M. Hulot sur le régime des associations en Suisse.

Bulletin de la Société de législation comparée, tome X, p. 457. — Les Ass. aux États-Unis. Année 1887, article de M. Gérardin, sur les lois politico-ecclésiastiques en Prusse. Année 1893. L'association au Brésil, article de M. Da Souza.

Revue de Lille, études de M. de Vareilles, sur l'impôt sur les bénéfices des congrégations et sur l'accroissement et les congrégations, tirées en brochures à part, chez Pichon (Paris).

Revue du Droit public et de la Science politique, année 1895, article de M. Michou, sur la responsabilité de l'Etat à raison des fautes de ses agents — *passim*.

Monographies.

GIERKE. — Die Genossenschaftstheorie und die Rechtsprechung. Heidelberg 1887, 1 vol.

GIERKE. — Die Genossenschaftstheorie. Geschichte und entwickelung, 3 volumes. Berlin, 1876, 1877 et 1878.

BRINZ. — Pandekten, tome I.

BEKKER. — Pandekten.

GIORGI. — La dottrina delle persone giuridiche o corpi morali. Vol. 1. Parte générale. Firenze 1889.

PIÉBOURG. — Les personnes civiles, extrait de la Revue de législation, 1876, p. 82 et sq. 217 et sq. 485 et sq.

SALEILLES. — Esquisse sur la théorie de l'obligation d'après le projet du Code civil allemand, *passim*.

CHARLES GIDE. — Le droit d'association en matière religieuse.

VAUTHIER. — Thèse d'agrégation de l'Université de Bruxelles sur les personnes morales en droit romain et en droit français. Bruxelles et Paris, 1887.

VAN DEN HEUVEL. — La capacité juridique des associations sans but lucratif. Louvain et Paris, 1881, 2e édit.

COMTE DE VAREILLES-SOMMIÈRES. — Le contrat d'association et la loi, 1993. L'impôt sur les bénéfices des congrégations, 1891. — Le projet de loi contre les associations, 1893. Le Droit d'accroissement et la loi, 1891, et réponse à M. Beudant, 1895.

BEUDANT. — Notes de Dalloz, 1879. 2, 225 et 1880, 1. 145 et 1894, 2, 329.

WAHL. — Notes au recueil de Sirey, années 1890 à 1896 (forment une véritable monographie fiscale du sujet).

PLANIOL. — Note au recueil périodique de Dalloz. 95, 1, 217.

Les autres ouvrages ou articles d'importance secondaire et ne traitant la question qu'indirectement seront cités au cours des chapitres, en note, ou dans le texte.

TITRE PREMIER

THÉORIE GÉNÉRALE DE LA CAPACITÉ JURIDIQUE DE L'ASSOCIATION SANS BUT LUCRATIF

(ÉTUDE HISTORIQUE ET DOCTRINALE)

CHAPITRE I

L'HISTOIRE DE L'ASSOCIATION SANS BUT LUCRATIF

A Rome (1), les associations dont nous nous occupons, remontent à une haute antiquité. La loi des xii Tables permettait en effet les sodalités à condition de ne pas contrevenir aux lois de l'État, et le jurisconsulte Gaius, qui dans le fragment 4 au Digeste, liv. 47, tit. 22, emprunté à son Commentaire sur la loi décemvirale, nous révèle ce détail, recule encore les origines lointaines de ce principe en rapprochant du grec εταιρία le mot sodalité et en attribuant à Solon l'honneur de ce libéralisme vis-à-vis des

---

(1) Sur les associations à Rome on trouve les plus utiles renseignements dans les beaux ouvrages de M. Boissier et surtout dans sa religion romaine (liv. II, p. 266 et s.) et dans son « Afrique romaine ».

associations : il cite d'ailleurs le texte même de cette prétendue loi de Solon. Quoi qu'il en soit de ces reminiscences
historiques, un peu sujettes à caution, et peut être ajoutées
par les compilateurs byzantins, il paraît certain que la loi
des XII tables assurait aux « Sodalités » une pleine liberté.
Qu'entendre au juste que cette expression de Sodalités ?
Sans insister sur son étymologie assez discutée, nous nous
contenterons de dire avec Gaïus, que les Sodales sont les
membres d'un même collège. « *Sodales sunt qui ejusdem
collegii sunt* ».

Ces Sodalités formaient donc des associations. Mais les
textes épigraphiques nous le démontrent, des associations
à destination purement religieuse.

Elles ne possédaient point d'autre local que le temple du
Dieu ou se tenaient leurs réunions et à l'intérieur duquel s'écoulait toute leur vie corporative. A intervalles
fixés par les rites s'assemblait la confrérie religieuse : son
flamen ou prêtre immolait la victime et offrait le sacrifice,
et les sodales, une fois la cérémonie cultuelle terminée,
mangeaient dans un repas commun et solennel, les restes
de l'animal immolé. Ce repas, absolument comme dans
nos sociétés actuelles tenait, une place, plus que prépondérante dans l'esprit des sodales. Au reste la religion
antique se prêtait à cette manière d'envisager les choses et ne voyait dans les gaietés du festin, que l'accessoire obligé du sacrifice. Chaque Dieu avait sa sodalité
chargée d'entretenir son temple et ses autels. L'érection
d'un nouveau temple ou l'introduction à Rome d'un Dieu

étranger entraînait toujours la constitution d'un collège
pour assurer le service du culte et accomplir les céré-
monies imposées par les rites.

Au point de vue de la capacité juridique les textes ne
nous apprennent rien de précis. Sous la République on ne
songea pas à analyser juridiquement la nature des Collèges. Toutefois nous pouvons les suivre dans leur vie de
tous les· jours grâce aux textes littéraires ou épigraphiques
qui nous les montrent contractant sans aucune entraves et
jouissant de tous les dehors de l'entière capacité (1).
Comment expliquer ces faits à une époque où la Personnalité civile se pressent, se désire plutôt qu'elle ne s'accuse
encore et où l'on se sert d'un raisonnement si naïf pour
légitimer dans l'adrogation de l'impubère l'intervention
du *servus publicus populi romani*? M. Saleilles dans la
Nouvelle Revue historique du Droit, année 1888, article sur
le domaine public, à Rome (2), émet à ce sujet une con-
jecture séduisante que nous croyons devoir adopter. Pour
lui, l'esprit peu rompu aux analyses savantes des juristes
de la République, rattache la capacité au Dieu dont le

---

(1) Il faut dire aussi que le patrimoine des collèges religieux participait probablement à l'indisponibilité qui frappait en droit sacré les
biens affectés au culte. A Rome, les frais de la religion étaient à la
charge de l'Etat.

Les legs et les donations pieuses restaient en dehors du commerce
et ne devenaient la propriété, ni du temple, ni des prêtres. Toutes ces
circonstances durent retarder considérablement la formation des théories juridiques sur la personnalité. Elles expliquent les longs et insen-
sibles progrès que le droit fit sur ce point pendant la République.

(2) Page 556. Note 1.

culte a fait naître le collège et que les croyances antiques
personnifiaient sans effort. La divinité au service de
laquelle se voue la sodalité lui donne la capacité que sans
cela l'agrégation des sodales ne saurait posséder. Et comme
les dieux dont les lois autorisent le culte sont des donataires par destination, vers lesquels convergent de toutes
parts les libéralités et les offrandes, le collège qui les sert
recevra comme eux, non pas seulement à titre onéreux,
mais encore et surtout à titre gratuit. En somme ces confréries religieuses nous présentent une collection d'hommes
qui, dans les idées alors admises, ne pouvait prétendre
à aucune capacité collective, mais que le Dieu dont ils se
constituent les zélés serviteurs transforme en personne
morale, en *corpus*. L'analyse juridique ne cherche pas à
approfondir cette notion qui lui donne la conscience populaire : elle ne voit que le Dieu, personnalité à durée sans
fin, derrière lequel disparaît l'agrégation des sodales. Il
incarne en lui l'association, et, en face de cette personnalité divine, on ne songe pas à se poser sous une forme
scientifique le problème de la personnalité morale.

L'association à l'époque de la République n'épuisa pas
son effort avec les seules sodalités. D'autres collèges se
multiplièrent à l'envi. Et ces collèges se proposèrent une
infinité de buts souvent très étrangers à la religion. Le
mot sodalité finit par perdre son sens propre et par dési-
gner toute association. Le pouvoir tolérait cet essor des
groupements entre citoyens. Il n'intervenait que pour prohiber les réunions nocturnes ou clandestines. Tous ces

corps prenaient pour patron une divinité protectrice, en l'honneur de laquelle ils sacrifiaient et organisaient des repas communs. Et probablement l'être surnaturel dont ils perpétuaient l'existence leur donna à eux aussi la personnification civile. Le Dieu, que les associés prenaient pour patron, ici, comme pour les sodalités primitives leur permit de se développer et d'agir sans exciter de controverses. La personnification sortit des idées religieuses avec une entière spontanéité. Et nous ne trouvons pas dans ce premier effort des juristes la fiction que l'on s'obstine à attribuer au droit romain, mais une réalité bien vivante : un Dieu qui protège un collège et dont la personnalité une et sans fin confère aux associés réunis tous les droits des êtres physiques (1).

Vers la fin du vii⁰ siècle de la fondation de Rome ces

---

(1) Il est à remarquer que cette première notion de la personnalité morale, dérivée en droite ligne des mythes religieux, va subsister jusqu'au définitif avènement du christianisme. Le droit romain, quand après l'établissement du principat, il chercha à se faire une idée de la personnalité de l'État auparavant confuse et vague, la rattacha au culte du prince. A Rome, l'empereur était un dieu dont on adorait la statue et dont on béatifiait la mémoire. Le droit public romain se servit de ces si curieuses croyances et il appuya la personnalité de l'état sur la personnalité divinisée du prince. De là vint l'habitude qui persista longtemps dans notre histoire de confondre le patrimoine de l'État et celui du prince, et d'attribuer au souverain un domaine éminent sur les terres de son peuple. La longue durée de ces idées pourtant fort irrationnelles s'explique par la notion mystique que se firent les romains de la personnalité morale. Toujours elle constitua pour eux un ensemble de biens et d'individus, consacré au culte d'une divinité, qui en revanche lui prête le secours de sa personnalité permanente et immortelle.

groupements, de religieux devinrent politiques. Des *collegia sodalitia* ou *compitalicia* se formèrent et leur action
corruptrice des élections amena des séditions, des émeutes de tout le bas peuple de Rome, que les agitations politiques faisaient sortir de ses petites chambrettes au haut
des maisons. Un instant le Sénat supprima les collèges,
mais rétablis par Clodius, ils jouèrent un rôle, qui fut
grand, dans les troubles d'alors, jusqu'à l'avènement d'Auguste. César les avait prohibés pendant sa dictature.
Auguste suivit son exemple. Il ne laissa subsister que les
collegia sodalitia des 12 tables, vénérables par leur antiquité et dont le but religieux ne suscitait point les craintes
du pouvoir impérial. Quant aux autres formes d'association où tendait sans cesse à s'enrôler la population des
grandes villes, leur constitution désormais exige une autorisation spéciale du prince après avis du Sénat. Et sans
cesse les circulaires des empereurs rappellent ces prescriptions aux gouverneurs des provinces. Lois, décrets et sé-
natus-consultes dont nous n'avons qu'une connaissance
vague d'après les allusions imprécises des Pandectes, se
succèdent, reprenant ces prohibitions peu écoutées et peu
obéies, tellement l'association avait pris racine dans les
mœurs. En cas de contraventions à ces dispositions impé-
ratives la peine est terrible. Ulpien dans le fragment 2 de
collégiis 47. XXII, nous apprend que les membres des
collèges illicites encourent la même peine que ceux qui
envahissent en armes les édifices publics ou les temples
des Dieux. Ils relèvent de la redoutable loi de majesté

que la peine capitale sanctionne sous ses formes les plus cruelles : pendaison. exposition aux bêtes.

Malgré ces lois si menaçantes, qui au reste ne furent guère appliquées qu'aux collèges formés par les chrétiens, l'association sous l'Empire connaît une prospérité que la République avec sa tolérance libérale ne lui avait jamais assurée. Les classes élevées, surveillées jalousement par le principat, s'en abstiennent, il est vrai, et aussi bien d'ailleurs, les liaisons larges des associations répugnaient un peu à leur nature affinée de sceptiques dédaigneux ; mais le peuple, les artisans et les esclaves se groupent et s'unissent avec ardeur. Rien là que d'aisé à comprendre. La société impériale, en dépit de sa hiérarchie savante et de l'excellence de sa machine administrative, ne venait guère en effet, au secours des *humiliores,* des *tenuiores*.

Profondément perdus dans la foule des grandes villes, ils saisissent avec élan le moyen d'acquérir la force que donne le nombre. Les ouvriers et les artisans notamment s'organisent en corporations, dont nous n'avons pas ici à parler. Tout ce que nous en dirons, c'est qu'elles n'ont pas dans les premiers siècles de l'Empire le caractère fermé et étroit que leur imprimera le Bas-Empire. Les inscriptions nous prouvent très clairement que dans leur sein on s'occupait autant de rendre moins difficile à supporter, par les distractions et les plaisirs de réunions souvent répétées, le fardeau alors accablant de la vie que de la défense des intérêts professionnels. A la tête de leur *album,* les corporations donnaient l'hospitalité à un grand

nombre de membres honoraires, dont le nom augmentait
le lustre de la société et dont les libéralités attendues et
escomptées d'avance permettaient des repas plus somptueux et des divertissements plus variés. Disons enfin que
les textes épigraphiques nous apprennent qu'on pouvait
avec facilité faire partie de plusieurs corporations, fort
éloignées du métier que l'on exerçait. Bref, tous ces traits
nous présentent une organisation corporative souple et
libre, ou le culte apre et intolérant des intérêts du trafic
ou du négoce le cédait bien souvent à ce désir de trouver
une diversion au cours monotone des occupations professionnelles, qui aujourd'hui encore fait surgir en foule les
associations sans but intéressé.

Ces corporations industrielles, le pouvoir impérial les
autorisait assez difficilement, ainsi que le prouve notamment une lettre de Trajan à Pline refusant le *jus coeundi*
à une association de 150 charpentiers, qui demandaient à
se former à Nicomèdie, dans le but d'éteindre les incen-
dies ! Les gens du peuple, les affranchis, les esclaves, re-
couraient surtout, dans ces conditions, à l'association. Les
maîtres bien souvent organisaient en collège leurs affranchis ou leurs esclaves, et la maison des Césars comptait
une foule de ces unions d'un genre particulier. Là ne se
bornait pas l'effort de l'esprit corporatif. De tous côtés, il
faisait naître des associations. Beaucoup de ces groupements se constituaient sans l'autorisation du pouvoir impérial qui de temps en temps rééditait mais en vain ses prohibitions. Pline, en arrivant dans sa province n'a rien de

plus pressé que de rappeler les lois sur collèges illicites.
Cette conduite est symptomatique. Elle montre combien
peu ces lois répondaient au mouvement profond vers le
rapprochement et l'union qui agitait alors les esprits.

Déjà donc à Rome existait ce que nous appelons de nos
jours la Société de fait, purement tolérée du pouvoir, mais
n'en vivant et n'en agissant pas moins. L'exemple le plus
curieux que l'on peut en citer, c'est celui des Sociétés mili-
taires. Un texte fondamental de Marcien, loi 1 *de collegiis
et corporibus* nous dit : *præcipitur... neve collegia in castris
habeant milites.* Eh bien, l'empire qui se fondait sur
l'armée ne se sentit pas assez fort pour maintenir en pratique cette disposition législative. Il toléra et laissa faire
d'abord, puis il encouragea. Des inscriptions trouvées à
Lambèse en Afrique où sous l'empire tenait garnison la
IIIe légion augusta chargée de la Numidie nous ont révélé
tout ce côté curieux des mœurs romaines. Les officiers
subalternes, centurions et cornucalarii y avaient formé des
collegia et l'un d'eux même avait son siège social près du
quartier général. Chaque membre, lors de son entrée payait
une cotisation de 700 sesterces, et les richesses corporatives, on les employait à solder les frais des funérailles de
l'associé décédé, à compter à celui qui se retirait du service
une sorte de retraite, à donner des repas et des fêtes, à
fournir à l'officier qui allait à Rome réclamer de l'avance-
ment de quoi payer son voyage à la capitale. Dans le local
somptueux de leur cercle, garni d'objets précieux, et orné
des statues des dieux et des empereurs, les officiers pas-

saient en commun les heures que le service laissait disponibles.

Ces associations si originales, où à côté de la recherche des divertissements communs on voit poindre comme un premier linéament de nos sociétés de secours mutuels, qu'on le remarque, n'étaient pas autorisées. Elles vécurent *en fait* malgré les dangers qu'elles pouvaient faire courir à la discipline. On voit par cet exemple significatif, combien il apparaît faux de dire qu'à Rome l'association devait à l'Etat seul sa vie et sa capacité. Sur les textes au contraire se greffait souvent un droit coutumier inverse qui, retrouvé par les découvertes des épigraphistes, prouve qu'au fond le législateur romain était très loin de l'uniformité raide de nos lois révolutionnaires et qu'il faut se garder avec soin des généralisations téméraires basées sur un texte obscur, quand on étudie l'organisation de l'empire romain.

Savigny avait donné dans ce travers d'une synthèse trop brusquement faite. Tirant argument de la loi 1 au Digeste III 4. *Quod cujuscumque universitatis* où Gaius nous dit : « *neque societas neque collegium neque hujusmodi corpus passim omnibus habere conceditur* », il proclame tout de suite que par ce mot *corpus* le jurisconsulte veut entendre la personnalité civile et que par conséquent la personnalité dérive en droite ligne de l'Etat. Ce raisonnement, tout le monde, même en Allemagne, l'abandonne aujourd'hui. Dans la loi 1, Gaius mélange en réalité deux situations distinctes, celle des collèges et celle des

Société à personnalité. Les collèges reçoivent du pouvoir le droit de s'associer, la permission de se réunir. La loi 12 au Digeste *de jure imminutatis*, L. VI, nous le signifie très clairement dans ces termes : « *quibusdam collegiis vel corporibus quibus jus coeundi lege permissum est jus immunitatis tribuitur* ». Ainsi cette loi fait du mot *corpus* l'équivalent du mot collège et le prend dans le sens où nous prenons aujourd'hui le mot corps.

Ce que l'Etat accorde à un *corpus* c'est le « *jus cœundi* », le droit de se réunir sans encourir les sévérités de la loi de majesté et voilà tout. Une fois le corps formé, sa capacité va d'elle-même et ne se discute pas. De ce que ce fait suit la permission de se constituer, on l'a pris pour l'effet direct de cette autorisation : sophisme certain, démontré pour la première fois en 1847 par M. Mommsen dans un mémoire académique en latin sur les collèges des Romains.

Ainsi doit s'entendre le texte de Gaius. Seulement à cette affirmation indiscutable de principes, Gaius a le tort d'ajouter une phrase sur les sociétés vectigales et de mines d'argent et d'or, auxquelles dit-il le pouvoir permet *corpus habere* (1).

---

(1) Savigny supprime la difficulté en prétendant le texte interposé et en remplaçant le mot *corpus* par le mot *collegium*. Ainsi remaniée, la loi 1 Pr. III. 4, cadre mieux avec la théorie de Savigny qui ne veut pas d'intermédiaire entre l'association et la Societas, et fait de la société vectigale une pure société privée dissoute par la volonté ou la mort d'un seul. Mais ce sont là procédés un peu cavaliers que nous n'emploierons pas.

La gît toute la difficulté de ce texte. On sait que la *Societas* romaine, contrat essentiellement fondé sur la *fides* et le *jus fraternitatis* ne se prêtait point aux vastes spéculations : elle se ressentait de la modestie de ses origines et des rapports simples et loyaux des propriétaires fonciers qui l'avaient fait naître et prospérer.

Quand l'Etat romain avec l'accroissement de ses conquêtes et l'essor rapide de sa puissance sentit le besoin d'effectuer des travaux publics, il se chargea des plus essentiels et se contenta de confier ceux qui, comme le forage et l'exploitation des mines de métaux précieux et des salines, présentaient une utilité moins immédiate, à des sociétés de capitalistes. Mais le moyen, pour une Société de former de vastes projets d'avenir avec la fragilité de la *Societas,* à la merci de la vie ou de la *capitis minutio* d'un des *socii*! L'Etat alors jeta les yeux sur les associations, les collèges qui, à son exemple, jouissaient des droits de propriété et de caisse commune et se faisaient administrer et représenter en justice par un *syndicus ou actor communis.* Et peu à peu, non sans de vives controverses qui transparaissent dans les textes ambigus que le Digeste consacre aux sociétés à personnalité, on en arriva à assimiler ces *Societates* aux associations où les individus pris en eux-mêmes et se renouvelant par une continuelle subrogation n'exercent aucune influence sur le sort de la société.

On leur permit aussi et la *pecunia* et l'*arca communis* et le *syndicus* et l'*actor.* Mais, qu'on le remarque, les associés dans les compagnies de publicains de mines et de salines aidaient l'Etat dans ses attributions, accomplissaient un rôle d'intérêt général et se chargeaient de ce que la langue juridique d'aujourd'hui appelle une concession de travaux publics. L'idée de ce but spécial différent des intérêts privés des associés conduisit les juristes à sortir des règles étroites de la *Societas* et à permettre à l'Etat de concéder à ces groupements de capitalistes qui réalisaient une partie de sa tâche, l'incorporation, par un acte de son *imperium*. Dès lors, ces précisions faites, le texte de Gaius s'éclaircit. Le collège pour se réunir a besoin d'une autorisation qui une fois obtenue lui donne la pleine capacité, dont les textes ne s'occupent d'ailleurs que pour en décrire les effets. La *Societas*, au contraire, à durée essentiellement limitée, dépendante des variations du patrimoine ou de la capacité de ses membres, n'a nullement besoin d'autorisation.

Mais si elle se forme dans un but d'intérêt général pour l'exploitation du sous-sol minier ou la levée des impôts, il intervient entre elle et l'Etat un contrat où en échange des engagements qu'elle prend, ce dernier consent en sa faveur le démembrement de quelques-uns de ses droits. Pour résumer tout cet ingénieux circuit d'idées nous dirons : L'association, comme la *respublica*, réunit des hommes sous un lien commun. Elle aura donc les droits de personnalité. Seulement l'État, s'il reconnaît toutes ces pérogatives, soumet à une autorisation préalable par contre, la formation de telles associations, dans l'intérêt de sa sécurité et de l'ordre public. Tous ces avantages et ces restrictions sont et demeurent étrangères aux sociétés du droit privé. Mais lorsque ces sociétés se proposent un but d'intérêt général, leur nature devenue mixte participe à la fois à celle de la *Societas* et du *Collegium* (1) et rend alors nécessaire l'autorisation préalable du pouvoir, autorisation plutôt semblable d'ailleurs à nos concessions de travaux publics actuelles qu'aux habilitations vis-à-vis de la police des associations, qu'exige l'article 291 de notre Code pénal.

Nous arrivons donc à ce principe que le *jus civile* ne connaît point la personnification. L'incorporation est une institution du seul droit public, qui découle nécessairement de la constitution autorisée, de tout collège se proposant un but économique ou désintéressé, ou bien de toute société de capitalistes exploitant une branche des services publics, dont l'État s'est dessaisi en sa faveur. Déjà à Rome, on le voit, la démarcation se faisait nette entre l'association, organe d'un intérêt collectif et général, et la société, organe de quelques intérêts privés qui se réunissent pour partager des bénéfices. Et à mi chemin de ces situations opposées, la Société de publicains ou minière manquait comme l'ébauche de nos sociétés commerciales, aujourd'hui rentrées dans le droit privé, mais alors ne devant un traitement de faveur qu'à leur caractère d'établissements publics.

---

(1) La loi 59. Pr. de Pomponius. D. 17, 2. *Pro socio* traduit fidèlement les incertitudes de cette situation mixte et la résistance du vieux *jus fraternitas* contre les conceptions nouvelles.

Pour toutes ces raisons, nous repousserons donc complètement l'opinion de Savigny et Mühlenbrück et nous considèrerons la personnification, non pas comme l'effet direct de l'autorisation administrative, mais comme l'unique résultat de la volonté dûment habilitée des créateurs d'un collège ou d'une société incorporée. L'association, en un mot, se manifeste dans la seule sphère du *jus publicum*, et dans le but de satisfaire des intérêts généraux à durée illimitée, dont le droit privé ne saurait assurer la réalisation.

Une question subsiste et d'une capitale importance. Quelle est pour les Romains la nature de la personnalité du collège ou de l'*universitas* ? Gaïus dans son texte déjà cité loi 1,III, 4, au Digeste la décrit, mais ne la définit ni ne l'explique. Il la donne comme une conséquence de l'autorisation de se réunir, et voilà tout. Il la caractérise par l'expression ambiguë de « corpus » qui dans la suite du titre *quod cujuscumque universitatis* ne reparaît plus et fait place à celle d'*universitas*. A notre sens ces deux mots possèdent à peu près la même signification et désignent l'élément matériel de l'association : la réunion permise des êtres physiques qui la composent. Le *corpus*, en effet, dans la langue juridique romaine, c'est la chose envisagée dans son individualité matérielle et dans son extériorité apparente.

C'est en ce sens que les juristes emploient notamment le mot *corpus* dans leur théorie de l'erreur *in corpore rei*, qu'ils distinguent finement de l'erreur *in substantia*,

Même conception nous est révélée par les analyses de la possession où se complaît la jurisprudence classique et où elle oppose toujours l'*animus*, l'élément spirituel et volontaire, au *corpus*, qui consiste dans une relation matérielle avec la chose, ou si l'on préfère, dans la visibilité des actes possessoires.

Partout cette manière de considérer le *corpus* se fait jour dans les textes. Citons encore par exemple la loi 2 *de usufructu* VII, 1, au Digeste, qui déclare l'usufruit éteint par la perte de la chose et nous en donne cette raison : « *est enim jus in corpore, quo sublato et ipsum tolli necesse est* ».

Ici encore le mot *corpus* se prend dans le sens d'élément matériel. On le voit, nous avions raison de le dire tout à l'heure, le *corpus* c'est la réunion matériellement envisagée des êtres physiques, leur agrégation rendue licite par une autorisation du principe conférant le *jus coeundi*. Nulle part les textes ne nous parlent de fiction de personnalité que dans un unique fragment au titre de *fidejussoribus* XLVI, 1, loi 22 emprunté au livre 8 des *institutiones* de Florentinus. Ce titre décide que, malgré la mort du *reus promittendi*, son hérédité non acceptée peut recevoir un fidejusseur. Et il nous en donne cette raison : *quia heredidas personæ vice fungitur : sicuti municipium et decuria et societas.*

Il y a là tout simplement une comparaison faite par Florentinus et qui n'engage que lui seul. Sans doute, une fiction amenée par les nécessités de la pratique avait

conduit en matière d'hérédité jacente, à réputer non va-
cante jusqu'à l'adition d'hérédité, la succession du défunt,
ou mieux à lui faire jouer dans les rapports de droit le
rôle de la personne décédée. Mais, qu'on le remarque,
même dans cette hypothèse sur laquelle raisonne Florentinus, nous ne trouvons pas un mot de la fiction de personne
dont on parle aujourd'hui : nous constatons un expédient
grâce auquel ainsi que le dit Gaius loi 34, *in fine de here-
dis*, on fait tenir à la succession la place du défunt, et rien
de plus. Les interprètes modernes seuls ont tiré de là
l'idée d'un simulacre de personnalité prêté par les Romains
à l'hérédité et surtout aux collèges. Laissons donc une fiction que les juristes ne connaissaient pas et qu'une comparaison instituée à propos d'une situation bien différente
ne saurait justifier.

Attachons-nous par contre à cette notion du *corpus* que
nous avons établie plus haut. C'était l'élément essentiel de
l'association. Toutefois à ce *corpus*, venait se joindre un
élément spirituel, le culte du Dieu, choisi par le collège
comme son protecteur. Ce Dieu lui donnait son nom et
dans les idées antiques l'animait de sa vie surnaturelle,
le soutenait dans les épreuves et intervenait dans toutes
les vicissitudes de son existence. Autour de ce culte de
la divinité protectrice, gravitait toute la vie corporative.
Le local ou le siège social, était, la plupart du temps, un
temple édifié par l'association, en l'honneur de son patron
de l'Olympe. Jamais cette liaison religieuse qui unissait
alors dans les esprits des hommes l'idée d'association à

celle de culte ne disparut tout à fait dans le monde ancien
et l'Église eut à lutter beaucoup pour extirper de ses collèges la tradition païenne des repas publics et des rites
corporatifs.

Quand l'association, trop pauvre pour bâtir un temple,
n'avait pas de protecteur parmi les dieux, elle adorait
son génie, c'est-à-dire l'âme de son fondateur divinisée par
la mort, absolument comme les peuples de race italiote
aux temps primitifs de Rome, sacrifiaient aux Dieux du
foyer. Ainsi la personnalité du collège dégagée de nos pré-
jugés modernes apparaît constituée par la réunion de deux
éléments : l'élément matériel le *corpus* et l'élément spirituel, le génie de l'association ou la divinité protectrice
dont elle porte le nom et dont elle assure et perpétue le
culte. Nous sommes loin dès lors de la fiction de personne
physique. Nous avons un être différent de la personne humaine et plus compliqué. Mais un être réel et cru vivant.
Et il doit la vie non pas à un raisonnement subtil du juriste exercé, étendant des règles d'un cas à un autre différent, mais au contraire à une création originale et spontanée de la conscience religieuse du monde antique. Prêtant aux dieux une intervention constante, parmi les
affaires des hommes, elle considérait dans tous les groupes sociaux, depuis la cité jusqu'à la gens et à la famille,
comme essentielle et capitale, l'adoration des dieux du
groupe et l'accomplissement de leurs volontés. Toute
l'Enéide repose au fond là-dessus. Le poète y retrace les
aventures des divinités errantes de Troie et leur pénible

établissement dans le Latium. Ce drame qui nous trouve assez indifférents aujourd'hui, passionnait autrefois les hommes, même au siècle d'Auguste. Et, en effet, de cette fixation des divinités au Latium dans un lieu assigné par les destin, où les prières des hommes perpétueraient leur existence, dépendait l'avenir même de la cité romaine, et la validité juridique et religieuse de sa fondation en Italie.

Telle est la conception romaine de l'association. Plus tard, avec les progrès de la richesse, l'état romain a concédé le fermage des impôts et les mines d'or d'argent et de sel. En faveur de ces sociétés de capitalistes il a consenti le démembrement de quelques-uns de ses droits.

Mais la situation de ces sociétés de spéculateurs, s'analyse tout autre que celle des associations. Ces réunions de capitalistes constituent des appendices de l'état et participent par là à certaines de ses prérogatives. Elles forment des ébauches d'établissement publics. Résultant d'un travail juridique difficile, elles s'éloignent de l'association antique et annoncent nos conceptions actuelles. Gaius, dans l'incertitude de la science juridique d'alors à leur sujet, les a comparés aux collèges. Son erreur qui nous est maintenant démontrée condamne toute la théorie de Savigny.

Et nous terminerons sur cette question si délicate en disant que pour les Romains la personnalité, séquence nécessaire de l'autorisation administrative, n'est pas plus produite par elle que le soleil n'est produit par la nuit qui le précède, et qu'elle se base sur la réunion d'un élément matériel l'agrégation permise, et d'un élément spirituel la

volonté de la divinité protectrice de l'universitas. L'association donc ne se détache pas plus encore du droit religieux que les cités, les municipes et les décuries.

L'administration des empereurs, nous l'avons indiqué
plus haut, se montrait très avare d'autorisation vis-à-vis
des collèges. L'armée avait su échapper rapidement à
ces lisières et créer des sociétés de fait très influentes, en
marge des lois prohibitives. Au 1ᵉʳ siècle une décision impériale octroya à Rome la liberté la plus complète aux
Collegia tenuiorum et d'un seul coup accorda à tous les
gens du peuple le moyen de tourner toutes les prohibitions
relatives aux associations en général. Septime Sévère par
un rescrit étendit cette faveur aux provinces. Marcien
loi 1. 47. 22 au Digeste nous parle de ces concessions du
principat, mais en termes peu clairs qui avaient suscité des
difficultés d'interprétation. Par une fortune heureuse,
on a trouvé à Lanuvium une inscription, gravée en l'an
136, vers la fin du règne à Hadrien. Elle contient le ré-
glement de la société des adorateurs de Diane et d'Antinoüs. Composée d'affranchis de pauvres gens et d'esclaves,
cette association se proposait pour but de fournir à ses
membres une sépulture décente. Son fonds social s'ali-
mentait au moyen d'un droit d'entrée de 100 sesterces que
payait chaque nouvel adhérent, droit d'entrée auquel il
joignait une amphore de bon vin et que complétait une
cotisation mensuelle de 5 as par mois. Ce n'était on le
voit, ni la richesse ni même la médiocrité dorée, V. C. I,
J. L. XIV. n° 2112.

Le collège donnait des repas de corps, et, à la mort d'un membre, il lui comptait un *fumeraticium* de 300 sesterces. Le règlement qui vise toutes les hypothèses où peut se produire le décès d'un associé, avec un grand luxe de détails, insiste beaucoup sur l'obligation de solder régulièrement les cotisations. Là est le danger et il cherche à l'éviter en stipulant l'exclusion du bénéfice du *fumeraticium* pour celui qui plusieurs mois de suite ne s'acquitte pas de sa dette envers la société. Tout cela paraît déjà fort curieux, mais l'inscription présente surtout le précieux avantage de nous faire connaître le rescrit de Septime Sévère, qu'elle copie complètement pour se donner une allure quelque peu officielle. Voici ce texte. « *Qui stipem menstruam conferre volent in funera, in id collegium coeant, neque sub specie ejus collegii nisi semel in mense coeant, conferendi causa unde defuncti sepeliantur.* » Donc, comme l'indique ce Sénatus-consulte, le pouvoir impérial ne toléra d'exception à ses principes restrictifs que pour les collèges funéraires. Et qu'on la remarque, combien l'exception vient confirmer la règle que nous avons posé plus haut ! Le divin Sévère ne parle pas en effet de capacité ni du personnalité, non, ce n'est ni dans son intention ni dans ses pouvoirs ; il parle seulement du droit de se réunir à jour fixe. La capacité, il la laisse dans l'ombre : elle vient par surcroît et le règlement s'empresse de la déduire de la permission de se réunir. Tout de suite il organise la constitution du fonds social, son emploi et sa gestion, sans penser même à faire découler ces avantages d'une concession de l'État.

Donc l'empire romain tolérait la libre formation des collèges funéraires. Cette largeur de vues vis-à-vis des basses classes dont il semble pourtant que sa jalousie inquiète aurait dû craindre les agitations, s'explique par des considérations religieuses. A ce moment là, la grande affaire était non pas de bien mourir, mais de recevoir dans la tombe les sacrifices, en l'absence desquels, l'âme erre abandonnée sans pouvoir entrer dans le séjour des ombres, la famille diparaît, et le nom se détruit.

Ces collèges autorisés *in globo* par le Principat permettaient aux associés de se ménager, à peu de frais, outre • les plaisirs de réunions mensuelles marquées par un repas et un sacrifice, la certitude d'une sépulture convenable et de prières ininterrompues pour le repos de leur âme. Ils revêtaient deux formes. La plus généralement en usage, c'était celle des adorateurs de Diane et d'Antinoüs. Ils se désignaient sous le nom du Dieu leur patron. On les appelait par exemple les *fratres Herculis, Mercurii, Dianæ*. Et de fait les règlements essayaient par des pénalités ingénieusement graduées, de faire une réalité de ce beau nom de *frères* dont se servaient entre eux les associés. Grâce à ces associations, l'esclave pouvait oublier un moment sa qualité de *res mancipi* et se sentir un homme libre, au moins une fois par mois. Leur action a été bienfaisante et salutaire ! A côté d'elles, des collèges aux visées moins hautes se formaient simplement pour l'achat d'un terrain où l'on élevait un columbarium, dans les niches duquel, s'accumulaient les urnes funéraires des membres de l'association.

Ces groupements produits par le désir ardent d'une sépulture respectée paraissent moins importants que ceux de nos *fratres* de tout à l'heure. Des préoccupations commerciales s'y glissaient et souvent l'on cédait une partie de ses droits à des étrangers à l'association . Ceux-ci profitaient ainsi d'une sépulture qu'ils n'avaient pas contribué à faire construire.

Le caractère licite de toutes les sociétés funéraires, à Rome, dans l'Italie et dans les province faisait une brèche énorme dans les prohibitions impériales. Grâce à cette tolérance libérale, les chrétiens purent couvrir Rome et l'empire d'un fin réseau de petites associations où en somme la lettre du texte de Sévère n'était pas trop violée, puisque pour un chrétien le souci de la mort et de la vie future constituait l'essentielle préoccupation.

L'église catholique, alors traquée par les persécutions des Césars, se perdit en une multitude de petits groupements derrière lesquels elle semble disparaître en tant au moins qu'être juridique.

Ainsi elle acquit sur le peuple une action et une influence de jour en jour grandissantes. Les Catacombes et leurs églises souterraines sont l'éloquent témoignage de l'élan corporatif et de la fraternité mystique du Christianisme naissant. Persécutés par saccades intermittentes, les collèges où s'abritait la nouvelle religion finirent par triompher du paganisme vieilli. Les empereurs chrétiens montèrent sur le trône impérial. Avec eux une nouvelle période commence : le Bas Empire. Retenons, avant d'en aborder l'étude, que les collèges chrétiens avaient lié l'idée de catholicisme à celle d'association et l'idée d'association à celle non plus du culte des morts et de festins à jours fixes, mais d'assistance fraternelle et de charité mutuelle. Un passage connu de Tertullien le dit avec éloquence : nous regardons l'argent (des cotisations) comme un *dépôt qui nous est confié par la piété* : aussi ne le dépensons-nous pas à manger et à boire ; nous nous gardons bien de l'employer à d'indécentes orgies. Il sert à donner du pain aux pauvres et à les ensevelir, à élever les orphelins des deux sexes, à secourir nos vieillards. » Impossible de mieux marquer la différence de la conception païenne de l'association non lucrative et de la conception chrétienne, proclamant que la fortune des collèges forme un dépôt auquel ont droit tous ceux qui souffrent !

Déjà donc dans sa période de lutte et de propagande, l'église chrétienne accorde aux pauvres cette « éminente dignité » dont parlera plus tard Bossuet dans un sermon célèbre. Déjà elle donne à ses associations une destination d'intérêt général bien distincte des tendances moins humaines et moins bienfaisantes des collèges de la tradition païenne.

Pour la première fois enfin, elle pose l'idée d'un but, auquel un véritable lien de servitude attache le patrimoine des collèges et des *universitates*, où se distribuent ses adeptes. Idée d'une portée capitale et que nous retrouverons bien des fois dans le cours de cette étude. Mais nous arrivons au Bas Empire.

Dans cette période de désagrégation, dont nous atteignons l'examen, la notion de personnalité juridique, parvenue sous les Antonins à un certain état d'achèvement, se perd peu à peu et se dissout en éléments incohérents et vagues. Aussi, serons-nous assez bref sur ces temps troublés.

Les décuries. les cités et les corporations ouvrières deviennent à cette époque de véritables prisons où l'on enferme malgré eux les hommes. Que s'ils essaient de se soustraire à ce régime étouffant de castes, le pouvoir social les ramène de force à la profession dont ils sont les esclaves ! Et tout cela pour nourrir la population remuante des grandes villes de l'Empire, qui habituée à n'attendre que de l'Etat sa subsistance et ses plaisirs oublie tout énergique effort et tombe chaque jour plus avant dans le dégoût du travail et la décomposition morale.

L'Église, par contre, multiplie les associations et les groupements où s'empressent les chrétiens avec toute l'ardeur de leur foi, triomphante enfin du pouvoir civil, et au lieu des persécutions du passé, connaissant désormais tous les avantages de l'union et de la paix.

La communauté des fidèles d'abord, prise en son universalité. constitue une grande association désintéressée. Et, de fait, on la considère ainsi sous les premiers empereurs chrétiens. On voit dans les textes des legs adressés à l'Eglise,

au pape son chef visible ou à Jésus-Christ (1). Citons par
exemple la loi 1 au Code de *sacrosanctis ecclesiis* (1. II) où
Constantin se basant sur la pleine liberté du testateur, ce
principe dont l'Eglise tira toute ses richesses temporelles,
permet un legs à l'Eglise envisagée comme telle. Mais cette
tendance qui s'expliquait par le caractère monothéiste de
la religion chrétienne ne dura pas. On ne s'attarda que très
peu dans ce raisonnement : un seul Dieu, donc un seul
établissement juridique religieux. De bonne heure la vaste
communauté des fidèles se scinda en droit en une foule de
petits établissements juridiques : paroisses, hospices et
monastères. La base de toutes ces institutions continuait
à être l'association. Seulement l'union des personnes phy-

(1) V. à ce sujet GIERKE « das deutsche genossenschaftsrecht III,
pages 250 et sq. »

Des canonistes soutinrent longtemps cette conception. Andrea Mu-
gellanus. Novel. in Decret. Greg. c. 4. X. 4. nous dit par exemple :
christus proprie habet dominum rerum ecclesiæ et Nov. Leg. c. 2.
in VI. 3, 9 n° 7 « ecclesia, id est congregatio fidelium, cujus Christus
est caput, habet dominium. » Decius est aussi expressif : Super decre
talibus, C. 4. X. I. 6, n· 13, il nous déclare ceci : bona ecclesianum
sunt in patrimonio Christi, et ideo mortuo prælato ecclesia universalis possidet.. Ecclesia ipsa universalis videtur domina... et ipse
Christus est caput ecclesiæ... Dominus est ipse Deus vel ecclesia universalis. »

Ces textes très intéressants par la théorie originale qu'ils soutiennent, montrent nettement combien les patrimoines de l'Eglise reposaient peu sur la tête des clercs et des moines. Remarquons aussi que
nos tribunaux ont récemment dans le célèbre procès Plessis Bellière
traité l'Eglise comme une gigantesque association sans but lucratif.
Ce qui prouve en passant, que les systèmes juridiques se répètent et
qu'aucun d'eux ne semble se perdre dans l'histoire du Droit.

siques ne formait désormais qu'un élément matériel secondaire. Il y eut depuis lors quelque chose de plus dans les
groupements chrétiens.

Au-dessus du *cœtus hominum* en effet, et le dominant
dans sa constitution, sa vie et son développement, apparaissait l'idée d'une destination, d'un but, d'une œuvre. Là gît le
point capital ! Le droit canonique introduit en effet la notion
originale d'un patrimoine corporatif absolument soustrait
aux droits des associés *ut singuli*, administré par les corps
ecclésiastiques ; pour les pauvres, les captifs, les pèlerins,
les prisonniers. En un mot l'association qui consolide à
la base les établissements religieux est asservie à un but :
le soulagement, la consolation de ceux qui souffrent. Un
élément purement spirituel dirige et conduit l'élément
matériel. Les clercs qui forment cet élément matériel n'ont
aucun droit sur les biens des pauvres. Un texte du *corpus
juris canonici* le dit clairement pour les évêques, les
plus hauts des clercs. « *episcopus rebus ecclesiæ tanquam
commendatis non tanquam propriis utatur* » C. 52. C.
XII. Q. 2. Pour les monastères le raisonnement serait le
même. Un texte de Justinien leur applique (loi 22 C. 1.2.),
il est vrai, l'antique appellation de *consortium*, mais il
n'y a là qu'une expression employée sans réflexion, et
que contredisent les textes du *corpus juriscanonici*.
Les religieux, bien loin de former des *consortes* comme
les frères à la mort du *paterfamilias*, n'apparaissent
dans la législation canonique que comme des gérants
et des administrateurs. Ils constituent les intermédiaires

entre les pauvres et les captifs et l'Eglise, et, à cette simple mission de répartiteurs, se réduit leur rôle.

Ainsi se créent partout, caractérisés par les mots de
locus de *domus*, les monastères où s'abritera pendant le
bas empire et beaucoup de l'ancien régime l'esprit de
groupement désintéressé. La société civile et les laïques
ne disputeront guère à l'Eglise cette tâche. Ils lui laisseront à peu près monopoliser les œuvres de prévoyance et
d'assistance. En sa faveur, outre le principe de la liberté
illimitée du testateur, les empereurs du Bas-Empire intro-
duisent (lois 24, 46 et 49 C. *de épiscopis* I. 3.) la possibilité de léguer aux pauvres, aux captifs, malgré leur qualité *d'incertæ personæ*. L'évêque, sous la haute autorité
duquel ces libéralités sont placées dira l'établissement qui
assurera l'accomplissement de la volonté du défunt : ce
sera ou une paroisse, ou un monastère. En outre la législation des empereurs s'efforce de soustraire aux lois économiques les biens ainsi groupés.

L'aliénation s'entoure de formalités innombrables, l'hypothèque devient presque interdite. Les actes contraires
à ces prohibitions restent valables, mais du seul côté de
l'Eglise. L'exil punit les magistrats qui prêtent leur concours aux aliénations defendues des biens ecclésiastiques.
Cette indisponibité déjà complète sous Justinien ne le
cède que devant la nécessité pressante de venir en aide aux
pauvres ou aux captifs. Loi 21 C. 1, II *in fine*.

Ces traits achèvent de fixer le tableau de l'association
désintéressée à l'aube du moyen âge. Cantonnée à peu près

uniquement dans l'Eglise que la foi naïve du siècle croit souveraine maîtresse dans les questions de charité et d'assistance, elle s'incorpore en elle à titre d'établissement.

L'église peu à peu sous la poussée de son ascendant sur le monde s'organise en État souverain, État qui à la fin de l'empire se contente encore de régner dans le domaine de la bienfaisance.

Comme tout état à vaste territoire, elle a besoin d'organes multipliés. Ils répondent à trois besoins primordiaux : la propagande, la charité et l'enseignement. Gardant non démembré la partie administrative de sa tâche, le gouvernement des circonscriptions spirituelles réalisé par les évêques, sous l'impulsion du successeur de l'apôtre, et d'un organe délibérant, le concile, œcuménique, national ou local, l'Église confie à des établissements décentralisés les œuvres de propagande, de charité et d'enseignement.

Ces établissements, comme ceux de nos États modernes, avec qui la comparaison s'impose, constituent des personnes morales, soumises à une destination d'intérêt général. Seulement leur personnalité, à une époque où le droit se disperse ne fut pas systématisée en une doctrine arrêtée.

On ne l'analysa pas. Les canonistes ne parlent pas de fiction de personnalité. Ils ne voient dans le patrimoine de ces fractionnements autonomes de l'Église qu'étaient les monastères, qu'un dépôt en faveur des pauvres. Personnes incertaines que ces pauvres, dira-t-on, et dont le droit dépendra du hasard !

Néanmoins elles seules possèdent réellement alors les biens des corps religieux. L'analyse moderne, plus sagace, au lieu de ces êtres d'une indétermination vague, placera l'idée plus fine de l'œuvre et du but. Mais il n'en est pas moins vrai que le germe des théories brillamment soutenues de nos jours en Allemagne se trouve dans cette organisation première de l'Église. A elle revient l'honneur d'avoir, sinon formulé, au moins pressenti, le système de la propriété d'affectation à un but.

Tels sont les résultats généraux que l'on peut retirer de cette étude sommaire du Bas Empire. Le moyen âge et les temps modernes vont nous faire assister aux efforts de l'État, contre cette organisation de l'Église et contre la suprématie, par elle acquise, dans le domaine de l'action désintéressée.

Le haut moyen âge se signale surtout par la forme collégiale que prennent alors tous les rapports sociaux. Peu à peu aux luttes d'invidu à individu, et d'individu à état se subsistuent les luttes sans trêve de groupe à groupe. L'agrégat social disparaît, sous une multitude de petites associations autonomes et souveraines, nées de l'universel besoin de protection qui serre les leudes, les serfs et les vilains autour du seigneur, en même temps que les cabanes des paysans et les maisons des bourgeois autour du donjon féodal.

L'Eglise constituait justement un des centres les plus puissants de ralliement pour les faibles. La certitude de perpétuité que lui donnaient les Écritures, assurait à ceux

qui se dépouillaient de leurs biens, en sa faveur, une vie
tranquille à l'abri des violences des gens de guerre et
qu'occuperait la culture de la terre donnée aux corps
ecclésiastiques. Les organes de l'Eglise surent mettre à
profit cette tendance des esprits. Alors que des états s'in-
féodaient au Saint-Siège et se mettaient dans le patrimoine du successeur de Pierre (*in possessione beati
Petri*), les particuliers cédaient leurs biens aux couvents
et aux monastères qui les leur rétrocédaient à titre de
précaire, tenure d'une jouissance plus sûre que le petit
champ d'un propriétaire libre.

Ainsi se développa, avec une rapidité sans cesse croissante, la richesse des établissements religieux. A cette époque, les congrégations connurent leur véritable âge d'or.
Partout un mouvement se dessinait vers la vie monastique.
Des ordres nouveaux se constituaient de tous côtés. Souple
et libre d'allures, variant de forme avec le but qu'il doit
satisfaire, l'ordre ou la congrégation séculière devint
comme le système circulatoire de l'église. Ses membres
permettent à l'église de remplir ces trois destinations de
charité, de propagande et d'enseignement qui forment sa
raison d'être dans le monde spirituel. Chaque congrégation, juridiquement, prend très nettement tous les caractères d'un établissement public de l'Etat de plus en plus
souverain qu'est l'Eglise. Qu'on le remarque en effet, le
type le plus pur de l'Établissement se trouve réalisé
en elle : il ne lui manque ni l'autorisation canonique, ni
l'élément matériel du groupement des congréganistes, ni

l'élément d'ordre idéal de la destination d'intérêt général
poursuivie pour alléger l'Etat d'une partie de son rôle.
Nous sommes loin des collèges des Catacombes et de
leur construction uniquement fondée sur le groupement
des individus, dira-t-on. Pas tant que cela. Après, tout le
droit de l'Eglise n'a fait que reprendre à pied d'œuvre le
travail du droit romain. Ce dernier lui transmettait l'idée
de la personnalité, institution religieuse et administrative
qui venait s'ajouter comme épiphénomène nécessaire à
une réunion permise d'associés, dans des vues désintéressées. Les canonistes ont repris ces données. Ils n'ont
eu qu'à puiser dans l'histoire. Notons que les établissements religieux ne se forment qu'après autorisation,
mais non pas du pouvoir civil : non ; celle de l'Etat ecclésiastique est nécessaire et suffisante.

Le pouvoir civil dans sa faiblesse ne conteste point cette
prérogative de l'autorité spirituelle. Le moyen de le faire
au moment où l'Eglise prend les dehors et la nature de
la souveraineté temporelle et spirituelle ! — Elle dépos-
sède les rois, investit des prétendants, protège les peuples contre la tyrannie. Ses légats administrent dans chacun des Etats temporels, la fraction territoriale de l'Église
qu'il comprend, au nom du Saint-Siége, comme les gouverneurs de province autrefois au nom des Césars. Non seulement donc les établissements jetés par l'Église sur le monde
jouissent d'une personnalité morale, mais le corps principal qui leur a communiqué un peu de sa vie devient un
État souverain doué de la personnalité nécessaire qu'ont

les États. État souverain à caractère essentiellement international qui domine les autres et administre une fraction de chacun de leurs territoires, celle que couvre ses monastères, ses chapelles, ses bois, ses champs et ses vignes, par l'intermédiaire d'un légat aux pleins pouvoirs. Nous insistons sur ce point qui nous semble d'une capitale importance. En effet pour qu'il y ait établissement public, il faut une personne souveraine à laquelle il se rattache. L'Église remplit au moyen âge cette condition nécessaire. Nous nous trouvons donc pleinement en droit de considérer. comme vérité incontestée, le caractère que nous donnons aux ordres et congrégations.

Concluons sur ce point en disant qu'elles constituaient au moyen âge les prolongements de la souveraineté spirituelle de l'Église qui leur communiquait, avec l'impulsion directrice, la personnalité juridique, attribut essentiel de toute association, une fois mise en possession du droit de se réunir. Telle s'analyse au moyen âge la conception dominante de l'association religieuse dans l'esprit public. Sans doute avec le vaste mouvement féodal qui eut son apogée aux xiie et xiiie siècles, les clercs essayèrent à leur tour, profitant des idées régnantes, de transformer en fiefs les établissements ecclésiastiques.

Et en somme il parvinrent à leurs fins tant et si bien que la veille de la Révolution les bénéfices étaient devenus de véritables valeurs marchandes, dont on trafiquait ouvertement : accusation qui retentira souvent à la tribune des assemblées révolutionnaires. Mais l'office, c'est-à-dire le fond des choses, ne fut pas atteint. Les clers ne font jamais commerce que de la jouissance individuelle et viagère des biens religieux : la propriété « antérieure et indestructible » de l'Église est incontestée. Dans ces conditions, on peut dire avec le pieux et sage abbé Fleury (*institutes* 2ᵉ pratic. Cap. 23) que les biens de l'Église étaient demeurés « le prix des péchés et le patrimoine des pauvres » et qu'en somme leur nature juridique n'avait pas changé dans ses traits essentiels, malgré les modifications historiques.

Jusqu'ici nous n'avons parlé que de l'association en matière religieuse. L'association laïque sans but lucratif naissait, elle aussi, en même temps de l'anarchie spontanée, où la chute de l'empire romain plongea la société antique.

La première partie du moyen âge est toute pleine de ces groupements produits par la hantise, qui anima toujours l'homme de recréer le gouvernement quand il disparaît. Acteurs, bretteurs, mendiants, basse et haute noblesse, paysans malgré l'oppression seigneuriale, tout s'organise en associations. Parmi ces réunions plus ou moins puissantes signalons-en surtout une qui eut en France une très grande fortune. Nous voulons parler de la confrérie. Ses débuts que des érudits placent dans les coutumes germaniques remontent très haut dans l'histoire. Elle consistait en une association d'hommes liés par un serment commun et qui, à l'exemple des *sodales* romains, s'offraient les uns aux autres des repas de corps. Seulement un esprit de solidarité très vif les animait, au lieu des sentiments assez égoïstes en somme des *collegiati* de la tradition romaine.

L'Eglise prit assez vite ombrage de ces associations dont elle soupçonna l'orthodoxie et dont elle craignit la puissance. Quand avec Charlemagne le pouvoir social eut atteint un certain degré d'autorité, les évêques lui dictèrent la suppression des confréries que réalisèrent deux capitulaires successifs, l'un de 779 c. 16 et l'autre de 789. cap. 26. Peu obéies, ces prohibitions ne satisfirent pas l'Eglise qui mena sans cesse contre les confréries des grandes villes une lutte ardente, à peu près semblable à celle de l'Etat d'aujourd'hui contre les associations religieuses (1). Dans les campagnes. de mœurs moins frondeuses, les confréries ne suscitèrent pas les mêmes oppositions, et sous la direction du clergé séculier, elles réussirent à assurer tous les services d'assistance et de prévoyance dont la puissance publique se charge aujourd'hui ou directement ou par des établissements délégués. Leurs statuts, dit M. Siméon Luce (2), feraient honneur à nos sociétés cha-

---

(1) Voir par exemple une curieuse décision du synode de Rouen — en 1189. Chéruel, dict. des institutions. tome 1, page 230, *in fine,* col. 1. — « Il y a des associations, déclare-t-elle, qui se forment pour secourir leurs membres dans toute espèce d'affaires et même dans le négoce. La Sainte Ecriture a horreur de pareilles associations ou confréries. En conséquence, nous défendons sous peine d'excommunication qu'on fasse de semblables associations ou qu'on observe celles qui auraient été faites ». Ce texte curieux montre que le pouvoir, même ecclésiastique, se défie des associations.

(2) *La France pendant la guerre de Cent ans,* Hachette 1890.

ritables modernes, tant ils révélent de dévouement e
d'élévation de pensée.

Quoiqu'il en soit, malgré les prohibitions de l'Église,
dans les centres populeux, les confréries d'artisans eurent
une grande puissance dont les XIIIe et XIVe siècle marquent
l'apogée. Très souvent supprimées, elles n'en vivaient pas
moins à titre de sociétés de fait avec lesquelles le pouvoir
royal, par crainte de séditions, n'osait jamais aller jusqu'au bout de son droit (1). Le régime corporatif où l'industrie devait étouffer jusqu'à la Révolution trouva en
elles un dérivatif et une espèce de soupape de sûreté.

L'oligarchie des maîtres qui régna de plus en plus sur
les corporations à mesure que l'on marchait en avant dans
l'histoire, rendait par sa hauteur le groupement professionnel insuffisant à l'ouvrier. Il lui fallait une association

---

(1) Il serait très curieux de montrer comment peu à peu les confré-
ries à la fin du XIVe et au XVe siècle se rapprochent du pouvoir soit,
pour munir des confréries rivales, soit pour obtenir des privilèges, sans
s'apercevoir qu'elles paieront leurs démarches de leur liberté. Le pouvoir royal, petit à petit, étage par étage, préparait ainsi l'absolutisme
de Louis XIV et notre moderne tutelle administrative.
Voir par exemple *Revue historique*, année 1896, p. 260 et sq.,
l'intéressante histoire des deux confréries de sergents à pied et à cheval, du Chatelet. Elles s'adressent d'abord au prévot, puis au roi qui
leur accorde des mandements contre leurs débiteurs récalcitrants, la
permission de lever des cotisations, et enfin, les autorise à avoir un
procureur attitré pour plaider en justice. Ordonnance du 4 juin 1407.
Petits faits sans doute, mais singulièrement éloquents. En histoire,
tout s'enchaîne, et la confrérie qui réclame du roi la réduction d'une
dette de luminaires contractée vis-à-vis de l'Eglise où se célèbrent ses
messes patronales, annonce de loin l'établissement d'utilité publique
moderne accablé sous la protection de l'Etat.

d'égaux où il put se reposer de sa vie subordonnée et sans avenir. La confrérie la lui fournit. Grâce aux cotisations de ses membres, grâce à des dons de riches protecteurs, la ghilde ou confrérie possédait souvent un opulent patrimoine. Elle l'employait à des « frairies » et à des franches lippées les dimanches et les jours de fêtes. Besoin décidément primordial et vraiment de tous les temps ! Et puis elle s'achetait un terrain et se bâtissait un local qu'elle ornait, décorait et ciselait avec amour.

Nous en avons l'exemple à Gand, à Bruges, et en général dans toute la Flandre, où la situation géographique du pays et les accidents historiques déterminèrent au moyen âge un très vif mouvement économique, signalé par toutes les luttes et les opulences qui accompagnent la grande industrie. Les ghildes y jouèrent un grand rôle. La confrérie prenait place dans les fêtes et les émeutes, dans les processions et les sacrifices, derrière sa bannière ornée de l'image du Saint son patron. Il faut le dire en effet. En dépit du mauvais vouloir de l'Église et des intermittentes prohibitions du pouvoir, la confrérie ne séparait pas sa vie corporative de la religion. Les mœurs du temps le voulaient ainsi. Chaque association était vouée à un saint dont elle portait le nom. On désignait par exemple la Ghilde la plus célèbre de la Flandre par le nom de Ghilde de Saint Georges. Et toutes en France ainsi qu'en Belgique tenaient cette vieille coutume en honneur !

Les confréries eurent donc toujours une parenté au moins lointaine avec l'Église. Par là elles se rattachent

aux collèges de l'ancienne Rome. Ce qu'il importe de remarquer à leur égard dans cette étude juridique, c'est que,
la plupart du temps sans autorisation, elles existèrent néanmoins en droit et jouirent de la personnalité. Nous avons
avec elles un exemple d'une personnalité de droit incontestée, accordée à une société de fait, et lui permettant
de passer les contrats usuels, de se loger magnifiquement,
et, grâce à sa richesse, de jouer un grand rôle politique
dans l'histoire des cités urbaines et rurales.

Pour entrer au fond des choses, demandons-nous maintenant la nature exacte de cette personnalité. A notre sens,
elle s'explique par une imitation fidèle du droit féodal.
Les confréries, au milieu de tout un monde organisé féo-
dalement, prirent nécessairement et spontanément au milieu
ambiant leur étiquette juridique. Partout se développaient
alors les communes. Comme M. Luchaire l'a prouvé d'une
manière victorieuse la commune constituait une seigneurie féodale collective (1) régie par toutes les règles du fief
dans les idées feudistes.

Eh bien, ce cadre, la confrérie l'emprunta par une imitation qui allait d'elle-même, à la commune, à la vie de
laquelle elle participait d'une manière si influente. Semblablement à la Cité, elle se plaça dans la hiérarchie féodale et s'investit peu à peu sous la poussée de l'esprit général du temps de tous les attributs de la seigneurie. Elle
eut son sceau, ses armes, et sa bannière, à l'exemple de

_____

(1) LUCHAIRE. *Histoire des Communes sous les Capétiens directs*. Hachette, 1890.

tous les seigneurs féodaux. La commune avait voulu traduire extérieurement son union intime et sa puissance
politique dans sa maison de ville ou dans son église. La
confrérie aux ressources plus modestes l'imita, et ne pouvant édifier le donjon du baron ou l'Hôtel de Ville de la
Cité, elle se contenta de faire de son local un chef-d'œuvre architectural, et comme l'écrin délicatement ouvragé
des richesses corporatives. Si les procédés de réalisation
apparaissent différents, la conception juridique fondamentale s'affirme on le voit foncièrement identique des deux
côtés. Et le raisonnement, que fit sur les confréries la
conscience populaire, ne suscita ni controverses ni difficultés. Encore une fois, on contesta la légalité des inter-
ventions politiques de ces corps, on leur défendit bien
souvent de se réunir, mais de leur personnalité morale on
n'eut cure. Le droit public du moyen-âge véritable droit
international, ne mettait en jeu en effet que des groupes
dont il fallait concilier les droits. En présence d'une pareille situation, les juristes, à la suite de la réception du
droit romain, firent sans doute dépendre la faculté de se
réunir de l'autorisation du pouvoir social, mais n'en tin-
rent pas moins, pour un axiome certain, la personnalité
des corps et n'accordèrent même pas à l'opinion contraire
les honneurs de la discussion. Donc le droit médiéval,
après le droit romain d'ailleurs, traite la personnalité en
effet nécessaire et forcé de la réunion permise. La différence entre les deux époques consiste tout simplement en
ceci que, avec la faiblesse du pouvoir ou moyen-âge, la

plupart des associations vivaient et prospéraient sans aucune autorisation du pouvoir et que les principes restrictifs
de la législation des empereurs y jouaient uniquement le
rôle d'un texte de forme, appliqué par à coups pendant les
périodes de troubles.

En terminant sur les associations laïques, il nous faut
dire quelques mots d'une société curieuse toujours prohibée
par le pouvoir religieux et civil et néanmoins si vivace
qu'elle survécut à la Révolution et ne disparut complètement que vers le milieu de ce siècle : nous voulons parler
du Compagnonnage. Cette ligue itinérante des ouvriers
leur permettait d'aller chercher du travail là où l'offre
surpassait la demande et d'apprendre par un voyage circulaire en France tous les secrets de leur métier. Dans
toutes les villes où passaient les compagnons, une auberge
leur était réservée, où un mot de passe les faisait admettre.
L'Eglise reprochait à ces groupements des rites diabo-
liques et bizarres. Nous avons à ce sujet une curieuse décision : un espèce de réquisitoire de l'Université de Paris,
au xviie siècle. Dans cette déclaration solennelle les
docteurs de la faculté de théologie de Paris le 14 mars
1655 (1), décrivent toutes les profonations et les impuretés
de ces compagnonnages et en réclament la punition.

On le voit, l'église alors puissance souveraine luttait contre l'esprit d'association dont elle réclame la propagation
aujourd'hui, et prône les bienfaits.

(1) Collection des meilleures dissertations relatives à l'histoire de
France, par C. le Ber, tome IX, p. 472 et sq.

Tant il est vrai que tout état craint toujours ce coup de poignard dans le dos auquel, dans son langage expressif et pittoresque, L'Hôpital comparait la formation d'associations puissantes. Ces compagnonnages ne nous retiendront pas plus longtemps. Leur capacité juridique en effet se résume dans la possession de cotisations et d'auberges ; elle n'a pas l'étendue de celle des établissements religieux et des confréries.

L'Université de Paris et celles de province furent aussi au début des associations sans but lucratif à personnalité morale. Une bulle célèbre du pape Innocent III accorde en 1208 à l'Université de Paris, la faculté d'agir en justice à titre d'universitas par l'intermédiaire d'un *syndicus* ou *actor*. C. 7. X. 1. 3. 8. Et pour toutes au reste ce fut là la conception juridique première. Elles n'y restèrent pas et devinrent rapidement de véritables établissements publics sur le caractère laïque ou ecclésiastique desquels on discuta beaucoup au XVIe siècle, mais dont on ne nia pas le caractère d'établissement, qu'elles n'ont depuis lors plus perdu dans le droit public de l'ancien régime, et que la loi de 1896 vient de leur rendre à l'heure actuelle, après la loi de 1893, créatrice du corps des Facultés.

Tel est esquissé à grands traits le tableau que l'on peut tracer de la nature et du fonctionnement juridiques de l'association au moyen âge. Nous ne rencontrons pas encore là cette fiction de personnalité physique dont aujourd'hui tout exposé de principes ne peut se passer. Nous avons des

établissements d'un état spirituel souverain et de petites
seigneuries locales. Rien de plus.

Le pouvoir royal, une fois la puissance spirituelle sortie victorieuse de la grande lutte qu'elle soutint contre
les prétentions théocratiques de la Papauté, se tourna contre les établissements de l'Eglise et par des mesures législatives essaya d'arrêter le flux toujours croissant de la
mainmorte. Ce travail traditionnel dans l'histoire du droit
français se manifeste tout d'abord dans les coutumiers.
Le très ancien coutumier de Normandie, cap. 37, § 4, 5,
et 6 ; 89, § 1 (2ᵉ partie), décide que l'on ne peut disposer
que d'un tiers en faveur de l'Eglise. Le Grand Coutumier
de Normandie, cap. CXV, va plus loin. Il exige, pour la
donation, l'autorisation du prince.

La coutume d'Artois exige aussi en pareil cas le consentement du seigneur haut justicier.

Ici, on le voit, apparaît l'idée que les communautés et
établissements ecclésiastiques ne peuvent *accroître* sans
l'autorisation du pouvoir. C'est une première mainmise
de l'autorité temporelle. Dans le comté de Flandre elle
ose plus encore. Le comte Guy de Dampierre, dans une
lettre qu'il adresse aux échevins de la ville de Bruges à
propos du célèbre hôpital Saint-Jean, où fut soigné « Mem-
ling », impose aux ordres religieux l'obligation de « se vider les mains de l'immeuble acquis à titre gratuit, endéans
l'an et jour ». Ainsi on réussit, par cet ingénieux système, à
empêcher toute mainmorte future, puisque au bout d'un
an le bien, bon gré mal gré, doit retourner à la circulation

dont il était temporairement sorti. Les statuts d'Arles et de Montpellier reproduisent, en les aggravant encore, ces habiles dispositions. La Coutume de Toulouse, article 144 (édit. Tardif.) et celles de Lorris Orléans et de Berry réformée, (Bourdot de Richebourg, tome III), consacrent le système plus original de l'homme vivant et mourant. Chaque communauté religieuse choisit un de ses membres qui l'incarnera vis-à-vis du fisc et permettra à ce dernier de ne pas plus perdre de ses droits qu'avec une personne physique.

Grâce à l'intervention de ce personnage assez singulier, le seigneur ou le roi pourront exercer les droits de relief, de retrait féodal, etc., auxquels donne lieu l'ouverture de la succession d'un fief. Certaines coutumes obligent même les gens de mainmorte à fournir un homme vivant mourant et confisquant, dont la faute ou le crime permettra le cas échéant, la confiscation du fief. Tous ces procédés curieux montrent avec quelle adresse pratique l'autorité civile luttait alors contre les corporations de mainmortables.

Plusieurs arrêts des *olim* nous font assister à des procès où se discute toute cette fiscalité, aux prises avec des abbayes et des communautés. Le Parlement, composé de légistes foncièrement hostiles à la mainmorte, ordonne aux communautés la plupart du temps de se vider les mains, endéans l'an et jour.

Bientôt les ordonnances et les édits royaux vinrent donner force législative à ces règles qu'avait consacrées la Coutume. Philippe III le Hardi, suivant les idées de son père, l'étonnant roi qui sur bien des points anticipe sur son siècle et nous donne des lois d'une tournure toute moderne, codifie le droit coutumier dans l'ordonnance de 1275.

Aux termes de ce célèbre document législatif, les biens possédés depuis 30 ans par les corps ecclésiastiques échappent à toute recherche ultérieure. Sont astreintes par contre au paiement d'une somme d'argent équivalente à 1, 2 ou 3 ans de revenus, les propriétés acquises depuis moins de 30 ans et dont le corps ne s'est pas dessaisi, comme le voulait la Coutume. Philippe le Hardi obéissant à ses tendances ordinaires de fiscalité, transforme la prohibition des acquisitions *in perpetuum* en une source de gains pour le fisc. Au lieu de forcer les communautés à se vider les mains dans un certain délai, il leur vend la permission de conserver leurs acquisitions. Cette opération, la langue juridique du temps l'appelle *l'amortissement*.

D'abord restreinte aux acquisitions de fiefs à titre gratuit, elle s'étend aux alleux et aux censives et frappe les acquisitions à titre onéreux. Les rois postérieurs à Philippe le Bel augmentent sans cesse le taux du droit d'amortissement, qui finit par atteindre parfois la valeur vénale de l'immeuble amorti. L'Eglise protesta naturellement contre ces procédés du pouvoir royal. Boniface VIII notamment les censura avec véhémence dans sa fameuse bulle *clericis laicos*.

Ces réclamations furent vaines. Le pouvoir royal avait trouvé un nouvel impôt et il ne renonçait pas facilement à de pareilles inventions. D'ailleurs l'Eglise cessa bientôt de protester et probablement avec sa souplesse de casuistique, elle réussit à trouver le moyen de soustraire ses patrimoines à l'amortissement. Nous arrivons ainsi aux temps modernes. Aussi bien les idées ne changent pas. Le pouvoir royal y développe simplement les conceptions du moyen âge, seulement sa force incontestée lui permet cette fois d'imposer l'exécution de ses édits et de ses ordonnances, et de porter au droit d'association des coups si décisifs que la Révolution n'aura que peu à faire pour parachever cette œuvre.

La période dont nous commençons l'histoire est dominée tout entière par les souvenirs du droit romain. Les glossateurs et les romanistes des XIV⁰ et XV⁰ siècles rencontrèrent, à la faveur de l'ardeur d'exégèse provoquée par la réception du droit romain, les textes que nous connaissons.

Le fragment 22 *de fidejussoribus,* le seul texte romain où l'on rencontre une analogie exprimée entre la personne morale et la personne physique les frappa beaucoup. Leurs savants commentaires en tirèrent aussitôt la notion de l'universitas, fiction de personne civile. La fiction apparaît consacrée par Cujas, par Balde, par Salicet, par le président Favre, et par les Pandectes de Pothier. Oubliant les mœurs de Rome dont il ne faut jamais séparer la lettre de ses institutions, ces juristes crurent de très bonne foi, et firent partager cette croyance à la doctrine d'alors, que la création artificielle de la notion aride de la personnalité-fiction était l'œuvre des Romains.

Ce qui facilita l'essor de cette nouvelle fiction inventée par les interprètes, ce fut la large prospérité commerciale en Italie, au début des temps modernes des sociétés en nom collectif et en commandite, les seules qu'on connût alors.

Les commercialistes italiens, entre autres les Straccha et les Scaccia, creusèrent avec une finesse subtile la nature juridique de la Société commerciale et arrivèrent à cette conclusion formulée par Straccha dans un texte qui fait image, *societatis est corpus mysticum ex pluribus nominibus conflatum. Decisio rotæ genuæ* VII, 9, 10. Ce corps mystique formé par la réunion de plusieurs noms, ou raison sociale, passa de plein pied du droit commercial dans le reste du droit. On tira de l'enseignement des juristes italiens, cette idée désormais culminante, que la personnalité morale est le résultat d'un effort d'imagination analogue à celui qui crée les mythes et développe l'empire de la fable. On fit de cette notion juridique une entité toute métaphysique.

L'idée une fois fixée en ses traits essentiels demeura dans la tradition historique. Au xviie siècle les juristes qui approfondirent le droit des gens confondu par eux avec le droit naturel, tracèrent toute une théorie de la personnalité-fiction. Püffendorf poussa le plus loin l'analyse. Selon lui, la personnalité, même celle de l'être physique, est une

fiction, une abstraction : elle ne constitue pas autre chose
que la réunion de certaines obligations et de certains
droits rapportés à *une persona moralis*, à un sujet. Le
droit ne se préoccupe pas de l'existence physique ; il ne
raisonne que sur cette personne morale. Cela posé, il y a
des personnes juridiques simples, les individus, et des personnes composées, les associations. Dans cette seconde
hypothèse les individus réunis, quelque soit leur nombre,
n'ont plus qu'une seule et même volonté, ou au moins
sont censés n'en avoir plus qu'une seule et ne produire
plus qu'une unique action. De là Püffendorf conclut que
dans ces personnes composées, où plusieurs êtres juridiques simples réunis par quelque liaison morale, ne forment plus ensemble qu'une seule et même personne, il
arrive que la Société a certains biens ou certains avantages
qu'aucun des membres de ce corps ne saurait légitimement
s'attribuer en son particulier.

Cette puissante tentative de systématisation d'un juriste
aujourd'hui un peu trop méconnu, arrive, comme on le
voit, à peupler le droit de fictions et d'abstractions et à
en faire le véritable royaume des ombres. Elle annonce
déjà les procédés de raisonnement de l'école de Rousseau
et, au demeurant, on accuse quelquefois Rousseau d'avoir
tant soit peu dépouillé Püffendorf. Le danger de ces raisonnements éclate manifestement : ils conduisent, en réduisant les personnes à des abstractions gouvernées par
la plus pure logique, à tous les excès du dogmatisme jacobin et à la négation de la liberté, en conclusion dernière.

Ce système de Püffendorf, qui anticipait vraiment sur l'avenir, n'attira guère l'attention de l'ancien régime. Rousseau seul s'en servit largement et en tira cette conclusion que, puisque dans les personnes composées, la volonté individuelle abdiquait devant la volonté unique de la fiction, il fallait supprimer dans un état vraiment libre ces personnes auxquelles les êtres juridiques simples sacrifiaient une partie de leur volonté et de leur indépendance d'action. Et le livre II, chapitre III du contrat social déclare qu'entre l'individu et l'état rien ne doit exister.

Montesquieu est moins radical. L'esprit des lois livre 25 chapitre V, consacre quelques lignes curieuses aux « bornes que les lois doivent mettre aux richesses du clergé ». Il insiste sur la perpétuelle destination des biens ecclésiastiques. Et il ajoute avec cette ironie froide qui n'abandonne jamais l'auteur des lettres persanes, « effectivement on ignorera toujours parmi nous quel est le terme après lequel il n'est plus permis à une communauté religieuse d'acquérir. » — « Ces acquisitions sans fin paraissent aux peuples si déraisonnables, que celui qui voudrait parler pour elles serait regardé comme imbécile ». La relative prospérité de la France est due en partie, continue Montesquieu, au droit d'amortissement. Et il termine par ces belles paroles qui constituent encore l'idéal législatif en cette difficile question.

« Rendez sacré et inviolable l'ancien et nécessaire domaine du clergé, qu'il soit fixe et éternel comme lui, mais laissez sortir de ses mains les nouveaux domaines. »

Nous constatons en somme chez Montesquieu une idée plus fine et plus sage que celle de Rousseau, une idée non de destruction brutale, mais de sage limitation. Il y a là une vue originale et que nous retrouverons dans beaucoup de théories juridiques modernes. Elle était trop modérée pour le législateur révolutionnaire, qui préféra tout détruire.

Mais quittons ces théories générales des xvii et xviiie siècle, pour l'analyse des conceptions pratiques du droit d'alors. Elles ne différaient guère de celles qui animaient les jurisconsultes romains. On ne s'inquiétait alors nullement en droit public de la concession de la personnalité par l'état. Le pouvoir administratif s'occupait seulement des faits de réunion et d'assemblée. Ces faits exigeaient pour ne pas entraîner des poursuites criminelles, une autorisation préalable du pouvoir. La doctrine, à cet égard, bien arrêtée considérait la nécessité de l'obtention de cette autorisation comme un axiome trivial de droit (1), (expression de Merlin dans son répertoire paru en 177, 5, V° personne morale).

(1) Avant ces auteurs relativement recents, Loysel disait déjà. *Maximes*, livre III, tit. 4, max. 23 : « L'on ne se peut assembler pour faire corps de communauté sans *congé* et *lettres du roi* ».

Et quelque temps après lui, le président Cardin le Bret. *Traité de la Souveraineté du roi*, paru en 1632, proclamait plus clairement encore et avec une sécheresse tranchante « qu'on ne peut édifier de nouveaux monastères ni instituer aucune nouvelle congrégation sous prétexte de religion ou autre cause sans la permission du roi. »

Dans CORRÉARD, choix de textes pour servir à l'étude des instit. page 39.

Voir aussi *Traité des personnes* de POTHIER, édit. BUGNET, tome 9, p. 78. n° 219, où la théorie prend une définitive précision.

Quant à la personnalité morale, elle découlait sans effort, avec une pleine liberté, de l'habilitation obtenue et un texte de Domat dans son droit public, liv. I, titre XV, section II, torturé énergiquement par Laurent pour lui faire soutenir que la personnalité dérivait de l'état sous l'ancien régime, ne parle que de réunions illicites et nullement de personnification non obtenue du roi.

Citons ce texte. Il est décisif contre ceux qui l'invoquent en faveur de la personnalité création de l'état. « La première règle de l'ordre et de la police des communautés nous dit-il, est qu'elles sont établies pour le bien public, par l'ordre et la permission du prince. Car comme il a été dit en son lieu toutes assemblées de plusieurs personnes... sans cet ordre ou cette permission sont illicites ». Dans la section II suivante, le grand juriste enseigne en se fondant sur la loi 22 *de fidejussoribus* et la loi 20 *de rebus dubiis* que les communautés tiennent lieu de personnes et que leur union fait qu'on les considère comme un seul tout. Voilà deux passages qui sont caraétéristiques. Ils ne semblent même pas penser à un rapport de cause à effet qui pourrait exister entre l'état et l'incorporation. Ce rapport ne paraît pour eux relier l'un à l'autre que le *jus coeundi* et le pouvoir social.

Domat du reste, dans le livre I, section II, titre II, n° 14, insiste sur ces principes indiscutables de notre ancienne législation. « Toutes assemblées de plusieurs personnes non autorisées sont illicites, explique-t-il, à raison du danger qu'amènerait leur liberté, qui pourrait avoir pour résultat quelque entreprise contre l'ordre public. Même s'il y a juste cause, il faut une approbation du souverain... ce qui rend nécessaire l'usage des permissions pour établir des corps et communautés ecclésiastiques régulières ou séculières, des chapitres, des séminaires, des corps de métiers, de confréries, des maisons de ville. Et il n'y a que le souverain qui puisse donner pareille autorisation ». Quant à la capacité civile des communautés autorisées, le n° 15 n'en recherche pas les caractères et la nature. Il ne s'étend que sur le droit d'amortissement. Chaque nouvelle acquisition, soit mobilière soit immobilière, exige une permission. « Car, allègue Domat, comme les communautés sont perpétuelles, leurs propriétés sont immuables et ne peuvent plus changer de maîtres. D'où il résulte que sans la nécessité à elles imposée d'obtenir des lettres d'amortissement les seigneurs perdraient leurs droits sur les héritages et le roi perdrait le service dû par les possesseurs d'héritages quand il convoque ses vassaux au ban. »

Domat s'arrête là. Il ne décrit pas plus longuement la personnalité juridique des associations autorisées par le roi. Et surtout il ne soutient pas un seul moment que le Souverain la crée de toutes pièces. Ce silence nous semble convaincant. Il juge la théorie de Savigny et Laurent. Il nous montre en elle non un système traditionnel, mais une construction de la logique moderne. Nos pères en effet moins heureux que nous ne connaissaient point la beauté de la théorie moderne qui fait gravir successivement à une société, pour arriver à la personnalité officielle, et l'habilitation de police et la reconnaissance d'utilité publique.

Toutefois ces gradations subtiles qui flattent délicieusement cet amour de la distinction claire et symétrique, que nous avons hérité de la philosophie du siècle passé, avaient leurs antécédents historiques dans l'ancien régime. Elles viennent en droite ligne des démêlés ardents de l'Etat et des congrégations à la fin du xviiie siècle. En 1761, et jusqu'en 1765 même, les arrêts se succèdent, dans les parlements, contre la Compagnie de Jésus. La faillite du père Lavalette menace d'entraîner celle de l'ordre. Les juristes soutiennent avec ardeur en s'appuyant sur les textes et l'esprit du droit français les prérogatives de l'Etat. Des arrêts de dissolution répétés, et l'approbation du pape lui-même, leur donnent raison. La guerre juridique et administrative se double d'une guerre fiscale contre toute mainmorte qui depuis l'édit de Daguessau d'août 1749 (1) (Isambert tome 22, page 230) ne s'arrête plus. Analysons brièvement ce célèbre édit d'août 1749.

Il pose d'abord en principe qu'aucune congrégation, ne

(1) L'ordonnance de 1666 avait précédé celle de 1749 Elle était l'œuvre du chancelier Séguier.

Elle posait des principes tellement restrictifs que la Convention ne les aurait point désavoués.

Aucune communauté, édictait-elle, ne peut se former sans autorisation, même sous prétexte d'hospices ou de prières.

L'administration a le droit d'opposition suspensive.

Peu appliquée, l'ordonnance de 1666 tomba dans l'oubli. L'édit de 1749, moins d'un siècle après, fut obligé à cause de cette désuétude de la revoir, de la corriger, et de la considérablement augmenter.

peut, sous quelque prétexte que ce soit, se former sans des
lettres-patentes du souverain enregistrées aux Parlements
ou aux cours supérieurs. En outre, une fois autorisées, les
communautés religieuses ont besoin, pour accroître et
acquérir de la permission du roi. Ce n'est pas tout. Aux
mesures préventives déjà rigoureuses viennent se joindre
des mesures répressives bien plus sévères encore.

Les articles 1º et sq. de l'ordonnance permettent aux
enfants et aux présomptifs héritiers de réclamer même du
vivant du disposant les biens indûment donnés ou aliénés.
Si les héritiers n'usent pas dans un certain délai du droit
qu'on leur reconnaît, les biens doivent être vendus au
plus offrant et dernier enchérisseur, pour le prix en appartenir à l'État. Et la nullité qui frappe tout acte translatif de propriété au profit d'un établissement religieux
non autorisé est telle que ni prescription ni renonciations
ne sauraient lui être opposées (article 9 de l'édit). Jamais
on ne fit œuvre plus savante et mieux agencée contre la
mainmorte irrégulière et occulte.

Les « prétendues » congrégations, ainsi qu'on nom-
mait alors les communautés non reconnues ne s'en rele-
vèrent pas et la Révolution eut peu à faire pour les
abattre définitivement.

Tout ce droit de surveillance constante et minutieuse
que le pouvoir royal s'accordait vis-à-vis des communautés religieuses annonce de loin la moderne théorie de
la personnalité créée par l'État. De la tutelle en effet on
peut passer logiquement à la personnification. On y ar-

riva au moyen d'une institution intermédiaire, celle des compagnies de finance, de commerce et d'industrie dont parle l'article 529 du Code civil. Elles constituent dès le xvie siècle, où elles apparaissent, l'ébauche de nos sociétés commerciales par actions. Ainsi qu'à Rome les sociétés de publicains et d'exploitation minière, elles appartiennent essentiellement au droit public dont elles ne se détachent pas encore, soit au point de vue économique, soit au point de vue juridique.

Les premières que nous voyons se former sont des sociétés de dessèchement autorisées par Sully qui leur concède tous les droits de personnalité et la moitié du territoire desséché. Sous cette forme primitive nous avons, on le voit, une concession de travaux publics et de quelques droits régaliens.

Au xviie et au xviiie siècle surtout les compagnies se multiplient. Elles ne visent plus qu'accessoirement les travaux publics : leur objectif principal devient surtout la création et l'exploitation des colonies. L'Etat passe avec les compagnies coloniales un traité analogue à celui que l'Angleterre par exemple a passé dans le sud de l'Afrique avec la Chartered Company, ces derniers temps. En échange d'un fermage il démembre en leur faveur une partie de sa souveraineté et leur concède, outre des territoires et la personnalité morale, le droit d'entretenir une armée et d'administrer les domaines conquis. Ces traités successifs d'Etat à compagnie habituèrent les esprits à voir le gouvernement accorder en même temps à un corps par des lois spéciales, non seulement la réunion licite, mais encore et surtout la personnalité morale. L'idée était jetée. La Révolution allait la faire germer. Elle supprima d'abord les compagnies, puis les rétablit à la charge d'autorisation et le principe passa ainsi dans le Code de commerce.

Il devait disparaître au milieu de ce siècle. Mais l'institution de la compagnie, cumulant les attributions de nos associations syndicales de nos sociétés commerciales et des sociétés anglaises actuelles de colonisation, et en outre investie d'une part de souveraineté, avait servi de trait d'union entre le droit de l'ancien régime et le système de Savigny, en vertu duquel l'Etat débite la personnalité comme les allumettes et les poudres à feu !

L'évolution d'idées que nous venons de suivre nous conduit à la Révolution. Quelques années avant elle, Turgot en 1776 avait supprimé, dans un édit resté d'ailleurs sans application, les corporations professionnelles, les jurandes et les maîtrises et prescrit la vente de leurs biens et l'attribution du prix ainsi obtenu *deducto ere alieno,* non pas à l'Etat, ainsi qu'y conduirait aujourd'hui le système de Savigny, mais aux associés *ut singuli.* Décision qui prouve en passant que la théorie de la suprématie de l'Etat sur les corps n'était pas encore arrêtée et que le pouvoir ne s'attaquait qu'à leurs assemblées et non à leurs biens. Quoiqu'il en soit, cette mesure annonce déjà la Révolution et la tourmente où périra le droit d'association, sinon en totalité, au moins en grande partie.

La révolution ne fut pas hostile à l'association sans
but lucratif en général. Elle vit avec faveur à ses débuts
une certaine forme de l'association désintéressée : le club.
Dès 1788 le duc d'Orléans avait fondé le club dit des Enra-
gés, grand foyer d'agitations « parlementaires ». Les
arrêts les plus hostiles au pouvoir royal s'y préparaient à
l'avance. Aussitôt la réunion des états généraux, se forme parmi les députés le club des Bretons. Peu à peu il
étendit son action. Beaucoup d'individus étrangers au Parlement s'y affilièrent. Il suit l'assemblée à Paris et y devient la société des amis de la constitution, plus connue
sous le nom de club des Jacobins. En retracer l'histoire
c'est retracer l'histoire de la Révolution elle-même. D'après
l'article 1 de son règlement il discutait d'avance les questions qui devaient être décidées dans l'assemblée nationale. L'article 14 ajoutait ce correctif : les discussions ne
gêneront aucunement la liberté des membres du club dans
l'assemblée nationale. Mais cette prescription restait purement théorique. Et les gazetiers de l'opposition nous
présentent comme une règle sans exceptions la conversion en décrets de l'assemblée des motions du club des
Jacobins.

Progressivement les amis de la constitution étendirent
leur influence. Dans chaque district ils eurent des succursales. Ce fut vraiment l'âge d'or de l'association politique. Leur exemple naturellement fut suivi. Et contre
eux surgirent de toutes parts des groupements adverses.
Le club de 1789 composé des constitutionnels rivalise avec

les amis de la constitution. La minorité fonde une infinité de clubs : les capucins, les impartiaux, le club monarchique, etc. L'assemblée, tyrannisée par ces sociétés qui escomptent d'avance des décisions n'ose les supprimer de peur d'impopularité. En réalité, ce mouvement d'union politique fait le plus grand mal à la révolution et en cause les excès. L'assemblée nationale ne favorise que cette seule forme d'association (1). Dans un décret de circonstance des 21 octobre, — 19 novembre 1790, elle déclare que les citoyens ont le droit de s'assembler paisiblement et de former entre eux des sociétés libres à la charge d'observer les lois qui régissent tous les Français. En conséquence, conclut le décret, la municipalité de Dax doit cesser de troubler la Société des amis de la constitution formée en cette ville, lui permettre de continuer ses séances, et enfin lui rentre ses papiers.

On a essayé (2), en s'appuyant sur le préambule pompeux

---

(1) Une preuve entre mille de l'indulgence vraiment paternelle qu'eurent toujours les constituants pour les Sociétés politiques. Le 30 août 1791 à l'assemblée, les représentants Prieur et Dandré soutiennent avec une ardeur entraînante que les soldats doivent faire partie des sociétés populaires et politiques. Qu'on ne parle pas des exigences de la discipline militaire ! Elles le cèdent à la suprême utilité des clubs où les soldats apprennent à ne pas se laisser duper par les dehors du patriotisme. Les deux députés ont gain de cause et le grave Chapelier convertit leur avis en une motion votée, d'enthousiasme, à la presque unanimité. Il est à croire que si les constituants avaient connu les inscriptions de Numidie, nous montrant des associations d'officiers romains, il y aurait eu entière unanimité.

(2) Entre autres, M. Gabriel ALIX. *Article de la Réforme sociale*, année 1893.

de ce décret, de vanter le libéralisme des constituants vis-
à-vis de l'association. La fin du document suffit, il nous
semble, à réfuter ces essais d'apologie. Il s'agit là tout
simplement d'une loi d'occasion édictée dans le seul but de
plaire aux clubistes. Des décrets des 10 et 18, 22 mai 1791,
et des 29 et 30 septembre, 9 octobre 1791 (1) s'efforcèrent
trop tardivement de restreindre en ses justes limites, le
droit d'association en matière politique. Ce fut en vain.
L'autorité des clubs ne fit guère que grandir. La loi du 13
juin 1793, rendue à propos de l'arrestation des membres
d'une société populaire de Toulouse, s'exprime en son article 2 d'une manière très significative à ce sujet : « il est fait
défense aux autorités constituées de troubler les citoyens
dans le droit qu'ils ont de se réunir en société populaire ».
Heureusement la réaction était proche. Elle trouva enfin
son expression dans la loi du 6 fructidor an III. Confirmant
les dispositions déjà menaçantes de la Constitution du

(1) Ce dernier décret est on ne peut plus intéressant. Il interdit aux
sociétés populaires de mander les fonctionnaires à leur barre, d'arrêter l'exécution des actes de l'autorité, et de présenter des pétitions collectives. DUVERGIER, tome 3, page 516 et sq. L'assemblée y fait annexer un assez long rapport du Comité de Constitution, où timidement
et humblement, elle s'excuse des mesures qu'elle prend. Après avoir
couvert de fleurs les Sociétés populaires, le Comité représente qu'elles
sont contraires au principe sacro-saint, voulant « qu'il n'y ait que le
corps social et les individus », et qu'elles forment des associations bien
plus dangereuses encore que les corporations. « Encore une fois les
intentions des clubistes sont pures, mais quelques personnes les éga-
rent. L'assemblée nationale, avant de se séparer, tient à adresser un
pressant appel à la raison et au patriotisme des sociétés populaires. »
On sait comme il fut écouté.

5 fructidor, elle dissout les clubs et sociétés populaires et ordonne le dépôt de leurs clefs, registres et papiers au secrétariat des maisons communes (art. 1).

La Convention avant de se séparer, reconnaissait elle-même ses erreurs. Ainsi finit la participation des chefs au gouvernement. En 1848, elle reparut quelque temps (1). Un décret de 1852 supprima définitivement sous des jeûnes sévères ces assemblées populaires. Aussi bien nous n'avons pas à insister sur leur histoire.

La capacité juridique qu'elles possèdent aux jours de liberté se borne en effet à la possession d'un local et de quelques objets mobiliers. De leur patrimoine, on se préoccupa peu ou pas. Leurs réunions et leurs discussions attirèrent seules l'attention des lois et des juristes. Il importait toutefois d'en parler pour montrer l'erreur profonde où est tombé M. Alix en prêtant aux assemblées révolutionnaires nos idées actuelles favorables à l'association.

_____

(1) Les clubs, disait une proclamation du gouvernement provisoire du 19 avril 1848, sont pour la République un besoin, pour les citoyens un droit.

L'agitation des clubs grandit tellement que l'on fut obligé très rapidement de voter le décret des 28 juillet, 2 août 1848, règlementant leurs réunions et interdisant les sociétés secrètes.

Les tristes souvenirs laissés dans l'histoire par les associations politiques, ont fait un mal infini au droit d'association en France. Ils ont habitué l'opinion à considérer les sociétés désintéressées comme une arme d'opposition politique et non comme un instrument fécond de paix et de progrès. Ce danger disparaîtrait à notre avis, si on accordait aux associations la possession d'un patrimoine conforme à leur but. La propriété, en effet, assagit et elle conduit presque toujours les associés à préférer les réalités de la vie aux mirages des rêves sociaux !

L'examen, auquel maintenant nous allons nous livrer, des associations à patrimoine, achèvera de dissiper cette illusion. Nous parlerons d'abord des sociétés
scientifiques et littéraires, puis des sociétés de secours
mutuels et d'assistance, à propos desquelles se révèle
surtout l'esprit niveleur des révolutionnaires, et enfin des
ordres et congrégations dont on nationalise le patrimoine
après des discussions très intéressantes. que nous aurons
à exquisser brièvement.

Les sociétés littéraires scientifiques et artistiques ne
trouvèrent pas grâce devant la Convention. Un décret des
8, 14 août 1793, les supprime. Un autre du 6 thermidor
an II réunit leurs biens à l'état et déclare leurs dettes « nationales ».De pareilles dispositions législatives s'expliquen t
par la conception jacobine de l'Etat, seul dispensateur des
lumières, de 'la science des lettres et des arts. On n'admet
pas alors en ces matières d'intérêt général le libre jeu des
initiatives privées. La Constitution du 5 fructidor an III
devait revenir à une vue plus juste des choses. Après avoir
créée l'institut, elle proclame dans son article 300, le droit
pour les citoyens de former des sociétés libres pour con-
courir au progrès des sciences, des lettres et des arts.
Pas un mot sur la capacité juridique. Dès lors, suivant
les idées de l'ancien régime encore en vigueur sur ce point
spécial, elle devait ne pas soulever de contestations. Elle
demeurait libre comme le groupement scientifique ou littéraire. On le voit : la Convention avertie enfin par la Terreur prit avant sa dissolution d'heureuses décisions. Mal-

heureusement Napoléon allait, par l'article 291 du Code pénal supprimer ces quelques concessions libérales.

Sur le terrain de l'industrie les assemblées révolutionnaires ne se relâchèrent jamais de leurs principes. Fidèles aux idées de Turgot et des économistes de son école, elles proscrivirent l'association professionnelle. La loi décisive et capitale à cet égard c'est la loi des 14-17 juin 1791. Partout on la cite aujourd'hui dans les ouvrages économiques. On parle peu de ses motifs, par contre, et on oublie de dire qu'ils visent les sociétés désintéressées, comme les associations professionnelles. Les voici. Le décret des 2-17 mars 1791 avait supprimé les corporations, les jurandes et les maîtrises. Pour la liquidation des biens corporatifs et le remboursement de la valeur des offices cette loi renvoyait à l'édit d'août 1776 de Turgot, et par conséquent adoptait sa conception encore hésitante des droits de l'état sur les personnes morales. Les ouvriers désormais isolés essayèrent de reformer les groupements abolis. Ils fondèrent des sociétés d'assistance et de mutualité. Ils tachèrent ainsi de suppléer, par des réunions en commun et une assistance réciproque, au vide subit que creusait autour d'eux la chute des antiques corporations.

On dénonce ce mouvement à l'assemblée. Chapelier présente un rapport (1).

Rien n'est plus curieux. Ce document nous fait saisir au vif les sentiments de ceux qui firent la Révolution. Citons-en des extraits. « Il n'y a plus de corporations dans l'État,

(1) Ancien Moniteur, tome 8, mardi 15 juin 1791.

s'écrie le député de Rennes, il n'y a plus que l'intérêt particulier de chaque individu et l'intérêt général. Il n'est permis à personne d'imposer aux citoyens un *esprit intermédiaire* et de les séparer de la chose publique par un
esprit de corporation... » Des sociétés se sont formées
entre des ouvriers dans le but d'organiser entre eux des
secours mutuels. Ce but n'est que spécieux, affirme Chapelier. Et il en donne pour preuve l'affirmation tranchante
que voici, où perce la logique à la spartiate alors tellement en vogue : « A la nation seule il appartient de secourir les malades et les infirmes. Il n'appartient point aux
particuliers de se charger de l'œuvre de l'État, d'autant
plus qu'en formant des Sociétés d'assistance, il nomment
des administrateurs et syndics et tendent de la sorte à faire
renaître les corporations définitivement abolies. Chacun
doit s'arranger seul avec son employeur. »

Une objection se présente invinciblement à l'esprit. On
se dit : peut-être le citoyen libre mourra-t-il de faim, drapé
dans sa liberté, ou sera-t-il forcé d'accepter un salaire insuffisant, malgré la pure logique de vos beaux principes.
Chapelier prévoit ce raisonnement. Il y répond ainsi :
« Sans doute le salaire pour assurer l'indépendance de
l'ouvrier doit excéder ses besoins nécessaires. Je le concède. Si cette condition ne se réalise pas, le citoyen n'est
plus libre, il devient presque esclave. »

On croirait qu'entraîné par ces concessions, Chapelier
va modifier sa thèse. Oh ! que non pas ! Sans paraître s'a-
percevoir le moins du monde du trouble que ses observa-

tions apportent dans l'harmonie de son système, il conclut brusquement avec une assurance hardie de logicien sûr de lui-même : « le prix du travail doit dépendre uniquement des conventions privées. » Et l'assemblée de voter d'enthousiasme après une discussion sans portée où l'on censure la ci-devant corporation des procureurs au Châtelet qui essaie de se reformer, le projet de décret présenté par le député de Rennes.

L'article 1ᵉʳ de ce décret de 14-16 juin 1791 vise toutes les associations professionnelles *même à but désintéressé*. Et l'article 2 est plus large encore. Il défend de tenir des assemblées et d'élire des syndics sur les intérêts prétendus communs. Joint à l'article 1 « *défendant de rétablir en fait sous quelque prétexte que ce soit les corporations anéanties* » ; ce texte, dans son vague menaçant, portait à l'association le coup de mort. De ce jour funeste datent toutes les entraves des régimes suivants. Il faudra probablement bien longtemps, avec le culte que professent encore tant de penseurs, à l'égard du bloc des immortels principes, pour revenir sur cette condamnation. En toutcas, n'en accusons pas trop Chapelier. Son rapport ne fait que traduire les idées régnantes. L'antiquité grecque et latine se défiait des groupements. Elle faisait de l'État l'unique organe des intérêts généraux, Roussseau lui-même avait proscrit les corps (Contrat social II. III), comme faussant l'expression de la volonté générale. Le moyen pour l'asssemblée de résister, à ce grand nom et à ces grand souvenirs ! Quoiqu'il en soit, cette loi des 14-17 juin 1791 nous paraît à jamais regrettable. Retenons en l'ampleur de motifs et la largeur d'expressions. Les économistes qui y font allusion n'insistent pas assez sur ce point. Notons aussi au passage cette affirmation de Chapelier : que l'État doit seul seul secourir les pauvres et soigner les infirmes. Nous allons la retrouver à propos des congrégations, auxquelles nous arrivons. Une pareille sentence raisonnable dans la bouche d'un Lycurgue ou d'un Solon, chef d'une minuscule petite cité, paraît bizarre en France devant l'immensité de l'œuvre de l'assistance publique.

Les révolutionnaires ne semblaient pas avoir le sens de l'abîme qui sépare la cité antique d'un grand état moderne. Nous supportons encore les conséquences de leur rationalisme transcendantal. Terminons sur ces associations d'assistance professionnelle, en faisant remarquer que privées de caractère licite, elles n'avaient pas tout naturellement de capacité juridique ou rien qu'une capacité de fait appropriée à leur existence de fait. (L'article 1 *in fine* de la loi emploie même l'expression de société de fait).

Des associations laïques passons maintenant aux associations religieuses. Les constituants réglèrent leur sort après celui de l'Église dont elles constituaient les établissements publics. Rien là que de logique. Le principal doit être résolu avant l'accessoire. C'est pourquoi l'assemblée commença par l'Église, et avant de s'occuper des ordres monastiques, tint à en finir avec les biens du clergé.

Le 10 octobre 1787 l'évêque d'Autun Talleyrand présenta son rapport à ce sujet. Dans ce document, il s'appuie sur la considération que voici : L'État a des droits sur l'existence des communautés religieuses, pourquoi dès lors n'en aurait-il pas aussi sur leurs biens ? Le premier des pouvoirs entraîne le second. Le rapport de Talleyrand fut suivi d'une longue discussion. Thouret surtout s'y distingua par ses raisonnements de juriste subtil.

Les individus, dit-il, existent avant la loi. Par contre les corps n'existent que par la société ; en les détruisant, elle ne fait que leur retirer la vie qu'elle leur a prêtée. Ils ne sont que des instruments fabriqués par la loi. Que fait l'ouvrier quand son instrument ne lui convient plus ? il le brise ou il le modifie. Procédons de même avec le clergé.

Supprimons-le en tant que corps (1). Et comme l'abolition d'un corps entraîne son incapacité complète de posséder, décidons que, le clergé ainsi que tous les corps et établissements de mainmorte est dès à présent et sera perpétuellement incapable d'avoir la propriété d'aucuns

---

(1) L'erreur des Constituants saute aux yeux. Jamais les biens ecclésiastiques n'appartinrent à une entité abstraite appelée l'Église de France, mais à une infinité de petits établissements religieux personnifiés. Le clergé supprimé, toutes ces individualités minuscules subsistaient donc intégralement. L'assemblée, au lieu de trancher d'un seul coup la propriété ecclésiastique, aurait dû donner autant de coups qu'il y avait ce corps distincts. M. Janet, dans un remarquable article de la *Revue des Deux-Mondes*, année 1877, critique très judicieusement cette conduite irrationnelle. Pour les ordres monastiques toutefois on ne commit pas la même erreur, on s'en prit à chacun des couvents et des monastères et on ne proclama pas leur suppression totale par l'effet de la dissolution du clergé « régulier » en tant que corps.

biens fonds et d'aucuns immeubles. Mais que faire de ces
biens ainsi rendus vacants ? La réponse ne saurait soulever de difficultés. « Puisque la nation a permis que le
clergé possédât, elle peut revendiquer ce qu'il ne possède
que par son autorisation ». Et l'assemblée vote un
décret mettant les biens du clergé à la disposition de la
nation.

Cette argumentation de Thouret marque d'une façon
saisissante le progrès de la théorie de la suprématie de l'État
sur les personnes morales. De la permission d'accroître
et du droit d'amortissement il passe brusquement à la personnalité, simple instrument, que l'État brise ou forge à
son gré. On s'explique dans ces. conditions, avec quelle
facilité, la théorie de Savigny a été adoptée chez nous. Elle
reprenait notre passé révolutionnaire. Dans cette si curieuse discussion sur le clergé Malouet avait jeté une note
plus originale. Il reconnaissait dans le droit la vérité de
l'analyse de Thouret. Dans le fait au contraire se deman-
dait-il à qui appartiennent les biens du clergé ?

Pas au clergé. Non. Malouet n'y pense point un instant.
Les biens d'un corps ne sauraient appartenir à ses membres. Le Digeste et tout le droit s'y opposent. Mais tout ce
patrimoine soustrait aux lois économiques, en réalité, est
affecté collectivement à l'entretien du culte et au soulagement des pauvres. Ces destinations le possèdent. Les ecclésiastiques ne sont que des administrateurs, des possesseurs. Toutes les lois, y compris l'édit d'août 1749 qu'on
invoque, ne changent rien à ces constatations. Elles ré-

glementent ou interdisent la faculté d'acquérir, mais elles n'entravent point celle de posséder.

Ces observations, d'une finesse si juste, devancent leur siècle. Il ne faudrait point les violenter trop pour en faire sortir les systèmes de Brinz et Bekker. Est-il besoin de le dire ? Elles ne convainquirent point l'assemblée.

La constituante considéra le clergé séculier comme un être artificiel que la loi avait autorisé et qu'elle pouvait supprimer. Elle admit en outre que l'entité disparue, l'Etat devait lui succéder et non les fondateurs ni les donateurs d'autrefois, ou leurs héritiers. La nation comme les agnats de l'ancienne Rome, hérite de ces corps en perpétuel état de minorité dont elle a géré la tutelle. Ou plutôt par une espèce de droit de retour, elle reprend les biens qu'elle a simplement tolérés en la possession des ordres religieux. Et puis comme le disait le 8 août 1789 M. de Lameth à la tribune : « Lorsqu'on fait une fondation, c'est la nation qui est dotée ». — La logique révolutionnaire, on le voit, prête de force une volonté conforme à ses principes aux fondateurs et comme le dit Turgot, elle secoue la cendre des morts, pour faire place aux vivants. Les débats dont nous venons de retracer l'esquisse nous montrent éloquemment la conception de la Révolution sur l'Église séculière.

Après avoir considéré au moyen d'un certain tour de force le clergé comme un corps moral et employé ses biens aux dépenses de première nécessité, l'Assemblée constituante s'attaqua ensuite aux couvents et aux ordres.

Leur nature juridique incontestée de personnes morales facilitait la tâche. D'ailleurs ils étaient condamnés d'avance. La fin du xviiie siècle leur avait été fatale. Un indiscutable relâchement de la vie monastique, surtout dans les communautés d'hommes avait attisé la verve de Voltaire, Diderot, Gresset et en général de tous les « philosophes ». A peu près dépeuplés, les établissements réguliers perdaient chaque jour du terrain dans l'opinion. La commission instituée en 1766, et l'effet des prohibitions sévères de l'édit d'août 1749 avaient amené déjà la suppression de beaucoup d'ordres. Cette œuvre, les constituants la continuèrent.

Le 17 juillet 1789, Treilhard avait déjà déposé son rapport sur les couvents et monastères. Il est imprimé par décision spéciale de l'assemblée. Mais il n'arrive à la discussion qu'en février 1790. — Il ne renferme guère que des déclamations ampoulées. La paresse et l'oisiveté ont succédé, déclare Treilhard, à l'humilité et à la vertu des pieux cénobites d'autrefois. » On doit supprimer toutes ces institutions surannées. Toutefois on laissera l'option aux ci-devant religieux entre la règle et le monde. Et on conservera leurs asiles aux religieux jaloux de mourir sous la règle.

Ces asiles, on les placera dans les campagnes ou les petites villes, séjours plus propres à rappeler aux congréganistes l'esprit de leurs pieuses institutions. L'opération aura en plus l'avantage de mettre à la disposition de la

_____

(1) Vide, ancien moniteur, nᵒ du vendredi 12 février 1790, p. 345 tome III.

nation les terrains possédés dans les grandes villes par les ordres. « Ressource précieuse et immense dans notre position critique ! »

Pour assurer la subsistance des religieux brusquement éloignés de leurs monastères, on leur servira une pension uniformément fixée à 800 livres. Ainsi disparaîtra la scandaleuse disproportion des communautés opulentes et des communautés réduites à la mendicité.

Tel est le rapport de Treilhard plutôt rédigé en fait qu'en droit, avec ce mélange singulier de positivisme pratique et de philosophie idéologique qui caractérise l'époque. Ses idées d'une forme assez violente, soulèvent les protestations de l'évêque de Clermont et de l'abbé Grégoire. Barnave répond à leurs discours. Plus de vœux, s'écrie-t-il. Ils violent la liberté humaine et la déclaration des droits de l'homme. On parle, ajoute-t-il, de services rendus aux pauvres et aux malheureux. Erreur funeste. « *Seule la société doit secourir les souffrants et les malades. Des corps étrangers à la nation ne peuvent être chargés de remplir ses devoirs.* » Cette affirmation à la Lycurgue soulève les « transports enthousiastes » des députés. Garat vient déclamer contre les vœux, qu'il proclame un suicide civil, un attentat à la vie civile et naturelle. La droite proteste longuement. Enfin, une intervention vigoureuse de Charles de Lameth décide du sort des débats. Sa péroraison où il s'étonne de voir les représentants de la religion s'indigner, alors qu'il ne s'agit, que de choses matérielles et de vils intérêts temporels et d'argent, entraîne le vote par acclamations de la loi.

Séance du 14 février 1790. Ancien moniteur, tome III,
pages 363, 362 et 363.

La nouvelle loi, remarquons-le, ne vise que les ordres
réguliers à vœux solennels. Jusqu'à nouvel ordre les autres congrégations échappent au jeu des principes exter-
minateurs, désormais posés, La loi Treilhard fut promulguée le 19 février 1790. C'est le décret des *13-19 février
1790.* Analysons brièvement ses principales dispositions.
L'article 1er déclare contraire à la loi constitutionnelle du
royaume les vœux monastiques solennels et proclame en
conséquence supprimés les ordres et congrégations dans
lesquels on fait de pareils vœux. La loi organise une option pour les membres des Communautés dissoutes. Ceux
qui quitteront leur cloître devant faire une déclaration
devant la municipalité du lieu et recevront une pension
convenable. Cette pension convenable annoncée par le
décret de 1790 fut fixée peu après par un autre décret
des 19, 20, et 26 février 1790.

Quant aux religieux qui ne voudront pas profiter des
avantages de la loi nouvelle, ils se retireront dans les maisons qui leur seront indiquées. Les religieuses pourront
rester dans celles où elles sont actuellement art 2, 2°, et 3.
Provisoirement, dit en terminant le législateur de 1790, il
ne sera rien changé, jusqu'à ce qu'il ait été pris parti sur
eux, aux établissements d'éducation publique ou de charité,
dont le clergé régulier assure le fonctionnement.

Telle est dans ses innovations essentielles la loi fondamentale de la Constituante sur les ordres et congrégations

à vœux solennels. Encore en vigueur aujourd'hui dans son principe, elle constitue, à leur égard, un droit commun rigoureux, dont la faveur gouvernementale les peut seule faire sortir.

La Constituante s'empara des biens ainsi laissés vacants.

Elle en avait un si pressant besoin ! Nous avons entendu au reste Treilhard l'avouer tout à l'heure avec une emphase ingénue. Désormais comme toutes les associations non politiques, les congrégations sont condamnées à la portion congrue du patrimoine de fait et de l'existence précaire, sans cesse à la merci d'une dénonciation, bientôt suivie d'une proscription.

Le décret de 1790 semble clair et formel. On vient néanmoins de tenter de l'interpréter autrement que nous. Selon M. Chénon (1), « le décret du 13 février 1790 n'était pas, sans doute, inspiré par une pensée de bienveillance pour les ordres religieux, mais il serait injuste de le présenter comme une mesure antilibérale ». Pour démontrer cette proposition, le savant professeur de la Faculté de Paris s'appuie sur les principes du droit de l'ancien régime, touchant la condition juridique des congréganistes .Avant la Révolution, la loi civile sanctionnait de son autorité et de son pouvoir de contrainte les trois vœux de pauvreté, de chasteté et d'obéissance. Le religieux qui quittait son monastère y était ramené *manu militari*.

(1) Histoire générale publiée sous la direction de MM. Lavisse et Rambaud, tome 8, page 512.

Eh bien, le législateur de la Révolution reconnait la
liberté individuelle des congréganistes. Il ne les force ni
à sortir du couvent contre leur volonté, ni à y rester malgré eux. Le couvent était auparavant une sorte de vase
clos, de corporation fermée. La Constituante l'ouvre
complètement. Les anciennes incapacités civiles qui frap-
paient les religieux n'auront plus de sanction. Ils deviennent de libres citoyens, au lieu des morts civils qu'ils
étaient, à peu de chose près, sous l'ancien régime. Et
voilà tout ce que fait la loi de 1790. Elle affranchit le
congréganiste des incapacités, qui annihilaient presque sa
capacité juridique, mais elle ne supprime pas les congrégations à vœux solennels, et elle ne les proclame pas non
plus illicites.

Les communautés cessent de former des corporations
légales, dont l'État se charge de faire observer les statuts
et les canons, mais elles continuent à former des associations licites. Telle est l'interprétation constamment donnée
par les contemporains, affirme M. Chenon et au surplus
les nombreux décrets des 19 mars 1790, art. 3, 8 octobre
1790 (1), 8 décembre 1790, 11 mars 1791, 13 mars 1791,
17 juillet 1791, art. 1-3, qui suivirent, lui confèrent une
irrésistible force. Tous s'occupent en effet minutieusement
des religieux qui optent pour la continuation de la vie
commune et organisent leur installation et leur groupement dans les monastères. D'où M. Chenon conclut au

(1) Titre I, article 16 et sq. et titre II.

rejet de la manière habituelle, et pour ainsi dire classique, d'interpréter le décret de 1790.

Malgré l'originalité et la puissance logique de cette argumentation, nous préférons nous en tenir à la traditionnelle interprétation de la loi Treilhard.

1° D'abord parce que les travaux préparatoires et l'ensemble de la discussion révèlent le désir de faire disparaître les congrégations à vœux solennels. C'est une considération sur laquelle, après tous les développements antérieurs, il ne nous semble pas nécessaire d'insister.

2° La loi de 1790 en outre se sert d'expressions significatives : « Sont et demeurent supprimés en France et sans qu'il puisse en être établis de semblables à l'avenir. » Nous nous demandons s'il y eut jamais termes d'un sens moins ambigu ?

3° Enfin les lois dont on parle et qui suivirent le décret des 13-19 février 1790, ne renforcent nullement l'opinion de M. Chenon. Elles se bornent à prendre des mesures provisoires pour assurer le vivre et le couvert des religieux, restés dans leurs cloîtres. La Constituante les répartit fort arbitrairement et sans tenir grand compte des ordres différents, auxquels ils appartiennent, dans des espèces de maisons de refuge. Dépouillés de leurs biens ils ne jouiront plus à la ville que d'un seul bâtiment et d'un jardin, et à la campagne que de six arpents de terrain (loi des 19-26 mars 1790 art. 3). Et encore ces retraites d'une importance plus que modeste, l'État les désignera arbitrairement là, où il l'entendra.

Un traitement, proportionné au nombre et à l'âge des
religieux, sera alloué à chacune des maisons de retraite. La
grande loi des 8-14 octobre 1790 précise encore, sur ce
point, la pensée des constituants. On réunira, prescrit-elle,
les ci-devant congréganistes, non d'après leurs ordres mais
d'après les traitements auxquels ils ont droit. Il y aura
au moins 20 religieux par établissement. Ils nommeront
une fois organisés, dans une assemblée qui sera présidée
par un officier de la municipalité, un procureur et un
économe. Et ils voteront un règlement, à l'éxécution duquel veilleront les officiers municipaux.

De pareilles mesures, minutieuses, et arbitraires sont
l'opposé du libéralisme. Elles arrivent à transformer les
couvents en clubs, dont les membres seraient pensionnai-
res. La règle particulière qui fait la force et constitue
l'âme d'une communauté disparaît avec cette réglementation ingénieuse. Nous n'avons plus d'ordres ni de congrégations devant nous, mais des institutions semblables aux
prytanées de la civilisation grecque, où l'on vit ensemble
très librement d'ailleurs, sous l'autorité d'un règlement
voté à la majorité des voix.

Il y a là une espèce de Constitution civile des monastères, dont on ne parle pas souvent, et qui est aussi curieuse
que celle du clergé. Les corps ainsi formés ne sont
plus que la caricature des couvents et des communautés
supprimées.

Sachons donc le reconnaître. Les congrégations à vœux
solennels ont, depuis 1790, cessé d'exister. L'habitation

commune que le législateur organise ne forme que la rançon de cette suppression. Ou bien c'est, si on le préfère, une
simple indemnité d'expropriation payée, moitié en nature,
moitié en argent. Quant aux communautés, découpées
suivant des principes absolument étrangers à leur but et
à leur mission, elles sont et demeurent supprimées. Il ne
reste plus que les individus comme le dit la loi du 13 février 1790, individus que l'administration place dans tel
ou tel établissement, et où bon lui semble.

Après le 10 août 1792, l'assemblée législative s'en prit
aux communautés à vœux non solennels, à leur tour. Les
congrégations de femmes, les congrégations séculières
d'hommes, tout s'écroule cette fois-ci. Le 17 août, l'assemblée annonce ses intentions par une menaçante déclaration de guerre, qui est une sorte de manifeste de Brüns-
wick, contre la mainmorte. Ce qu'elle veut, c'est
« l'extinction » de la vie monacale.

Expression qui rappelle la « subversion générale » et
« l'éversion totale » du vieux maréchal prussien. « Considérant, dit le décret du 17 août 1792, que les bâtiments
et les terrains vastes et précieux, occupés par les religieux
et les religieuses, présentent de grandes ressources à la
nation dans un moment où ses grandes dépenses lui font
une loi de ne négliger aucune de ses ressources ; *qu'il
importe de faire jouir les religieux et religieuses de la
liberté qui leur est assurée par les lois précédemment
faites* ; qu'il n'importe pas moins de dissiper les restes du
fanatisme auquel les ci-devant monastères présentent

une trop facile retraite décrète d'urgence : article 1 : à
dater du 1ᵉʳ octobre prochain, toutes les maisons encore
actuellement occupées par les religieux ou les religieuses
seront *évacuées* et mises en vente à la diligence des corps
administratifs. » Ce décret est, ainsi qu'on le voit, vraiment curieux par la naïveté avec laquelle il entremêle des
raisons de nécessité sociale et de salut public et des considérations empruntées à la philosophie déclamatoire qui
atteignait alors l'apogée de son succès.

Ce décret du 17 août 1792 n'avait fait en somme qu'exposer les principes du nouvel état de choses. La législative
fit plus et mieux par le décret du 18 août 1792. Cette
loi très longue débute par un préambule caractéristique.
« Considérant, y est-il dit, qu'un État vraiment libre ne
doit souffrir dans son sein aucune corporation pas même
celles qui, vouées à l'enseignement public, ont bien mérité
de la patrie : l'assemblée anéantit les corporations religieuses. En outre, elle ordonne la disparition même des
costumes qui leur étaient propres et dont l'effet nécessaire
serait d'en rappeler le souvenir, d'en retracer l'image ou de
faire penser qu'elles subsistent encore. » Le titre premier
de la loi abolit toutes les congrégations séculières et celles
de femmes : « Ordres, communautés de femmes, familiarités, confréries, pénitents de toutes couleurs, pèlerins et
toutes autres associations de piété et de charité sont et
demeurent supprimés. » C'est une extinction définitive et
totale. Quant au titre 2 du décret, il applique au patrimoine des corps anéantis toutes les règles sur les ven-

tes de biens nationaux. Les « individus » des corps ainsi supprimés reçoivent un traitement de retraite assez subtilement calculé, et d'un maximum de 1200 livres.

Cette générosité subit une restriction importante toutefois. Il faut pour toucher le premier terme du traitement, rapporter au receveur du district l'extrait de la prestation devant la municipalité du serment : « d'être fidèle à la nation, de maintenir la liberté et l'égalité, et de mourir en les défendant ». La condition semble de nature à écarter bien des créanciers. Et en effet les documents nous apprennent que ces pensions, on ne les paya guère. Les registres des municipalités fourmillent des plaintes de congréganistes sans moyens d'existence. Au surplus remarquons-le : si la loi de 1792 accorde des pensions aux « individus » des congrégations laïques et séculières vouées à l'éducation ou vivant du travail de leurs bras et au membre des congrégations de femmes, ce n'est pas qu'elle leur reconnaisse aucun droit sur les biens corporatifs. Non, un article de la loi leur interdit même la répétition de leur dot conventuelle, (cap. IV, art. 2). Si elle se montre généreuse, c'est donc par pure humanité.

Nous nous éloignons déjà beaucoup du système suivi par Turgot dans son édit de 1776. L'État a définitivement pris conscience de sa suprématie sur les corps. La logique captieuse des réformateurs de l'école jacobine a transformé définitivement en droit de retour licite, ce que l'ancien régime appelait encore consfication. Le droit de l'individu sur les biens des corps, d'ailleurs contraire à leur nature juridique, le cède sans conteste désormais à celui de l'État.

Ces principes, la Révolution les appliqua aux pays conquis. Produits de la pure raison, en effet, pourquoi les concepts de ses lois, n'auraient-ils pas été partout d'une évidente nécessité d'application ? La structure différente d'un pays empêche-t-elle la vérité de rester la vérité ? Guidée par ces idées, et par son ardeur de prosélytisme, le Directoire, en Belgique, anéantit par le décret du 15 fructidor an IV, les ordres et congrégations réguliers des deux sexes et place leurs biens sous la direction de l'administration des domaines nationaux. Les congréganistes reçoivent des bons à titre de pension, bons qui ne peuvent être employés qu'à l'acquisition de biens nationaux situés dans la ci-devant Belgique.

Toutefois, la loi, et ici elle se départit un peu sous la poussée de la nécessité, des exigences des principes, excepte de son application les maisons consacrées à l'éducation publique, ou au soulagement des malades. Et elle leur permet d'administrer les biens dont elles jouissent ; concession partielle, mais qui montre néanmoins que nous nous écartons de la Terreur. Le 17 fructidor an 4, un décret complétant ces dispositions, donne pleins pouvoirs au Directoire exécutif sur les biens des ordres supprimés dans les 9 départements nouvellement annexés (le 9 vendémiaire an 4). Il s'en servira de la manière qu'il jugera le plus utile à l'intérêt de la République, et pourra même,

jusqu'à concurrence de 100 millions en numéraire, les engager, les hypothéquer ou les vendre. Ce procédé de sécularisation du domaine des congrégations, Napoléon
l'emprunta d'ailleurs au Directoire. C'est ainsi que le
20 prairial an X, il abolit les ordres de la rive gauche du
Rhin, le 14 novembre 1811 ceux du département de la
Lippe, et le 3 janvier 1812 ceux de plusieurs départements
réunis en Suisse et en Savoie. On sait maintenant de
quel esprit la Révolution, fut animée vis-à-vis de l'association. « Proclamé par l'Assemblée constituante, dit avec
son bonheur habituel d'expressions M. Taine, le principe
abstrait a révélé par degrés sa vertu exterminatrice. Il n'y
a plus en France que des individus dispersés, impuissants,
éphémères, et en face d'eux le corps unique et permanent
qui a dévoré tous les autres, l'Etat, véritable colosse, seul
debout au milieu de tous ces nains chétifs » (1):

L'œuvre de la Révolution nous est maintenant connue.
Elle a simplifié le problème social. Au lieu des organismes fiers d'une longue tradition, qui gênaient autrefois
l'autorité royale, elle ne nous présente plus que des individus, et un état.

Bonaparte n'eut garde de rompre avec des institutions,
qui facilitaient si singulièrement sa tâche. Son Code
pénal, en son article 291, vint même paralyser les quelques
facilités de groupement, qu'avait permises la Constitution de fructidor an III : désormais une société inoffen-

(1) Origines. La Révolution, tome 1, p. 225.

sive de littérateurs et de savants s'expose à la police cor-
rectionnelle, si elle se forme sans autorisation.

Le chiffre 20 sert de frontière entre le permis et le défendu. On n'a jamais su pourquoi. Berlier, d'ailleurs, dans
son rapport au Conseil d'Etat, éprouve le besoin de plaider
les circonstances atténuantes et de vanter le libéralisme du
Code pénal. Il exalte les heureux résultats qu'il donnera,
avec la bienveillance de l'administration. « Il est dans
l'essence du gouvernement monarchique, explique-t-il,
de ne point admettre de rigueurs inutiles. Il n'interviendra
donc point dans ces petites réunions que les rapports de
famille. d'amitié, de voisinage peuvent établir; et lorsqu'il
ne se passera dans ces petites réunions rien de contraire
à l'ordre public, l'autorité ne leur imposera aucune condition spéciale, eussent-elles pour objet la lecture en
commun des journaux ». Les rentiers du Marais ou les
négociants de la rue Saint-Denis qui lurent ce rapport
durent se sentir émus par la touchante sollicitude dont on
faisait preuve à leur égard !

On leur permettait de lire les journaux en commun ! On
daignait fermer les yeux sur les réunions de famille.

Ces motifs de l'article 291 ne manquent pas d'intérêt, au
point de vue juridique. Sous l'étalage comique de ce libéralisme de mauvais aloi qu'ils croient utile de feindre, ils
nous montrent, qu'alors on ne séparait pas encore l'association de la réunion. L'ancien régime aidait à cette confusion
en faisant dépendre de l'autorisation administrative, le seul
jus cœundi. L'expérience de la Révolution, pendant laquelle

les individus n'eurent guère le loisir de former d'autres
associations, que des clubs et des parlottes politiques, vint
rendre plus difficile encore à séparer ces deux notions
pourtant scientifiquement distinctes. D'autre part l'article
291 et les textes qui le suivent au Code pénal, sont presque
entièrement tirés, fond comme forme, de la loi du 7 thermidor an V, contre les associations politiques. Dans les
3 articles de cette loi, le Directoire interdissait « provisoirement » les sociétés particulières s'occupant de questions
politiques, et punissait les contrevenants des pénalités
portées par les lois contre les attroupements. La confusion de la société avec le meeting ou la réunion politique
est donc dans ces textes éclatante.

Les articles 291 et sq. ne font que reprendre la loi du
Directoire. Dès lors il semble qu'on peut très légitimement
dire, que le Code pénal ne saisit pas nettement la différence
de l'association et de la réunion, et qu'il en est resté aux
souvenirs de la révolution, qui l'ont inspiré. L'exposé des
motifs, cité plus haut, renforce cette manière de voir.

Nous insistons un peu sur les origines et l'esprit de
l'article 291 du Code pénal, parce qu'à notre avis ils
permettent de résoudre facilement la question très agitée
de son application possible aux communautés religieuses
non reconnues. Si l'on veut bien se souvenir, en discutant
cette controverse, que les rédacteurs du Code pénal ne pensaient, qu'aux réunions d'ordre politique et social, où se
rassemblent en un local, soit loué, soit acheté, des individus, qui ont chacun leur domicile propre et particulier, la

c onclusion s'impose. Jamais les communautés ne sont tombées sous le coup des articles 291 et sq. Il faut chercher ailleurs les prohibitions et les pénalités.

Quoiqu'il en soit de cette controverse ainsi résolue grâce à l'histoire, le Code de 1804 fut bien accueilli sous le premier empire.

Les garanties qu'il assurait aux esprits avides de calme, et passionnés pour l'ordre public, si souvent compromis pendant la Révolution, firent perdre de vue l'utilité des associations. Les Français d'alors oublièrent facilement les libertés, qu'on leur enlevait. Ils prirent gaiement leur parti de la mort de l'association. Ils se renfermèrent chacun dans le petit cercle de la famille et des amitiés et ne pensèrent plus aux sociétés, qu'on leur interdisait de former. Napoléon n'avait-il pas après tout pour lui les grands principes ? Seuls, quelques idéologues protestèrent, mais leur plainte se perdit dans le bruit des victoires remportées par l'empereur.

Avant le Code pénal, Bonaparte avait réglé par le concordat les rapports de l'Église et de l'Etat. Cette transaction avec le Saint-Siège ne fut pas précisément marquée par des concessions aux associations religieuses. Vers 1800, remarque dans des notes inédites citées par M. Taine le comte Chaptal, « rétablir une corporation choquait toutes les idées du temps ». Aussi la loi du 18 germinal an X, article 11, si elle permet aux archevêques, et évêques d'établir en leurs diocèses avec l'autorisation du gouvernement des chapitres cathédraux et des séminaires, renouvelle les prohibitions des lois révolutionnaires par ces expressions significatives « tous autres établissements ecclésiastiques sont supprimés ».

Mais le document le plus probant, en même temps que le plus net, c'est le décret bien connu du 3 messidor an XII.

Il abolit les quelques congrégations alors revivantes en fait, malgré les lois révolutionnaires, à Amiens, à Belley et dans d'autres villes de l'empire. « Seront pareillement dissoutes, déclare-t-il, toutes autres agrégations ou associations formées sous prétexte de religion et non autorisées ». L'article 5 du décret fait exception pour quelques agrégations de sœurs de Saint-Charles et de Saint-Vincent-de-Paul, réformées à Paris et à Lyon par le ministre Chaptal. Il n'y a là d'ailleurs qu'une exception limitative, qu'expliquent les besoins des hôpitaux.

Le décret, dans son article 5 *in fine*, le montre bien, en exigeant de ces rares communautés, soustraites à la dissolution qui frappe les congrégations voisines, la présentation dans le délai de 6 mois de leurs statuts au conseil d'état, pour y être vus et vérifiés, sur le rapport du conseiller d'état, chargé des affaires concernant les cultes.

Quant aux autres communautés, elles n'existent plus. L'article 3 du décret le proclame encore une fois en termes clairs et formels.

« Les lois qui s'opposent, dit-il, à l'admission de tout ordre religieux dans lequel on se lie par des vœux perpétuels, continueront d'être exécutées dans leur forme et

teneur ». Impossible de parler plus clairement. A l'exception de certaines communautés de femmes exceptionnellement autorisées, désormais l'association religieuse
ne peut plus exister sans l'autorisation du pouvoir. Cette
conception est restée dans nos lois.

La restauration, en dépit de ses efforts en faveur des
congrégations, est forcée de promulguer les lois de 1817
et de 1825 qui, renchérissant sur le décret de messidor
an XII, exigent une *loi et non plus un décret* pour habiliter un ordre religieux.

De nos jours les décrets du 29 mars 1880 ont donné à
tout ce passé législatif une nouvelle jeunesse. Notre siècle a donc, continuant un mouvement inauguré par l'ancien régime, profondément séparé les corps religieux des
associations laïques et exigé pour les uns la personnalité
votée par une loi, tandis qu'il se contentait pour les autres d'une simple autorisation préfectorale. Il y a là une
summa divisio à retenir. Résumons-la en disant que les
congrégations religieuses sont ou *interdites, ou reconnues et personnifiées.* Elles en sont restées au droit de
l'ancien régime (1). L'Etat, lorsqu'il leur permet de se

(1) Et ce qui le prouve, c'est que en 1809, quand Napoléon voulut
rendre légale l'organisation des sœurs hospitalières, le titre III du
décret du 18 février 1809, qui réalise ce désir de l'empereur est consacré aux revenus, aux biens et aux libéralités des communautés de
sœurs hospitalières. Fait qui prouve très nettement, qu'alors on n'exigeait pas encore deux autorisations superposées, l'une pour la réunion, l'autre pour la personnification.

Notons au surplus en passant, que le décret du 18 février 1809, art. 3.
confirme les lois révolutionnaires en disant que toute association

réunir, leur accorde comme une conséquence nécessaire l'incorporation. Elles ne peuvent tirer de capacité que d'une théorie nouvelle de la personnalité de fait, le droit ne prévoyant point pour elles de situation intermédiaire, entre l'inexistence, et la personnalité officielle.

Quant aux associations laïques, le Code pénal de 1810 et la loi de 1834 le complétant, organisent pour elles deux conditions juridiques bien tranchées : la non reconnaissance qui les met dans le même état que les congrégations non autorisées, et l'habilitation. Sur cette dernière position la loi se tait. Dans ces conditions il semble bien qu'elle ait voulu admettre les doctrines de ses guides habituels, les Domat et les Pothier, et non celles de Barnave et de Thouret, ravalant les corps au rôle d'instruments, de jouets artificiels, que l'Etat pourrait créer ou briser à son gré ! Ces dernières conceptions, d'une philosophie prétentieuse, cadrent peu avec la logique claire mais restreinte dans ses horizons, des praticiens avisés qui firent nos codes impériaux ! Dès lors, il paraît évident, qu'on aurait dû conclure sans crainte, dans le silence général des lois sur la personnalité morale, qu'elle constituait, ainsi que le pensait Domat, ainsi que le décidaient bien des siècles avant lui Gaïus et Marcien, l'accessoire obligé de

d'hospitalières, non approuvée. le 1er janvier 1810, *sera dissoute* ! Cette même année 1809, Napoléon écrivait à son ministre des cultes « qu'il le rendrait responsable s'il voyait encore une maison de missionnaires ». C'est dire qu'il ne perdit jamais de vue les lois de 179J et de 1792.

ce principal, qui s'appelle la réunion permise par le pouvoir.

Et de fait, telle fut la pensée, sinon explicite, au moins implicite des juristes, jusqu'au milieu du siècle. A ce moment, parurent les travaux de Savigny. — Zachariæ et Aubry et Rau les vulgarisèrent en France, sur le point, que nous étudions. La législation fortement imprégnée déjà de l'aversion de la main-morte, qu'elle avait recueillie dans la succession de l'ancien régime et de la Révolution, accueillit avec faveur une théorie qui semblait la conséquence même de ses tendances générales. Successivement les lois de 1850 et de 1852, sur les sociétés de secours mutuels, la loi de 1865 sur les associations syndicales, la loi de 1875 sur l'enseignement supérieur, et enfin la loi de 1884 sur les syndicats professionnels parurent, au moins beaucoup le pensent, donner droit de cité chez nous à la notion de la personnalité, don conditionnel de l'État. Et presque partout actuellement, on voit, dans les ouvrages de doctrine, la triple division de l'association laïque : 1° non reconnue, 2° permise, 3° reconnue d'utilité publique.

Classification tirée au cordeau, qui flatte l'œil et contente ce besoin profond de symétrie apparente, qu'ont les juristes français. Le malheur est qu'elle est contraire aux traditions historiques. Ces traditions historiques, nous connaissons maintenant leur sens et leur esprit. Nous savons qu'elles font dépendre de l'autorisation du souverain la réunion et non la personnification. Le Code pénal de 1810, modifié en

1834, aurait-il,dans les artilces 291 et sq.,qu'il consacre aux associations, bouleversé ces principes et contredit cette longue succession d'ordonnances et d'œuvres doctrinales,poursuivant toujours le même dessein,et constamment attachées aux mêmes théories? Nous croyons qu'il ne l'a ni fait ni voulu. Les chapitres qui vont suivre essaieront de le prouver. Ils montreront, que rien dans la législation actuelle ne justifie la doctrine de presque tous les jurisconsultes modernes. Les souvenirs de l'ancien régime la battent en brèche. Les principes de la sociologie et du droit public, les textes civils et administratifs, la nature intime de la personnalité morale, bien loin de l'appuyer, la contrarient et la combattent.

Dans cette délicate discussion qui sera le point capital de notre étude, la tradition historique apportera de vives lumières. Ses données se réduisent en somme aux conclusions suivantes, qui reviendront souvent dans les controverses que nous aurons à examiner. L'association religieuse non reconnue ne possède en principe ni existence ni personnalité. La personnalité, succédané nécessaire de la réunion permise, accompagnait toujours,à Rome, au moyen âge, et sous l'ancien régime, le groupement autorisé des individus. L'association constitue une institution de droit public. La convention des parties ne suffit pas à lui conférer une suffisante validité. Il lui faut en plus l'autorisation préalable de l'État. Au rebours des sociétés du droit privé, soumises au principe de la liberté des contrats, et relevant comme le disait si bien notre grand Dumoulin du statut d'autonomie, la société désintéressée dépend de la volonté arbitraire du pouvoir.

La faculté de former une association n'est pas un droit pour le citoyen, mais une faveur soumise à l'autorisation discrétionnaire de l'autorité administrative, comme la concession d'un lais ou relais de la mer, ou l'octroi d'un passeport (1).

En ces quelques propositions se synthétise tout l'effort des juristes, qui dans la suite des âges s'occupèrent des associations désintéressées et de leur capacité.

Nous pensons, que notre droit actuel n'a changé que peu de chose aux lignes générales de ce tableau d'ensemble. Là, comme ailleurs, les réformateurs révolutionnaires et impériaux, au lieu de remplacer l'arbitraire par la liberté, ont hérité de l'amour de la centralisation et de la souveraineté de l'État, qui caractérisait le déclin de l'ancien régime. Ils ont supprimé la complication de la législation monarchique; mais sans faire un seul pas en avant dans la voie du progrès.

Nous ferons souvent appel dans ce livre aux éclaircissements du passé.

Ils nous aideront à lutter, contre les envahissements d'une logique inflexible, qui plus rigoureuse encore que celle des juristes de l'ancien régime et de la Révolution, entasse les dilemmes, sur les syllogismes, et ne semble

(1) Discours de M. de Broglie, lors de la discussion de la loi de 1834, sur les associations.

faire de l'association, qu'un prétexte aux jeux stériles d'un raisonnement à priori.

Plus fidèles au principe de la continuité historique, nous rejetterons les théories artificielles qui en dehors de l'estampille de l'État, enlèvent tous droits, et refusent toute justice aux associations.

Ces doctrines oublient que les institutions du droit public, malgré les modifications répétées de leur forme et de leur structure, ne cessent de se développer suivant une loi constante. L'association, dès lors, ne saurait faire exception à cette règle commune. Pourquoi la réduirait-on en systèmes, sans se péroccuper de savoir quel fut son passé? C'est une erreur où nous ne tomberons pas. Les constructions juridiques, dédaigneuses de l'histoire, ont la fragilité éphémère des rêves métaphysiques, où se complaisent les philosophes. Ne perdons donc jamais de vue, au cours de cette étude, les enseignements du passé.

Toujours utiles, il sont d'une importance de premier ordre, dans une matière, comme celle que nous examinons, où derrière les évolutions successives des mœurs et des lois, se manifeste l'influence continue d'une même conception.

CHAPITRE II

Examen critique et détaillé des différents systèmes soutenus en France et en Belgique sur la capacité des associations sans but lucratif.

Nous nous proposons, sous cette rubrique générale, de passer en revue, dans leurs caractères essentiels, et leurs conceptions dominantes, les différents systèmes, qui à propos de la capacité des associations se partagent les esprits. Aussi bien c'est chose assez facile en somme et la crue confuse et enchevêtrée des théories peut se réduire à trois systèmes principaux.

Le premier, de tous le plus suivi dans la doctrine, et de tous en même temps le plus rigoureux, refuse toute capacité, aux associations non lucratives : nous l'appellerons le système de la nullité d'inexistence et de l'interposition.

Le second, aussi libéral que le premier l'est peu, s'efforce de tirer de quelques textes du Code civil ingénieusement interprétés, la liberté, et la capacité de l'association désintéressée : c'est le système du contrat d'association.

Le troisième enfin, encore à peu près inconnu en France, fait de la Société non lucrative une personne col-

lective réelle et existante : c'est le système de la personni
fication.

Entre ces trois solutions prédominantes du problème
se livre une lutte acharnée.

Nous les exposerons avec le plus de clarté possible, et
en les condensant dans leurs lignes essentielles.

D'ores et déjà nous pouvons dire, dès le début de cette
analyse de théories, que le droit paraît être de plus en
plus hostile, au grand appareil de logique, dont s'environne
la théorie inflexible de l'interposition. Néanmoins cette
doctrine, qui est celle de MM. Orts et Laurent, semble
encore de beaucoup la plus suivie.

On peut l'appeler la théorie classique. M. de Varcilles
la baptise plus pittoresquement « un échafaudage d'injustices basé sur une hallucination ». Au fond, il a raison
d'employer le mot « échafaudage ». Cette expression
caractérise bien en somme l'effet produit par ce système,
absolu comme l'impératif catégorique, et profondément
dédaigneux des nécessités économiques et sociales, qui
militent en faveur de l'association.

Il part de l'idée fondamentale de la création artificielle
par l'Etat, de la personnalité morale (1). Quand l'État agit
ainsi, il a recours à une fiction. Or, un principe respecté

---

(1) LAURENT, *Principes*, 1. 288, énonce cette prétendue règle juridique avec une netteté qui ne laisse rien à désirer :
« Tout le monde est d'accord, que les personnes dites civiles, sont
des êtres fictifs. Qui a le droit de créer ces fictions ? Poser la question, c'est la résoudre : aussi la réponse est-elle unanime. A la voix

le dit : pas de fiction sans texte précis et formel pour la justifier. Cet axiome, il faut l'appliquer en notre matière.

Sans se laisser fléchir par aucunes considérations de fait et d'équité, les juristes doivent refuser la vie juridique à l'association qui ne peut montrer le texte de loi ou le décret qui l'habilite. Le droit n'est ouvert librement qu'aux êtres physiques. Les personnes morales ont besoin pour y entrer d'un passeport.

Arrivée à ce point du raisonnement, la théorie classique reprend à pied d'œuvre les systèmes soutenus par les législateurs de la Révolution et les plus hardis. L'ancien régime se bornait à exiger une autorisation pour le fait matériel de la réunion. La doctrine de l'École ne voit dans l'autorisation de se réunir que l'organisation d'un stage, d'un temps d'épreuves, pour les associations, avant de parvenir à la définitive habilitation qui est conférée par la reconnaissance d'utilité publique.

La reconnaissance d'utilité publique et la capacité sont liées comme l'ombre l'est au corps dont elle émane. Tant que dure l'absence de l'approbation de la société par la puissance publique, ses membres n'ont que le droit de se réunir et de discourir entre eux. Leur action sur les esprits sera de la sorte imperceptible. Leurs désirs et leurs

du législateur, un être sort du néant et figure sur un certain pied d'égalité à côté des êtres réels créés par Dieu… »

Ces quelques lignes décrivent fort bien le pouvoir de création qu'on veut à toute force donner au législateur. Et en même temps, elles gardent l'empreinte de la déclamation révolutionnaire dont elles dérivent directement.

rêves finiront par s'éteindre d'eux-mêmes à force d'inaction.

Ces conséquences n'arrêtent nullement la doctrine. Enseignée et défendue par des civilistes absolument dévoués à la méthode déductive, elle s'inquiète peu des causes et des effets et elle ne se préoccupe nullement la plupart du temps du milieu social où vivent les institutions juridiques qu'elle analyse.

Au fond de cette doctrine si aveuglément logique persistent très nettement, pour qui sait voir, les quelques idées très vagues et très simples à la fois, jetées dans la circulation par les philosophes du xviiie siècle et les députés révolutionnaires leurs disciples. Les prohibitions d'aujourd'hui sont l'aboutissement d'un lent et sourd travail. Très souvent, on avait répété, avec une emphase pleine d'assurance, à la tribune des assemblées délibérantes de la Révolution, que l'État constitue le seul organe des intérêts généraux d'une nation et que seul il doit se charger des services de charité, de bienfaisance et d'assistance. D'autre part on avait comparé les corps à des jouets que l'État brise ou façonne à sa guise, à des marionnettes dont il tient les fils et qui ne participent à la vie que par lui et pour lui.

Le système classique repose sur la juxtaposition de ces deux idées. Avec elles, il devient d'une lucidité parfaite. L'État, unique organe des intérêts généraux, ne peut consentir à la formation libre de sociétés pleinement capables ayant un but désintéressé. En agissant ainsi il se décapiterait lui-même. Tout ce qu'il peut faire, c'est accorder la faculté de se réunir qui n'offre aucun danger, du moment que la possibilité d'acquérir et de contracter dans le monde juridique n'en forme plus le corollaire obligé. La capacité complète ne sera plus qu'une faveur difficilement acquise, et octroyée par l'État à des institutions d'intérêt général, qui aident à l'accroissement de la culture et de la civilisation, dans les domaines où un gouvernement ne peut intervenir que par l'encouragement moral ou la subvention aux initiatives privées. Personnifiées, les associations d'intérêt général dépendront de l'organisation administrative et seront enchaînées de tous les liens compliqués de la tutelle des personnes morales.

Véritables traits d'union entre le désintéressement de l'Etat et des individus, entre les œuvres sociales et les œuvres privées, elles assureront au pouvoir public, sinon le monopole, au moins la suzeraineté des institutions d'intérêt général.

Tel est le circuit d'idées qui réunit, à la spéculation du siècle dernier, les déductions juridiques du siècle présent. La théorie exterminatrice des associations marche donc en avant sans halte ni retards, comme un théorême qui se développe. Jusqu'à ces derniers temps elle n'a cessé de régner dans les esprits. Et pourtant, que sa base philosophique est pauvre ! Dire que l'Etat possède uniquement le droit de veiller à des œuvres d'intérêt général, dire que les corps sont des jouets artificiels, c'est remplacer le raisonnement par des expressions aussi obscures que mena-

çantes ! Cela revient à nier la vertu de l'activité individuelle s'efforçant d'échapper aux étroites combinaisons
d'intérêt privé où on la voudrait tenir emprisonnée ; cela
revient à proclamer qu'il n'y a de charité et d'abnégation
que dans l'état !

Nous connaissons ces affirmations tranchantes. La Révolution leur a fait faire fortune. La socialisme tente à
l'heure actuelle de leur conférer une virginité nouvelle.
Sous leurs dehors philanthropiques et humanitaires, elles
conduisent directement au despotisme !

L'originalité propre de la doctrine moderne a consisté
donc à cacher sous des formules juridiques, en apparence
inoffensives, leurs dangers. Tel qui n'aurait aucune con-
fiance dans les axiomes, sur lesquels s'appuient les systèmes hostiles aux associations, se laisse convaincre par
l'attrait d'un syllogisme bien fait, habilement tiré des
principes de notre législation civile.

Et pourtant la subtilité et la finesse de cette argumentation ne sauraient en aucune façon remédier à la faiblesse
de sa base. De même que le colosse aux pieds d'argile
elle s'écroule, avec fracas, quand on l'analyse dans ses
raisons intimes et ses origines historiques.

Maintenant que nous savons comment s'est formée la
doctrine classique, et sur quoi elle se fonde, nous pouvons
en exposer les conséquences principales.

Elles se déduisent aisément les unes des autres, comme
le corollaire se déduit d'un théorème. Une fois établi le

principe : sans autorisation spéciale pas de personnalité :
la théorie s'en tire toute.

D'abord puisqu'il s'agit de donner à l'État par la reconnaissance d'utilité publique un nouveau pupille, le passeport, le permis qui confère la personnalité doit provenir
des organes supérieurs de la Souveraineté : le pouvoir
législatif ou le pouvoir exécutif.

Et en effet, dans le droit français, l'obtention de ce passeport s'entoure de hautes formalités : elle exige une
loi (1) ou au moins un décret rendu en conseil d'État après
une enquête sérieuse portant sur l'utilité et l'avenir probable de l'œuvre entreprise. Le code de commerce, il est
vrai, et le code civil accordent *in globo* et d'avance la
personnalité aux sociétés intéressées. Mais en sens inverse, comme ces codes ne disent rien de la société idéale
et désintéressée, elle reste soumise à la nécessité de l'autorisation individuelle et spéciale, soit par une loi, soit
par un décret. Ces principes posés, rien de plus simple
que de déterminer la capacité des associations religieuses
vues avec tant de défaveur, par une persistante tradition
historique, et celle des sociétés laïques habilitées par
l'administration préfectorale, pour éviter l'application de

_____

(1) Il faut une loi pour les établissements libres d'enseignement
supérieur (loi du 18 mars 1880, art. 7), et les Congrégations, loi du
2 janvier 1817, sauf les exceptions du décret du 22 janvier 1852, notamment pour les Communautés de femmes, antérieures à la loi
de 1825.

Mais la règle générale, c'est le décret rendu en conseil d'État, décret des 21-25 août 1872, art. 5, n° 4.

l'article 291 du code pénal. Cette capacité ne peut être que
nulle. Qu'on y réfléchisse en effet. Seules les personnes
morales peuvent agir en justice, seules elles peuvent
posséder et acquérir les biens. Or ici nous n'avons qu'un
agrégat d'individus dont l'ensemble constitue un incapable, un non-être analogue à l'enfant non conçu, puisqu'il
ne peut alléguer ni une loi ni un décret d'autorisation,
mais seulement dans la situation la plus favorable, un
simple permis d'une autorité administrative locale : le
préfet du département du siège social.

La conclusion s'impose dès lors. Comme, hors de la
personnalité physique ou morale il n'y a point de capacité,
nos associations, ne formant point des personnes morales,
ne possèdent aucune capacité juridique.

Avec elles, les biens ne sauraient avoir aucun rapport.
Tous les contrats qu'elle passeront, toutes les acquisitions
qu'elles réaliseront seront infîciés d'une nullité radicale et
d'inexistence (1).

(1) La théorie si conjecturale de la nullité d'inexistence vient, on le
voit, prêter son appui au système doctrinal. C'est le cas ou jamais
de l'appliquer puisque, dans les idées classiques, nous sommes en
face de donations sans donataire, de ventes sans acheteur, et en général de contrats où l'une des parties ne peut consentir à cause de
sa non existence. — On ne peut concevoir de convention sans le
concours du consentement de deux parties, disent MM. AUBRY et RAU,
tome 1, *Traité de Droit civil*, page 119, note 3. S'il en est ainsi, tous
les actes où figurent les associations non reconnues doivent être considérés non pas seulement comme nuls, mais comme inexistants et
non avenus.
Les auteurs enseignent en grande majorité cette opinion. Elle a
des conséquences très graves. La nullité d'inexistence ne se couvre,

Mais, dira-t-on, les associés *ut singuli* restent-là eux, et dans leur pleine capacité d'êtres naturels et de créatures physiques. Erreur s'empresse de répondre MM. Orts et Laurent ! Les actes que ces hommes en chair et en os passent ne leur profitent point : ce qu'il veulent en les réalisant, c'est au moyen de leur capacité investir de droits réels ou de droits de créances, l'incapable auquel le droit refuse la capacité, toujours, et quelquefois même la vie. Tel est leur dessein. Sans doute ils ne l'avouent point et, tirant parti de toutes les ressources que leur offrent les dédales des problèmes juridiques, ils dissimulent derrière leur capacité et leurs personnes physiques, l'être de raison pour lequel ils agissent et dont ils sont les instruments obéissants et les organes fidèles. Mais cette manière de procéder le droit la permet-elle ! Nullement. Le bon sens le dit avant la loi. On ne peut en effet tourner une prohibition par l'intercession d'un tiers capable. Il y a là une fraude bien connue et que de tous temps les législateurs ont prévue.

Cette fraude à la loi autorise tous les modes de preuves et même les présomptions que le juge tire d'un fait connu

en effet, ni par la confirmation, ni par la prescription. Elle s'impose au juge qui doit la reconnaître même d'office et dont le rôle se borne alors à une constatation de la nullité qu'il n'a pas à prononcer, mais à attester par son jugement. Avec les effets si rigoureux qui accompagnent la nullité d'inexistence, les co-contractants d'une association non reconnue, ne sont sûrs ni du présent, ni du lendemain. Sur leur tête est suspendue la menace d'une revendication éternellement possible. Ainsi le veulent les principes.

à un fait inconnu. Les tribunaux placés en face de contrats faits avec des associations non reconnues auront à sonder les intentions des parties et à démêler la vérité sous les apparences souvent trompeuses. C'est même une des seules matières où le droit civil qui s'inquiète en général peu des mobiles des conventions et renferme la notion de cause dans un cercle étroit et purement abstrait, prescrive d'aller si avant, dans l'examen des intentions et des volontés.

Mais le moment est venu de donner un nom à cette intercession d'un tiers pour soustraire une association non reconnue aux conséquences de son incapacité. Le Code civil l'appelle l'interposition de personnes. Dans les articles 911 sur les donations et 1100 sur les donations entre époux, il prévoit des présomptions légales d'interposition, à propos des dispositions entre-vifs, ou par testament, adressées à des parents de l'incapable ou à son conjoint. Ici nous n'avons pas une interposition légale présumée par la loi, mais une interposition de fait. Elle doit se prouver comme nous l'avons dit plus haut. Seulement tous les modes de preuve étant admis, depuis la preuve par écrit jusqu'aux présomptions graves précises et concordantes, la démonstration de la fraude à la loi se fera dans la majorité des cas très aisément. Une fois qu'elle sera prouvée, les tribunaux n'auront plus qu'à prononcer la nullité du contrat de donation ou à titre onéreux passé avec l'association non autorisée. Qu'on y pense en effet, en pareille hypothèse on se trouve en face de donations sans donataires, de ventes sans acheteur.

L'annulation de pareils actes ne saurait donc entraîner aucune difficulté. Les biens qu'ils ont prétendu transférer sont là suspendus dans le vide ; puisque le sociétaire interposé n'est qu'un fiduciaire et que le véritable cocontractant, la société n'est qu'un néant juridique. Les parties qui traitent avec des êtres collectifs non reconnus ressemblent au Romain qui stipulait un hippocentaure. Leur contrat tombe dans le vide. L'intervention de l'associé interposé ne sert qu'à déguiser quelquefois la nullité de l'opération juridique intervenue.

MM. Laurent et Orts, dans leur ardeur exubérante de logiciens, vont plus loin que la plupart de leurs disciples. Ils présupposent l'interposition quand dans un contrat figure le membre d'une association non reconnue. Ils l'élèvent, sans texte d'ailleurs pour justifier leur hardiesse, à la hauteur d'une présomption légale. Pour eux, il faut réputer d'avance déchirés tous les voiles derrière lesquels se marque l'agrégat corporatif, qui veut malgré tout se faire sujet de droits, et usurper une place que la logique du droit accorde à la seule personne physique ou morale. Cette perfection dernière donnée à sa théorie, M. Laurent s'écrie, avec une indicible satisfaction. que la rigueur des principes rend presque impossible la vie des associations. Nous le croyons bien ! La présomption finale d'interposition surtout ne sera pas sans être d'un grand secours pour cette extermination des associations. Personne ne voudra plus. si on l'admet. traiter avec des membres d'associations non reconnues, tellement on

craindra les annulations qu'il suffira du mauvais vouloir
d'un des cocontractants pour amener.

Aussi, beaucoup d'auteurs, en général fidèlement attachés à la théorie classique, ne vont pas jusque là et pré-
fèrent invoquer le très vieux et très vénérable brocard de
l'Ecole : *interpretandum est potius ut valeat.* Au lieu
d'une interposition légale, ils n'admettent qu'une interposition de fait que le demandeur aura à prouver suivant
les règles de la preuve en matière de fraude à la loi.

Malgré cette légère concession de détail, et qui d'ailleurs
ne trouble que très peu l'économie de la doctrine, ces derniers auteurs, eux aussi, admettent l'idée de l'interposition de personne. Voilà, de cette sorte, l'échafaudage élevé.
Et il force, on le voit, les associations désintéressées à
tourner sans cesse dans le cercle vicieux de la nullité et
de l'interposition. Mais tout n'est pas fini. Les difficultés
ne font que commencer. Les tiers donateurs ou les tiers
contractants avec les membres de l'association, bien souvent ne feront pas valoir les droits qu'on leur reconnaît.
Les biens, dès lors, resteront en la possession de cette
fantasmagorie juridique, que l'on appelle l'association non
reconnue. Vit-on jamais pourtant quelqu'un qui n'existe
pas détenir des biens et exercer des droits ? La situation
embarrasse les juristes. Pour s'en tirer le plus honorable-
ment possible, ils se divisent et se rangent à des solutions
diverses. M. Laurent, dans son Droit civil international,
tend visiblement à appliquer l'article 538 du Code civil et
à attribuer à l'État ces biens comme biens sans maître.

Fort bien, mais restent les Droits des anciens propriétaires qui semblent subsister, devant cette détention, par personne interposée.

D'autre part, n'y a-t-il point un principe de droit déclarant que la propriété ne se perd point par 30 ans de non possession, mais seulement par une usucapion avec les caractères légaux de la prescription acquisitive. Dès lors, puisque ni les prête-noms, ni la pseudo personne morale ne peuvent prescrire, la propriété ne restera-t-elle pas toujours sur la tête des anciens propriétaires dont la revendication deviendrait ainsi éternelle? Résultat bizarre. Pour y échapper, on dresse sur la forme le raisonnement très séduisant qui suit. Oh sans doute, concède-t-on, il faut une usucapion pour faire disparaître le *dominium*, mais nos droits, nos actions en justice ne tombent-ils pas en vertu du principe capital déposé dans l'article 2262 par l'écoulement d'un laps de 30 ans? Au bout de ce temps, les anciens propriétaires le seront toujours, prétend M. Baudry Lacantinerie. (Précis de droit civil, 4e édition, tome III n° 1683), mais ils ne pourront plus exercer aucune action en justice (1) : leur propriété ainsi réduite à un « *nudum*

(1) Notons que le droit romain a connu une propriété, privée de la sanction de l'action, absolument comme celle dont parle M. Baudry Lacantinerie. Avec la règle de la prescription trentenaire des actions établie par Théodose le jeune (l. 3. C. VII. 39.) le possesseur de mauvaise foi, peut après 30 ans, repousser la demande du propriétaire, mais sans pouvoir à aucun titre revendiquer la chose, s'il vient à en perdre la possession. Il se forme alors un droit de propriété curieux et incomplet, qu'il est bizarre de retrouver chez nous, malgré les changements profonds, subis par la science juridique et les règles de la procédure.

jus » leur permettra de garder leur bien recouvré, on ne dit pas comment, contre l'État le réclamant et voilà tout.

D'autres juristes, avec M. Laurent, en cette pénible extrémité, font intervenir les droits de l'État sur les biens sans maître et rejettent cette singulière forme de propriété, qu'admet M. Baudry-Lacantinerie. D'autres enfin disent ceci : S'il y a eu contrat à titre gratuit ou à titre onéreux, avant de revendiquer le bien aliéné, forcément le cocontractant devra demander à la justice l'annulation du contrat qu'il a consenti. Eh bien, une action, en nullité de vente ou de donation, 30 ans l'éteignent sans aucun doute. Donc, très logiquement et très juridiquement, l'achèvement des 30 ans consacrera à la fois la perte de la propriété de l'ancien propriétaire, par impossibilité de la mettre en œuvre, et la main mise de l'État sur les biens de l'association désintéressée. Ainsi, au moyen de divers procédés ingénieux et d'une théorie nouvelle sur la prescription, on évite des énigmes autrement insolubles. Cette menace d'attribution des biens à l'État, 30 ans écoulés, sans protestations des cocontractants, achève la théorie, sur une sanction sévère. Emmaillotée dans ce fin réseau d'incapacités, que pourra la société non reconnue personne morale ?

Oh ! bien peu de choses : se réunir dans un local qu'elle a loué, si le propriétaire encore ne s'adresse pas à la justice : ou mieux dans la maison d'un de ses membres et voilà tout. C'est, on le voit, un système bien restrictif que celui des juristes belges. Avec lui l'association perd

toute possibilité de relations avec les biens. Pures institutions de l'ordre idéal, les sociétés désintéressées devraient, pense-t-il, n'agir que sur les esprits et les âmes et
se garder de songer à la puissance de la fortune. De
fait, cela cadre avec leur but et tente à première vue.
Malheureusement dans la pratique de la vie, la Pensée et
l'Idéal, fatalement, pour exercer quelque effet, réclament
et exigent tant soit peu de patrimoine. Sans argent, les
sociétés désintéressées ne réaliseront rien de leur but. Au
fond donc, pratiquée dans sa lettre et son esprit, la théorie de Orts et Laurent, malgré sa logique à outrance qui
lui donne un peu l'aspect extérieur des constructions juridiques des législateurs montagnards, arriverait à tuer et
à étouffer sous l'étreinte des principes du droit, toute
association, même la plus inoffensive, comme une société
de tireurs à l'arc, ou d'arbalétriers. Nous ne croyons pas
qu'il faille jusque-là pousser l'amour de la logique déductive.

D'ailleurs, de même qu'on juge de l'arbre par ses fruits,
on juge d'un système juridique par les décisions auxquelles il donne lieu dans la pratique. Parmi la masse
des arrêts et des jugements, dont nous essaierons ultérieurement de rechercher le principe directeur, nous nous
contenterons maintenant de prendre deux affaires caractéristiques : l'affaire du mur mitoyen des pères du Saint-
Sacrement, et l'affaire de l'immeuble de la rue Saint-Just
à Rodez, elles nous montreront mieux que toutes les ré-
futations, en forme, l'abîme de contradictions et de dan-

gers où conduit la stricte application de la doctrine classique.

Commençons par le procès des pères du Saint-Sacrement. Possesseurs d'un immeuble avenue Friedland à Paris, les membres de la congrégation du Saint-Sacrement
veulent faire exhausser leur mur mitoyen, conformément
à l'article 658 du Code civil. Le tribunal de la Seine les
déboute de leur action. Son raisonnement s'inspire de la
théorie classique la plus parfaite.

Le droit, dit-il, n'est fait que pour les individus. Les
êtres moraux non reconnus sont hors la loi. La législation
du mur mitoyen, quoique formant le droit commun de la
propriété immobilière française, ne s'applique pas à des
groupes non autorisés. Les défendeurs doivent triompher,
faute d'avoir des adversaires.

Ce jugement, qui fit beaucoup de bruit, constituait pour
tant la mise en œuvre logique des systèmes dominants
en doctrine.

Il ne fut pas maintenu d'ailleurs en appel.

Sur une plaidoirie restée célèbre de M. Barboux, réclamant pour les congréganistes la réalisation de la devise
anglaise « God and Liberty », la Cour se tira des enchevêtrements de l'espèce par un raisonnement fort subtil. En
matière de servitudes, déclara-t-elle, on n'envisage que
les fonds et non leurs propriétaires, on ne s'occupe que
des rapports entre héritages. Donc, ceux que les titres de
propriété présentent, comme légitimes contradicteurs,
peuvent intenter valablement l'action.

Au reste, ajoute la Cour, qu'on ne parle point d'interposition de personnes, car on ne saurait concevoir d'individus interposés par rapport à un inexistant. L'inexistence de leur congrégation est un obstacle à ce que les religieux acquéreurs soient considérés comme prête-noms ou personnes interposées. (Paris, 21 février 79 S. 80. 2.177. D.P. 79, 2. 225.)

Voilà une série d'affirmations bien contestables. Elles ne valent que par leur subtilité. Prises en elles-mêmes, dans leur fondement juridique, elles sont tout ce qu'il y a de plus douteux et de plus incertain. Nous reverrons plus loin, reprise par M. Beudant, la théorie de l'interposition inconcevable en matière de nullités d'inexistence et nous aurons alors à la juger. Quant à la réalité absolue des rapports de servitude, c'est une pure affirmation sans preuve empruntée aux déductions si artificielles des romanistes anciens sur les servitudes prédicales. Poussé à bout elle mènerait à dire que les procès relatifs aux servitudes sont soustraits aux règles générales de la procédure des actions réelles qui exigent que le demandeur au pétitoire prouve son droit sur la chose pour triompher dans ses prétentions.

Or une pareille exception ne se trouve écrite ni dans le Code civil ni dans celui de Procédure. C'est donc qu'elle n'existe pas plus que le fameux principe d'où on la tire ; et qu'il faudrait laisser aux romanistes qui l'ont soutenu.

Le deuxième des procès que nous voulons citer, est plus curieux encore. Il s'agit cette fois-ci d'une loge maçonni-

que, tant il est vrai que le hasard rassemble les extrêmes !
En 1859, 16 personnes achetèrent conjointement un immeuble de la rue Saint-Just, à Rodez, pour y loger une société maçonnique. La société maçonnique se dissout. L'immeuble se trouve affecté de fait à un cercle de la ville. Les héritiers ou cessionnaires des coacheteurs de 1859 veulent en 1893 rentrer en possession de l'immeuble acheté par leurs auteurs et laissé depuis la dissolution de la loge en la possession d'un cercle qui n'en a ni acheté ni prescrit la propriété. Successivement le Tribunal et la Cour leur donnent tort et repoussent leur revendication. Voir D. P, 94. 2. 329 et la note de M. Beudant. Vous n'êtes pas des propriétaires, leur dit-on, vous n'êtes que des prête-noms par rapport à une association dénuée de personnalité. Donc vous n'avez pas le droit de revendiquer puisque vous ne prouvez pas votre qualité de propriétaires. Et c'est en vain que vous alléguez les vices de la possession du cercle : le défaut de droit du défendeur ne supplée pas à l'absence de preuve de vos droits !

M. Beudant, dans la note annexée de l'arrêt, se demande qui a la propriété dans ces conditions de fait et de droit ? Pas le vendeur : il a été payé et du reste depuis 1859 la prescription a éteint son action. Pas les membres du cercle : participant, eux aussi, à une personnalité morale non officiellement reconnue, et eux aussi prête-noms et personnes interposées.

En fin de compte. personne n'est propriétaire et personne ne peut revendiquer. L'immeuble de la rue Saint-Just à Rodez échappe à la nécessité commune de la propriété individuelle. Il demeurera perpétuellement affecté, à un cercle qui n'a rien acquis et rien payé, et le possède néanmoins d'une manière inattaquable.

On arrive ainsi à créer des immeubles de mainmorte par le jeu des principes juridiques qui s'efforcent de les détruire. Ces principes sévères jusqu'à la dureté aboutissent à la spoliation et au déni de justice ! Dans leur sollicitude pour les droits individuels des citoyens qu'étoufferait une mainmorte trop puissante, ils placent les tribunaux en face d'imbroglios dont on ne peut sortir qu'en violant ou la loi ou l'équité. On dira sans doute que le cas si bizarre et si peu banal de l'immeuble de la rue Saint-Just à Rodez ne se présentera plus dans la pratique. Nous répondrons à cette objection qu'il suffit qu'il ait pu se produire une fois ! Il suffit d'une espèce comme celle-là pour ruiner une théorie juridique. Espérons qu'avant que l'immeuble de Rodez ait fini par trouver le propriétaire qu'il s'obstine à réclamer, le système classique sera définitivement abandonné par les tribunaux, où d'ailleurs il perd chaque jour du terrain.

En Belgique même où, grâce à MM. Orts et Laurent, ce système avait reçu sa définitive expression, il a subi les plus vives attaques. M. Van den Heuvel, professeur à l'Université de Louvain en 1883, et M. Vareilles-Sommières en 1893, remaniant et systématisant les doctrines du professeur de Louvain dans une brochure que distinguent

également l'éclat du style et la profondeur du raisonnement, ont dressé contre cette malheureuse théorie de l'in-
terpositon le plus ardent des réquisitoires. On la prend
dans ses conséquences, on la prend dans son principe, et
on en proclame l'illogisme et les dangers.

M. Van den Heuvel s'attaque tout d'abord aux prémices d'où découle cette construction doctrinale. Très finement, il constate que, une fois son principe admis, la doctrine classique s'en tire tout entière avec une irréfutable
suite dans les raisonnements. Mais ce principe vaut-il
tant que cela ? Non, déclare hardiment le professeur de
Louvain, et il s'efforce de le prouver. A quoi revient-il en
effet ? A affirmer que le droit ne connaît que la personne
physique et que seuls les individus peuvent figurer dans
les rapports de droit et entrer en relation avec les biens.
Tel est l'axiome. L'État peut toutefois, ajoute en guise de
correctif la théorie classique, conférer le titre de personne
à une association qu'il croit utile et sans danger pour lui.
Il la répute alors par un acte d'autorité et en faisant appel
à une de ces fictions qu'aime l'esprit subtil des juristes,
personne réelle. Munie de cette apparence extérieure, l'association se trouvera capable d'acquérir des droits et de
passer des actes juridiques valables. Mais il n'y a là qu'une
exception rare et à défaut d'autorisation prouvée il faut
fermer le droit aux sociétés non habilitées.

M. Van den Heuvel appuie toute sa doctrine sur la réfutation de ces idées usuelles et courantes. Dans quels
textes, demande-t-il, fait-on allusion au pouvoir créateur

de l'État ? Où se trouve déposée la justification de cette paternité bizarre que lui prête l'imagination des auteurs ? Nulle part. Au reste, pour pouvoir tirer une personne de la nuit du non être, il faut soi-même constituer un être vivant. Cependant qui a donné à l'État la vie du droit? On répond la nécessité. Mais alors ce n'est plus la loi mais le besoin qui fait sortir du néant les entités juridiques. Voilà vraiment une concession compromettante et d'une évidente imprudence !

Si l'on préfère déclarer, ce qui est plus juste, que la personnalité de l'État se dégage des textes qui la consacrent implicitement, où voit-on que l'État, en conférant la personnalité, crée un être fictif ? Cette expression même de personne morale, aucun texte de loi ne s'en sert et ne l'emploie.

Dans le fond des choses, à quoi correspond en somme l'octroi de la personnalité, sinon à ces trois avantages : l'action en justice, la distinction du patrimoine social et du patrimoine individuel, et enfin le caractère mobilier du droit des associés. Pour appuyer tout cela, quel besoin d'une entité légale ? Il y a là des avantages évidents et des prérogatives très certaines, mais qui en aucune façon ne supposent un être créé par l'État. Qu'avons-nous à faire de cet anthropomorphisme doctrinal ? Pour admettre un système aussi étrange et qui semble inspiré par la philosophie du moyen âge et la plus mauvaise, celle de l'époque curieuse, où le « réalisme » douait de vie les concepts abstraits, il faut se fermer les yeux à la lumière de l'évi-

dence. Quoi, s'écrie plusieurs fois dans son livre M. V.
d. Heuvel, voilà des sociétés composées de membres
sensibles et tangibles et, à une abstraction seule, vous
prêtez attention ! Détachez-vous donc des illusions qu'a
excitées en vous le droit romain mal compris, et daignez
enfin considérer ces hommes vos semblables, qui, croyez-
le bien, forment uniquement l'association. La personnalité, la nature la donne, et elle seule.

La loi ne saurait imiter son œuvre. Un pareil pouvoir,
la raison le lui refuse. Ce qu'elle peut faire par contre,
c'est attribuer à des agrégats, à des groupes et à des corps,
quelques facilités d'existence, et quelques faveurs, dont la
collection constitue la personnalité morale : si l'on tient à
la défectueuse terminologie de la doctrine. Mais qu'on ne
s'y trompe pas, ces privilèges, les individus seul en jouiront et non point du tout l'individualité fictive, que votre
ontologie bizarre persiste à imaginer. Dans ces conditions,
si vous supprimez la poignée de faveurs que l'on dénomme
personnalité, il reste un agrégat de citoyens capables de
droits. Cet ensemble, ne le traitons plus en être qui tente
vainement une existence qu'on lui refuse. Où voyez-vous
en effet en lui, un être et une personne ? L'analyse la plus
serrée ne montre dans une société que des individus. La
société ne vit que par eux, en eux, et pour eux.

En dehors de l'individu, il n'y a donc qu'erreurs et té-
nèbres.

M. Van den Heuvel a recours même, à plusieurs reprises, à des prosopopées éloquentes. Il adjure les juristes de

réfléchir et d'ouvrir les yeux. La lumière de la raison ferait s'évanouir leurs rêves anthropomorphiques, comme le
jour chasse les fantômes de la nuit. Un individu isolé jouit
d'une pleine capacité. Pourquoi plusieurs individus ne pour-
raient-ils pas, réunis, ce qu'ils peuvent, quand ils ne sont
pas engagés dans les liens d'un contrat de Société ! Sans
aucun doute, ils ont ce pouvoir, le leur nier, c'est se prêter
sous l'empire de conceptions sociales ou politiques, aux
suggestions de l'idée d'un être fictif absorbant en lui les
êtres physiques ! Donc la théorie de l'interposition et de la
nullité radicale est absolument fausse. La personnalité
morale ne constitue pas un être artificiel mis au monde
par un ordre du législateur, mais une série de prérogatives concédées à des associés en chair et en os qui se sont
réunis pour poursuivre un certain but désintéressé. Les
sociétés qui ne possèdent point de pareilles concessions
n'en vivent pas moins. Si en effet l'être fictif manque, l'ensemble des associés demeure et dans son entière capacité !
Il fera ou réuni, ou par mandataires, tous les actes juridiques dont il a besoin pour réaliser ses desseins.

Et M. Van den Heuvel conclut en plaçant sur les ruines
de l'interposition et de la nullité d'inexistence la capacité
de l'ensemble des capables individus, réunis en association, dans le but de répandre la religion, les lettres ou la
science.

Tel est le système de M. Van den Heuvel. Il fait, on le
voit, devant l'existence des associés, disparaître l'inexistence de l'association en tant que sujet du droit. Le vice

d'une pareille théorie éclate à tous les yeux. Sa base, en effet, la négation de l'idée de personnalité morale, apparaît bien hasardeuse. C'est se débarrasser fort vite d'une longue tradition historique et en un seul trait de plume. Indépendamment de cette considération très importante en droit, où le culte des précédents et le principe de continuité, dominent tous les systèmes que peut créer l'imagination des légistes, l'être juridique que l'on excommunie réapparaît au bout du raisonnement. Ces qualités, ces privilèges dont la totalité forme ce qu'on est convenu d'appeler la personnalité morale, à quoi vont-ils se rattacher, puisqu'on ne veut plus d'entité juridique ? A la pluralité des associés, à leur ensemble, à leur collection. Les associés *ut singuli* interviennent donc dans les prémices du raisonnement, mais, à sa conclusion, brusquement ils s'évanouissent ; et à leur place se dresse ce concept vague de la collectivité, de l'ensemble, de la pluralité. C'est qu'on sent bien qu'avec la simple juxtaposition des membres de la société, rien ne saurait s'expliquer. Leur capacité physique et naturelle ne sert que comme machine de guerre, et une fois l'association ainsi justifiée, toutes les individualités se fondent dans l'unité de l'ensemble. La logique le veut d'ailleurs. Car dans la vie, juridique les tiers s'occuperont-ils des associations *ut singuli* ? Sera-ce cette pensée qui dirigera la volonté libérale d'un donateur par exemple? Oh que non ! Ce dont uniquement les tiers se préoccuperont, ce sera du but pour lequel existe et agit l'association. Les hommes les préoccuperont peu.

Aussi bien, dominés par l'idée directrice de leur association, ils n'en constituent que l'expression transitoire et la
réalisation passagère. A eux, qui disparaissent si vite, on
ne donnera point, mais à la science, à la littérature où à la
foi. Et ces individualités, d'une durée fugitive, constituaient le tout de l'association. Derrière elles il n'y aurait
rien ! Une pareille manière d'analyser les faits et les
intentions ne vaut pas mieux que celle des juristes classiques.

Donc, si nous dressons le bilan du système du professeur de Louvain, nous arrivons à ceci. Une négation
plus qu'hasardeuse d'un axiome de droit qu'ont tour à
tour consacré les diverses législations de notre passé juridique, et la réduction de toute association à une somme
d'individus capables, qui soudainement s'anéantissent à
leur tour, dans cette entité imprécise et vague, qu'on
appelle collection, agrégat ou réunion, des individus.
Grâce à tous ces détours ingénieux, ce second terme l'association qu'il fallait arriver à trouver, on le tire enfin de
la juxtaposition de capacités physiques, simplement tout
d'abord mises bout à bout les unes à la suite des autres,
et brusquement transformées à la fin de raisonnement en
un je ne sais quoi de capable et de vivant (1).

(1) M. MONGIN, *Revue critique*, année 1890, page 697 et sq., ob-
tient à peu près les mêmes résultats que le professeur de [Louvain,
en faisant intervenir l'article 1860 du Code civil. De cet article, il
tire successivement le droit de préférence des créanciers sociaux, la
non compensation des dettes personnelles et des créances sociales,
et enfin le caractère mobilier du droit des associés. Ainsi, on arrive

M. de Vareilles-Sommières, dans sa brochure de 1893, a
senti les dangers d'une semblable construction juridique.
Très prudemment, il ne s'attaque pas au point central de
tout notre sujet ; c'est-à-dire à la théorie traditionnelle
de la personnalité morale. En sage et circonspect juriste
français, il ne se rique point là où, avec sa connaissance
approfondie de la science allemande, s'était risqué l'auteur belge.

Il ne veut point faire de haute philosophie du droit, ni
même de droit public. Il insiste sur cette idée. La question de l'association, il le dit maintes et maintes fois, ne
relève que du pur droit civil et de lui seul. Le jeu des
principes sur lesquels s'appuie notre code suffit à légitimer
la pleine capacité des associations. Rien de plus simple
que de sortir d'embarras. Qu'avons nous à faire en effet?

Nous avons à nous préoccuper des associations licites,

à reconnaître aux associations dénuées de personnalité officielle, tous
les avantages qu'elle comporte, sans leur accorder ce titre lui-même.

En réalité, l'article 1860 ne pense nullement à ce qu'on veut lui
faire dire. Il se borne à poser une exception à l'article 1859, en vertu
duquel les associés sont censés s'être donnés réciproquement le pouvoir d'administrer l'un pour l'autre et à dire que l'aliénation des
choses mêmes mobilières, ne rentre pas, contrairement à ce qu'on
aurait pu penser, dans ce pouvoir d'administration organisé par l'article 1859.

Ce texte ne s'occupe à aucun point de vue des droits des créanciers
sociaux et personnels. Ceux-ci restent donc tous égaux entre eux, conformément à l'article 2093, sauf l'application de l'article 2205, sur la
saisie des biens particuliers dans une indivision. Tout cela prouve que
ce n'est pas dans les règles du contrat de société, mais dans les principes du droit public qu'on peut trouver une base solide pour une
théorie plus libérale du droit d'association.

couvertes contre l'article 291 du Code pénal par une autorisation administrative, associations tant laïques que religieuses : la situation est la même en effet ; puisque à ces
dernières ne s'applique point la nécessité d'une autorisation ; l'article 291 leur étant absolument étranger par son
texte et son esprit.

Cela posé, notre théorie des obligations n'est-elle point
dominée par le principe de la liberté des Conventions ?
L'arbitraire des parties en matière de contrats, jouit chez
nous d'une entière indépendance. Quand on a besoin d'un
contrat, non énuméré dans le titre des obligations, on a
parfaitement la permission d'en faire un d'innommé (article 1107 du Code civil). Et ce contrat ainsi créé, ses
règles se tirent par analogie du contrat le plus voisin, dont
il constitue en quelque sorte, comme disaient les Romains,
l'image, *figura*.

Dès lors, l'association désintéressée va devenir un contrat innommé. Cette simple proposition suffit, nous dit
M. de Vareilles, à faire disparaître la plus lamentable hérésie juridique qui fut jamais, Et, de fait, elle tente par sa
suggestive originalité.

Munie de ce fil directeur, la doctrine tranchera le plus
simplement du monde les controverses où se débattait
péniblement la conception classique. Les nervures du sujet,
si l'on peut s'exprimer ainsi, l'étude du contrat voisin,
la société, nous les fournira, conformément au principe
posé plus haut.

Or, si nous ouvrons le Code en titre de la Société, nous

voyons tout de suite que les sociétés jouissent d'une pleine autonomie juridique.

Les sociétés civiles, non douées de personnalité et la communauté conjugale qui, elle aussi, est une société civile (1), agissent en justice, passent des contrats, reçoivent des libéralités. Logiquement donc, tout cela, l'association pourra le faire aussi. Que l'on ne crie pas à la mainmorte ! Ou bien, en effet, l'association a une durée limitée et alors la mainmorte n'est pas à craindre ; ou bien elle est conclue pour une durée illimitée et dans ce cas surgit l'art. 1859, Code civil, qui revient sans cesse dans l'étude de M. de Vareilles. D'après cet article sauveur, la volonté d'un seul des associés d'une société à durée illimitée, opère, effectuée de bonne foi et non à contre-temps, la dissolution du bien social. Que criez-vous dès lors à la mainmorte ? Le prin-

---

(1) M. de Vareilles-Sommières assimile ainsi la communauté à la société civile, pour arriver à reconnaître aux associations la faculté de recevoir, à titre gratuit (art. 1405, C. civ.), que l'on conteste très fortement encore aux sociétés civiles en doctrine, malgré les inductions favorables que l'on peut tirer des arrêts récents que nous examinerons plus loin. Il ne faut pas se dissimuler que l'identification de la société et de la communauté n'est rien moins qu'une réalité. La communauté ne commence, ne vit, ni ne finit comme la société. L'article 1869 n'y trouve point d'application. On admet, en manière de communauté, des clauses qui seraient léonines pour une société ordinaire. Bref la législation de la communauté constitue une législation spéciale, où foisonnent les exceptions et les violations du droit commun, inspirées par la faveur qui s'attache au lien matrimonial dont le contrat de mariage est l'accompagnement.

Argumenter de la communauté conjugale à l'association, c'est donc donner tête baissée dans la plus manifeste source d'erreurs et de confusions.

cipe déposé en ce texte anéantit toutes les craintes des
esprits, même les plus timorés. Le contrat d'association
fonctionnera, soyez-en certains, sans danger pour l'État.
Quant à la monomanie de la personnalité occulte, qui hante
les juristes classiques, et à son corollaire logique, l'interposition, ce sont là de vaines imaginations, dont on ne
doit même plus parler. Jamais les coassociés ne se figurè-
rent rien de semblable. Ce qu'ils veulent, c'est se réunir
quelques heures ou toute leur vie, ou répandre parmi les
hommes certaines idées qui leur tiennent au cœur, mais
jamais, au grand jamais, créer un nouvel être, contrairement au droit. Bien plus ils repousseraient volontiers la
personnalité, avec ses assujettissantes entraves et, quand on
la leur offre, les ordres religieux ne l'acceptent que dans un
but de paix et sans éprouver le moindre enthousiasme. Le
droit commun des conventions, voilà tout ce qu'il réclament. A quoi bon autre chose en effet, puisque le droit
commun suffit amplement à leur assurer une entière capacité. Les congrégations et associations reconnues personnes civiles et d'utilité publique, ont sans cesse besoin
de l'autorisation administrative. Sans cesse se dresse entre
elles et les biens, la théorie de l'interposition. Leurs contrats à titre onéreux, on les annule comme donations dé-
guisées ou on les attaque comme libéralités indirectes.
Le fisc, sur leur patrimoine, recueille sa dîme de plus en
plus considérable et l'on ne peut guère lui échapper ! Car
des dissimulations habiles ne peuvent lui cacher que très
peu de chose, avec le caractère quasi officiel de l'établisse-

ment, qui rend très facile à opérer l'inventaire des biens
et des acquisitions.

Voilà bien des inconvénients et qui font de l'incorporation officielle la plupart du temps, non un avantage, mais
le plus périlleux des honneurs! Aussi la communauté religieuse doit-elle se garder de solliciter une reconnaissance. Indépendante des lisières administratives, elle
recevra les donations, passera les contrats, sous la protection du droit civil. Composé de membres capables
pourquoi ne serait-elle point capable comme la société civile ou la communauté ? Dans les contrats les associés *ut universi* ou bien un de leurs mandataires, conformément à l'article 1859. al. 1, parleront et agiront. A
eux aussi la donation s'adressera, et son existence ne
soulèvera pas plus de difficultés que celle de la donation
faite à la communauté et rendue possible par l'article 1405
du Code civil au titre de la communauté. Le patrimoine,
né de tous ces actes juridiques appartiendra aux coassociés
ut universi, comme dans le contrat type la société civile.
L'article 1859 régira en principe, son administration à
défaut de conventions contraires des parties. Plus de difficultés enfin sur la revendication et la prescription, puisque l'association douée de capacité, peut prescrire et devient d'ailleurs propriétaire du jour du contrat en vertu du
droit commun de la société civile.

Dans ses grandes lignes et dans sa perspective d'ensemble tel apparaît le système de M. de Vareilles. Son originalité séduit, déconcerte et entraîne. Seulement si on

le soumet à une analyse serrée, et si on le décompose avec
minutie en ses idées cardinales, on le découvre bien vite
appuyé sur des confusions voulues et des imprécisions vagues.

Essayons de le montrer. D'abord la question de l'association appartient-elle vraiment comme, sans se lasser, le
redit dans presque chacune des pages de son œuvre, l'éminent jurisconsulte, au seul droit civil? Il semble qu'il suffit d'énoncer cette affirmation pour la réfuter. Jamais
question de droit civil ne suscita plus de polémiques et de
luttes philosophiques et économiques.

Sa portée, en réalité, est bien plus haute. Il ne s'agit
rien moins que du problème du rôle de l'État moderne,
contre lequel on voudrait dresser pour y abriter les libertés de l'individu, les cadres corporatifs de notre ancienne
monarchie ou des pays anglo-saxons, et une pareille discussion d'où dépend pour beaucoup l'avenir de la science
politique il ne faudrait que quelques textes du Code civil
pour la trancher! Étrange et vraiment paradoxale opinion.
Nous le répétons, et personne ne saurait guère le contes-
ter sérieusement, ce problème est un problème de droit
public s'il en fut jamais. Autrement rien n'apparaîtrait
plus aisé que de concéder aux Français, toutes les libertés
qu'ils réclament encore, au moyen de textes du droit civil
doucement sollicités, en faveur de telle ou telle opinion
préconçue. Les révolutions dans l'interprétation des textes de la loi remplaceraient les révolutions politiques.

Voilà une première confusion. En voici une autre.

Dans tout le cours de son étude, M. de Varcilles Sommières déclare sans cesse qu'il n'existe aucune différence entre les associations religieuses non autorisées et les sociétés laïques sans but lucratif. Elles auraient les mêmes droits comme les mêmes devoirs. La vérité pour les unes le serait aussi pour les autres. La théorie du contrat d'association combat, proclame à plusieurs reprises son éminent auteur, le bon combat en faveur de toutes les associations en général et non pas en faveur de telles ou telles communautés religieuses. Elle ne perd jamais de vue l'impartialité qui convient à la science. Elle pense avec sollicitude à la condition misérable des sociétés de pêcheurs à la ligne, d'arbalétriers ou de tireurs à l'arc. Seulement elle ne peut empêcher que les solutions données pour les associations laïques s'étendent tout naturellement aux associations religieuses. Un tel résultat est l'effet fatal des principes du droit. Pourquoi s'en chagriner puisqu'il consacre l'idéal de toute législation sur l'association : l'égalité des droits dans la liberté de vivre et d'agir ?

Eh bien une pareille assimilation nous surprend beaucoup. Dans la réalité du droit elle n'existe point. Les associations laïques dûment habilitées vis-à-vis de l'article 291 Code pénal possèdent une incontestable existence : elles peuvent vivre licitement et librement. A défaut de la pleine capacité juridique, elle ont au moins la vie, et cela, on ne saurait le nier. En est-il de même pour les congrégations non reconnues ? Nullement. Sans doute on décide à peu près unanimement en doctrine qu'elles échappent à l'article 291, dont le texte ne les vise point. Mais cela ne les rend point licites et ne leur confère point l'être. Restent toutes les prohibitions du droit public. Sans parler de l'ordonnance de 1749 due à Daguesseau : contre les congrégations, se dressent les lois de 1790 et de 1792, la loi du 18 germinal, an X, article 11, qui supprime tous les établissements religieux, autres que ceux qu'elle crée, les décrets de dissolution de messidor an XII et de 1880. Tous ces textes sont clairs et formels (1). Sans l'autorisation administrative, comme le dit le décret du 3 messidor an XII, aucune congrégation ne saurait se former. Les textes que nous citons complètent même le mot congrégation par le mot agrégation ou association pour viser sans ambiguïté tous les groupements religieux.

Donc, rien de plus simple. Ainsi que le déclare le décret du 29 mars 1880, faute d'autorisation, de pareilles associations tombent sous les lois en vigueur (décret de messidor et loi du 18 germinal, an X, art. 11). C'est dire que la vie dont elles peuvent jouir ne saurait qu'être extra-légale et toute de fait. Toujours l'autorité administrative a le pouvoir de les dissoudre et de les expulser de leurs locaux comme elle l'a fait en 1880 pour les Jésuites et autres congrégations d'hommes non autorisées. Eh bien,

---

(1) On a souvent prétendu que quelques uns d'entre eux étaient nuls comme rendus *ab irato*. Entre autres le décret de messidor an XII. Nous demandons qu'on nous montre le texte qui déclare nulle une loi promulguée *ab irato* ! On a, à notre sens, trop abusé de pareils arguments dans les discussions soulevées par les décrets de 1880 !

en présence de cette législation si manifestement hostile,
qui fait dépendre la vie des communautés non reconnues
de l'arbitraire gouvernemental, et les tient perpétuellement
sous le coup d'une dissolution toujours possible, comment
pourrait-on sérieusement les assimiler aux Sociétés de tir,
de musique ou aux cercles ? D'un côté, il y a une vie légale et permise, et de l'autre, une existence simplement
tolérée et forcée à se cacher, à se dissimuler, pour échapper à l'attention du pouvoir, qu'il serait imprudent de trop
éveiller !

Sans doute, la sanction de ces prohibitions se limite
simplement à des mesures toutes administratives de dissolution et d'expulsion et elle ne constitue point un délit.
Mais qu'importe ? Les défenses préventives n'en restent
pas moins entières et en vain essaierait-on par de fins
détours d'argumentation juridique d'y échapper. Dès lors,
vouloir opérer une assimilation entre des situations aussi
divergentes, nous semble au moins risqué. On ne saurait, même pour bâtir une originale théorie de droit civil,
placer sur le même pied l'être et le non-être, et il faut se
résigner en notre question qui, en dépit qu'on en ait, fait
partie du droit public, à tenir quelque compte des textes
spéciaux, qui dominent notre législation des établissements religieux.

Donc, nous voici en présence d'une seconde confusion
délibérément commise. Sachons nous en garder et toujours soigneusement séparer la Société religieuse non reconnue de l'Association laïque sans but lucratif. La

distinction est capitale : il n'est pas permis de l'oublier.

Au surplus, cette distinction fondamentale repose aussi
bien sur des considérations rationnelles que sur les « mesures arbitraires, d'un législateur aveuglé par l'esprit de
parti ». Les associations laïques non reconnues constituent
en effet pour l'individu un passe temps, une distraction,
voire même une noble et haute occupation, mais elles
n'exigent pas qu'il leur sacrifie sa vie. En dehors de la société dont il est membre, le citoyen a une famille, une
profession, des amis. Une fois sorti du local de l'association il est repris par la multitude des intérêts de tout ordre dont la chaîne invisible fait l'existence. Sociétaire, il ne
l'est que quelques heures. Demain il ne le sera peut-être
plus ; car on entre et on sort très facilement des sociétés
laïques. En outre, chaque associé pendant les quelques
heures qu'il consacre au corps dont il fait partie, n'est
soumis à aucune règle qu'on ne puisse changer ou supprimer. Les statuts dépendent du libre vote des sociétaires. Là, comme dans l'État, la loi de la majorité domine,
et c'est ce qui explique en grande partie la fragilité de
nos associations trop souvent agitées par des discussions
turbulentes et oiseuses. Il leur manque la gravité sévère
et la froideur tranquille des sociétés anglo-saxonnes où
l'esprit de discipline et un bon sens très conservateur apai-
sent les controverses les plus brûlantes.

Les communautés religieuses, au contraire, ne présentent
aucun de ces caractères. Quand on y entre, c'est pour la
vie. La prestation solennelle des trois vœux de pauvreté,

d'obéissance et de chasteté coupe tous les liens qui vous rattachaient encore à la terre. Famille, amis, relations sociales, tout disparaît. Le novice n'est plus qu'un instrument dans la main de son supérieur, que le serviteur docile d'une règle canonique traditionnelle. Il n'a plus les yeux tournés en bas vers le monde, mais en haut vers le ciel et la promesse d'une éternité bienheureuse. Les plaisirs et les joies de l'existence il les dédaigne désormais. Son renoncement et son sacrifice lui ont assuré le don précieux de la grâce. L'amour mystique de la divinité remplace pour lui toutes les affections terrestres. Qu'y a-t-il de semblable dès lors entre les congréganistes et les membres de nos sociétés laïques ? Peut-on sérieusement comparer ces communautés indissolublement unies par le lien tout puissant de la poursuite en commun d'une œuvre hautement méritante et satisfactoire, aux réunions passagères et comparativement frivoles des sociétés laïques ?

D'un côté, le membre s'engage à mettre en commun quelque peu de son activité et de son temps, de l'autre, il renonce à toutes les prérogatives individuelles pour travailler au soulagement de la souffrance humaine ou à l'extension de la religion.

Franchement, on ne saurait mettre en balance des sacrifices aussi dissemblables. Et c'est cette idée que notre ancien droit traduisait assez justement en frappant le religieux de mort civile. Cette institution sévère rendait bien l'état du moine désormais isolé du monde et ne dépendant plus que de Dieu. Elle n'existe plus aujourd'hui.

Mais, est-ce une raison pour oublier les motifs qui la firent édicter ?

Cette condition particulière des membres des communautés religieuses domine toutes les déductions juridiques auxquelles peut se livrer la doctrine ? La congrégation, au lieu de former une assemblée de libres individus n'a qu'une volonté, celle du supérieur élu, qui, lui-même, obéit à la constitution de l'ordre. Les religieux se trouvent-ils par hasard d'avis contraire : une fois l'opinion du supérieur émise, ils font comme l'homme de Rousseau, ils reconnaissent qu'ils s'étaient trompés et que le jugement orthodoxe était celui du supérieur. Il n'y a donc au sein des congrégations aucune des discussions passionnées des associations laïques et rien ne s'y résoud à la majorité des voix.

Cela se comprend d'autant mieux qu'une règle très ancienne, datant très souvent du haut moyen âge, gouverne la communauté pour toujours. Il suffit de lui obéir. Cette charte corporative fixe très nettement l'œuvre à laquelle est affectée la congrégation. Ou bien, elle ira répandre la foi dans les pays hérétiques ou barbares, et défrichera les âmes en même temps que les forêts vierges, ou bien elle se dévouera au soin des malades, des souffrants et des pauvres, ou bien elle se contentera par ses prières d'assurer le salut des pécheurs et de faire participer le reste des fidèles au mérite immense de ses œuvres.

Qu'elle ait pour but la charité, l'enseignement, l'apostolat ou la contemplation, une communauté religieuse constitue donc un organe de l'église catholique, un foyer vivant où se conserve inépuisable l'enthousiasme de ses premiers temps. Ce que ne peut faire le clergé séculier, absorbé par la besogne accablante de l'administration du culte, elle le fait et bien, avec ardeur et discipline. C'est un *véritable établissement public* de l'Eglise. Comme dans l'établissement public, nous trouvons le but ou l'affectation, un collège d'administrateurs composé de tous les congréganistes, et enfin une circonscription administrative au service duquel se voue la congrégation : province, ville, pays, ou ensemble de pays.

Les communautés religieuses ont même paru pendant tellement longtemps l'idéal des établissements publics que l'État s'adresse encore à elle pour certains services d'enseignement ou d'assistance, et qu'il favorise leurs efforts dans les pays d'Orient ou d'Afrique. Au lieu de la charité officielle faite sans entrain par des fonctionnaires indifférents, la congrégation offre à l'État en effet le concours d'une ardeur que rien ne lasse ni n'arrête ; trop portée, malheureusement, à un certain prosélytisme.

Quoiqu'il en soit de cette dernière question passionnément agitée à l'heure actuelle, nous pouvons poser en principe que la communauté religieuse est un *établissement du culte catholique*. Ainsi s'expliquent nettement et la toute puissance de la règle, et le défaut de droits individuels des congréganistes, et les formalités lentes du noviciat et de l'entrée en religion. Dans ces conditions, les biens, absolument comme dans les établissements publics, appartiennent indirectement aux pauvres, aux malades, de la circonscription administrative, et directement au corps lui-même qui les possède conformément au but traditionnel qu'il s'agit d'accomplir.

Nous n'avons donc plus des associations pures de l'espèce des sociétés laïques désintéressées, mais des associations-établissements, ou mieux des associations-fondations.

L'Église n'étant plus en effet qu'un État à pure souveraineté spirituelle, admis seulement par courtoisie et déférence dans la communauté internationale, ne saurait avoir d'établissements publics. Les établissements de fait qu'il possède sont donc des œuvres privées, et pour employer une expression juridique, des associations-fondations, c'est-à-dire une sorte de trait d'union entre l'association et la fondation.

Ici on ne manquera pas d'objecter sans doute que d'après un axiome de Savigny, il y a une séparation absolue et infranchissable entre l'association et la fondation. Rien à notre avis n'est plus faux. En France, on croit encore à la classification arbitraire du grand juriste allemand, qui a semé tant d'idées fausses sur la nature des personnes morales ; à l'étranger, on n'y croit plus. L'italien Giorgi, dans son remarquable livre sur les personnes morales que nous aurons plus d'une fois l'occasion de citer dans cette étude, a présenté une réfutation définitive de la théorie de Savigny (pages 88 et sq.).

1° D'abord, nous dit-il, Savigny § 86 *in fine* de son

Traité de Droit romain, 7. 11, reconnaît lui-même que les universités, les chapitres, les canonicats et la personnalité de l'État ont appartenu tantôt à l'une, tantôt à l'autre de ces deux premières classifications.

En réalité donc on ne sait, ni où commence, ni où finit la fondation. On le sait très bien en certains cas fort nets et c'est tout.

Par exemple, on a conscience que dans certaines associations le nombre des sociétaires est restreint, et que dans d'autre, ils devient une multitude, que l'arbitraire individuel est nul là et tout-puissant ici, que l'utilité privée prévaut dans la société d'agrément et est écartée dans les institutions de bienfaisance, d'instruction et d'assistance. On sait que si on donne 10.000 francs à une société de secours mutuels, la libéralité sera appliquée au profit des coassociés, tandis que la même donation adressée à un hôpital rayonnera dans toute la circonscription de cet hôpital. Ces hypothèses sont claires, mais dans la grande majorité des circonstances la distinction ne se fera plus et échappera au raisonnement (1).

(1) Les Universités traduisent très clairement cette pénétration réciproque des *Universitates personarum* et des *universitates bonorum*. Au moyen âge elles constituaient des fédérations de collèges, de professeurs et de nations d'étudiants, érigées en corps par les bulles des papes. Aujourd'hui les établissements libres d'enseignement supérieur reproduisent ces vieilles traditions de très près. On y distingue une association de fondateurs chargée d'entretenir les facultés après les avoir créées, le corps enseignant et des sociétés d'étudiants assez fortement organisées. Tout cela forme un ensemble complexe où l'idée d'établissement se mêle intimement avec celle de corpora-

2o Pourquoi cette incertitude de classification ? Parce qu'il y a une association à la base de la fondation, et cette association, c'est l'État, la commune, ou le département, en un mot telle ou telle circonscription administrative. Ces principes s'appliquent surtout à l'Église, divisée en une infinité de petites institutions et en une multitude de fondations, ayant chacune leur zone d'influence, et leur cercle d'action. Ils nous expliquent que dans les congrégations nous ayons un mélange de corporation et de fondation ; la congrégation reposant sur l'association des religieux et étant affectée en même temps à une œuvre accomplie dans l'intérêt de tel ou tel agrégat de fidèles, administrativement délimité.

Ainsi peut se résumer la théorie de M. Giorgi. Très heureusement elle relie l'une à l'autre l'association et la fondation, et rend compte des singularités, sans cela difficilement compréhensibles, de la congrégation religieuse.

Etant une sorte d'établissement, l'association religieuse ne saurait prétendre par conséquent à la vie juridique, sans une reconnaissance de l'État. Notre droit semble en effet ne pas prévoir la fondation libre par les particuliers

tion. Le même phénomène ss produit de plus en plus dans les Universités de l'Etat où à côté de l'établissement public et contractant avec lui une alliance dont le temps ne fait qu'accroître le développement et les progrès, se fondent des associations d'amis de l'Université et des unions d'étudiants. Cette évolution du droit et des mœurs est très heureuse parce que les établissements publics sans une association vivante à leur base qui les implante profondément dans le sol local, ne sont que de froides entités administratives comme nos bureaux de bienfaisance ou nos commissions des hospices.

d'un établissement d'intérêt général. Dans son silence, l'obligation de l'autorisation de l'État domine la doctrine et la jurisprudence. De sorte que nous arrivons ainsi par un biais à la nécessité de l'habilitation gouvernementale constamment proclamée par le droit de notre ancienne France en matière de congrégations.

Le principe de la neutralité de l'État moderne aidant, la situation des communautés religieuses, organes militants de l'Eglise ne s'annonce donc pas comme devant s'améliorer de si tôt.

Retenons en tout cas de cette assez longue dissertation sur la nature juridique des communautés religieuses qu'elles participent à la fois de la corporation, de la fondation et de l'établissement, et que par conséquent la distinction de nos lois administratives se justifie rationnellement. Le contrat d'association qu'on déclare former le tout des congrégations religieuses ordonne entièrement la vie à venir des associés, en les soumettant à une constitution immuable et dispose de leur volonté indéfiniment aliénée. Or jamais contrat ne permit de faire pareilles renonciations. Donc il y a là quelque chose de plus qu'un contrat et qui nécessite une toute autre règlementation que les conventions pécuniaires de la vie de tous les jours reposant sur les intérêts privés des cocontractants.

On pourrait même ne pas s'en tenir là et soutenir que le prétendu contrat de communauté religieuse ne relève pas des principes du Code civil sur les obligations. Ce ne serait pas très difficile à prouver et cela contribuerait en-

core à différencier profondément l'association religieuse
et l'association laïque. Essayons cette démonstration.

« Tout contrat, disent excellemment MM. Aubry et Rau,
(tome IV, p. 314) exige un objet... C'est-à-dire une prestation quelconque susceptible d'appréciation pécuniaire. »
Or, dans la convention d'association les congréganistes
s'engagent à mettre en commun leur activité, leur intelli-
geance, leur foi et leur dévouement. Nous ne parlons pas
des biens détenus par personne interposée et qui n'apar-
tiennent pas aux congréganistes mais à leur œuvre, ou
« à Dieu et aux pauvres » pour parler comme les canonistes du moyen âge.

Dans de telles conditions, nous cherchons vainement
l'*alicujus solvendæ rei* du texte célèbre des institutes.
Nous ne trouvons même pas en cherchant bien, de prestation pécuniaire. Nous ne découvrons que des promesses
réciproques de services, d'*operæ*. De pareilles promesses
forment-elles valablement l'objet d'un contrat, engendrent-
elles une action contractuelle, rendant le promettant civilement contraignable à l'exécution de son obligation? Nous
en doutons beaucoup. On admet généralement en doctrine
que les actes dépendant d'une profession littéraire scientifique et artistique ne sauraient en eux-mêmes et directement former l'objet d'un contrat. (Principe appliqué notamment aux médecins et aux avocats).

Eh bien, ne peut-on pas tirer de cette doctrine très certaine et consacrée par une longue tradition, un argument
a fortiori en ce qui touche la convention d'association.

Si les actes d'un médecin ou d'un avocat sont étrangers aux règles générales des obligations, comment les actes de congréganistes ne le seraient-ils pas? Soigner les malades et les pauvres, évangéliser les infidèles, acquérir par ses prières et ses œuvres une grâce abondante et efficace sont-ce là des actes estimables en argent? Ne semble-t-il pas qu'on soit en droit de leur appliquer par *a fortiori* ces quelques lignes de MM. A. et Rau *op. cit.* (t. 4.) 314, n° 2. « De pareils actes considérés en eux-mêmes sont inestimables et ne constituent d'après leur caractère principal, qu'un fait d'obligeance de la part de celui qui les a promis. *Opera loco benefici praestatur* (L. 1. D. II. 6) (1), etc... ». Bien loin donc de se rapprocher très intimement du contrat intéressé de société, la convention d'association fondée sur des prestations de services inappréciables en argent, échapperait aux principes du droit civil et serait dépourvue de la sanction essentielle de l'action en justice.

Cette opinion qui nous paraît logique et conforme aux textes du Code civil se dessine confusément dans de rares arrêts. La Cour de Poitiers, par exemple, a décidé le 17 mai 1832 (S. 1832. 2. 406. D. rép. V. disp. entre-vifs, n° 437) que la promesse d'une certaine somme faite par une novice à la communauté de femmes où elle avait été admise à prononcer ses vœux, était une promesse étran-

---

(1) Ce texte cadre d'autant mieux avec la question que nous discutons, qu'il s'occupe du collège religieux des agrimensores romains, collège représentant, au moins dans ses origines historiques, quelque chose de très voisin de nos communautés religieuses.

gère au droit civil, mais valable en vertu du principe que
l'obligation naturelle devient une obligation civile suffisamment causée quand elle est consacrée dans une con
vention positive. (Voir aussi Req. rej. 21 août 1839. S.39.
1. 663.) Mais, comme on le voit, nous ne constatons,
dans ces rares monuments de jurisprudence que des indices vagues et des allusions imperceptibles. La théorie que
nous venons d'esquisser a surtout été mise en lumière par
le projet Waldeck Rousseau. Nous étudierons plus loin
ce projet, et nous verrons qu'il fait une place à part au
contrat d'association, en dehors des biens et du droit
civil.

Sans aller aussi loin que cette proposition, nous pouvons résumer cette étude du caractère juridique des associations religieuses, en disant qu'elles se distinguent profondément des sociétés laïques désintéressées, et par leur
but, et par leur nature, et enfin par la presque impossibilité de les faire rentrer dans le champ d'application du
Code civil. Il y a donc là une *summa divisio* qu'il faut reconnaître et observer !

Arrivons maintenant au fond même de la question. La
théorie du contrat d'association en elle-même, se soutient-
elle en droit, abstraction faite des confusions qui en compromettent la portée ?

Nous ne le pensons pas et pour plusieurs raisons que
nous emprunterons, 1° à l'histoire du droit dont nous rap-
pellerons les enseignements, 2° à l'analyse de la volonté
des parties et du but qu'elles se proposent, 3° aux princi-

pes du droit civil, 4° aux conceptions nouvelles de la
jurisprudence sur la personnalité des sociétés civiles.

I° Et d'abord, l'histoire de l'association élève contre le
système que nous examinons le plus invincible des préju-
gés. Le droit romain, le droit de notre ancienne France
subordonnaient à la permission du pouvoir la naissance
des associations. La vie corporative avait besoin de l'homologation préalable de l'État, pour éviter les rigueurs
des ordonnances contre les assemblées illicites. Et la Révolution a parachevé tout simplement l'œuvre de centralisation ébauchée par la Monarchie. Comment, dès lors,
pourrait-on faire sortir de cette tradition immuablement
hostile, et comme par un miracle, les perspectives éblouis-
santes d'une liberté sans limites ? Nous ne croyons pas
pour notre part à la souveraine vertu du raisonnement
tirant, dans les sciences juridiques *ex nihilo* de quelques
textes vagues, une théorie absolument contraire à l'histoire de l'institution qu'il s'agit d'expliquer. De pareilles
audaces de doctrines, il faut les laisser à la métaphysique.
Ou tout au moins ne les pas attribuer au droit civil et au
code Napoléon dont l'esprit est si nettement individualiste,
que, comme le dit M. Renan, il semble rédigé par de vieux
célibataires égoïstes, nés enfants trouvés. L'association,
le Code civil ne la connaît point. Elle choquait son idéo-
logie révolutionnaire. Il n'en parle pas et la laisse à la
discrétion de Fouché et de ses successeurs. Donc, si l'on
veut essayer des théories nouvelles sur l'association, qu'on
ne s'adresse pas au droit civil, mais à la science du droit

public, en voie de formation, et qu'une législation codifiée
n'entrave pas encore dans sa liberté. Telle est notre première objection. La théorie du contrat d'association a
tort de rompre ouvertement avec l'histoire, dont en droit
on ne s'éloigne jamais impunément.

M. de Vareilles a prévu l'objection, et dans les quelques
lignes qu'il consacre à la tradition historique, il nous dit :
dans le droit des xviie et xviiie siècles, le problème se posait autrement. Entre la personne morale reconnue par
l'autorité et la non existence, il n'y avait rien. Point alors
de stage intermédiaire entre le néant et la personnalité,
stage déterminé par une autorisation administrative empêchant l'application des pénalités de l'article 291.

Rien que l'absolue capacité ou l'entière incapacité sanc-
tionnée par les peines des ordonnances contre les assemblées illicites, réunies sans congé ou permission du roi.

La tradition ne s'occupe donc pas, déclare l'ingénieux
auteur de la théorie du contrat d'association, de la question qui tourmente les juristes actuels. Et elle laisse libre champ aux systèmes, fussent-ils les plus aventureux !

Que répondre à cette habile augmentation ? Ceci tout
d'abord : que vis-à-vis des congrégations religieuses, il
n'existe aucune différence entre l'ancien régime et l'état
actuel de la législation. Ou le néant, ou la concession de
la personnalité. Pas de milieu entre les deux situations.

La réponse que vous faites porte dans ces conditions
seulement pour les associations laïques. Et encore en ap-

parence fondée et spécieuse, elle ne tient plus guère dès qu'on l'examine minutieusement.

En effet, une simple autorisation préfectorale va avoir dans la doctrine que nous discutons la vertu de conférer une absolue capacité civile. La tradition aurait-elle jamais consacré pareille chose ? L'autorisation de se réunir octroyée par un intendant aurait-elle suffi pour l'obtention d'une capacité illimitée ?

Nullement. La pratique administrative de la fin de l'ancien régime s'inscrit en faux contre ces assertions. On distinguait alors en matière d'associations non lucratives, deux classes distinctes. La première comprenait les corps fondés sur la splendeur de la mainmorte. La seconde les associations purement charitables et économiques sans visées de domination et d'enrichissement. Les édits de 1666 et de 1749, condensant un long travail législatif antérieur, déclarent solennellement et clairement que, les associations religieuses font partie, de ce que nous appelons la première classe. Pour les habiliter, il faut des lettres patentes du roi enregistrées à la chancellerie des parlements, c'est-à-dire dans la forme des lois les plus importantes. Et, qu'on le remarque, ce luxe significatif de formalités est exigé pour la faculté de se réunir et de tenir des assemblées. Fidèle à son esprit traditionnel, le droit d'alors ne connaissait point la distinction établie par la doctrine actuelle entre la personnification officielle et l'habilitation administrative conférant le seul *jus coeundi*.

Il ne s'occupait point de la capacité juridique qui

découlait nécessairement de l'autorisation obtenue.

Jusqu'ici M. de Vareilles-Sommières ne peut tirer de tout ce passé que ceci : sans autorisation en forme de loi, pas de vie ni de capacité. Principe peu favorable aux idées qu'il défend ! Serons-nous plus heureux avec la deuxième classe des associations désintéressées ? Encore moins. Cette deuxième classe, au rebours des affirmations contraires de M. de Vareilles, formait un stage intermédiaire entre la capacité de l'être incorporé et la vie illicite de la société non autorisée. Elle devançait la situation réglée par l'article 291 du Code pénal. Les rédacteurs du Code n'ont pas plus innové sur ce point que sur les autres : ils ont tout simplement clarifié et rendu rectilignes les conceptions autoritaires de l'ancien régime. Les associations désintéressées que nous rangeons dans cette deuxième classe, ébauche des situations actuelles, étaient assez nombreuses. Elles comprenaient les sociétés d'agriculture, dont la faveur publique éprise des théories physiocratiques couvrit alors les généralités, les confréries de paysans, les sociétés de nobles pratiquant la résidence. L'intendant les autorisait sur rapport de son subdélégué. Quelquefois même on recourait au conseil du roi qui, si telles étaient les intentions du contrôleur général des finances, les patentait plus solennellement. Tout cela se faisait admimistrativement, sans recours aux formalités exigées pour les corps de mainmorte. La capacité de pareilles associations était ce que la voulait l'intendant. Les sociétés d'agriculture possédaient un local, donnaient des subventions aux agri-

culteurs, publiaient des livres de science économique. Les
confréries paysannes faisaient de la mutualité. Quant aux
sociétés de nobles. on ne leur laissait que des apparences
de liberté. M. de Tocqueville nous cite un passage suggestif
à cet égard d'une instruction adressée en 1750 par un intendant de Franche-Comté à son successeur. « La noblesse
du pays forme une confrérie où l'on n'admet que les personnes qui peuvent faire preuve de quatre quartiers. *Cette
confrérie n'est point patentée, mais seulement tolérée et
elle ne s'assemble tous les ans qu'une fois et en présence
de l'intendant*. Après avoir dîné et entendu la messe ensemble, ces nobles s'en retournent chacun chez eux, les
uns sur leurs rossinantes, les autres à pied. Vous verrez
le comique de cette assemblée ». Ces quelques lignes spirituelles et moqueuses portent déjà en elles toutes les incertitudes du moment présent. Elles nous montrent que le
droit de l'ancien régime n'ignorait point l'état intermédiaire, qu'à tort l'on croit généralement créé par l'art.291
du Code pénal. L'intendant, souverain tout-puissant, dans
sa circonscription administrative, s'efforçait de répandre
les lumières de la philosophie et de la « chrématistique ».
Il avait recours pour cela à l'association désintéressée.
Ainsi, l'ancien régime rejoint par une chaîne ininterrom-
pue le droit nouveau. Ce dernier n'a fait que remplacer
l'arbitraire de l'intendant par celui du préfet. Sous la transformation des mots, l'institution est restée immuable. C'est

(1) Ancien régime et Révolution, p. 119, 6e édition, 1877.

dire que le système du contrat d'association ne se rattache à rien dans le passé et ne peut invoquer aucune filiation historique.

Peut-être, se dira-t-on, battus sur le terrain du droit public, nous pouvons néanmoins trouver la justification du système du contrat d'association dans le droit civil d'avant 1789 où les rédacteurs du Code civil ont tant et tant puisé.

Il doit en être d'autant plus ainsi, semble-t-il, que cette théorie prend bien soin de se proclamer conforme aux principes du droit civil sur les sociétés, dans toute leur pureté traditionnelle. Faisons donc un historique rapide. Sans parler du moyen âge, Guy Coquille, l'auteur de la Coutume de Nivernais, est le premier auteur où nous voyons poindre une idée un peu nette des associations. Eh bien, il distingue avec soin les sociétés du droit public qui durent toujours et se continuent par substitution de personnes, des sociétés du droit privé, chap. 8, art. 15, chap. 22. Les premières exigent la permission du roi ou du seigneur, les secondes se forment librement.

Il y a là donc deux domaines bien distincts qui ne se pénètrent point et qui s'éloignent autant l'un de l'autre qu'aujourd'hui une université et une société minière ou une société de spéculation sur les terrains. Au XVIIe siècle, la théorie se précise, mais la société n'en continue pas moins à relever uniquement et essentiellement de droit civil. Que si l'on ouvre Pothier et Domat et les civilistes des XVIIe et XVIIIe siècles, toute illusion dernière se dissipe.

Ces juristes ne traitent en effet que de la communauté

des propriétaires indivis et de la communauté entre époux
Dans leurs commentaires sur la société, il ne font pas
même la plus fugitive allusion à l'ensemble des associés,
prétendu aujourd'hui titulaire du patrimoine corporatif.
Ils ne voient dans les groupements des individus, que des
agrégats exclusivement dominés par l'intérêt de la recherche des bénéfices (1). Le contrat de société n'a, chez
eux, d'autre but que le partage des résultats de l'exploitation sociale. Quant aux groupements en vue d'un idéal désintéressé, ils relèvent du droit public. Pour en créer, il
faut l'autorisation du roi. L'association désintéressée,
alors ainsi qu'aujourd'hui, ne surgit pas brusquement
d'un chapitre du Code civil, comme d'une boîte à surprises.
Étrangère par sa destination et sa portée sociale aux lois
civiles, elle suit les fluctuations de la science politique.

Donc, la doctrine du contrat d'association dévie manifestement des souvenirs toujours vivants de notre ancien
droit. Elle sort du sillon profondément creusé par l'accumulation des siècles et l'effort de plusieurs générations de
juristes. Au bout d'une longue incapacité, elle place tout

(1) POTHIER nous dit dans ses *Pandectes*, t. I, page 475 n· 111 sur
le titre pro socio : « ad *contractus societatis substantiam requiri-
tur, ut singuli contrahant animo lucri facundi* ». Voir aussi
son traité de la société n· 1 et n· 12 où il proclame que l'essence de
la Société est de faire « un gain ou profit ». — DONEAU et CUJAS s'expriment à peu près dans les mêmes termes. DONEAU notamment déclare que la condition de partager le gain est subtantielle dans la société, Com. lib., 13 c. 5, n· 7. Le contrat de société ne servait alors
qu'à l'acquisition de la richesse. Il n'y avait donc rien de commun
entre lui et celui d'association.

d'un coup, sans transition aucune, devant nos yeux surpris, la capacité !

Au demeurant, ne nous en étonnons pas trop. Cette
méconnaissance de l'histoire était fatale. Une théorie qui
prétend dissiper, « l'hallucination », dont tous les juristes
jusqu'à la fin du xixᵉ siècle avaient ressenti les effets trou-
blants, devait ne tenir que peu de compte d'un passé
nécessairement voué à l'erreur. Heureusement, l'hallucination s'est subitement dissipée. Ne demandons pas aux
juristes qui ont exorcisé les vains fantômes qui jusqu'alors
tyrannisaient les esprits, de s'inspirer dans leurs construction doctrinales de l'hallucination disparue. Par définition
même la nouvelle théorie devait faire table rase de tous
les précédents qui l'auraient gêné dans son essor !

II° N'insistons plus par conséquent sur l'histoire des
associations et prenons le système en lui-même dans ses
lignes essentielles et sa base fondamentale. Il repose tout
entier sur la théorie du contrat innommé d'association.
Sans doute, déclare-t-il, l'article 1832 ne trouve pas ici à
s'appliquer entièrement. Il manque la condition d'exploitation intéressée d'un fonds commun en vue de bénéfices
à partager, mais il reste une convention d'association,
soumise en sa qualité d'image de celle de Société intéressée aux règles des articles 1832 et sq., dans ce qu'elles
ont de conciliable avec le caractère idéal du but social
poursuivi.

Telle est la thèse de droit soutenue. Elle ne nous
paraît juste, ni dans son fondement, ni dans ses consé-

quences. D'abord la convention des parties veut-elle tant
que cela créer l'image d'une société intéressée ? Comme
nous l'avons dit plus haut, rien ne semble plus douteux.
Généralement, les fondateurs d'une association de ce genre
se proposent de réaliser un but supérieur à l'intérêt privé.
A eux-mêmes, à l'accroissement de leur patrimoine ils ne
pensent point ; mais à l'idée que la société formée s'efforcera de réaliser. Dans une société civile, les membres ne
songeront qu'à arrondir leur fortune, ici ils essaieront
de développer l'empire d'une théorie, d'un sentiment, ou
d'une foi. Et ces idéales conceptions, à la diffusion desquelles ils se consacrent : en dépit des critiques que l'on
adresse à la théorie que l'on appelle « anthropomorphique », tendent d'elles-mêmes à s'objectiver dans
l'association. Quoiqu'on dise, la société forme pour la
conscience juridique des hommes, un être distinct des individus et le moindre membre d'un orphéon ou d'une
fanfare qui un jour de concours défile derrière son dra-
peau, ne pense point aux sociétaires en chair et en os,
mais à cette personne de raison, que l'on dénomme la
Société et qu'irrésistiblement il individualise et fait vivre.

Que l'on parle tant qu'on le veuille d'anthropomorphisme,
ces choses n'en existent pas moins. La convention des parties, l'opinion que nous examinons, la torture et la fausse.
On leur prête des intentions qu'elles n'eurent jamais. Les
congréganistes ne se considèrent point comme des copropriétaires intéressés du fonds social, mais comme des dépositaires, des espèces d'exécuteurs testamentaires, chargés

de réaliser le but qui a créé l'association. Tel est leur des
sein, telle est leur volonté. Et ces observations semblent si
vraies que M. de Vareilles y revient dans le cours de son
étude. Après avoir proclamé le néant de toute idée de
personnalité de fait, et qualifié la personnalité morale
elle-même de décor à peu près inutile, pour ne considérer la société sans but lucratif, que comme un agrégat de
citoyens capables en droit, et sur la tête desquels naîtront
et reposeront tous les biens sociaux, subitement il tourne
court. Cette propriété collective d'unités simplement juxta-
posées que tout à l'heure on déclarait la réalité même devient une propriété, officielle, apparente et de décor elle
aussi. Ces associés dont on exaltait avec lyrisme les
droits deviennent de simples utilités, car force est d'observer la convention qu'ils ont conclue ? Alors on arrive (ce
qui constituait d'ailleurs le but caché de toute la théorie)
à leur nier tous droits sur l'actif commun ; sauf celui de
réclamer la dissolution de la société a durée illimitée conformément à l'article 1869 du Code civil. De sorte que le
système aboutit à deux propositions contradictoires. Seuls,
les associés, sont propriétaires, mais cette propriété,
le pacte entre eux conclu, la rend indisponible pendant la
durée de la société. Et on n'a pas assez d'anathèmes pour flé-
trir les associés qui, durant l'association, réclament leur part
de bénéfices et leurs apports. Comme on sent alors qu'on
organise de cette sorte une propriété en l'air, sans support pour ainsi dire, on fait appel à l'idée de M. Van den
Heuvet à l'idée de l'ensemble. Les associés *ut singuli* ne

sauraient, affirme-t-on, prétendre à la propriété : cette dernière appartient à l'ensemble, de même que les biens de la communauté ou de la société civile, appartiennent à la collection des associés, ou aux époux considérés comme communs en biens.

Cet emprunt fait aux idées de M. Van den Heuvel ne supprime au surplus nullement la contradiction que nous venons de signaler. Le système s'affirme toujours dans ces deux propositions opposées : *les associés sont seuls propriétaires, l'ensemble des associés est seul propriétaire.*

Le mot ensemble convenons en dissimule mal l'antithèse d'expressions et de principes qui caractérise la théorie du contrat d'association. Il remplace la difficulté par une autre difficulté.

Et malgré les efforts de dialectique des auteurs de la théorie du contrat d'association, on ne voit pas bien par quelle opération mystérieuse les droits des associés se fondent dans un droit unique et supérieur : le droit de l'ensemble. Quand on ne veut pas de la propriété collective d'une personne morale de fait, il ne reste plus que la propriété individuelle, ou la propriété par indivis. Aucun contrat d'association ne saurait suppléer à l'indigence des formes de propriété qu'organise le Code civil. Le mot d'ensemble lui-même est impuissant à résoudre la difficulté !

Aussi bien nous ne reviendrons pas sur la critique déjà par nous dirigée contre ce concept vaporeux de l'ensemble : il dissimule mal, nous l'avons vu, un retour vers l'idée toute classique de la personnalité. En somme cette théorie se résume dans beaucoup de confusions suivies d'une grave contradiction établie entre la reconnaissance de l'absolue capacité, des associés d'une part, et leur incapacité de par l'effet de leur convention d'autre part. Semblables aux premiers hommes de Rousseau qui quittent l'État de nature pour former des sociétés au moyen d'un contrat social, nos associés aliènent tous leurs droits, mais en restant aussi libres et aussi capables qu'auparavant. On commet ici la même évidente et palpable contradiction. A quoi bon dès lors tout ce système du contrat innommé pour conclure ainsi que M. Van den Heuvel à la restauration de la personnalité si décriée, sous le nom d'ensemble.

Les idées du professeur belge suivaient au moins une marche plus logique et reconnaissaient dans la notion de la personnalité le vrai terrain du débat institué.

Il nous reste maintenant à nous demander ce que vaut au juste la base au premier aspect si tentante de la théorie discutée ? Elle repose sur le concept des contrats innommés se modelant sur le contrat nommé le plus voisin, ici la Société. Eh bien, nous contestons cette parenté et cette analogie. La société civile se base sur *l'animus lucri* que vient satisfaire la participation aux bénéfices, but de l'exploitation du fonds commun. Quel intérêt matériel découlera pour ses membres de la formation d'une société désintéressée ? Souvent des ennuis et rien de plus. M. de Va-

reilles, dans un passage qui trahit un vif embarras s'efforce
de le trouver pour les ordres monastiques : ce sera, dit-il,
la vie en commun facilitant les œuvres entreprises et les
rendant moins onéreuses. Tous ces intérêts paraissent
bien vagues et détournés : en réalité, pour employer le
langage expressif de von Ihering, profiteront seuls de
l'association, les destinaires de la personne juridique : les
pauvres, les lettres, la Science, la Foi ou la Patrie. Dès
lors, sommes-nous bien en face d'une société civile moins
une seulement de ses conditions ? Toutes manquent à peu
près et, s'il y a un contrat innommé, il n'est point la figure
de la société.

Qu'on reprenne en effet la définition donnée du contrat
de Société par l'article 1832 du Code civil : « la Société est
un contrat par lequel deux ou plusieurs personnes conviennent de mettre quelque chose en commun, dans la vue
de partager le bénéfice qui pourra en résulter ». Retrou-
vons-nous dans l'association aucune de ces conditions ?
Les sociétaires conviennent de mettre en commun leur vie
ou leurs heures de loisir.

Il n'apporte souvent que leur activité ou leur dévouement. A la rigueur, la première condition de la mise d'une
chose en commun se réalise.

Mais les autres ? l'exploitation du fonds commun en
vue de bénéfices à partager, la participation aux bénéfices
et aux pertes et l'*affectio societatis* existent-elles ? Il suffit
d'un moment de réflexion pour se convaincre du contraire.

Les congréganistes ou les membres d'une société non

lucrative quelconque n'attendent aucun bénéfice. Ils ne veulent en encaisser aucun. L'exploitation du fonds social donne des profits auxquels ils ne prétendent point. Jamais ils n'eurent l'intention d'y participer.

Que nous reste-t-il donc ? La mise en commun d'une activité et la poursuite collective d'un but désintéressé. Quel rapport ces deux éléments ont-ils avec le contrat de société, lucratif par nature et par destination ? Donc tout désunit les deux conventions de société et d'association. Elles sont complètement étrangères l'une à l'autre.

Faisons néanmoins une concession au système de M. de Vareilles ; admettons que le contrat d'association soit la reproduction fidèle du contrat de Société. En sera-t-il pour cela valable et licite ? Nous ne le croyons pas.

Deux ordres de raisons nous dictent cette opinion.

1° Si le contrat d'association était valable, il donnerait au groupe des associés la même capacité que son prototype, le contrat nommé de société. L'ensemble des associés acquerrait à titre gratuit en vertu de la nouvelle jurisprudence (1), et à titre onéreux sans freins et sans limites. Il aliénerait librement. Il esterait en justice sans difficulté.

---

(1) Cette nouvelle jurisprudence n'est encore ni fixée ni même *explicite*. Elle se dégage par induction d'arrêts rendus dans les dernières années (notamment, arrêt de la Société hippique de Cavailhon et arrêt de la Société spirite) et qui refusent aux associations non reconnues la faculté d'acquérir à titre gratuit M. de Vareilles-Sommières donc en reconnaissant en 1893, pareille capacité à l'ensemble des associés traitait mieux l'association que la société civile, non encore aujourd'hui expressément admise aux libéralités, par la jurisprudence.

Il s'obligerait suivant les principes du droit commun. Eh bien, ce tableau enchanteur d'une capacité indépendante et complète ne contredit-il en rien le droit ? Poser la question, c'est la résoudre.

Les établissements publics et d'utilité publique ne peuvent généralement aliéner, même un titre de rente, sans autorisation gouvernementale et les associations libres jouiraient des avantages de la plus tranquille et de la plus incontestée des capacités !

L'Etat laisserait se développer à leur guise les organismes nés en dehors de lui et il réserverait ses prohibitions pour ceux qu'il a distingués des autres et poinçonnés de son sceau.

Une telle conduite ne cadre ni avec l'esprit ni avec les textes de notre législation. L'arbitraire des parties en matière de contrats nulle part n'est laissé ni sans restriction ni sans règlementation. Au frontispice de leur œuvre, les auteurs du Code civil ont placé l'article 6 du Code civil qui annule les conventions contraires à l'ordre public. Indubitablement, rien n'est plus difficile à fixer que la notion de l'ordre public. Les difficultés que soulève l'interprétation de l'article 46 de la loi du 28 avril 1810, quand on admet le droit d'agir du ministère public, dans tous les cas où l'ordre public est intéressé, en sont une preuve éloquente. Néanmoins on s'accorde généralement à classer parmi les lois d'ordre public celles qui déterminent l'organisation administrative d'un pays. Eh bien, ne rentrent-elles pas sous cette dénomination, les lois qui refusent l'existence aux congrégations

et soumettent à la tutelle la plus étroite les établissements administratifs ? Donc la convention d'association
prétendant à l'égalité d'assimilation avec la convention
de société, tombe devant le texte précis et formel de l'article 6 du Code civil (1).

2º A cette première raison, nous essaierons d'en ajouter
une seconde. L'article 1133 nous dit que la cause dans les
obligations est illicite quand elle est prohibée par la loi ou
contraire à l'ordre public. M. de Vareilles et M. Van den
Heuvel soutiennent avec force qu'on ne saurait appliquer
cet article aux associations puisque la cause dans une obligation synallagmatique c'est la réponse à la question *cur
debetur* ou, si l'on préfère une autre formule : l'obligation de l'autre partie contractante. Telle est en effet la théorie
classique.

Ainsi rendue abstraite et comme desséchée, la théorie
de la cause ne rend pas de grands services en droit. Les
quelques articles que le Code y consacre sont à peu près

---

(1) Ajoutons, nous aurons d'ailleurs à le répéter dans les chapitres
suivants, que la conséquence essentielle et logique du système du contrat d'association, c'est la faculté de recevoir librement et d'une manière illimitée les libéralités, reconnue à l'ensemble des associés.

Or de pareilles possibilités de tourner les dispositions si sévères du
Code civil, laissées aux associations, sont-elles conformes à l'ordre public ? Evidemment non. L'article 6 combiné avec l'article 900 (tel
qu'il est interprété par la jurisprudence) permettra d'empêcher ce résultat singulier d'un Code rigoureux jusqu'à la défiance, en matière de
dispositions à titre gratuit, mais ne pouvant rien contre les conventions des parties, passées dans le but de se soustraire à l'application
de ses principes.

sans application pratique. La jurisprudence, après avoir longtemps révéré à l'égal d'un axiome le système doctrinal, semble manifestement aujourd'hui vouloir tirer quelque parti des articles 1131 et sq. du Code de 1804. On a beau l'accuser de méconnaître l'élémentaire distinction de la cause et des motifs, elle n'en persiste pas moins dans ses coupables errements. L'institution de là cause paraît désormais en voie de transformation.

Elle tend de plus en plus à être considérée par les tribunaux comme le motif le plus fort, la raison *impulsive* et déterminante de la convention. Un arrêt récent sur un emprunt à cause immorale (Cassat. 1er avril 1895, S. 96. 1. 289, 6e cahier) est venu consacrer une fois de plus cette théorie déjà esquissée d'étapes en étapes par la jurisprudence de la Cour suprême, d'abord à propos des contre lettres en matière d'offices ministériels, puis à propos des conditions de l'article 900 du Code civil. En appliquant l'esprit de cette évolution jurisprudentielle, on pourrait dire qu'en notre matière, le motif déterminant et impulsif : la constitution d'une mainmorte ténébreuse et irrégulière, viole nos lois d'ordre public sur la structure des établissements administratifs et la règlementation de leur patrimoine. Des arrêts invoquent cette considération mais en second ordre, et avec une irrésolution timide. Nous la croyons appelée à un grand avenir en notre matière comme en toutes les branches du droit. Elle permet en effet aux tribunaux de s'inspirer de l'équité et de la logique, sans sortir de leur pouvoir discrétionnaire d'ap-

ÉPINAY   12

préciation des faits et des intentions. Or, les tribunaux
ont toujours affectionné particulièrement des théories
semblables !

La société désintéressée, pour toutes les raisons que
nous venons d'exposer, ne peut donc prétendre à la capacité de la société intéressée, même si elle en constituait
la reproduction et l'image. Cette dernière condition, nous
le savons, elle ne la remplit pas non plus. Nous ne l'avons
supposée remplie que par une concession momentanée.
Comme cette concession ne rend ni meilleure ni pire la
situation de nos associations, reprenons la et disons qu'on
ne saurait assimiler à la Société des articles 1832 et sq.
du Code civil, un contrat basé non sur l'*assimus lucri*,
mais sur le désintéressement et le sacrifice. Identifier ces
deux conventions distinctes, c'est mêler deux domaines qui
ne doivent point se pénétrer, le domaine des intérêts per-
manents et durables, supérieurs à l'individu, et le domaine
des obligations qui ont l'acquisition d'un bénéfice pour
but et pour objet.

Entre la société désintéressée et la société intéressée,
il n'existe donc que le *cœtus hominum*, le groupement
des individus, qui puisse constituer une similitude juridique. Or, bien des institutions reposent à leur base, sur
des associations d'hommes. L'État, l'Église, les départements, les communes, en un mot presque toutes les personnes publiques dont s'occupe le droit administratif,
sont formées d'individus associés. Elles ont pour élément
matériel, comme le dit M. Haurion (Droit administratif,

page 204) « une association permanente d'hommes habi-
tant une certaine circonscription organisée administrativement ». La théorie du contrat d'association devrait
logiquement s'appliquer aussi donc aux personnes publiques. Nous ne voyons pas pourquoi on la limite modeste-
ment aux sociétés non autorisées. Si elle est vrai pour
les unes, elle l'est pour les autres. Toute institution qui
dérive d'un *cœtus hominum*, releverait ainsi de la formule
heureuse trouvée par M. de Vareilles-Sommières.

Cette possibilité d'extension indéfinie de la théorie du
contrat d'association, est une objection fréquemment faite
en Allemagne aux jurisconsultes qui prétendent expliquer
par la *societas* romaine modifiée, les difficultés du droit
d'association.

Gierke notamment y revient souvent. L'argument a
beaucoup de force dans les pays comme l'Allemagne ou
l'Angleterre, où l'on sent une association très vivante
encore à la base de toutes les institutions politiques. Il en
a moins chez nous où les personnes publiques administratives possèdent un caractère plus marqué de création artificielle de la loi.

Sans insister sur cette considération, d'importance accessoire au reste, fermons le parallèle que nous venons
de tracer, entre la société et l'association, par cette conclusion qu'elles ne se ressemblent qu'en un point : le
groupement des individus, caractère qui se retrouve à la
base de beaucoup d'institutions administratives, et qu'elles
diffèrent complètement sur tous les autres points. Les di-

vergences sont éclatantes, les rapprochements sont vagues et confus, Nous sommes donc en droit d'affirmer que l'analogie prétendue constitue une erreur et qu'elle n'a pour elle ni le droit, ni son esprit, ni son histoire.

Ajoutons, et nous empruntons cette remarque aux ouvrages du professeur Otto Gierke, que leur assimilation avec les sociétés privées rendrait aux associations souvent de biens mauvais services.

C'est ce qui se passe en Allemagne, où beaucoup de tribunaux traitent les *Vereine* comme des societates romaines modifiées.

Les tiers et les cocontractants imbus, comme les juristes, de la théorie anthropomorphique, dans sa forme la plus pure, croient à l'être moral indépendant des associés et s'inquiètent fort peu des membres *ut singuli*. Ils n'assignent en justice que le directeur de l'association au lieu d'assigner tous les membres. Ils s'imaginent posséder un droit de préférence sur l'actif social par rapport aux créanciers personnels des associés.

En France, le succès de la théorie du contrat d'association ne pourrait que faire naître ces doutes et ces incertitudes. Sans doute, correcte et délivrée de toute hallucination, elle rejette toute idée de personnalité. Mais cette comparaison constante établie avec la société augmenterait dans de fortes proportions, l'insécurité déjà si marquée, des contrats avec les associations. Une société, l'opinion se la figure généralement érigée en corps moral, sous l'influence des sociétés les plus tapageuses, les so-

ciétés à formes commerciales. Et, irrésistiblement halluciné
en dépit du système, le cocontractant, derrière les associés
ut singuli, cherchera et envisagera l'être fictif et le patrimoine social. Chaque décision judiciaire nécessairement
contraire à ses imaginations, sera pour lui une surprise
et lui semblera un piège tendu à sa bonne foi.

La nouvelle jurisprudence sur la personnalité des sociétés civiles aidant, on arriverait au plus confus des imbroglios.

On porterait ainsi, sans le vouloir, une très sensible
atteinte au crédit déjà si ébranlé, à cause de la confusion
de nos lois, des associations désintéressées. Est-ce là ce
qu'on voulait ?

IV. — Nous n'en avons pas fini avec la critique de ces
analogies trompeuses sur lesquelles on essaie de se fonder.
Reste quelque chose de plus grave encore. En 1891, par
une suite d'arrêts célèbres, la Cour suprême a reconnu
aux sociétés civiles la personnalité morale, que la plupart
des civilistes s'obstinaient à lui dénier. Quoiqu'on puisse
penser de cette série de décisions, elles dominent désormais la pratique et s'imposent à la vie judiciaire.
Lors de la rédaction de son livre, M. de Vareilles ne
connaissait point ces arrêts. Ils portent à sa théorie
de l'ensemble titulaire des droits sociaux, ou des associés
considérés *ut universi*, un coup dont il lui paraît difficile
de se relever. Désormais, au lieu de cette notion vague
s'affirme là encore l'envahissante idée de la personne
morale. Plus que jamais l'hallucination triomphe et elle

se donne comme une perception vraie. Il faut noter en
outre que cette jurisprudence paraît définitivement faite.
Elle est affirmée en termes exprès, par deux arrêts de la
Cour de Cassation, arrêt de principes que les autres ne
font plus maintenant que répéter. Le premier rendu le
23 février 1891 par la Chambre des requêtes, S. 92.1.76,
annule une hypothèque consentie par un associé sur les
biens de la société des Alpes-Maritimes. Les attendus sont
très courts, ils se bornent à dire que le Code civil prévoit
la formation d'une individualité collective dans les textes
du contrat de société, où il oppose non l'associé à l'associé,
mais l'associé à la société et que par suite, la société
tant qu'elle dure, constitue une « personne morale qui possède le fonds social ». Ce qui paraît surtout frapper la
Cour, ce ne sont pas tant les textes du Code civil que la
distinction profonde qui se fait dans toute société entre
les intérêts individuels et les intérêts sociaux, entre le
patrimoine des associés et le patrimoine corporatif. Les
grandes entreprises étant souvent assumées par des sociétés civiles, la personnification de ces dernières s'imposait! On peut dire que la fonction a créé l'organe.

Le second arrêt est de la Chambre civile (S. 92. 1.497).
Il a été rendu à propos de la société civile de forces mo-
trices, terrains et immeubles, de la gare de Grenoble. Il
se borne à répéter les attendus de la chambre des requêtes. Lui aussi affirme que les sociétés civiles constituent, tant qu'elles durent, des êtres moraux propriétaires
du fonds social, et il en conclut que l'appel interjeté contre

une société civile est régulièrement notifié par copie unique, délivrée à son avoué, quel que soit le nombre des membres dont elle se compose. On le remarquera : ici la Cour ne parle même plus des textes du Code civil, elle se contente de dire que l'arrêt attaqué en a fait une saine application. Le principe a déjà acquis une telle force en jurisprudence qu'il semble inutile de le justifier par une discussion de textes ! Depuis ces arrêts de la Chambre civile et de la Chambre des requêtes, la personnification des sociétés civiles règne en jurisprudence avec une autorité incontestée.

Les arrêts « Société hypique de Cavaillon » et « Société spirite pour la propagation des œuvres d'Alan Cardec », confèrent même à la société civile, la faculté de recevoir à titre gratuit, nous le verrons plus loin.

Le plus curieux, en ce mouvement de jurisprudence, c'est qu'il oublie complètement la théorie classique de la personnalité morale, création artificielle de la loi. Les arrêts ne paraissent pas croire beaucoup à la valeur des raisons de textes qu'ils invoquent. Ils obéissent à une évolution générale du droit vers la multiplication des universalités de biens plutôt qu'à la puissance d'un raisonnement logiquement construit. Quand on se souvient que la personnalité des sociétés commerciales n'a pas été consacrée par le Code de commerce (1) et qu'elle s'est tirée peu

(1) La discussion engagée sur l'article 529 du Code civil (Fenet, tome II, page 16) montre combien étaient encore indistinctes les idées des rédacteurs des Codes impériaux sur la personnalité civile. Béranger

à peu, en l'absence de textes, des nécessités de la pratique,
on ne peut tenir rigueur à la Cour de cassation de la faiblesse de son argumentation, au point de vue des textes.
Nous devons nous féliciter doublement de sa hardiesse, d'abord parce qu'elle a donné au commerce
des facilités nouvelles, et ensuite parcequ'elle annonce
l'abandon définitif dans un bref délai du système de de
Savigny et Laurent, faisant reposer sur la loi la personnalité morale, au lieu d'y voir la résultante obligée de tout
groupement collectif dans un but intéressé ou idéal.

Force est donc à la théorie du contrat innommé, si elle
désire la logique, d'arriver à proclamer la personnalité civile des associations. La jurisprudence l'enferme dans ce
syllogisme. Toute association doit se modeler sur la société. Or la société est une personne morale, donc l'association est une personne morale. Nous voilà en plein anthropomorphisme. Malheureusement d'après la théorie
classique, et M. de Vareilles en 1895 dans un article de
la *Revue Critique* s'en déclare fidèle disciple, au moins
sur ce point, pour la concession de la personnalité il faut
l'intervention du législateur. Or elle existe indirectement

y déclarait que seules, sont personnes morales, les sociétés par actions autorisées par une loi. On passa lentement, sous la poussée des
besoins de la pratique, de la personnalité reconnue, comme sous l'ancien régime, aux seules sociétés approuvées par le gouvernement, à
la personnalité de toutes les sociétés commerciales. La société par
actions communiqua sa personnalité, qui s'expliquait parce qu'elle
avait été longtemps une institution administrative avant la Révolution,
à toutes les autres sociétés commerciales. Aujourd'hui cette lente évolution s'achève. Il y a là un singulier rayonnement juridique!

pour les sociétés civiles comme, assez faiblement d'ailleurs, l'a fait ressortir la jurisprudence, mais où la trouver en matière d'associations ? Nulle part aucun texte législatif ni directement ni indirectement ne consacre pareille chose. De sorte que nous arrivons au bout de l'argumentation à une personnalité non reconnue, à ce néant, à ce non être dont a tant parlé M. Laurent. On le voit, la personnalité morale domine tellement le sujet qu'on l'aperçoit inopinément surgir à chaque tournant du raisonnement.

Nous avions donc bien raison de dire que l'analogie trompeuse sur laquelle M. de V. S. fonde toute sa théorie violait les principes classiques qu'elle prétendait respecter. Elle arrive en dernière analyse, avec le développement qu'a pris dans ces dernières années le contrat de société à déclarer que la création de la personnalité morale dépend de l'arbitraire des volontés individuelles. Il est excessivement dur pour une théorie qui fait de la personnification des associations une pure monomanie de voir son raisonnement poussé vers ses conséquences logiques, s'orienter lui aussi du côté de l'aberration fondamentale, et de l'illusion anthropomorphique de l'individualité de fait !

Ce résultat original n'a rien qui puisse étonner, quand on veut bien réfléchir que l'idée d'ensemble cachait mal celle de personnalité morale, et qu'en outre il est presque impossible en droit de rompre avec les théories traditionnelles. En effet semblables aux principes directeurs de la connaissance que nous révèle la psychologie, elles dominent inéluctablement tous nos raisonnements.

Ce phénomène se vérifie d'autant plus en notre matière, qu'à notre époque il y a une poussée universelle de tous côtés en faveur de la reprise des tendances traditionnelles, favorables à la personnalité morale.

Un grand courant traverse tout le droit et le peuple d'entités et d'êtres de raison. Il est directement contraire aux tendances individualistes à outrance dont M. de Vareilles-Sommières se fait l'interprète attardé. Le développement immense des sociétés commerciales en constitue surtout le signe révélateur. Mais auparavant, depuis longtemps déjà, l'évolution vers la spécialisation du gage les affectations de biens et la création d'universalités indépendantes des êtres physiques qui les possèdent, s'accentuait lentement dans le droit. Il suffit, pour s'en convaincre, de citer la construction du bénéfice de séparation des patrimoines, puis celle de la théorie des prélèvements entre cohéritiers, co-associés ou communistes. La personnalité de la société civile reconnue définitivement par la jurisprudence, montre combien cette tendance de tout personnifier devient envahissante. Elle traduit le désir impérieux qu'a le débiteur quand il s'oblige, de limiter sa perte et de cantonner sa responsabilité.

Et si l'on compare le mouvement actuel avec l'obligation romaine primitive s'attaquant en cas d'inexécution au corps même du débiteur, on peut voir combien sur ce point ont marché les idées juridiques. Leur progression dans ce sens ne surprend pas si l'on y réfléchit quelque peu. De tous temps en effet le droit, surtout quand il est arrivé à un haut point de perfectionnement, préfère aux êtres physiques, les êtres de raison, les personnes artificielles qu'il crée ou approuve, et qu'au moyen du jeu subtil des conditions, il dirige suivant la pure logique des principes. On comprend dès lors qu'il aime à multiplier les personnes civiles. Leur mécanisme savant réalise mieux que celui des personnes physiques l'idéal de la science juridique. Aussi le nombre des universalités patrimoniales effectées à un but ne cessera, à ce qu'il semble, de croître. De plus en plus les juristes s'efforceront de tracer nettement une ligne de démarcation entre les intérêts individuels et les intérêts collectifs.

La théorie du contrat d'association s'éloigne de ces conceptions nouvelles et c'est une des principales raisons qui s'opposent à son succès. Quand partout les décisions judiciaires tâchent d'isoler des individus les ensembles de biens, vouloir les y rattacher c'est vouloir remonter le cours de l'évolution. Or il n'y a pas besoin d'insister sur sur ce fait ; jamais on ne réussit à triompher d'un courant qui pousse une institution juridique vers des destinées conformes à sa logique intérieure et à l'esprit général du droit.

Et ce courant se manifeste avec force dans toutes les branches de la science juridique. Dernièrement des arrêts rendus en matière de Syndicats professionnels sont venus une fois de plus le mettre en relief. Voici l'espèce. Un syndicat professionnel régulièrement constitué suivant les prescriptions de la loi du 21 mars 1884 avait stipulé avec les patrons d'une usine un accord sur les salaires et la durée du travail.

Les ouvriers prétendent que le pacte est violé par les usiniers. Le syndicat engage en leur nom contre ces derniers une action en dommages et intérêts.

Successivement la Cour de Dijon et la Cour de Cassation 1er février 1893, S. 1896, 1. 334 et 335 rejettent cette action. Le syndicat, déclarent les deux arrêts, n'est pas l'organe des intérêts individuels de ses membres, mais des intérêts généraux de leur profession. Les actions que le syndicat intente en justice doivent avoir pour objet la défense des intérêts inhérents à la personnalité juridique dont la loi de 1884 l'a doté et non la défense des droits individuels de ses adhérents.

Il y a dans ces décisions judiciaires un louable effort pour isoler l'individu, le syndicataire, de la personnalité morale dont il fait partie. Avec la théorie du contrat d'association où une société ne constitue qu'une somme d'intérêts individuels, et la personnification qu'une collection de privilèges juridiques attachés à ces intérêts individuels, on serait conduit forcément à des conclusions contraires et on ferait de la personnalité l'organe des intérêts privés des syndicataires. La jurisprudence, au contraire, fidèle à sa constante conception du tout, bien, et nettement distinct de ses parties, ne réserve les avantages de la per-

sonnalité qu'aux actions conformes au but social. Et
ce but social ne vise nullement les intérêts individuels,
mais l'intérêt de la profession des syndicataires en particulier, et l'équitable rémunération du travail en général.
Cela revient au fond à séparer l'être collectif de ceux qui
le composent, l'intérêt et le droit individuels du droit et de
l'intérêt sociaux.

Eh bien, cette opposition pourtant essentielle et nécessaire, la théorie de M. de Vareilles-Sommières conduirait
en dernière analyse à la proscrire du droit. On pensera
avec nous que ce n'est pas à une époque où un mouvement
puissant se manifeste dans la science juridique en faveur
des êtres de raison, qu'il semble utile de les confondre
avec les êtres physiques. En droit, comme en tout autre
ordre de connaissances, il importe en effet de marcher avec
son siècle si l'on veut faire feu qui dure.

On le peut constater maintenant, la théorie si originale
de M. de Vareilles-Sommières se heurte à des objections
très importantes et renferme de graves contradictions. Et
toujours la caractérise, la perpétuelle équivoque qui consiste à assimiler les associations laïques licites et les
congrégations religieuses déclarées illicites par les plus
hautes juridictions du pays. On n'indique même pas la
controverse et, faute de le faire, on laisse planer sur toute
la discussion le doute et l'obscurité. Et forcément, malgré
l'entraînante nouveauté de la théorie soutenue, le lecteur,
au courant de la jurisprudence, applique aux congrégations
tout ce que le livre dit des associations illicites, c'est-à-

dire de celles qui ne couvre pas vis-à-vis de l'article 291
du Code pénal une autorisation préfectorale. Or le livre
proclame avec la doctrine classique la plus pure, le néant
de pareilles associations illicites. Ce chapitre relégué à la
fin de l'ouvrage jure d'ailleurs un peu avec le libéralisme
constant dont semble pénétrée la théorie soutenue sur les
associations licites. Il paraît en outre trop hanté vraiment
par l'idée de la personnalité de contrebande des associations illicites, quoi qu'il s'en défende beaucoup. Dans ce
chapitre, on ne reconnaît plus d'effet à la convention des
parties. Chaque associé peut, quand il le veut, réclamer
son apport ; et pour couronner le tout, les dons et legs adressés aux membres de l'association, pris comme tels ou à
l'association désignée par son nom collectif sont nuls et
de nul effet. Voilà des concessions bien dangereuses à la
théorie de la personnalité. Et comme la jurisprudence et la
majorité des auteurs traitent les associations religieuses
non reconnues en associations illicites, ce chapitre ne
pourra-t-on pas, et à bon droit, l'appliquer aux congrégations ? Il renforcera encore l'autorité de la doctrine classique. Ce qui amène une fois de plus une contradiction
entre les prémices du raisonnement et ses conclusions.
Telles apparaissent les objections que l'on peut opposer à
l'originale théorie de M. de Vareilles-Sommièrcs. En
somme, pour conclure sur elle, nous croyons qu'elle constitue plutôt un recul qu'un progrès sur l'œuvre de M. Van
den Heuwel (1). Car au lieu de s'attaquer à l'antique no-

(1) Ce dernier, remarquons-le chemin faisant, était en droit d'assi-

tion de la personnalité, elle cherche ailleurs, dans de très contestables analogies de droit civil, une base et un point d'appui. Là se trouve l'erreur capitale du système et la source de toutes ses confusions et de toutes ses contradictions.

De là vient cette antinomie illogique, qui domine tout le système, entre la propriété de façade et d'extérieur des seuls associés et leur éviction brusque au profit de l'ensemble. En réalité, et malgré tout, l'idée de personne morale mène et conduit tout le droit des associations. Quand plusieurs individus en chair et en os fondent une société, il naît quelque chose de plus qu'une somme d'individus. Autre chose, comme le dit Gierke est 2 qu'1 +1. Un être nouveau se crée. Et nous ne concevons pas cette guerre acharnée que l'on fait aux êtres de raison. Partout, ils nous entourent, et l'on peut dire que ce sont eux qui mènent le monde. Depuis la patrie, l'État et la religion jusqu'à la famille, ils nous dominent de toutes parts et de plus en plus, à mesure que croît la culture de l'humanité ! Plus philosophes, les Allemands dédaignant les biais, ont étayé leurs théories sur la notion réformée de la personnalité. Le chapitre suivant retracera leurs efforts et les solutions qu'ils ont atteintes.

Auparavant, il nous reste à analyser la dernière forme de la théorie classique, telle que l'a systématisée M. Beu-

miler les sociétés laïques et les communautés religieuses puisque la constitution belge proclame libres dans leur formation toutes les associations sans en excepter aucune.

dant dans des notes magistrales insérées au recueil périodique de Dalloz (1879. 2.225), (1880. 1.145) (1894. 2.329). Pour lui les congrégations religieuses non reconnues tombent sous le coup des textes dont nous avons parlé plus haut. Elles ne sauraient vivre que d'une vie incertaine et précaire. Les contrats qu'elles passent, une nullité absolue les frappera. Seulement pour M. Beudant, ce n'est pas d'interposition qu'il faut ici parler, mais de simulation. L'interposition ne se conçoit pas vis-à-vis d'un non être. Il y a alors simplement simulation. D'ailleurs, le résultat est le même en dépit de cette qualification différente. Toutefois la simulation, on ne doit point la présumer. Les contrats et les libéralités, des gens capables les ont passés ou reçus. Il faut prouver le fait anormal qu'on allègue. Et dans les contrats à titre onéreux, la nullité ne se produira guère souvent. Car des personnes capables ont passé les actes. La cause est licite quoiqu'on en ait dit. La prétendre illicite c'est la confondre avec les motifs et contredire à la fois le Code civil et les juristes qui l'ont inspiré. Donc voilà des biens acquis par les congréganistes à la suite de conventions licites et valables.

Dès lors, sans entraves, ils peuvent faire bénéficier des biens ainsi acquis, l'association inexistante. « L'usage des choses est libre ». Et c'est même cette pleine autonomie de l'*usus* qui caractérise la propriété individuelle telle que le décrit l'article 545 du Code civil. Mais ne manquera-t-on pas d'opposer, avec cette liberté de l'usage, les associés constitueront facilement un patrimoine à l'association non reconnue. M. Beudant sent toute la force de l'objection. Eten effet, contre cet écueil vient se briser toute sa théorie. Mais il veut néanmoins rester fidèle aux principes du Code civil. Hors le cas de simulation nettement prouvée, le savant professeur se refuse à faire intervenir l'idée d'un être moral, propriétaire d'un patrimoine irrégulier. Il faut toujours considérer les biens des associations comme la propriété des associés *ut singuli*, déclare-t-il à plusieurs reprises. Quant à la convention d'association et au fameux contrat innommé d'association si ingénieusement découverts par M. de Vareilles-Sommières pour paralyser, après l'avoir solennellement proclamée, la propriété des congréganistes *ut singuli*; M. Beudant les déclare inexistants, comme la personnalité civile de la société ainsi formée. On s'en souvient, telle est aussi pour les associations illicites la solution de M. de Vareilles. Solution d'où découle le droit pour chaque associé de réclamer, quand il le veut, ses apports, et qui transforme en une indivision périlleuse, incertaine, et sans lendemain, la fixité prétendue du contrat d'association.

Tel est le système de M. Beudant. Plus libéral que celui de MM. Orts et Laurent, dont les conceptions d'une inflexible logique, aboutissent à l'étrange monstruosité juridique, que sont des biens sans propriétaire; il essaie de tirer du Code civil quelque chose de cohérent et d'acceptable. Malheureusement il n'y réussit guère. Dans sa partie critique, il a pour lui la raison et le droit. Il est en effet bizarre et anti-juridique de nous montrer après de laborieux raisonnements, comme le font MM. Orts et Laurent, des biens sans possesseurs. Leurs déductions impeccables nous prouvent successivement le défaut de droit, des anciens propriétaires qui se gardent d'ailleurs de réclamer des biens dont ils ont reçu le prix, des associés, simples dépositaires interposés par rapport à l'être moral non reconnu, et enfin de l'être moral que la loi annule et dissout. Et ces condamnations sans appel prononcées elles ne nous présentent pas de titulaires pour ces biens détenus par interposition de personnes, sauf l'état auquel elles demandent d'exercer sur eux ses droits régaliens sur les biens sans maître. Devant pareille faillite d'une science se disant infaillible, la critique a beau jeu. Dans sa note de 1894 au Dalloz, M. Beudant signale avec vigueur les inconvénients de ces conceptions.

Elles aboutissent, dit-il, à la conception d'un patrimoine sans aucune personne à laquelle il se rattache. Peut-être ce patrimoine pourrait-on être tenté un moment, de le rattacher à l'idée à laquelle il est. affecté. Mais ce serait une bien condamnable tendance. Car dans notre législation civile très pondérée et très sage, les droits n'appartiennent qu'aux personnes physiques ou aux agrégats créés personnes morales par l'état. En présence de ces situations enchevêtrées causées par nos lois restrictives sur les associations, il faut s'en tenir, affirme comme conclusion M. Beudant, à la propriété des membres de la société désintéressée, propriété réelle et sans cesse agissante, et repousser énergiquement la propriété accordée

puis déniée aussitôt de la théorie du contrat d'association, en même temps que la propriété d'affectation des
doctrines germaniques. Le droit de l'individu, telle est en
fin de compte la base du système de M. Beudant. Moins
outré que celui de M. Laurent, il constitue sans aucun
doute l'expression de la plus libérale et la plus parfaite de
la doctrine classique.

On le remarquera d'ailleurs, les idées du savant professeur coïncident à peu près exactement avec celles soutenues par M. de Vareilles-Sommières sur les associations
illicites. Sans le vouloir, ce dernier a ainsi fourni des
armes contre les congrégations et ordres monastiques.
Excellent, quand il critique le rigorisme des disciples de
Laurent, M. Beudant nous paraît dans la théorie, qu'il a
essayé de construire, ne pas avoir été aussi bien inspiré,
Et il ne pouvait en aller autrement au reste. Le Code
civil qui ne conçoit que la propriété individuelle ou indivise, en dehors de la société lucrative, rend d'avance stériles tous les systèmes qu'on essaie de fonder sur lui. Pourquoi au surplus s'acharner à lui demander une solution
qu'il ne peut donner ? Rédigé à un moment, où l'association finissait doucement de mourir, il n'a pensé qu'aux
individus. Seuls, les textes administratifs qui se préoccupent des groupements entre citoyens, sont susceptibles
de nous fournir quelques lumières, Que ne s'adresse-t-on
uniquement à eux !

Faute de le faire, la doctrine tourne sans cesse dans le
même cercle. Et voilà pourquoi les conceptions de M. Beu-

dant, aussi bien que celles de M. de Vareilles-Sommières, nous paraissent s'appuyer sur une base bien fragile. Elles ne songent pas même un instant à serrer d'un peu près l'idée de personnalité morale. Et pourtant le Code, en ne disant rien sur ce sujet, laisse le champ libre aux théories. Le professeur de la Faculté de Paris semble un instant, il est vrai, s'attarder, avec quelque complaisance, sur l'idée d'un patrimoine affecté à une idée, mais il revient bien vite aux dogmes de l'École. Elle ne méritait point, il nous paraît, tant de dédain, la tendance inconsciente mais très marquée qui entraîne quelques arrêts, vers la conception d'un patrimoine d'affectation ! Le droit allemand n'a pas les mêmes timidités. Il ne considère pas autrement la fondation. Il y voit un ensemble de biens supporté tout simplement par une abstraction : le but de la volonté du fondateur. Ainsi que le dit Brinz, à la fondation, sa propre destination, et son but, servent de propriétaire et donnent avec la vie, la capacité d'agir dans le monde du droit. Et cette théorie originale appelée théorie du Zweckvermogen (patrimoine possédé par un but) s'étend aussi à l'association. Nous voilà ainsi revenus aux théories allemandes qu'exposera et critiquera le chapitre suivant. Mais n'avions-nous pas raison de déclarer plus haut qu'à tous les tournants du raisonnement apparaissent les êtres de raison, que l'on voudrait proscrire ? En tout cas, l'étude que nous venons de faire des théories françaises a montré d'une manière éloquente l'impossibilité de fonder la capacité des associations sur l'addition des capacités individuelles des êtres physiques.

Il faut à toute force introduire d'autres éléments dans la discussion. Ces éléments, nous les découvrirons dans les doctrines allemandes, et grâce à elles, nous pourrons essayer d'édifier une théorie, sur les ruines des systèmes individualistes, que nous avons analysés.

CHAPITRE III

Le pays où la notion de l'association a fait surgir le plus de systèmes c'est bien certainement l'Allemagne. Cette exubérance doctrinale, outre le goût très prononcé des juristes allemands pour la philosophie du droit public, s'explique plus encore par les traditions germaniques. Comme nous avons essayé en effet de l'esquisser dans l'histoire du sujet, nulle part n'ont fleuri autant que dans le saint Empire, toutes les diverses formes de groupement corporatif dont l'histoire peut révéler la nature et l'existence. Confréries, maîtrises, ligues des villes, hanses, campagnonnages, collèges, y luttent sans cesse avec le pouvoir impérial ou l'autorité ecclésiastique, et l'histoire générale y semble plus celle des corps que celle des individus.

L'œuvre d'édification de la monarchie absolue entreprise par le grand Frédéric et ses successeurs brise ces cadres dangereux pour les princes et leur idéal géométrique d'état sévèrement discipliné à la prussienne : mais n'en enlève dans l'esprit public ni le regret ni le besoin. Et, de fait, aujourd'hui le fil interrompu s'est renoué sans

trop d'efforts. En présence des progrès des « Sozial-Demo-
krat » la loi du 23 mars 1883 (Gewerbeordnùng) a réta-
bli en Autriche la corporation fermée (Genossenschaft), pour
la petite industrie. En Hongrie, même régime instauré par
la loi du 27 mai 1884.

En Allemagne enfin, la Gewerbeordnung du 18 juillet
1881, au lieu de créer des corporations forcées, en suivant ainsi l'exemple de sa voisine et alliée l'Autriche, s'est
contentée d'un type intermédiaire entre la corporation libre
et la corporation forcée; en laissant aux patrons la faculté
de n'y pas accéder, sous certaines restrictions. A côté des
Genossenschaften officielles, les ouvriers ont formé des
Vereine guidées par les idées collectivistes et la politique
de la lutte des classes et ressemblant d'un peu loin aux
compagnonnages du temps jadis. Toute cette organisation
du travail a servi, on le sait, d'ossature commode à la
trilogie Bismarckienne des lois d'assurance ouvrière.
Dès lors, les juristes, vis-à-vis de ce passé renaissant dans
le présent ont naturellement cherché à étudier de très
près la structure des associations et la nature de cette
personnalité civile dont elles produisent la création.

Dans son traité du droit romain actuel (System des
heutigen römischen rechts). Savigny, car c'est par lui que
nous commencerons cet examen historique, avait donné de
la personnalité morale la plus pénétrante des analyses ;
le temps a passé sur elle, il est vrai, et elle est très contestable même au point de vue romain. Mais son importance historique reste énorme. D'après Savigny et d'ailleurs

c'est encore la théorie classique française, en dehors des personnes physiques n'existent que les personnes morales créées telles par un acte de la puissance publique. Cette création artificielle des êtres moraux ressort des textes du droit romain avec la clarté de l'évidence. Les prudents constamment font de la personnalité une fiction : *bona universitatis esse creduntur*, nous répètent-ils bien souvent.

Les biens des communautés, des villes, des dieux, ils les rattachent à un être de raison connexe à ces fictions proprement dites, au moyen desquelles leur ingéniosité de juristes de race savait si bien étendre un texte ou une institution.

Et, de là, Savigny conclut que seule, la volonté du plus haut pouvoir peut tirer une personne du néant. Cette véritable création, cette gésine d'un être nouveau exige un acte de la Volonté Souveraine.

Au surplus, une fois née, la personne morale ne jouira pas de la plénitude de capacité réservée aux personnes physiques. Elle n'aura d'activité que dans l'ordre des biens. Semblable à un insensé ou à un infans, il lui faudra un représentant pour passer tous les actes de sa vie juridique. L'État, père de la fiction, se réservera sur elle, un pouvoir de direction et de tutelle. Comme elle ne saurait avoir de volonté, elle n'encourt aucune espèce de responsabilité pénale. Et, à sa mort, les biens du corps doué de personnalité morale dépendent de l'arbitraire pur et simple de l'État (1) qui lui a donné la vie et qui peut la lui retirer si il le juge à propos.

Restent les associations qui n'ont pas sollicité de la puissance publique l'autorisation nécessaire.

Quel va être leur sort ? Analogue à celui de l'enfant non conçu. Un non être dans toute l'acception du terme. Une fiction non consacrée par la loi, c'est-à-dire quelque chose de nul et de non avenu : une ombre vaine qui ne peut figurer dans aucun rapport de droit. Si l'association, malgré le vice fondamental de sa non habilitation parvient contrairement aux règles du droit et en employant d'habiles détours à acquérir des biens et un patrimoine

(1) SAVIGNY, 289. Tome II, page 278. Un de ses disciples italiens Conticini. LEZIONI DI PANDETTE traduit plus nettement encore les idées du maître en disant que la dissolution d'un corps ne relève ni du *jus publicum* ni du *jus privatum*, mais de la raison d'Etat. Savigny et Conticlni ne s'arrêtent pas d'ailleurs en si beau chemin. Pour eux, il faut que le pouvoir souverain prononce la dissolution d'une association car la volonté des associés n'a pas ce pouvoir. Un acte émané de l'état crée la personne morale, un autre acte, émané de lui doit produire et enregistrer sa mort ! On ne peut laisser, ajoute Conticini, une corporation de suicider elle-même. Cf. MEURER les personnes morales 1872 page 98, « eine corporation kann sich nicht selbst auflösen ünd wie seit Savigny allgemein angenommen ist, die genehmigung der hochsten Gewalt nothig... »

Bien plus Savigny 289, tome II, page 279, déclare que la corporation reposant sur un, intérêt public et permanent subsiste malgré la mort de tous ses membres. Et il s'appuie pour démontrer cette originale affirmation sur des passages de glossateurs et de canonistes d'après lesquels, aussitôt la mort de la personne morale, les murs se mettent à posséder pour le compte du fisc ou de l'évêque. Sur ce dernier trait la théorie s'achève. On peut dire que jamais on ne poussa plus loin l'amour du raisonnement *a priori* et l'art de construire logiquement un système juridique.

quelle va être la condition légale de l'universalité juridique ainsi formée ?

La plus incertaine et la plus précaire qui fut jamais. Elle constituera une universalité de fait, une simple juxtaposition d'individus, sans lien entre eux. Et, en cas de dissolution par la puissance publique d'une pareille société, ses biens devront se partager entre les associés. Ce n'est, en effet, qu'aux personnes morales dissoutes que le fisc succède comme il le fait aux successions en déshérence. Sur des unions de fait de biens et de personnes, il n'a plus ni le même domaine éminent, ni la même suprématie patrimoniale, (loi 3. Pr. au Digeste de Colleg. et Corporibus 22. 47). Cette théorie de Savigny annonce, ainsi qu'on le peut remarquer, par quelques endroits, le système individualiste du contrat d'association. Et, de fait, ce dernier, non pas dans ses conclusions, au moins dans ses prémices, se conforme absolument aux idées personnalistes de de Savigny.

Il nous reste à juger l'œuvre de Savigny, dont l'influence fut si grande sur le développement ultérieure de la doctrine juridique française, qu'elle pèse encore d'un poids accablant sur la pratique judiciaire actuelle.

A notre avis, les conclusions du grand jurisconsulte allemand sont fausses parce que trop absolues. Il n'a vu qu'un côté des choses. Les rares textes de droit romain qui parlent de personnalité fictive l'ont empêché d'arriver à la vérité.

Il a pris pour un postulat de la science juridique un

mécanisme ingénieux introduit par les besoins de la
pratique dans le but de parer à certaines imperfections de
législation. Faute de mettre l'idée de la personnalité fiction à son véritable rang, et entraîné par la griserie de
son système *a priori*, il n'a pas aperçu qu'à Rome le
pouvoir social intervenait non pour concéder l'incorporation, mais pour accorder la faculté de se réunir. Ce qui
n'était qu'une séquence infaillible il l'a considéré comme
une cause primordiale. Et ainsi il est arrivé à la conception déraisonnable de la vie juridique, concédée aux êtres
collectifs, par l'État. Solution qui malheureusement règne
encore aujourd'hui sur les esprits, malgré sa manifeste
invraisemblance !

Savigny, au demeurant, a si bien senti, que son système s'écartait de la raison et des principes du droit qu'il
nous dit subitement, au milieu de l'exposé de sa théorie
de la personnalité morale : que la *tolérance* de l'Etat peut
fonder une personne collective.

Contradiction flagrante qu'il faut noter soigneusement
au passage. Elle montre que la logique ne peut empêcher
de temps en temps la vérité de reprendre ses droits trop
longtemps méconnus.

Elle montre aussi que si la tolérance du pouvoir équi-
vaut à une habilitation en bonne et due forme, c'est que
a côté du pouvoir de l'État il y a la libre volonté des individus. L'imprudente concession de de Savigny ouvre une
brèche immense dans son système.

Par cette brèche, on peut faire passer tous les droits qu'il refuse à l'association non autorisée !

Du reste, tout n'est pas à rejeter dans l'œuvre de Savigny. Suivant les fortes paroles de Spencer, il y a un âme de vérité dans les théories les plus fausses. Et cette âme de vérité, c'est la distinction que Savigny opère entre les personnes morales qui n'ont d'autre fin que de se réunir et celles qui se proposent une fin idéale. Il appelle les unes collèges, et les autres fondations. Sans doute, présentée en ces termes, cette classification est trop absolue pour être vraie.

La réflexion se charge en outre facilement de prouver que les associations comme les fondations sont asservies à une fin idéale. N'importe ! Il y a là un jalon de posé. D'autres reprendrons l'idée de l'affectation toute puissante des êtres collectifs, ainsi semée par Savigny dans les esprits. Et, devenant une théorie cohérente, l'embryon de doctrine esquissé par Savigny, servira puissamment au progrès de la notion juridique de la personnalité.

Le système de Savigny suivi par Puchta, et avec quelques retouches par Roth et Gerber, tomba complètement en discrédit dans la deuxième moitié du siècle en Allemagne. Les juristes, dans une mêlée confuse de théories et de doctrines, s'en prirent tous à la base des conceptions de Savigny : la personnalité-fiction.

Au milieu de cette bataille doctrinale on peut toutefois assez facilement distinguer trois courants principaux. Examinons les successivement.

1° Le premier consiste à ne plus traiter du tout la fiction comme une personne, mais comme un pur *artifice juridique*. Citons les théories les plus saillantes auxquelles il a donné naissance.

Salkowski, dans ses remarques sur les personnes morales, Leipzick 1863, trouve la clef de l'énigme, offerte aux juristes par la notion de personnalité morale, dans l'analogie des *universitates rerum*. En effet, pour former ces *universitates rerum*, nous réunissons les uns aux autres, suivant une loi inconsciente de notre esprit, les différents objets dont l'ensemble constitue ce qu'on appelle un troupeau, un magasin, une bibliothèque, une galerie de tableaux. De ce groupement de choses nous faisons un être collectif toujours identique à lui-même malgré les changements dans les unités composantes. Identité que le droit traduit par exemple, dans le cas de la chose jugée, en déclarant qu'il y a équivalence de demande conformément à la règle de l'article 1351 du Code civil, si après l'avoir déjà fait, je revendique encore une fois le même troupeau quoique à peu près complètement renouvelé.

Le travail de l'esprit, selon Salkowski, est sensiblement analogue en matière d'*universitates personarum*.

Comme les mêmes causes produisent les mêmes effets, il y a donc symétrie absolue dans les deux institutions et correspondance parfaite, entre elles jusque dans les plus minces détails. Seulement l'*universitas rerum* est *objet* de droits, tandis que l'*universitas personarum* est ou peut être *sujet*, puisque la personne morale possède des droits et un patrimoine, des obligations et des créances.

Malgré cette différence accessoire, dans les deux situations, nous avons donc des collections d'individus et de choses, où les individus et les objets s'effacent pour laisser place à la notion de l'universitas. L'*universitas persona-rum* constitue en somme un lien intellectuel entre différents individus à entière capacité et pleine indépendance. C'est la réunion de tous les associés considérés comme une unité collective. Mais ce tout n'a d'existence que par la vie réelle de ceux qui le composent : il repose sur leur capacité apparente et tangible.

Salkowski, à la place de la personne morale, met donc une pluralité de sujets qu'une instinctive opération d'esprit fait envisager comme un être identique à lui-même dans le cours de ses transformations.

Cette manière de voir, ne pouvait prétendre à un grand succès. Elle se heurte en effet à l'erreur de l'analogie sur laquelle elle se fonde, et qui consiste à comparer un objet, un élément du patrimoine d'une personne physique à des biens sans propriétaire visible et dont on cherche le maître. Et, de fait, la symétrie de structure juridique ainsi prétendue aboutit à mettre sur le même plan des choses possédées et des personnes physiques qui possèdent les choses. Aussi la doctrine, sans s'arrêter longtemps à ce point de vue trop étroit a cherché ailleurs une théorie plus ample et plus originale.

Bohlau (Weimar 1871. Personenrolle und rechtssubjekt) a cru la trouver dans la conception de la *Personen-rolle*. La personne morale ne constituerait ni une personne physique, ni une personne juridique, mais une espèce de créature artificielle, et comme une façon de marionnette jouant le rôle de personne, et permettant de satisfaire ainsi à cette force irrésistible de notre esprit qui nous pousse à l'axiome : pas de patrimoine sans personne, pas de terre sans seigneur. Avec un mot, on rend ainsi hommage à ce principe en thèse, tout en le mettant de côté en fait, puisque la fiction dont on tire de la sorte parti, ne saurait passer pour une personne réelle. C'est tout simplement un voile commode, dont l'existence déguise cette absence de personnalité si difficilement supportée par la nature humaine, que domine, on ne saurait le nier, un profond besoin de personnification.

Windscheid se montre lui plus radical (Pandectes 249) et nie l'axiome de Puchta et Savigny : pas de patrimoine sans personne. Les biens de corporations et des fondations sont dans son opinion, des biens sans maîtres et des *res nullius*. Qu'on ne s'étonne pas ! Des patrimoines en l'air sans aucun sujet pour leur servir de support, peuvent parfaitement exister prétend audacieusement Windscheid.

Le droit n'exige en effet de l'être juridique que la possibilité de vouloir, qui peut s'incarner aisément dans une volonté réelle. On fera comme quand des incapables sont sujets de droits; on recourra à l'acte juridique de la représentation.

Voilà une casuistique bien subtile. Elle tombe quand
on la presse un peu. Car enfin, pour vouloir, il faut un
voulant, pour pouvoir un pouvant. L'idée d'un patrimoine ne se rattachant à rien et ne dépendant de rien,
soulève contre elle le bon sens et la logique. Qu'on accuse
cela d'erreur fondamentale, nous le voulons bien ! Toujours est-il qu'un patrimoine, dans l'esprit, suppose toujours un possesseur, et que des biens suspendus entre ciel
et terre, sans aucun maître visible nous semblent être un
phénomène juridique aussi bizarre qu'impossible.

Dans son « Geist des Römischen Rechts » Ihering a
essayé à son tour de bâtir une théorie personnelle de la
personnalité morale. Ses idées se distinguent par leur
rare originalité, malheureusement elles sont passablement
nuageuses.

Pour lui, la théorie classique ne conduit qu'à des abstractions « malsaines ». La vérité se trouve ailleurs. Dans
le monde des relations juridiques, les tiers ignorant et la
situation et la responsabilité véritables de chacun des
membres de l'association, il a fallu créer pour simplifier
les choses le mécanisme ingénieux d'un être de droit,
auquel seul ils auront à s'adresser. Mais comme les droits
sont des intérêts juridiquement protégés, la personne juridique n'en a pas et ne saurait prétendre en avoir.

Les diverses individualités qui la composent constituent
par suite les « ayants droit et les destinataires de l'être
moral ». Extérieurement sans doute on croit la communauté investie de tous les droits partiels ; mais dans la

réalité elle ne fait simplement que les exercer. Les intéressés dont le nom restent dans l'ombre profitent seulement des droits apparents de la personne morale. Bref la personne civile ne constitue qu'un mécanisme artificiel servant à faciliter la poursuite du droit, et semblable à celui de l'obligation corréale (1).

Le sujet apparent du droit cache en réalité le véritable. Si on perd de vue l'idée que l'homme est le seul destinataire du droit, on en arrive à tout personnifier depuis les servitudes prédiales jusqu'aux titres au porteur, comme on l'a fait en Allemagne. Bien plus on décide, qu'en cas de dissolution d'un être juridique personnifié, le patrimoine faute de délibération valable sur son emploi, revient au fisc! Solution, s'écrie Ihering, aussi insensée et aussi absurde que celle qui consisterait à prétendre qu'une chose en tombant en morceaux devient *res nullius*. Malgré la diversité profonde des principes soutenus, on notera une analogie assez prononcée entre ces conclusions et celles de la théorie du contrat d'association. Des deux côtés, en effet, on s'élève avec éloquence contre la rage de tout personnifier et l'on proclame seuls véritables sujets du droit les personnes physiques.

Ihering trouve même à ce propos une expression très

(1) En matière de corréalité, on s'adresse aussi, dans l'action en justice, réserve faite des rapports correi entre eux, à un porteur du droit. Ce porteur du droit, la réalité de son existence mise à part, joue en somme le même rôle que l'être moral. Des deux côtés donc il y a selon Ihering, un artifice semblable, un mécanisme technique identique.

heureuse quand il définit la personne juridique ainsi :
« la forme spéciale dans laquelle les membres isolés manifestent leurs rapports juridiques avec le monde extérieur. »
Les théories se touchent de très près encore, lorsque Ihering,
se basant sur le rapport intime qui existe entre les membres d'une corporation, leur refuse le droit de disposer du
fonds commun individuellement et leur impose obéissance
aux délibérations de la majorité. Il demeure toutefois bien
entendu, ajoute le savant professeur, que si les droits individuels des associés s'écartent au fond des choses du type
des droits ordinaires, ils n'en restent pas moins des droits.
Décider le contraire, ce serait étouffer chez tous l'esprit de
communauté et cette conviction toute puissante en chaque
associé qu'il possède dans la chose commune sa propre chose.

Jhering poussé par son ardeur va plus loin. Il prétend
que sa conception était déjà admise en droit romain où
l'on disait, par exemple « agri virginum vestalium », ou
« pecunia communis municipum », et il l'applique sans hésiter aux fondations. Et pourtant leur nature intime paraît contraster singulièrement avec les idées soutenues
par Jhering. Cela ne l'arrête pas. Il fait sur elles un raisonnement identique et transforme en capitalistes, en ayants
droit, en destinataires de la fondation, les orphelins, les
veuves, les pauvres, ou les amis des sciences, des lettres
et des arts. C'est aller bien loin ! (1).

Le grand jurisconsulte, au reste, ne laisse pas comme

(1) (Esprit du droit romain, tome IV, *passim*. trad., Otto de Meu-
lenaëre, pages 342, 343, 344, 345 et 346.

M. de Vareilles le champ libre à l'arbitraire individuel. Il
reconnaît que seule, la propriété des personnes privées
jouit du droit de domination absolue sur les choses. Quant
à la propriété des communautés, il la déclare tout autre.
Les membres des sociétés désintéressées doivent en effet
appartenir à un certain cercle de personnes, étendu ou
restreint, et dont les intérêts ne dépassent pas la minuscule durée de l'existence individuelle. En outre, les associations personnifiées ont, la plupart du temps pour objet,
les intérêts des générations à venir. Elles doivent s'occuper du futur. Elles doivent penser aux êtres qui prendront leur place à la lumière, après les générations actuelles. Il faut donc protéger ces lointains intérêts. Si
l'Etat veille à la défense de l'enfant non conçu, il faut
aussi qu'il veille à ce que, dans le sein des groupes personnifiés, on ne sacrifie pas l'avenir au présent, et à ce
qu'on n'y mange pas en herbe le blé que l'on récolte !

Ce sera le rôle du pouvoir social et de sa haute politique administrative que cette conciliation des nécessités de
chaque jour avec les exigences du lendemain ! Ainsi, au
bout du raisonnement de Jhering apparaît le souci des
règles fondamentales du droit public et la reconnaissance
d'un espèce de pouvoir de direction et de contrôle à l'Etat :
« cet être impérissable en qui s'incarne la conscience des
nécessités de la vie nationale » — et auquel on concède le
droit, ou d'absorber tel patrimoine corporatif, ou de l'affecter à une autre destination.

Il paraît inutile d'insister sur l'originalité profonde de

ce système qui de la notion du droit défini « l'intérêt juridiquement protégé » tire toute la belle ordonnance de sa
construction. La personnalité réduite à un mécanisme
technique, à un pur détail d'architectonique juridique, voilà
ses prémisses et les droits des membres *ut singuli* sa
conclusion. Seulement, qu'on y fasse attention, ces droits
ne sont plus analogues à ceux du droit privé mais constituent des droits *sui generis* et dominés par l'intérêt des
générations futures auxquelles l'être corporatif est affecté
aussi bien qu'au présent !

Jamais, en s'appuyant sur les droits individuels, on ne
fit à notre sens effort métaphysique plus puissant et rendant mieux compte de la fongibilité des membres entre
eux et de leur continuel remplacement, sous l'immuabilité
de la forme extérieure de la collectivité personnifiée ! —
Seulement qui ne voit la contradiction ?

Elle éclate à travers la parure métaphysique du style.
En effet, le droit absolu des destinataires de la personne
juridique, proclamé tout d'abord, s'évanouit bientôt vers
la fin du raisonnement pour faire place à un droit *sui
generis* mal défini, et laissé complètement sous la dépendance de la haute police administrative de l'État.

C'est à peu près la même antinomie radicale entre la conclusion et les principes, que celle qui fonde le système de
M. le comte de Vareilles-Sommières ! Les deux théories, parties de principes différents, arrivent peu à peu l'une et l'autre à annihiler le droit des individus. Résultat fatal d'ailleurs, étant donné ce fait d'expérience qu'il y a autre chose

dans l'association qu'un rapprochement d'individus, et qu'une société désintéressée n'est pas basée sur l'exaltation mais sur le sacrifice des intérêts et des droits individuels ! En tout cas la théorie de von Jhering peut être considérée comme la plus hardie des doctrines individualistes. Retenons-en cette idée ingénieuse que les pauvres, les orphelins, les veuves, sont les possesseurs vrais du patrimoine des fondations et des établissements publics. Franchement un système individualiste pouvait-il aller plus loin ?

Dans son « esprit du droit romain », Jhering ne s'expliquait pas sur les associations non autorisées, que le droit romain pourtant avait connues, pendant presque toute la durée de l'Empire.

Toutefois, son livre laissait facilement pressentir de quel côté se trouvaient ses préférences. Un procès célèbre, plaidé en Suisse, a permis à Jhering, dans ses « Jahrbücher (1), de compléter la théorie ébauchée par « l'esprit du droit romain ». Il s'agissait de déterminer la capacité juridique d'un comité constitué en Suisse pour la construction d'un réseau de voies ferrées. L'éminent jurisconsulte commence par ridiculiser la théorie de l'incapacité absolue de ce comité non reconnu. Comment, s'écrie-t-il, si un pareil comité formé pour recueillir des souscriptions, en faveur d'incendiés ou d'inondés, déposait ses fonds chez un banquier, il n'aurait aucune action valable contre le banquier pour se faire restituer le dépôt confié ?

(1) Jahrbucher fur die Dogmatik des heutigen römischen deütschen Privatrechts, vol XXIII, pages 1 à 34.

Il devrait réunir, tous ceux qui ont apporté leur obole, pour intenter valablement l'action en restitution ! Le sens commun se révolte contre des conséquences aussi absurdes, et si les principes du droit conduisaient à de semblables résultats, il faudrait les changer.

La vérité est que les principes du droit ne veulent rien de pareil. Quand un comité quelconque se forme, il donne lieu en réalité à deux sortes d'opérations juridiques. Il y a d'abord des relations des membres du comité les uns avec les autres ou avec leurs commettants ; et il y a en second lieu des relations entre les membres du comité et les tiers qui traitent avec le comité. Les rapports des commettants et des commis, et des membres du comité entre eux, constituent en droit un pur fait, quelquefois aussi une société civile lorsque le but poursuivi est d'ordre intéressé.

Quant aux relations des tiers avec les membres du comité, elles rentrent dans le champ d'application du contrat de mandat. Le comité doit agir conformément à la volonté expresse ou tacite des promoteurs de l'entreprise et de ceux qui y adhèrent. Or, il existe deux manières de passer des conventions dans l'intérêt d'autrui. La première consiste à contracter dans son nom propre comme si on agissait pour soi-même. Le tiers alors oblige le représentant ou s'oblige envers lui, sans qu'il puisse se retourner contre le « dominus negotiationis », même s'il le connaît. Et il faut de nouvelles stipulations entre le représentant et le représenté, pour rendre ce dernier titulaire des

créances et des obligations nées sur la tête du représentant. Bref, la situation, dans cette première forme de procéder, est analogue à ce qui se produit dans notre droit
commercial actuel, en matière de commission (art. 94 du
Code de commerce).

Dans la seconde manière d'agir, le représentant contracte
directement au nom du représenté, et les effets juridiques
des contrats naissent immédiatement sur la tête des représentés. Il ne faut pas se dissimuler que cette forme,
qui est la forme habituelle du mandat moderne, ne sera
guère pratique dans l'hypothèse d'un comité, où les représentés sont légion et souvent profondément inconnus. En
tout cas, même dans cette seconde forme de représentation, les tiers pourront actionner soit les représentés, soit
même les représentants, lorsqu'ils ne connaîtront pas les
véritables titulaires des droits litigieux. Telle est l'opinion d'Ihering sur les associations non reconnues. Fidèle
à sa conception individualiste du droit, il ne veut donc pas
sortir des contrats du droit privé, et il en prétend tirer toute
la règlementation des corps non légalement reconnus.

En théorie, la question du comité suisse des chemins de
fer paraît parfaitement résolue par Ihering. En fait nous
doutons que le système d'Ihering permette la vie à n'importe quelle association désintéressée. Les Codes de procédure et les Codes civils de presque tous les pays de l'Europe, ne semblant prévoir que des actions ou des contrats
passés ou intentés par des êtres physiques ou moraux,
nous croyons que le seul moyen d'accorder quelques droits

aux associations non reconnues, c'est de les faire participer à une forme inférieure de personnalité juridique. Sans
cela, les poursuites se diviseront entre les représentants
ou les représentés, obligés chacun seulement pour leur
part et portion, et les entraves de la règle « nul ne plaide
par procureur » aidant, il se produira un enchevêtrement
dont, en pratique, il sera bien difficile de sortir.

Néanmoins il importe de rendre hommage au puissant
effort logique qui caractérise la doctrine d'Ihering. C'est
en somme le savant professeur de Göttingue qui a donné
au système individualiste sa forme la plus rationnelle.
Les erreurs manifestes de ses conceptions et leur insuffisance pratique tiennent à l'esprit général de la doctrine
allemande, qui prétend trouver dans les formules dessé-
chées des Pandectes la règlementation de situations auxquelles les Romains ne pensèrent jamais.

Ce culte du précédent, excellent dans le domaine relativement fixe des obligations, gêne et entrave au contraire,
quand on étudie des problèmes aussi compliqués que le nôtre. Il a conduit Ihering, et Savigny avant lui, à des conséquences graves et à des paradoxes difficilement soutenables.

Le système d'Ihering touche par quelques côtés à la
doctrine française du contrat d'association. Mais la capacité qu'il organise est très fragile et plus que précaire.

Bolze (der begriff der juristichen personen 1879,
pages 100 et sq.) s'approche bien plus encore de la doctrine du contrat d'association. Pour lui la personne morale repose sur la pluralité, sur la collection des individus.

qui composent une universitas. Ce sont les êtres physiques
non pas pris dans leur individualité, mais dans leur ensemble, qui sont les sujets des droits appartenant à l'entité collective. On retrouve, dans cette idée de Bolze, la
conception qui nous est déjà familière de l'ensemble des
associés, propriétaire de l'actif et des droits de la société.

Cette théorie n'a pas eu beaucoup de succès en Allemagne. On lui reproche de ressusciter la « collectio sin-
gulorum », fort en faveur dans la philosophie nominaliste
du moyen âge. En outre on allègue contre elle la singulière contradiction qui la fonde, et qui consiste à dire que
le corps est distinct des membres, et néanmoins à attribuer aux individus réunis tous les droits sociaux.

L'antinomie, qui caractérise le système de Bolze est
exactement l'inverse de celle que nous avons relevée dans
la doctrine du contrat d'association. Bolze dénie tous
droits aux individus, puis les accorde à leur ensemble ; tandis que l'éminent défenseur du contrat d'association commence par reconnaître les droits des individus pour les en
dépouiller après, au profit de l'entité nuageuse qu'il appelle l'ensemble. Le vague et l'incertitude dominent en
somme dans ces deux systèmes. Ils essaient tous les deux
de trouver une nouvelle formule conciliatrice des droits
des associés et des droits de l'ensemble, et c'est cette recherche d'une solution transactionnelle qui fait leur faiblesse.

Avec l'exposé de ce système de Bolze se clot l'analyse
des théories qui appartiennent à ce que nous avons dé-

nommé : le premier courant de la doctrine allemande sur les personnes morales. Nous y avons trouvé beaucoup de solutions originales du problème délicat de la nature juridique des associations, mais malheureusement toutes marquées par une méconnaissance absolue de cette vérité prouvée à la fois par les faits, et par la science juridique, que la création d'une association donne naissance à un vivant, comme disait Aristote, qui incarne en lui, un bloc, une collection d'intérêts supérieurs à ceux des individus, et nettement distincts de leur transitoire individualité.

2° Ces constatations précieuses nous amènent tout naturellement au second courant d'idées, à la théorie du Zweckvermogen soutenue par Brinz (Pandekten, p. 259 et sq.) avec beaucoup de talent, et aussi par Bekker (Pandekten).

En fait comme en droit, déclare tout d'abord le professeur de Munich, une propriété appartient non seulement à quelqu'un, mais est possédée *pour quelque but donné.* Obéissant à une tendance profonde, la conscience populaire personnifie sous le nom de Dieux, de cités et de temples ces propriétés d'affectation. Il y a là presque une nécessité logique. Car, comme on ne peut nommer la personne qui possède ces *res nullius,* force apparaît bien de dire qu'elles appartiennent à leur but : à leur für etwas.

Donc, conclut Brinz, il y a deux sortes de patrimoines : les patrimoines ordinaires, ceux des personnes physiques, et les patrimoine extraordinaires, ceux des personnes morales, les zweckWermogen. Si nous nous demandons maintenant quels sont les buts pour lesquels sont possédés les biens

dont nous nous occupons, nous voyons que le langage,
dans sa manie de personnification, prend la partie pour le
tout et considère comme propriétaires les communautés
(état, cité, corporation et église) et plus tard dans le droit
des empereurs chrétiens les cloîtres et les monastères. L'i-
dée de but toutefois se dégage mieux et plus clairement dans
les *piæ causæ* dont le nombre ne cesse d'augmenter à Rome
avec les progrès du christianisme. D'ailleurs il ne faut pas
s'y tromper, les associations païennes peuvent aussi être
appelées des *publicæ causæ*, car des deux côtés un but domine le patrimoine, créé uniquement pour en propager l'essor. C'est seulement, par une involontaire concession faite
aux habitudes de penser naturelles à l'homme, que les juristes ont personnifié Dieu, la cité, la corporation, les malades et les pauvres. En réalité, le für etwas, le Wofür,
pour lesquels possédaient ces personnifications avaient trait
à un côté plus caché et vraiment invisible de ces entités :
le souci de leur existence, de leur prospérité, et le désir de
les empêcher de disparaître : en un mot il visait l'entretien des Dieux (ou culte), le soulagement des malades, le
maintien et la stabilité des communautés, et l'amélioration
du sort des pauvres. Pour la première fois seulement en
droit romain dans les legs faits *pro redemptione captivo-
rum* (1) un but apparaît dans sa matérialité concrète : le
rachat des captifs.

Ayant ainsi essayé tant bien que mal de faire cadrer,

(1) Loi 49. C. de épiscop. I. 3.

avec le droit romain, les ingéniosités de l'idée nouvelle qu'il
mettait en circulation, Brinz répond aux objections qui lui
furent faites dans l'intervalle des éditions de son livre de
Pandectes. Une des plus importantes, et qui se présente de
suite, à l'esprit est celle-ci. Le patrimoine se résume en
une collection de droits. Eh bien, pour exercer les droits,
il faut une capacité de pouvoir, vouloir, user et agir, que
seules peuvent réaliser les personnes et non des buts abstraits. A cela Brinz répond que la propriété s'explique non
pas ainsi, mais par une relation de pertinence ou un *ejus
esse* très concevable avec un but. Quant à l'obligation, du
moment que le *vinculum juris* existe, peu en importe le
sujet. Sans doute, le but ne saurait pouvoir et agir, mais
on lui donnera des représentants qui, mandataires fiduciaires du zweckvermögen, réaliseront pour lui les actes
juridiques. Au demeurant, ces objections, remarque Brinz,
portent aussi bien contre toutes les théories qui font de la
personne morale, une fiction dépouillée de l'activité d'une
individualité vivante, que contre celle du zweckvermogen.

Cette théorie séduisante et hardie de Brinz, Bekker
l'adopta et la soutint dans ses Pandectes. Seulement, il
alla plus loin encore que Brinz dans la voie nouvelle que
ce dernier venait d'ouvrir. A son sens, à la constitution
d'un zweckvermogen, suffit la fixation du but. Cette institution abstraite n'a pas besoin d'être corroborée par une
interversion de propriété. Brinz ne veut pas de cette manière d'entendre sa théorie. A ce compte-là, s'écrie-t-il, le
bien que Titius détient sous l'obligation d'une restitution

constituerait un zweckvermogen. Il faut, pour donner
l'être à un patrimoine de ce genre, insiste l'éminent juriste, un transfert des biens de l'ancien au nouveau propriétaire. Car, de même qu'un patrimoine ne saurait
appartenir en même temps à A et à B, de même le patrimoine affecté à une *causa pia* par exemple, ne peut
en même temps appartenir à une personne. Des personnes physiques sans doute, représenteront dans la lutte
pour le droit la *causa pia*, mais la propriété n'en relèvera
pas moins que d'elle, et que d'elle seule. Pour toutes ces
raisons, Brinz repousse l'opinion de Bekker et s'en tient
à sa conception du zweckvermogen fondée, et sur la
fixation d'un but, et sur le déplacement de la propriété.

Le progrès que cette conception nouvelle a fait faire
à la théorie de la personnalité morale est indéniable.
Grâce à elle, on tient compte enfin dans la doctrine juridique du but qui explique la formation des associations
et en dirige toute la vie. Désormais, il y a là, et nettement
discerné, un élément du problème, qu'il ne sera plus permis de négliger. Dans une thèse d'agrégation présentée
à l'Université de Bruxelles, et consacrée aux personnes
morales, M. Vauthier (1) accuse la théorie de Brinz de
socialisme, sinon prononcé et saillant, au moins latent.
Nous ne comprenons point cette objection. Sans doute
Brinz impose un but à la propriété, mais à quelle pro-

(1) Dans son excellent livre, M. Vauthier a recours d'ailleurs plusieurs fois au système de Brinz, et en adopte quelques-unes des conséquences les plus importantes.

priété ? A celle des Zweckvermogen, c'est-à-dire à celle
des personnes morales de la théorie classique, et non pas
à celle des « personen vermogen ».La propriété privée reste,
avec ce système, aussi pleine et aussi entière dans les
mains des personnes physiques que l'individualisme le
plus absolu le peut exiger ; puisque son but, c'est alors
la satisfaction des goûts et des désirs de son propriétaire
qui en a le *jus utendi* et *abutendi*. La tyrannie du but ne
s'impose qu'aux patrimoines d'affectation. Dans ces conditions, l'observation de M. Vauthier nous semble tomber
d'elle-même.

Donc retenons du système de Brinz, l'idée du but des
associations désintéressées. Nous aurons à la mettre
plus tard en application dans le cours de notre étude.
Cette conception, jadis soutenue et propagée par l'église à
l'aube du moyen âge, s'était peu à peu perdue confusément dans le passé. Il est temps aujourd'hui de la reprendre et d'en tirer parti. Malheureusement, à côté de cette
trouvaille, Brinz aboutit à la notion bizarre d'une propriété sans support et sans titulaire. Or, il nous
semble impossible d'admettre cette nuageuse invention.
On fait bon marché en effet, dans le système de
Brinz, de la tradition juridique, obstinée dans l'idée
de la personnalité morale et du principe de raison élémentaire qui exige une personne, partout où l'on parle
d'un patrimoine. Il est facile de traiter tout cela d'illu-
-sion fondamentale et d'effet lointain et persistant des
mythes du paganisme ; il est plus difficile d'en faire abs-

traction dans un droit qui est taillé à même de ces principes vrais ou faux.

IIIe La théorie de Brinz, nous conduit au troisième courant d'idées. Les juristes qui s'y rattachent ont compris les dangers et la périlleuse hardiesse de la doctrine du Zweckvermogen. Se basant sur la réalité de la personne morale ils ont édifié une théorie que l'on peut considérer comme la dernière expression de la science allemande. Il nous reste à analyser avec soin leurs idées neuves et originales.

Commençons cette revue rapide du mouvement doctrinal vers la personnification de l'être collectif par la théorie de Zitelman et Meurer (1). Ces juristes font de la personnalité morale une réalité. Réalité ayant sa base et sa source dans la *volonté*. Aussi, appelle-t-on en Allemagne, leur système, la théorie de la volonté, « Willenstheorie ». Pour prouver leur système fort aventureux, Zitelman et Meurer s'appuient sur ce fait que le droit ne règlemente que des volontés. Ce qui constitue une personne, c'est la volonté. Le droit ne s'occupe, dans l'être physique, que de sa volonté. Elle néglige le reste. Donc la volonté, qu'elle provienne d'un être physique ou d'une société d'êtres physiques suffit à instituer un sujet, capable de droits et d'obligations.

(1) ZITELMAN. Begriff ùnd Wesen der sogenannten juristichen personen. Lipsiæ 1873. — Meurer. Der Begriff und die Eigenthümer der heiligen sachen, zugleich eine revision der Lehre von der juristichen personen pages 48, 49, et sq.

Pour illustrer leurs raisonnements, nos juristes se
servent de symboles mathématiques, $7+5$ nous disent-
ils est égal à 12, mais néanmoins dans le nombre 12,
il y a par l'effet de la synthèse tout autre chose que
dans $7+5$: Ce « tout autre chose » c'est « le moment
de l'unité dans la pluralité », c'est la fusion des volontés individuelles dans la volonté collective, âme de
l'association.

Voilà une théorie d'une tournure bien allemande. Elle
ne se limite pas aux associations d'ailleurs, et, elle s'attaque aussi aux fondations. Ce qui crée la fondation, nous
dit-elle, et la soutient dans sa longue existence, c'est la
volonté du fondateur, cristallisée dans l'entité patrimoniale, dont elle ne se sépare pas plus que l'âme ne se
sépare du corps qu'elle anime.

Quant à l'individu, Zitelman et surtout Meurer (*op. citato*)
pages 73 et sq. ne s'en préoccupent pas. Meurer, dans un
mouvement d'éloquence, s'écrie même que la seule volonté
crée la personne morale et que les corps ne sont que des
superflus physiques. « Rechtssubject ist nicht der Mensch,
sondern der menschliche Wille. Trager ist der estarrte
Einzelwille..... die sogenannten physischen personen sind
für das Recht..... nur juristiche personen, mit einem
physischem superfluum ». Ces sentences terminent originalement cette théorie originale. On y peut apercevoir
le reflet des grandes constructions métaphysiques, chères
à l'esprit allemand, qui font du monde extérieur une illusion fondamentale et des hommes les manifestations

passagères d'une substance immatérielle qui domine la nature et la vie.

Il est inutile d'examiner longuement ces purs produits du génie allemand. Tout ce qu'on en doit retenir, c'est que la volonté exerce une grande influence en matière d'associations. Tendue vers le but de la société, elle dirige l'existence corporative. Mais de là à proclamer l'homme une vaine superfluité physique, il y a loin (1) !

Le système de Zitelman et Meurer n'a du reste eu que peu de succès. Il a servi de transition entre les théories classiques et la théorie de Gierke, qui à l'heure actuelle, gagne de plus en plus de terrain en Allemagne. Il a préparé la voie à la doctrine de la personnalité réelle des êtres collectifs, à laquelle nous arrivons maintenant.

Ce très important système, reprend la question *ab ovo*. Et, au lieu de plus ou moins disserter sur la capacité des êtres fictifs, il se demande si oui ou non le fait de considérer comme une fiction la personne morale constitue une vérité. Oui, peùt-être dans le mon de romain dominé par des tendances individualistes, concède-t-il, mais jamais au

---

(1) Un auteur italien, le conseiller d'Etat Giorgi, dans un livre très remarquable sur la « dottrina delle persone giuridiche o corpi morali » rencontrant le système allemand de Zitelman et Meurer. pages 46 et sq. lui applique ces jolis vers de Giusti qui paraissent vraiment faits pour lui :

> Ma il buon sense che già fu caposcuola,
> Ora in parecchie scuole è morto affatto,
> La scienza sua figliuola,
> L'uccise per vedère com'era fatto.

Giusti, poésie, épigramme.

grand jamais en Allemagne où de tous temps l'association
en général, la Genossenschaft pour l'appeler de son nom
allemand, eut la plus large des floraisons. Germaniste con-
vaincu, s'il en fut, M. Gierke, dans deux ouvrages dont le
dernier est de 1887, s'est fait l'enthousiaste apôtre de la
théorie nouvelle dénommée la genossenschaftsthéorie, déjà
dureste avant lui esquissée dès le milieu du siècle par son
maître Von Beseler, auquel il rend d'ailleurs sans cesse
hommage. Exposons le système. Il commence par laisser
de côté le droit romain, où l'idée de la personne-fiction
a peut-être pris naissance « personœ vice fungitur », pour
ne s'attacher qu'aux vieux souvenirs germaniques. Là
universellement, dans tous les cadres de la vie juridique,
surgissent en foule des communautés d'habitants, de seigneurs, de commerçants, de villageois, d'artisans, et même
de mendiants et de bateleurs ! Bien plus dans le domaine
étroit des liens d'obligation une communauté réelle, en cas
de pluralité de liens, tenait lieu des formes individualistes
de la corréalité romaine.

Sans doute l'œuvre unitaire des souverains absolus à
la française du xviiie siècle (1) a tenté d'arrêter cette
poussée spontanée et vivace des associations ; mais aujour-
d'hui la liberté leur est de nouveau reconnue, quand on ne

---

(1) Au premier rang de ces rois réformateurs, il faut citer le père du
grand Frédéric, le roi sergent, qui donna à l'administration prussienne le pli particulier que depuis lors elle n'a plus perdu. Consulter
sur lui la belle étude de M. Lavisse.

les impose pas obligatoirement à l'individu comme dans
l'industrie, pour aider à l'application des lois sociales. Eh
bien, en présence de toute cette efflorescence historique
de groupes et de corps, pourquoi s'en tenir au droit romain dont la raide et simple logique se bornait à mettre
l'individu devant l'État? Pourquoi ne pas emprunter nos
théories à un passé toujours vivant? Et cet emprunt, Gierke
en fait la base de sa germanisante théorie. Ces associations dont il suit amoureusement dans les lois la filiation
historique ne sont pas des fictions : jamais l'Allemagne ne
les traita ainsi. Ce sont des réalités. Plus même que des
réalités, ce sont des personnes réelles collectives. Schœffle, Bluntschli, et Spencer avaient déjà fait de l'État un
organisme vivant avec son système circulatoire, son cerveau et son grand sympathique. Gierke va plus loin : de
cette théorie hardie de l'organisme supérieur il en tire
une autre pour les organismes inférieurs: les associations.
Seulement, au lieu de prendre ses analogies dans la série
animale à l'imitation de Schœffle, Gierke, plus prudent, voit
dans l'association un organisme volontaire basé sur une
volonté commune distincte de celle des associés *ut singuli*.
Il laisse de côté les analogies contestables pour s'en tenir logiquement à des principes certains. Les individus, en s'asso-
ciant, forment une personne collective réelle. Donc, en con-
clut-il l'État ne crée point les personnes dites morales : elles
sont œuvres de l'autonomie de la volonté des individus. La
puissance publique, pas plus qu'elle ne tire du néant les personnes physiques, ne saurait en tirer les personnes morales.

Lui reconnaître ce pouvoir exorbitant de créer des citoyens, c'est violer à la fois le bon sens et la raison juridique. Ce qui reste vrai c'est que, comme organe du droit, elle peut poser une règle de droit reconnaissant l'existence d'un nouvel être juridique. Mais alors elle ne fonctionne que comme organe du droit objectif appliquant la loi ou l'étendant à une situation nouvelle.

Le postulat de l'idée du droit, la reconnaissance de toute personne co.nme telle par la science juridique, est rempli aujourd'hui pour les personnes physiques. Il a désormais pour le législateur la valeur d'un irréfragable principe. Pourquoi ne concède-t-on point encore le même avantage aux Sociétés d'êtres physiques ? Pourquoi le principe aussi vrai pour les collectivités que pour les individus ne se révèle-t-il aujourd'hui qu'en des textes rares, indices des progrès futurs ? L'heure approche de le consacrer définitivement. Aussi bien, le déclare fièrement Gierke, il a pour lui l'avenir puisqu'il repose sur les nécessités profondes et sur les exigences logiques de l'idée même du droit.

Au reste, il faut le reconnaître, si l'État ne tire pas du sol les sociétés humaines, comme Pompée ses légions, il conserve néanmoins des droits sur elles. Les associations ont en effet, qu'on ne l'oublie pas, un côté juridique et le droit, en posant les règles déterminatrices de l'activité des hommes, collabore à leur formation. Il en résulte que l'on peut définir la création d'une association de la manière qui suit : l'établissement de modes nouveaux d'existence

par une volonté que protègent et délimitent des règles juridiques émanées de l'État: organe souverain du droit.

Tels sont les premiers résultats auxquels conduit le
système ingénieux et hardi de Gierke.

Formation spontanée des associations, désormais consi-
dérées non plus comme fictions, mais comme personnes
réelles, collectives ; diminution du rôle de l'état détrôné de
son rôle créateur et réduit à une mission de direction et
de contrôle : voilà les conséquences logiques de la notion
de la personne réelle collective, mise en circulation par
Gierke. Une ombre toutefois au tableau : les attributions
de l'État !

Sur ce point spécial la théorie de Gierke est d'une
imprécision vague. Elle laisse à l'État la faculté de proscrire ou d'approuver les associations et quelquefois même
de faire dépendre de son autorisation leur validité juridique. Avec cette nuance toutefois que tout cela, l'Etat
le fera comme « Rechts organ » et dans les limites du droit,
mais non plus comme créateur et dispensateur suprême
de la vie et de la capacité des personnes morales. On
voit éclater là une essentielle différence avec la théorie
de De Savigny.

Nous connaissons maintenant la nature intime de
l'association « *reale gesammt person* » et produit de la
volonté commune d'un groupe d'individus. Quelle va être
sa capacité ?

Les partisans du système de de Savigny s'empressent
de restreindre cette capacité à la seule possession d'un

patrimoine. Gierke lui donne au contraire un cercle aussi
étendu qu'à celle des personnes physiques. L'être collectif
nous dit-il, peut être titulaire même de droits de famille,
car la famille que forme-t-elle en fait sinon une association d'une nature particulière. Puis ne parle-t-on pas
sans cesse en outre de la tutelle de l'État sur les personnes morales? Donc capacité large aux associations *in
omnibus partibus juris.*Liberté complète de contracter,
d'aliéner et d'acquérir.

Souvent la personne collective exercera en plus certains
droits d'administration rappelant de loin ceux de l'État,
elle aura des employés et des salariés, une juridiction
intérieure, et des pénalités particulières qui en feront un
microcosme de l'État. Ces droits paraissent considérables,
mais ils n'épuisent pas les prérogatives essentielles de la
personne réelle collective. Il la faut proclamer, non pas
seulement capable de droits, mais encore capable de vouloir et d'agir. C'est la conséquence logique de la théorie
germanique par opposition à la théorie de la fiction, qui,
assimilant la personne morale à l'enfant ou à l'insensé, ne
lui laisse affirmer, que par le moyen d'une représentation
analogue à celle du mineur en tutelle, sa vitalité juridique.

L'association possède une volonté propre, distincte de
celle des associés, et déterminatrice des actions sociales.
Comme la vie pratique, le droit lui réserve donc un riche
domaine où peut directement s'exercer la volonté qui
forme l'âme de l'association.

Toutefois cette différence remarquable sépare la personne collective de la personne physique, qu'elle ne peut agir qu'au moyen d'un organe. Cet organe d'ailleurs qu'on se garde de le confondre, avec le représentant ou le mandataire. Il a en effet une nature juridique particulière, sans prototype dans le droit privé. Il ne faut pas non plus l'identifier avec les organes dont la personne privée se sert elle aussi pour réaliser dans l'ordre du droit ses volitions.

Et, en effet, les organes d'une personne physique fonctionnent avec une pleine inconscience de leurs actes, tandis que les organes de la personne collective incarnent l'unité vivante et agissante dont ils font partie, en complète connaissance de cause.

Qu'on ne s'y trompe pas d'ailleurs. C'est la personne collective elle-même et non pas son organe qui veut et décide.

Il n'y a pas ici de représentation d'un mandant par un mandataire. L'organe lui-même sent bien qu'il incarne une volonté étrangère à la sienne et dont il assure la manifestation extérieure.

Grâce à ses organes, la personne morale parcourra tout le cercle de la capacité juridique.

Elle pourra ainsi se rendre coupable de délits, se trouver de bonne ou mauvaise foi en matière de possession, se tromper dans la *condictis indebiti*, et enfin être admise à la prestation d'un serment. Avec l'idée si ingénieuse de l'organe, se précise, encore, on le voit, le système de Gierke.

Et il a raison de dire que cette conception de l'organe
n'a pas d'équivalent dans le droit privé, puisque le représentant d'un infans ou d'un fou veut pour l'incapable, *veut à
sa place*. tandis que l'organe d'une personne morale, au
lieu de suppléer à l'absence d'une volonté n'existant pas
juridiquement, en incarne une bien distincte de la sienne
et la traduit à l'extérieur.

Reste à nous demander maintenant quels vont donc
être ces organes dont la théorie tire un parti si original ?
Ce seront ceux que les statuts, ce pacte constitutionnel de
la Société, auront mis à sa tête. Souvent, mais plutôt dans
les associations intéressées, les organes de contrôle et de
direction affecteront la forme de la collégialité. Ils prendront le caractère d'assemblées plus ou moins nombreuses,
où il faudra observer certaines formalités de délibération
et de vote, et la plupart du temps, prendre les décisions
à la majorité. Dans toutes ces hypothèses, d'ailleurs, l'organe de la société ne sera pas la somme des individualités
qui le composent, mais une unité nettement distincte de
la pluralité des individus. De tels organes, on le voit,
offrent, eux aussi, l'image d'un organisme social vivant.
Même structure dans la partie que dans le tout. Des deux
côtés, unité de volonté sous une pluralité d'individualités.
Seulement, ces conseils sont des images de personnes et
ne constituent pas une véritable personne collective, sauf
dans certains cas exceptionnels. Personne sur personne
ne vaut. Enfin, l'organe de l'association peut n'être qu'une
personne physique unique. Et alors, pour qu'elle forme

un véritable organe, il faut qu'elle agisse non comme individu pour elle-même, mais comme fonctionnaire de l'être collectif, exprimant et extériorisant une volonté, qu'il sent étrangère à lui-même. Qu'on se garde surtout de considérer l'individu comme contractant en somme pour lui-même, puisque la société est la collection des individus. Non, il contracte pour une unité organique bien distincte des individus. En dehors de cette façon de voir les choses, il n'y a qu'illusion et danger !

Tous les organes n'accomplissent pas la même fonction. Au départ de leurs attributions, préside la loi de la division du travail. En dehors de son cercle bien déterminé d'occupations, l'organe cesse de mériter ce nom et n'exprime plus rien que sa volonté individuelle. Une hiérarchie s'établit généralement entre les organes. On en distingue des principaux, des accessoires et des auxiliaires. Mais tous incarnent en eux la personnalité du tout.

Les principaux organes sont ceux qui, directement révèlent la personnalité collective, sans avoir rien à emprunter à la compétence d'un autre organe. Parmi eux, il en existe un qui est appelé, à titre d'organe supérieur ou souverain, à une fonction centrale dans la vie de l'être collectif. Cette tendance vers une organisation centralisée s'explique par l'imitation de l'organisme type : l'État. Généralement, dans les sociétés en Allemagne, par opposition à sa forme essentiellement monarchique et autoritaire, on donne le souverain pouvoir à l'assemblée générale, avec des conditions d'un libéralisme plus ou moins prononcé. Dans les corporations, souvent aussi, même procédé, ou bien constitution d'une chambre de représentants. Au demeurant, l'organe souverain n'en reste pas moins un organe. Et sa compétence, celle des autres organes directs, la renferme dans ses attributions régulières et constitutives. En dehors de ces bornes, il n'engage plus l'être collectif. En cette analyse des organes, on distingue fréquemment aussi les organes de délibération et ceux d'exécution, (dans la pratique les assemblées et les comités directeurs) ; toujours comme dans l'Etat. On le voit, une logique sociale, plus forte qu'elles-mêmes, pousse les associations à imiter de loin, dans leur sphère plus humble, les règles d'organisation de la puissance publique. C'est la conclusion que l'on peut tirer de cette étude des organes par lesquels se manifeste l'activité et la volonté corporatives.

Cette conception des organes admise, il reste une difficulté. Quelquefois la volonté sociale chez l'homme entrera en conflit avec la volonté individuelle. Eh bien ! comment vérifier, si, comme le dit Gierke, l'acte de l'homme constitue bien une incarnation de l'être un et rationnel dont il doit accomplir la volonté ?

La loi sur ce point doit se borner à des exhortations morales et à prescrire platoniquement la victoire des motifs sociaux. Elle ne dispose pour assurer cette victoire que de moyens soit préventifs, soit répressifs. Par exemple elle peut interdire l'administration d'une société ou corporation à ceux que domine un visible intérêt personnel, antagoniste de l'intérêt social. Mais quand extérieurement et organiquement une action réalise bien le type de l'action sociale, elle ne lie point l'individu et ne liera jamais que la personne collective. Que si elle est mixte, la question dépend de l'examen des circonstances de la cause et de la nature même de l'action (contrat ou procès, ou exercice d'un droit). Que si, enfin, manifestement l'action appartient au domaine du droit individuel, alors elle tombe comme action sociale, et devient indifférente vis-à-vis de la personne collective. L'individu qui l'a réalisée en supportera seul les conséquences juridiques.

Faisons un pas de plus en avant. Supposons un acte contraire au droit commis par un des organes de l'association. Gierke conformément, dit-il, au droit du moyen âge que les romanistes ont fait perdre depuis lors de vue, admet qu'il y a délit commis par la personne morale. Il faut pour cela, bien entendu, que l'organe agisse dans les limites de sa compétence et de ses fonctions, mais dans ces limites il engage la responsabilité pénale de l'association, car toute compétence renferme en elle le pouvoir juridique de violer des droits et de méconnaître des obligations. L'association aura à supporter la responsabilité principale de la faute commise ; celle de l'organe ne sera que subsidiaire. Sans doute, l'être collectif pourra exercer des peines disciplinaires contre l'organe qui aura violé les lois de la société, ou le soumettre en cas de dommage causé à un recours pécuniaire. Il n'en demeure pas moins certain que l'association deviendra de par l'effet des délits de ses organes, punissable pénalement. Et si l'on examine bien

la nature des choses, on verra qu'il y a des peines sociales
Que constituent en effet les amendes, les confiscations,
les suppressions d'existence et de privilèges, portées contre
les associations, sinon de telles peines.

Et qu'on se garde bien d'objecter qu'on n'atteint ainsi
que les individus ! Eh oui, on ne frappe qu'eux ; mais dans
une fraction séparée de leur patrimoine, dont ils ne jouissent que comme associés, et non dans leur vie individuelle.
On punira des innocents ajoutez-vous encore. Pas le moins
du monde. Si ces innocents subissent en effet la répercussion de la diminution du patrimoine et de l'honneur de la
corporation, ils ne perdront ainsi que des avantages dé-
pendants d'un tout, aux vicissitudes duquel la nature des
choses veut que participe même leur innocence dans le
délit commis. Sans doute les Codes ne parlent que de peines
individuelles, mais la réalité du délit des êtres collectifs
perce sous la raideur des principes individualistes. En effet,
l'État n'emploie-t-il pas comme peine contre les personnes
juridiques, dans une large mesure, la suppression du droit
à la vie ou de certains droits corporatifs ? Qu'on ne dise
pas : il y a là une mesure de police. Non, il y a là plus
que cela : il y a une peine. Et c'est le cas pour l'Allege-
mein Landrecht prussien, 6 § 189-191 et l'Alsace-Lorraine
où se trouve plus que jamais en vigueur notre article 291
du Code pénal français.

Même observation possible dans le cas où un acte législatif supprime ou limite une corporation. Observation qui
a surtout de la valeur, quand, comme dans les législations

particularistes de l'Allemagne. on exige un jugement de
l'autorité judiciaire pour la dissolution d'une association
(lois sur les associations de la Bavière et de la Saxe). Révèlent aussi la capacité pénale des associations les lois allemandes sur les associations, les caisses d'épargne et les
vereine socialistes. Cette conception, on la rencontre aussi
dans le Code fédéral suisse des obligations (art. 710 et
716, § 4).

A côté de la dissolution on trouve encore comme peine
prononcée contre les associations la suppression de droits
particuliers (par exemple du privilège d'une banque). Les
réprimandes et les peines atteignant l'honneur ne sont pas
non plus étrangères en droit pénal des associations. On
rencontre encore les amendes et les autres peines patrimoniales. telles que la liquidation forcée du patrimoine (§ 7
de la Sozïalistengesetz). Toutes ces conséquences tirées
du principe de la capacité délictuelle des personnes collectives, Gierke reconnaît qu'elles constituent la partie
la plus controversée de son système ; néanmoins il les soutient avec une ardeur éloquente et il y voit les principes de
l'avenir.

Malgré ses fugues hardies en dehors des chemins battus, on ne peut nier au système de Gierke une grande logique et une indéniable valeur scientifique. Nous croyons
à la vérité de son point de départ : la réalité de la personne morale. Sans doute la personne morale au lieu de
se concevoir elle-même, comme les personnes juridiques
dans son ensemble, n'a que dans ses membres la cons-

cience d'elle-même. Sans doute c'est la partie qui conçoit
le tout, et ce n'est pas le tout qui conçoit les parties,
mais qu'importe! Il demeure en effet évident, qu'il existe
chez les associés une volonté sociale, distincte de leur volonté individuelle, volonté dont ils traduisent les décisions
comme les organes de l'homme, mettent en pratique ses
volitions mentales. Ce fait autorise Gierke à énoncer autrement le problème. Ainsi posé, le vieux débat sur la nature
des personnes morales, se traîne enfin hors de l'ornière
traditionnelle où la routine le tenait enfermé. De cette
constatation précieuse dont nous nous contenterons pour le
moment, passons à notre question spéciale et demandons-
nous ce que le système organique pense de nos associations non approuvées ou non incorporées? Gierke
leur a consacré deux chapitres spéciaux dont nous allons
donner l'analyse.

Ces deux chapitres se trouvent dans l'ouvrage de Gierke intitulé *die Genossenschafts theorie und die rechtsprechung* page 55 et sq. Ils commencent par une réfutation de l'opinion de Roth qui proclame la question oi-
seuse, puisque la règle générale admise par toute l'Allemagne c'est : sans concession de la personnalité par l'État
pas de personnalité. Cette prétendue règle ou légale ou
coutumière, Gierke la rejette par des arguments de législation sur lesquels nous n'avons pas à insister et ne la
reconnaît affirmée que par quelques lois de minuscules
états de la Thuringe (Saxe-Meiningen, Saxe-Altenbourg,
Cobourg-Gotha). La Jurisprudence garde donc pleine

liberté d'allures dans le domaine du *Gemein recht*. Seulement, alourdie par les dogmes de l'école de Savigny, qui font dépendre la personnalité d'un acte créateur de l'État, elle se contraint à déguiser sous un mystère continu d'expressions, ces besoins de la pratique, sous la force irrésistible desquels naissent et se développent en foule les associations non approuvées. La plupart du temps, obéissant à la tendance qui a conduit à sa théorie M. de Vareilles, les tribunaux allemands font appel à la notion de la société romaine modifiée, c'est-à-dire à la notion de la société à laquelle manque une de ses conditions distinctives.

Mais, comme le remarque Gierke, avec cette notion vague ainsi démesurément étendue, on pourrait expliquer la nature de l'état et celle de l'église. L'analogie prouve trop, pour prouver quelque chose. D'autres décisions de justice par contre, plus hardies et plus franches, ont accordé aux sociétés non approuvées les droits d'une Körperschaft.

Leurs attendus d'ailleurs, quoique imprégnés des vieilles idées allemandes sur l'association, gardent une tournure orthodoxe. Il y a en pareil cas, disent-ils, une situation mixte entre la Société et la communauté, étrangère au droit romain, et par conséquent qu'il faut expliquer d'après le vieux droit coutumier du terroir. Les tribunaux suprêmes d'Iéna et de Wolfenbüttel ont été plus loin. Ils traitent comme des sociétés, avec un caractère corporatif, des associations de paysans et d'ouvriers cigariers.

(page 67) et leur permettent d'agir en justice au moyen d'un syndic. Toutefois, de même que chez nous, on leur refuse le droit de recevoir par testament parce qu'elles ne constituent des personnes ni physiques ni juridiques. Solution que critique vivement Gierke, car dit-il, du moment qu'on reconnaît sujets de droits les associations, pourquoi ne pas les admettre à l'accès de tous les droits ? Une des décisions les plus caractéristiques de ce libéralisme sans cesse grandissant de la jurisprudence allemande, c'est bien celle du 23 décembre 1881 du tribunal suprême de Bavière. Il s'agissait d'une association de citoyens (Bürger-Verein). Il n'y avait pas là disent les attendus de l'arrêt une société romaine à cause de l'influence prépondérante de la majorité, du manque de participation aux bénéfices, de la continuation en dépit de la mort d'un ou de plusieurs associés, et de la durée du lien social dépendante de la majorité et non d'une volonté individuelle. Par conséquent, déclare la Cour, nous sommes en présence d'un être, sujet de droits et d'obligations, auquel s'appliqueront les règles de la personnalité juridique, et qui sera complètement indépendant de la personnalité des membres de la société ou de son comité. Ces derniers ne pourront donc produire la disssolution par leur seule volonté.

Et, au demeurant, la loi allemande sur les associations en spécifiant dans son §71,abs.1.que l'immatriculation d'une association ne change pas sa nature n'a-t-elle pas reconnu ainsi, qu'après comme avant cette opération il existe une personne juridique dans toute l'acception du terme et

que au rebours de l'idée de Savigny, loin de tirer l'association du néant. l'approbation gouvernementale lui confère
tout simplement une étiquette plus avantageuse ?

En somme, on le voit, un droit coutumier allemand
très répandu assure à nos associations à peu près les
droits de la Körperschaft. Seulement, en pratique, grande
confusion, car on aboutit ainsi à la création d'un intermédiaire entre l'être et le non être. Dans la peur que l'on a
de rompre violemment avec les doctrines classiques : on
construit une créature légendaire, qui ne peut ni vivre ni
mourir : un être hybride en un mot.

Gierke demande qu'on sorte enfin de cette terre d'erreur (Irrgarten). Qu'on donne la place d'honneur à la vérité, s'écrie-t-il, et qu'on avoue sans ambiguïté que la corporation formée librement sous la protection de la loi jouit
non seulement de la possibilité de naître, mais encore d'une
pleine capacité juridique. Que l'on reconnaisse enfin que la
concession de l'État n'est qu'une confirmation par l'autorité administrative du sujet de droit qui vient de naître ou
l'octroi de certains privilèges spéciaux et rien de plus.

Toutes les objections que l'on peut faire sont sans portée ! Le droit romain ne saurait être d'aucune utilité. Sans
doute, il exigeait pour la formation d'une association
l'autorisation de la puissance publique, mais aussitôt l'habilitation obtenue, pleine et entière capacité, et absolue
personnalité.

Quant au droit allemand, il permet la formation libre des
associations ; donc, semble-t-il, le conséquent accoutumé

à Rome de l'autorisation, la capacité, doit exister sans conteste. Puisque le droit romain ne séparait pas l'idée de capacité de celle d'association agissante et existante, pourquoi
n'en serait-il plus ainsi de nos jours ? Ne prétendez point
que le droit romain exige pour la personnification,
une autorisation différente de celle nécessaire à l'existence
même de l'association. Il ne connaît en réalité qu'un
acte unique de constitution qui donne un *état juridique* à
la société, sans cela nulle, et en même temps l'investit de
la capacité nécessaire à l'acquisition d'un patrimoine. Ces
principes romains, d'ailleurs, ne peuvent, dans l'Allemagne
actuelle, s'appliquer directement. Jusqu'au xviiie siècle, les
associations se formaient librement dans le Saint-Empire
sous l'influence encore toute puissante des coutumes ger-
maines. Au xviie siècle s'infiltre la doctrine romaine, accen-
tuée par les glossateurs italiens et les canonistes, et proclamant la naissance des associations, dépendant de l'autorisation de l'État. On ne voit apparaître cependant, pour
la première fois, la concession spéciale de la personnalité
que dans une patente prussienne de 1796 accordant les
droits d'une personne morale à la Freimaurer-Mutterloge.
Mais depuis lors, les romanisants mettent toute leur ardeur
à sauver de l'oubli, pour l'implanter dans le domaine du
droit civil, ce morceau de la civilisation byzantine.

Et, s'ils n'ont pas pour eux les textes du droit romain,
ils en ont peut-être l'esprit, le pur esprit, comme ils aiment à le répéter, qui faisait de la personnification une
fiction artificielle. Seulement, dit Gierke, pourquoi nous

imprégner des principes chers à la Constantinople du vi[e] siècle, au lieu de consulter la tradition nationale ? Heureusement la genossenschaftsthéorie a battu fortement en brèche la théorie de Savigny, déclarée irréfutable par Pfeifer et seulement contestée par l'esprit de parti, au témoignage de Mühlenbrück. Aujourd'hui se forme tout un droit coutumier manifestement hostile aux idées de l'Ecole. Ce droit nouveau, la jurisprudence en suit les progrès et en reflète la marche en avant ! Il ne lui reste plus qu'à oser se montrer plus hardie dans ses attendus et qu'à appeler enfin l'enfant par son vrai nom !

Oh sans doute, l'ancienne théorie oppose des objections d'ordre politique. Elle raisonne ainsi : les associations capables que vous formerez, causeront une dangereuse insécurité pour les tiers, non renseignés par une publication extérieure, de l'existence de la personne juridique. Cet argument portait, tant que fidèle aux anciens errements, on ne laissait à la Société que le choix entre l'incorporation et la complète inexistence juridique.

Mais, aujourd'hui, que l'on se décide à bâtir sur les flancs de la théorie de la société un « surrogat » de l'incorporation, en faveur de nos associations ; qu'on ne parle pas de la sécurité des tiers. Il règne une telle bigarrerie de couleurs diverses dans la situation des associations que des signes apparents n'instruiraient personne. Qu'importe d'ailleurs, puisque dans un cas comme dans l'autre c'est la capacité. Toutes ces craintes chimériques s'évanouissent au reste, quand on envisage un peu les pays qui admettent

la liberté dans la capacité. Par exemple l'Autriche (§26)
de son code civil, l'état de Zurich et d'autres cantons de
la Suisse. Eh bien, dans tous ces pays, pas de plaintes sur
l'insécurité dans les transactions, tandis que avec la controverse actuelle, en Allemagne, elles ne veulent pas finir.
Le public ne sait en effet, s'il s'adresse à une société,
ou à une association, avec la tendance des Tribunaux vers
la société modifiée, au lieu d'admettre franchement l'idée
de la Corporation libre. Si l'on s'en tenait à cette dernière solution, le commerce saurait facilement distinguer
la société romaine de la Körperschaft et on pourrait ainsi,
sans blesser aucun intérêt, donner satisfaction à l'esprit
même de la coutume nationale.

On ne saurait trop s'élever, déclare Gierke, au point de
vue des intérêts des tiers (1) contre la construction, avec
des idées empruntées à la *Societas* romaine de la capacité
juridique des associations, trop fréquemment échafaudée
par la jurisprudence. Les individus qui s'associent ne veulent entre eux former aucune société : de force on leur
« feint » une pareille volonté, et contre toutes les régles
du droit des contrats on reconnaît un contrat non consenti,
On présente un statut : on le change en convention. Les
individus se considèrent comme membres d'un tout et se
soumettent à toutes les éventualités des décisions de la
majorité : au lieu de cela on les transforme en associés

---

(1) Toutes ces objections à la fois si fortes et si ingénieuses portent
aussi bien contre le système du contrat d'association que contre la
jurisprudence allemande. Remarquons-le..

d'une société civile avec des droits individuels bien garantis. Aucun membre ne prétend à une part de l'actif social dans sa pensée ; on lui en octroie une partie. Celui qui entre ou qui sort croit acquérir ou perdre tout simplement sa fraction de participation aux avantages sociaux ; on lui apprend que, ce faisant, il a acquis ou perdu ou cédé une part dans la propriété des dettes et des créances. Le membre de l'association tient comme certain, que l'être collectif est indépendant de la demande en dissolution ou de la mort d'un seul : erreur ; il suffira de la manifestation de volonté d'un seul pour dissoudre le lien social !

Quand l'association contracte, chacun croit qu'il a contracté avec la personne morale et qu'il l'a obligée. Illusion ! On n'a traité qu'avec la somme des associés au moment du contrat. On poursuit le corps devant la justice, ou il poursuit. Eh bien ! ce seront les membres de la société qui constitueront les seuls adversaires, en personne, ou par l'intermédiaire d'un procurator. Si enfin la Société prétendue, vient à être reconnue par l'Etat, il se produira une complication infinie pour transférer les droits et obligations des associés *ut singuli* à l'être créé par la puissance publique. On voit la situation précaire qui sera pendant toute sa durée le lot de notre association-société. Et dans les obligations, les tiers ne sauront à qui s'adresser. Ils ne sauront s'il faut poursuivre chacun pour sa part ou pour le tout, et si les associés pourront ou non compenser leurs créances propres avec les dettes sociales. Cette insécurité profonde des contrats avec les sociétés non approuvées disparaîtrait, si, au lieu de chercher des analogies dans des situations profondément diverses, on considérait nos associations comme des touts et des entités uniques. Seulement du xviiie siècle et de ses tendances absolutistes nous est restée la révérence de la personnalité morale. Ces mots mêmes éveillent dans les esprits l'idée de privilège et de participation à la puissance de l'état. Il est temps de secouer le faix de ces souvenirs et de reconnaître l'individualité collective des sociétés non reconnues, que réclament les nécessités du droit et les exigences de la vie pratique.

Ainsi peut se résumer l'œuvre de Gierke sur les associations non approuvées, dont il rapproche dans un chapitre suivant les sociétés non enregistrées malgré les lois l'ordonnant, sociétés auxquelles la jurisprudence allemande reconnaît aussi une personnalité mal définie, « eine halbe persönnlichkeit » pour nous servir de l'expression du puriste Koch.

Nous laisserons de côté cette difficulté d'une portée moins générale, qui chez nous se présente aussi pour les syndicats professionnels irréguliers. Cette difficulté qui ne nous intéresse que peu, se résout d'ailleurs en Allemagne par les mêmes principes qui servent pour la non autorisation. Nous n'avons donc pas à insister sur ce point, qui nous conduirait à de continuelles redites.

Aussi bien le moment est-il venu de porter sur le système de Gierke un jugement d'ensemble. A notre sens, l'éminent jurisconsulte a introduit dans la science, une idée qui y restera, celle de la personnalité organique des associations. Ce point de départ nous semble reposer sur l'analyse exacte des choses. Quand plusieurs personnes en effet se réunissent et forment une société, il ne se produit pas seulement une addition d'individus les uns aux autres, mais la volonté commune de toutes ces molécules humaines se réunit dans une unité organique. C'est cette volonté qui désormais dans le monde du droit deviendra le support et le sujet du patrimoine corporatif. Et ainsi combien les choses s'expliquent mieux qu'au moyen de la fiction qu'il fallait laisser au droit byzantin ! Combien on tient ainsi mieux compte de l'intention des parties, qui n'ont jamais pensé à elles-mêmes, mais à l'être collectif dont elles veulent le progrès ; et qu'elles envisagent non comme une forme artificielle et, un moyen d'étendre des règles de droit, mais comme une réalité tangible et vivante.

Il semble d'ailleurs que les idées directrices de ce système correspondent on ne peut mieux à un mouvement général du droit, très sensible à l'heure actuelle. De plus en plus en effet, l'être corporatif oublié ou nié par les Codes impériaux reprend sa place et son rang. L'industrie consacre les triomphes des grandes compagnies et des sociétés anonymes, les ouvriers se groupent de tous côtés, les religions cherchent à unir par les liens plus étroits des associations ceux que réunit déjà la solidarité d'une commune croyance, et d'une commune espérance. Peut-on s'étonner dès lors qu'en présence de ce travail général de reconstitution des cadres nécessaires à l'homme, brisés il y a un siècle avec une impitoyable ardeur, par le niveau et l'équerre des géomètres de la Révolution et de l'Empire, la sociologie fasse de l'être collectif non plus une abstraction glacée, mais un organisme qui naît, vit et meurt ?

Répondant à une nouvelle tendance des esprits l'idée de la réalité de la personne collective portera ses fruits ! Elle a l'immense avantage de synthétiser tout un mouvement philosophique et social et de prêter aux progrès futurs des associations le secours d'une forme juridique souple et libre.

En adoptant le système de Gierke, la doctrine française en somme ne ferait que remonter vers son propre passé. Gierke se trompe quand il attribue aux vieux usages germaniques le monopole de la poussée des associations. Elles sont implantées dans le sol français par des racines vivaces. Et il ne faudrait qu'une occasion favorable pour que ces racines, en état de vie ralentie à l'heure actuelle, s'épanouissent de toutes parts. Nous n'en voulons pour preuve que le large mouvement corporatif qui a suivi la loi de 1884 sur les Syndicats.

Toute théorie prête le flanc à des objections. Celle de Gierke comme les autres. Nous ne nous le dissimulons pas. On ne manquera pas sans doute de dire qu'il n'y a là qu'un rêve philosophique, qu'une brume d'Outre-Rhin, en contradiction fondamentale et formelle avec nos Codes et les principes de notre droit public. En est-on tant sûr que cela ?

Pour notre part, nous sommes persuadé du contraire

et nous allons essayer de montrer sur quoi se fonde notre conviction.

Le grand argument que nous invoquerons, ce sera l'histoire. L'étude que nous en avons faite, nous a montré combien elle était opposée aux systématisations de Savigny. Les associations, au lieu d'attendre pour naître à la lumière, le geste tout puissant de l'État, se développent librement au contraire jusqu'à l'avènement de la monarchie absolue. Le moyen âge, qui fut par destination même l'époque de l'association, du groupement, et de la collégialité, couvrit la France et les Pays-Bas de constructions élevées par des corps dont aucune firme royale n'avait proclamé la personnalité. Les cathédrales gothiques sont l'œuvre de confréries d'artisans non autorisées. Elles restent là comme l'éternel témoignage des grandes choses que peut réaliser une association asservie non à l'État, mais au culte de l'art, de la science, et de la religion.

Les temps modernes qui suivirent firent dépendre le fait matériel de la réunion, mais lui seul, d'une autorisation administrative. Le pouvoir absolu ne chercha jamais à créer des êtres moraux. Il sentait nettement la personnalité, hors de ses attributions. Il comprenait qu'elle était formée par la volonté persistante et soutenue des associés et non par les parchemins qu'il lui accordait. Et il la respectait comme l'on respecte les choses nées d'elles-mêmes, sous l'irrésistible poussée des nécessités de la vie sociale.

Au XVIIIᵉ siècle, les philosophes vinrent troubler la clarté

limpide de cette situation. Suivant les sentiers déjà frayés
par Grotius et Wolff et Püffendorf, Rousseau tira toute la
science politique des chimères de son contrat social. Sous
sa plume, la personnalité juridique de l'être physique devint un avantage, un don une libéralité, consentis par
l'Etat au citoyen en échange des droits individuels aliénés
par ce dernier. Rousseau ouvrait ainsi une large voie aux
abstracteurs de quintessence. Ils s'y empressèrent.

Le système de Savigny n'est que l'application de ce rationalisme classique aux êtres collectifs. Le fondateur en
Allemagne de l'école historique se laissa prendre aux restes de la philosophie du xviiie siècle, encore flottants dans
l'air au milieu de notre siècle.

Son système n'engage que lui. N'allons pas en accabler
pour jamais la doctrine juridique. Notre droit actuel d'ailleurs se remplit de plus en plus d'êtres collectifs sans estampille juridique. Ils sont le nombre. Les personnes approuvées ne forment plus que la minorité. Les sociétés civiles viennent par exemple d'arriver à la personnalité
malgré la loi. Et pourtant elle leur était beaucoup moins
nécessaire qu'aux associations. Les congrégations, déclarées nulles par une foule de textes, sont chaque jour mentionnées dans les débats parlementaires et citées dans des
lois fiscales.

Un grand nombre de syndicats non déclarés et parfaitement irréguliers d'après la loi de 1884, vivent tranquillement et s'agitent même beaucoup plus que les réguliers.

On pourrait multiplier à l'infini des listes de personnes

collectives participant à l'existence sans aucune approbation du pouvoir. C'est d'ailleurs un point sur lequel nous aurons l'occasion de revenir plus tard.

Cela démontre que la syllogistique de de Savigny jure avec les faits et les volontés de ceux qui forment une société. Cela montre aussi qu'elle jure avec l'esprit du droit. Comment ! Toute association avant d'être appelée à la vie supérieure de la personnification officielle commence par exister en fait dans la liberté de la non incorporation, et l'on prétend que jusqu'à l'approbation gouvernementale elle ne constitue qu'un néant ! C'est se fermer volontairement les yeux à la lumière de la vérité. Qu'on le reconnaisse ! La multitude des êtres collectifs non incorporés existante à l'heure actuelle, s'explique par les principes traditionnels du droit français. Aujourd'hui comme autrefois l'État ne forge rien, il distribue des faveurs ou s'adjoint des organes.

Voilà tout. Laissons à l'Allemagne, qui au demeurant l'a définitivement rejeté, le système de de Savigny. Il n'a que l'autorité trompeuse d'une construction rationnelle, sans fondement dans les faits et sans cesse contredite par l'histoire du passé comme par celle du présent.

Avec Gierke disons par conséquent que la réunion des associés forme une personne réelle collective munie d'organes qui manifestent extérieurement sa volonté dans le monde du droit. Telle est la proposition qui synthétise le mieux le principe de la théorie de Gierke. Et la naissance de cette personnalité, l'état peut l'entraver ou la procrire, voire même la favoriser par des privilèges spéciaux, mais il ne saurait la produire. Il n'a point le pouvoir créateur, pas plus vis-à-vis des êtres collectifs que des individus. Jusqu'ici nous croyons légitime le développement de la Genossenschaftsthéorie. Mais où, dans son germanisme fougueux elle nous semble dépasser les bornes, c'est quand elle admet la capacité illimitée et le rayonnement indéfini de la *reale gesammt person*. Indubitablement cette faculté d'acquérir la richesse, sans se heurter aux bornes d'une règlementation étroite, convient aux individus soumis aux lois de la mort et à la nécessité des mutations entre-vifs. A peu près tous les 35 ans s'il faut en croire la statistique (de Foville. France économique), les biens changent de propriétaires : ce qui écarte tous dangers. Mais pour nos sociétés désintéressées, combien la situation diffère ! Affectées à la satisfaction d'idées, généralement d'une durée, qui dépasse de beaucoup l'éphémère individualité de leurs membres, elles finiraient, laissées libres, par drainer petit à petit un vaste patrimoine qui s'immobiliserait dans leurs mains et leur conférerait une importance sociale sans cesse grandissante.

Ces inconvénients, la Genossenschaftsthorie les laisse dans l'arrière plan et néglige de s'y arrêter. Là à notre avis réside le côté faible du système. Comme l'a très bien fait remarquer Ihering, l'État possède un haut pouvoir de direction et de contrôle sur les personnes morales. Représentant non seulement des intérêts transitoires d'une génération, mais encore des droits des générations à venir, que peut-être compromettrait gravement l'opulence trop grande des êtres corporatifs, il a le devoir d'intervenir pour poser des bornes à leurs acquisitions. Dans ces conditions, on comprend tout le péril de la doctrine du professeur de Heidelberg et la menace constante qu'elle fait peser sur l'État. Indépendamment de ces considérations d'ordre politique, nous estimons que la limitation de la capacité des êtres collectifs, résulte aussi de leur nature analysée dans sa structure intime. En effet, que l'on veuille bien le remarquer, ils constituent un organisme, mais un organisme régenté par un but, ou, si l'on préfère, par une œuvre à accomplir. D'ailleurs c'est la remarque sur laquelle Brinz édifie toute sa théorie du Zweckvermogen.

Dans les chapitres que nous consacrerons ultérieurement au fonctionnement pratique des associations, nous essaierons d'opérer la conciliation des systèmes de Gierke et de Brinz.

Qu'on nous permette pour le moment, à la fin de ce titre consacré à l'étude approfondie de la nature de l'association sans but lucratif, de remarquer que les théories les plus suivies en France, qu'elles soient libérales ou restrictives, ne risquent que de biens timides envolées à côté du large coup d'aile par lequel les théories allemandes rattachent leurs solutions aux principes les plus élevés de la sociologie. Il y a là une divergence curieuse de conceptions. C'est peut-être en elle que réside le secret du peu de progrès que firent jusqu'en ces dernières années

les associations en notre pays ! Les systèmes *a priori* en
effet, ou devancent ou traduisent les mœurs de la nation
où ils prennent naissance. L'état languissant de nos associations, leurs progrès incertains, et leurs allures de mineurs craintifs expliquent avec quelle faveur nous avons
accueilli la doctrine de Savigny et Laurent. C'est pourquoi
il faut répandre dans la science juridique, les théories
étrangères. Sous leur influence salutaire peut-être re-
prendrons-nous nos vieilles traditions corporatives ! Du
Nord peut-être nous viendra encore une fois la lumière !

TITRE DEUXIÈME

LA CAPACITÉ DE L'ASSOCIATION DANS LA PRATIQUE DE SON FONCTIONNEMENT.

SECTION I

L'ASSOCIATION LAÏQUE

CHAPITRE IV

THÉORIE GÉNÉRALE DE LA CAPACITÉ JURIDIQUE DES ASSOCIATIONS NON RELIGIEUSES ET SANS BUT LUCRATIF.

Comme, sans cesse, nous l'avons répété dans les chapitres précédents, il importe de distinguer les situations irrémédiablement séparées que M. de Vareilles a essayé de grouper sous une théorie générale. Et la *summa divisio* que nous imposent les lois administratives, dont les textes et l'esprit s'accordent à ne laisser aux congrégations non reconnues qu'une vie tolérée et intermittente, ne saurait être autre que celle des associations religieuses et des associations non religieuses. Plus tard, à propos des congré-

gations, dans les chapitres suivants, nous aurons au juste
à préciser ce qu'il faut entendre par association religieuse
et par congrégation et à tenter de discerner les distinctions
à établir. Pour le moment et afin d'éviter toute confusion
dans la position de la question, nous ne nous occuperons
sous cette rubrique, que des associations non religieuses,
par opposition à toutes celles dont le but et la fin s'affirment, ou la propagation d'une religion, ou la vie en commun sous une règle commune, et sous un lien spirituel.
Nous supposons donc une association laïque sans but
lucratif, couverte vis-à-vis des pénalités de l'article 291 du
Code pénal par l'autorisation du préfet du département.
Un arrêt du Conseil d'État rapporté dans Sirey (1888, 3.37)
appelle le préfet le dispensateur de droit commun de l'habilitation administrative. Ce fonctionnaire a donc la haute
main sur les associations et c'est dans ses bureaux que
se décide leur sort. Dans tout ce chapitre nous allons
prendre une association qui s'est tirée avec succès de l'enquête instituée sur elle par les bureaux de la Préfecture
de mon futur siège social. On ne peut plus lui appliquer
l'article 291 du Code pénal. Voilà qui est entendu. Elle
existe et elle vit. Fort bien. Seulement quelle capacité va-
t-elle avoir ? Là gît toute la difficulté. Disons le tout de
suite, pour la théorie classique il n'y a point là de difficulté. Deux lignes suffisent aux disciples de M. Laurent
pour refuser aux associations autorisées par les préfets
toute capacité. Rien de plus simple. Une association sans
personnification n'a pas de capacité. Or le préfet person-

nifie-t-il ! Evidemment non. Ce pouvoir créateur est réservé au législateur, ou par délégation au pouvoir exécutif après avis du Conseil d'État. Donc la conclusion va de
soi. Pas de capacité aux associations approuvées par les
préfets. Elles ne forment qu'un néant, qu'un non être.
L'estampille administrative ne leur confère que la maigre
prérogative de pouvoir se réunir dans la maison de l'un
d'entre eux ou dans une salle de café ou d'hôtel, et c'est
tout. La rigueur des principes leur interdit même la location d'un immeuble par un des associés, en son propre
et privé nom, pour l'usage de l'association.

Qu'on y pense en effet ! Cet acte anodin, à n'en juger
que par ses apparences extérieures, renferme cette si redoutable fraude à la loi que l'on appelle *l'interposition*. Il
est inficié d'une indéniable nullité d'inexistence. Avec cette
opinion intransigeante, en Belgique, pays où les constituants dans l'article 20 de leur constitution avaient proclamé, poussés par un même esprit de justice et de liberté
qui, un moment, leur fit oublier leurs divergences politiques, l'indépendance des associations vis-à-vis du pouvoir
et l'abolition de toutes les mesures préventives qui en com-
primaient l'essor ; M. Laurent lui-même, victime de ses
rectilignes déductions ne peut arriver à loger le cercle libéral *l'Avenir* qu'il a créé à Gand. Son malheureux cercle
cherche en vain à passer à travers les prohibitions que
doctrine et législation lui opposent à l'envi. Il ne peut se
tirer de la difficulté qu'au moyen d'une location opérée
par quatre de ses membres en leur nom personnel. Et

pourtant y eut-il jamais plus évidente, plus flagrante interposition de personnes ? M. Van den Heuvel qui retrace non sans quelque satisfaction, les péripéties héroï-comiques de ce cercle infortuné en quête d'un foyer ne manque pas de le faire ressortir. Et de fait, n'est-il pas piquant de voir un jurisconsulte entasser, dans son grand traité de droit civil, réquisitoires sur réquisitoires, contre l'interposition, pour aboutir à ce résultat piteux : d'être obligé de recourir lui-même à la fraude qu'il a combattu avec une si lyrique éloquence ? L'anecdote vaut son pesant d'or. Elle permet de juger par ses fruits la théorie classique. On voit par là combien est faux ce système qu'affectionne le grand juriste belge et qui consiste sans se préoccuper de l'histoire, de la jurisprudence et des nécessités pratiques, à tout déduire des textes et de la lettre de la loi. Cette théorie qui pousse l'amour de la déduction *a priori* jusqu'au fétichisme, nous semble avoir fait son temps. Fortement combattue à l'heure actuelle dans toutes les branches du droit, ici plus que partout, elle montre par toutes les difficultés qu'elle suscite et d'une manière saisissante, le danger des doctrines *a priori*.

La théorie du contrat d'association à laquelle nous arrivons maintenant, aboutit et très logiquement aux solutions opposées grâce à l'intervention de son *Deus ex machina* : la capacité des associés *ut singuli*. Notons toutefois, qu'en cas d'action en justice, elle aussi consacre des solutions peu commodes à mettre en pratique. Avec la règle, nul en France ne plaide par procureur, le sociétaire,

mandataire des autres, qui agira en justice, devra faire
figurer dans la Procédure les noms du petit régiment de
sociétaires, qui forment la Société philharmonique, de tir ou
de gymnastique. Rien ne sera plus gênant, on le voit. Il
faudra couvrir des kilomètres de papier timbré, pour satisfaire à l'idée de la capacité de tous les tireurs gymnastes pompiers ou musiciens, en qui s'incarne, et non
en un être fictif, l'association.

Ces opinions directement opposées ne nous satisfont
nullement. Leur tort à toutes deux, c'est de ne parler des
Associations non religieuses, qu'en pensant aux ordres
monastiques et aux congrégations régulières, et de craindre, par le fait même, le moindre écart des principes, de peur
de fournir aux adversaires une arme ou un moyen contre
ou pour la vie monacale ou les biens de Mainmorte.

Au contraire, si on se dégage de cette assujettissante assimilation, nous croyons que l'on peut éviter les conséquences logiques, mais peu pratiques de la systématisation
inflexible affectionnée par les auteurs de ces deux théories.

Quelle est en somme la question ? Elle consiste uniquement à rechercher la portée juridique de l'autorisation
exigée par l'article 297 du Code pénal. Cette autorisation
réagit-elle sur le fond du droit, confère-t-elle à l'être collectif qui en bénéficie une véritable capacité juridique ?
Tel est le problème à résoudre. La plupart du temps, notons-le, on se garde de le poser en ces termes. On oublie
trop en outre que l'on possède des textes sur la question :

les articles 291 et sq. du Code pénal. Par je ne sais quel dédain pour le Code pénal en général et pour eux en particulier, ou ne leur demande pas d'éclairer les difficultés du sujet, par ce qu'ils laissent pressentir derrière leurs formules. Et cependant bien des fois on n'a devant soi en droit public que quelques bribes de textes, dont souvent néanmoins la jurisprudence sait tirer le plus habile des partis. Le Conseil d'Etat par exemple, quand il construisit sur un texte minuscule du droit intermédiaire, relatif à un conflit de la municipalité de Gray et du directoire de la Haute-Saône, toute sa doctrine, parfois audacieuse et toujours originale du recours pour excès de pouvoir était bien moins documenté en textes, que nous.

Il nous semble donc que le meilleur moyen de résoudre le problème controversé du droit d'association, c'est de consulter les textes peu nombreux, que d'une main avare, le législateur a consacrés à notre matière, et cela en faisant prédominer sur le pur caractère pénal, que semblent leur conférer leurs termes, les données de droit civil dont ils présupposent l'existence.

Ces articles de loi que nous avons à notre disposition quels sont-ils? Ce sont les articles 291, 292, 293 et 294 du Code pénal, modifiés par la loi du 10 avril 1834, dont les quelques articles la plupart du temps réforment le Code pénal sans s'y incorporer. Ces textes visent des associations, religieuses, littéraires, politiques, ou autres, formées dans le but de se réunir à certains jours dans une *maison*, pour s'occuper des idées qui ont donné l'être au groupement so-

cial. La loi envisage tout le temps la réunion dans un local.
Et l'article 294 renforçant cette notion de réunion dans une
maison sociale punit d'une amende de 16 à 200 fr. l'individu qui consent sans la permission de l'autorité municipale l'usage de sa maison ou de son appartement pour la
réunion de la Société même reconnue, ou pour l'exercice
d'un culte. On le voit, le législateur a comme la hantise de
la maison de l'association. Il la suppose appartenant à
l'association ou possédée par un tiers qui lui en cède l'usus.
Dès lors nous ferons cette observation. L'association sans
but lucratif, quelque néant juridique, qu'elle soit, a donc le
droit de posséder, n'en déplaise à la théorie classique, une
maison, où se réuniront ses membres (1). Et si, trop pauvre pour acheter un hôtel, elle se contente de la location de
l'usus d'une maison étrangère, la loi lui permet encore
cette façon d'agir. Nous voilà déjà en présence d'un résultat. L'association non reconnue d'utilité publique pour se réunir a besoin d'une maison, et la loi lui en permet ou l'acquisition ou la location. C'est déjà un grand point de le

(1) La loi du 8 août 1890, article 33, sur les cercles, sociétés et lieux
de réunion où se paient des cotisations, confirme nos inductions (adde
le règlement du 20 décembre qui la complète).
    Ces deux documents législatifs établissent une taxe sur les sociétés
d'agrément, non personnes officielles, divisées en trois catégories fiscales suivant le chiffre de leurs cotisations. Ils parlent des « locaux
et emplacements qui sont affectés à nos associations » avec une netteté qui ne laisse rien à désirer. D'où nous déduisons que les associations sans personnalité ont en droit l'aptitude légale à posséder des
« locaux, bâtiments et emplacements » et ne sont à aucun degré les
incapables que la doctrine nous présente.

constater. Mais poussons plus loin notre raisonnement.
Pour acheter ou louer un immeuble corporatif l'association naissante a besoin d'argent. Bizarre serait la loi si
après avoir montré le but à atteindre, en le légitimant d'a-
vance,elle ne fournissait pas aux associés le moyen d'y arriver. Ce moyen, la raison nous conduit donc à penser que,
sans en rien dire, le Code pénal l'admet comme licite. Tenons ce principe difficilement contestable pour accordé.
Eh bien ce moyen quel est-il ? Le Code civil qui en l'article 910 soumet à l'autorisaton administrative les libéralités aux associations même personnes morales, ferme aux
associations non personifiées, par un *a fortiori*, dont toute
la doctrine, sauf M. de Vareilles, admet la valeur, l'accès
aux libéralités à titre gratuit. Nous reviendrons d'ailleurs
plus loin sur ce point spécial, avec l'examen de la jurisprudence. Pour le moment disons, comme les décisions judiciaires, que l'article 910 s'applique de tout point à no
associations.

Il ne nous reste donc que la ressource des contrats à
titre onéreux. On fera le plus souvent ceci : on demandera
aux membres de la société des cotisations annuelles ou
mensuelles plus ou moins élevées, suivant leur désir
d'être ou de ne pas être investis du titre de fondateur ou
de membre d'honneur.

L'argent ainsi réuni servira à bâtir ou à prendre en
location l'édifice où s'abritera l'association. Chacun des
sociétaires passera avec l'association, en remplissant son
bulletin de souscription, un contrat innommé de la forme

de *ut facias*. Il donnera de l'argent pour jouir des agré-
ments de la salle du cercle, ou du stand de tir de la Société, si l'on nous permet ces exemples où le mot *facere*
revêt cette large acception qu'il admettait endroitromain.
Seulement cette façon de procéder ne suprime en aucune
façon la difficulté. Nous avons une obligation. Fort bien.
Mais qui en réclamera l'exécution amiablement ou en
justice ? Personne, semble-t-il, puisque nous ne voulons
pas reconnaître de capacité à l'ensemble des associés. On
ne peut en ces conditions faire naître le droit de créance
que sur la tête d'une personne morale irrégulière et inexistante. C'est au moins, ce qu'objecte la théorie du contrat
d'association. Ne nous arrêtons pas toutefois à cet argument. Réservons-en la discussion pour plus tard. Quant à
présent, ne cherchons pas à pénétrer l'incognito dont paraît
jusqu'ici d'envelopper le propriétaire mystérieux, qui
s'engage à faire jouir les sociétaires des avantages de l'association, en retour des cotisations qu'ils paient !

Mais reconnaissons cependant, que, sous peine de taxer
la loi d'évidente absurdité, il faut permettre la levée des
cotisations, grâces auxquelles s'élèvera le bâtiment corporatif. Nous pouvons donc tenir pour accordés le local et
les cotisations.

Le local bâti, force est de le meubler, et de l'approprier
à sa nouvelle destination. Les cotisations y pourvoieront
encore et les associés pourront ainsi vraiment jouir de la
faculté, à eux concédée, de se réunir à certaines heures
dans un but d'ordre idéal. Et par mobilier, nous entendons

non seulement les objets d'ameublement d'une maison
ordinaire, sièges, glaces et tentures, ou meubles meu-
blants, mais encore et surtout, le mobilier spécial qui
convient à un groupe corporatif, mobilier sans lequel il ne
remplirait point son but déterminé et sa fonction constitutionnelle et que nous appellerons le mobilier social. Sous
ces expressions de mobilier social nous comprenons les
fusils, cibles, et cartouches de la Société de tir, les livres,
jeux, et revues, du cercle, les agrès de la Société de gymnastique, les bannières, drapeaux, et instruments de musique des orphéons, et des fanfares. Privée de tout cela, la
Société se réunirait sans doute, mais pourquoi ? Si l'on
veut que de pareilles réunions soient réellement sérieuses,
il faut un « *fundus instructus* » c'est-à-dire pourvu et du
mobilier général des individus envisagés dans leur vie
privée, au milieu de leur « home », et du mobilier social
nécessaire aux associations pour vivre de leur vie propre d'êtres collectifs.

En dernière analyse, ce travail d'interprétation en
marge du texte, mais pleinement dans l'esprit de la loi;
auquel nous nous livrons, nous donne un immeuble,
le droit de lever des cotisations et de meubler le fonds
commun, conformément à son affectation spéciale. Ce
sont déjà des résultats sérieux. Mais pouvons-nous aller
dans les acquisitions à titre onéreux immobilières, plus
loin que l'immeuble auquel font allusion les articles 291
et 294 ? Ici nous croyons qu'il devient temps de nous arrêter. Pour légitimer cette halte, sans aller chercher bien

loin des textes ambigus et vieillis, nous nous contenterons simplement de la loi toute récente encore du 21 mars 1884 sur les syndicats professionnels. Que nous dit-elle en effet? Dans son article 6, capital, en la matière des libertés syndicales, dont il constitue comme la véritable charte : la loi nous fait d'abord le tableau des avantages de la personnalité civile qu'elle octroie aux syndicats. Successivement elle énumère l'action en justice, le libre emploi des cotisations. Arrivée là, brusquement elle tourne court dans sa description imprégnée du libéralisme le plus pur, et ne permet plus aux syndicats, en matière immobilière, que la possession d'un local de réunion, d'une salle de bibliothèque, et de classes destinées à des enseignements professionnels. Du droit privilégié nous voilà revenus au droit commun de l'association autorisée par les préfets, c'est-à-dire au droit que nous nous efforçons de dégager.

Au reste la structure du texte montre fort bien ce retour au droit commun et surtout le mot « toutefois » qui commence l'alinéa dont nous parlons. Cette expression indique clairement la volonté du législateur de ne rien innover quand à la possession des immeubles (1).

---

(1) L'article 5 de la loi du 21 mars 1884 vient confirmer ces inductions.

Il permet les unions de syndicats mais il ne leur accorde ni la faculté de posséder des immeubles ni celle d'ester en justice.

C'est dire qu'en règle générale, la possession des immeubles est prohibée, sauf l'exception nécessaire du local qui abritera les réunions de l'association.

Si d'ailleurs le texte en lui-même ne paraissait pas suffisant, reste un *a fortiori*, à peu près évident. Le syndicat privilégié en effet, si l'on admettait l'hypothèse du contrat d'association, devrait se contenter de quelques locaux limitativement et jalousement énumérés, tandis que les autres sociétés non personnes civiles, puiseraient, dans la convention toute puissante de leurs membres, la faculté illimitée d'acquérir les biens fonds.

Énoncer ce résultat suffit! Admettre un pareil contraste, c'est vraîment donner une influence magique aux mots « contrat d'association ».

Des avantages concédés aux syndicats en 1884, concluons donc à l'impossibilité dans le droit commun, pour les sociétés non reconnues, d'acheter des immeubles de rapport, et de se créer petit à petit un patrimoine immobilier, comme le firent jadis les ordres, les abbayes et les couvents de l'ancienne France !

Si leur fortune immobilière est forcément très bornée, il n'en reste pas moins aux sociétés non lucratives la ressource de la possession des meubles incorporels et notamment des valeurs au porteur. De pareils titres insaisissables et fuyants échappent très facilement aux investigations du fisc, et rendent aisée la fraude aux dispositions législatives et règlementaires sur les associations. Sauf le cas de perte ou de vol, le co-associé possesseur de valeurs mobilières sera à l'abri de toute revendication, avec l'article 2279 du Code civil.

Et de plus l'Etat, on le tire généralement de l'article 539

du Code civil, n'a pas sur les meubles sans maître, les droits qu'il possède sur les immeubles qui se trouvent dans la même situation. Les effets mobiliers offrent donc beaucoup de facilités aux associations dénuées de personnalité légale. Notre droit, ne s'attachant en matière mobilière qu'à l'écorce des choses, et nullement aux intentions et aux fins poursuivies, laissera pas mal de liberté aux associés, qui pourront, sans difficulté la plupart du temps, constituer à leur société un respectable patrimoine mobilier, soit en recourant à des achats de valeurs au porteur, soit en recevant des libéralités, sous la forme de dons manuels.

Grâce aux meubles et aux principes de notre droit civil sur leur possession, les sociétés qui nous occupent auront donc le moyen de se donner un peu d'air, de distribuer des prix, d'entretenir des cours et d'étendre assez librement leur vie, au delà des limites resserrées, que nous avons essayé de dégager des textes, analysés plus haut. Tout cela d'ailleurs plutôt en marge ce la loi et dépendant du plus ou moins de sûreté et de fidélité des personnes physiques, sur la tête desquelles, reposeront les valeurs sociales.

Pour compléter cette esquisse que l'on peut tracer de la capacité des associations laïques non reconnues d'utilité publiques, il ne manque plus qu'une chose : l'action en justice.

Parlons en brièvement. On la dénie généralement à nos associations. On veut les contraindre, dans presque toute la doctrine, à se plier aux exigences surannées de la vieille règle : nul en France ne plaide par procureur,

hormis le roi. Le mandataire de la société devrait faire
figurer ès noms, dans tous les actes de la Procédure, tous
les gymnastes, tous les tireurs à l'arc, tous les littérateurs,
ou tous les savants, ses mandants.

La loi ne dit rien de pareil. Le Code Pénal reconnaît
la capacité d'ester en justice aux associations, même non
habilitées, au moins en défendant. Son article 292 en effet, après avoir prononcé la dissolution en cas des contravention à la loi, punit d'une amende de 16 à 200 francs
les directeurs et administrateurs. Qu'est-ce à dire sinon
qu'il suppose le procès en dissolution engagé contre les directeurs et administrateurs et que dans cette hypothèse une
fois la dissolution prononcée, il ordonne de les frapper de
l'amende ? D'ailleurs du moment que l'on reconnaît aux
associations pourvues de l'autorisation préfectorale la faculté de posséder un local, leur refuser l'action en justice
c'est leur concéder un droit sans les moyens de l'exercer.
Le Code ne peut franchement pas avoir voulu pareille absurdité. La possession d'un immeuble dérivant, soit d'un
bail, soit d'une vente, est peut-être le fait juridique qui
donne lieu au plus de discussions et de procès. Elle implique, donc le droit d'agir en justice pour soutenir ses
prétentions, ou en demandant ou en défendant. Qu'on
y pense au reste. De plus en plus, la jurisprudence
tend à se débarrasser des entraves de la règle, nul ne
plaide par procureur. Nous croyons qu'il n'y a pas en
droit d'institution qu'elle gêne plus que l'association. On
ferait donc bien d'en faire justice une bonne foi,

sinon en toutes les branches de la science juridique, au moins en notre matière. Que si l'on veut plus
que ces considérations d'utilité, pour justifier l'abandon de ce formalisme puéril, ne peut-on pas à bon
droit essayer de construire le raisonnement que voici ?
Celui qui agit dans son intérêt personnel n'est pas soumis
aux entraves de la règle, nul ne plaide par procureur.
La raison même se charge de le dire. Eh bien, la société, quand elle plaide devant les tribunaux par l'intermédiaire de celui de ses administrateurs qu'elle a chargé
de la défendre en justice, n'agit-elle pas dans son intérêt
personnel ? Une société n'a pas de représentants, dit souvent Gierke, mais des organes. Quand elle comparaît en
justice par l'intermédiaire de son organe préposé au contentieux, c'est elle-même qui plaide et non l'individu. Cet
individu agit non comme procureur, mais comme organe,
et comme partie intégrante du groupe social, auquel il est
agrégé. Il n'a donc pas à faire intervenir les noms des
associés, puisqu'il incarne la société et ne la représente
pas. L'association dès lors este réellement en justice
dans son intérêt personnel, et elle ne viole pas l'antique
règle de procédure, qu'on lui oppose sans cesse.

Si l'on trouve ces raisons trop métaphysiques et trop
vagues, il est facile d'en donner d'autres.

1° La règle nul ne plaide par procureur, tout le monde
à peu près l'admet aujourd'hui, n'a pas pour sanction une
nullité d'ordre public, mais une simple nullité d'intérêt
privé. Quand la partie adverse ne l'oppose pas, la nullité se

couvre, et ne peut plus être invoquée. Le ministre public n'a pas le droit de le relever d'office et on ne saurait en exciper pour la première fois devant la Cour de cassation. S'il en est ainsi, pourquoi ne pas présumer, dans tous les litiges où figure une association, la renonciation des parties à la règle, nul ne plaide par procureur Pourquoi ? ne pas considérer le fait de traiter avec une société sans but lucratif, comme une renonciation anticipée du tiers cocontractant, au bénéfice de cette maxime surannée ? Rien ne forçait le tiers à figurer dans un rapport de droit avec une association non reconnue. Il connaissait l'irrégularité de sa situation, la plupart du temps. La jurisprudence ne devrait pas hésiter, dans ces conditions, à présumer une renonciation tacite à l'exception de plaidoierie par procureur. Quelquefois, sous la poussée des circonstances de la cause, elle s'est dégagée de la tyrannie de notre vieux brocard. C'est ainsi que la Cour de Grenoble le 25 décembre 1852 (D. P. 5 4. 2. 168), à propos d'une société de secours mutuels, et la chambre civile de la Cour de cassation le 25 juin 1866, à propos de l'action du gérant d'un cercle (Civ. rej. D. P. 66, 1. 334) ont reconnu valable la procédure suivie par un membre de l'association au nom de tout le groupe dont il fait partie ! Ces décisions excellentes ont été malheureusement sans lendemain. Nous espérons que les arrêts récents de la Cour de cassation qui soustraient précisément, au poids accablant de la maxime que nous examinons les sociétés civiles, entraîneront le définitive disparition d'une exigence, sans fondement, ni juridique, ni rationnel, que condamne le suffrage presque unanime de la doctrine ?(1).

2° Nous l'espérons d'autant plus que les monuments judiciaires accordent la dispense des entraves de la règle « nul ne plaide par procureur » aux associations, quand elles poursuivent en justice l'exécution d'une obligation solidaire ou indivisible (A. et Rau, tome 8, page 155), ou même divisible dans le sens de l'article 1221 du Code civil. Or si nous prenons l'article 1221 n° 5, nous voyons. qu'il appuie la dérogation au principe de la divisibilité des dettes, qu'il consacre, sur la nature de l'engagement, ou sur la fin qu'on s'est proposée dans le contrat. Même conception dans l'article 1218 qui fait dépendre l'indivisibilité, dite d'obligation, du rapport, sous lequel l'objet de l'obligation a été considéré dans la convention.

Ces textes nous semblent s'appliquer nettement au cas d'une association. Les contrats que les associations passent, reposent justement en effet sur l'idée que le mandataire de l'association représente un faisceau indivisible et inséparable d'intérêts juridiques. Dans l'intention des parties il n'y a pas une pluralité d'individus, traitant avec un tiers, mais une unité, un tout, un groupe cohérent et homogène, contractant avec un être physique. Il nous semble donc, qu'en présence de cette volonté commune et réciproque des cocontractants, de considérer l'association non reconnue, comme une masse vraiment distincte de celui qui agit en justice en son nom, il faut sans crainte

(1) Voir notamment Garsonnet, Traité de procédure, tome 1. pages 483, 484 et 485.

assimiler l'hypothèse de l'association à l'hypothèse de
l'indivisibilité d'obligation prévue par l'article 1218 du
Code civil. Dans les deux cas en effet les intéressés ont
envisagé l'objet de l'obligation, sous un aspect semblable,
et tel qu'il ne rend pas l'engagement susceptible d'exécution partielle. *Ubi eadem ratio ibi idem jus!* Puisqu'il
existe une analogie complète entre notre espèce et le
« rapport particulier sous lequel on considère l'obligation »
prévu par l'article 1218, que le même principe s'applique
donc, et que des deux côtés le mandataire soit affranchi
des lenteurs et des frais inutiles qui résultent de la règle :
nul ne plaide par procureur ! La raison et le droit semblent
imposer à la fois cette solution libérale !

De rares décisions de jurisprudence se sont prononcées
en sa faveur. Citons par exemple un arrêt de la Cour d'Aix
2 juillet 1844, S. 46.2. 29 et D. P. 45. 2. 61. Il s'agissait
d'un cercle qui avait traité avec une compagnie pour l'é-
clairage au gaz de son local. La Cour proclame en s'appuyant sur l'article 1218 cb. avec l'article 1224 que
l'obligation contractée au profit du cercle n'étant pas susceptible d'exécution partielle, chaque membre du cercle
peut demander l'exécution intégrale de cette obligation.
La Cour de cassation le 30 janvier 1878. S. 78. 1. 265 et
D. P. 80. 13.00 a adopté cette interprétation dans une espèce relative à un Comité agricole. Nous aurons l'occasion
plus loin de revoir son arrêt.

Ces deux décisions de principes ouvrent à la jurisprudence une voie nouvelle. Encore une fois souhaitons

qu'elle s'y engage. L'arrêt (banque des Alpes-Maritimes) nous a déjà débarrassés, les sociétés civiles désormais personnifiées, du malheureux brocard interdisant de plaider par procureur.

Puisse l'ébranlement salutaire qu'il a produit, amener d'autres arrêts qui se basant, soit sur la volonté des parties, soit sur l'indivisibilité *obligatione*, banniront sans espoir de retour l'usage suranné qu'on aurait dû laisser aux procureurs de l'ancien régime !

Avec cette étude de l'action en justice se termine cette rapide analyse de la capacité juridique des associations laïques non reconnues d'utilité publique. Nous l'avons tirée des intentions du législateur ainsi que les révèlent les articles 291 et sq. du Code pénal. Mais à ces solutions de détail, suggérées par l'attentif examen de la loi pénale, auxquelles nous avons couru tout d'abord, il manque jusqu'ici sans contredit la cohésion que donne un système d'ensemble. Nous connaissons les attributs de l'association, mais nous ne connaissons pas encore son essence. Le moment est venu de trancher cette décisive question. Elle se pose en ces termes :

Quel est le propriétaire de ce patrimoine que nous venons de construire ? Où allons-nous le trouver, puisque nous ne voulons pas de la solution individualiste du contrat d'association. Comment échapper dans ces conditions à la nullité d'inexistence, dont nous menace M. Laurent ? A toutes ces difficultés il nous faut maintenant trouver une solution. Nous croyons fermement qu'en combinant entre eux les principes sur lesquels s'appuient les théories de Gierke et de Brinz, on peut y arriver aisément.

La fin de ce chapitre se chargera de le montrer.

Nous avons deux questions bien distinctes à résoudre pour arriver à la solution que nous cherchons.

La première peut se formuler ainsi : Pourquoi nos associations ont-elles une capacité limitée et un patrimoine étroitement restreint ? Ces bornes contre lesquelles viennent se briser leur désir d'accroissement et leur rêve de grandeur patrimoniale, ne se justifient-elles pas par des raisons juridiques ? Nous essaierons de le prouver et alors se posera la deuxième question qui est à peu près celle-ci : Quel est le propriétaire inconnu qui possède le patrimoine limité que nous aurons reconnu lui appartenir en pleine propriété ? Une fois cette deuxième question tranchée et résolue, nous ferons la synthèse du sujet, et aux théories individualistes et classiques qui réduisent l'association à l'inexistence, ou l'élèvent jusqu'à la capacité absolue et sans bornes, nous opposerons une conception intermédiaire, qui, sans perdre de vue les légitimes exigences de la loi civile et de la loi administrative, nous paraît en même temps s'inspirer de ces nouvelles théories sur la nature organique et vivante de l'association et de l'État, dont la science politique se constitue de plus en plus l'interprète convaincue.

1° Étendue du patrimoine de sociétés sans but lucratif.
Ses bornes et ses limites.

Examinons d'abord notre première question. Nous avons devant nous un groupe d'individus et un patrimoine. Pourquoi cette collectivité ne peut-elle posséder qu'une fortune corporative limitée ? Tel est le problème à résoudre. Nous en trouverons aisément la solution, si nous nous souvenons du système de Brinz.

En effet, ces associés qui se réunissent en société prétendent assurer le triomphe d'une idée quelconque, d'ordre non lucratif.

Cette idée seule les a poussés, avec la force d'attraction qu'eurent toujours les idées désintéressées, à se réunir, à s'aboucher entre eux et à former un corps. Si l'on remarque que par définition même la destination créatrice du groupement collectif est désintéressée, nous croyons qu'on tient la solution de la difficulté.

Une société formée pour accomplir un but totalement étranger aux préoccupations intéressées ne paraîtrait-elle pas une bizarrerie juridique, si elle était en possession du droit de recevoir les plus opulentes donations, et les plus importantes successions ? Il y aurait là un illogisme évident, une contradiction éclatante entre le but poursuivi et les moyens de le réaliser.

Pour développer la puissance de l'idéal, on aurait recours au mercantilisme le plus éhonté, à la course aux héritages et à toutes les ressources de la spéculation.

Jamais la loi n'a permis pareille chose, sauf dans les périodes d'extase religieuse qui caractérisent le haut moyen âge.

Elle a toujours confusément senti que le désintéressement du but impose la limitation désintéressée de la capacité. La loi pénale, les lois administratives ont obéi, sans s'en rendre compte peut-être, à cette idée de la limitation désintéressée. De là vient l'exiguïté du patrimoine des sociétés à but idéal. Semblable au pupille romain l'association ne peut point s'enrichir aux dépens, non pas d'autrui, mais de son but. Elle est grevée d'une perpétuelle servitude d'affectation par rapport à l'idée qui la dirige et dont le rayonnement puissant lui attire les sympathies et les concours des hommes. L'état aide à cet enchaînement des sociétés par leur but. Il faut qu'il vive. Et pour cela, il doit maintenir les associations idéales dans leur destination. Il y a là une nécessité de salut public qui ne le trouva jamais indifférent.

Notre Code pénal traduit cette politique constante de l'État dans ses articles 291 et sq. Malheureusement hanté par la crainte de voir un fédéralisme de collectivités s'installer sur les ruines du pouvoir central, il a dépassé toute mesure et a condamné la France à ce que, très pittoresquement, Benjamin Constant appelait le gouvernement des atomes.

Toutefois le principe, dont il est parti, reste vrai. La limitation est l'essence des êtres collectifs.

Beaucoup de jurisconsultes et non des moindres ne

veulent pas entendre pourtant parler de restriction à la
capacité de droit commun, pour les personnes morales. A
leur avis la science juridique exige qu'on accorde à l'être
collectif la même condition qu'à l'être physique. C'est
surtout à propos des sociétés civiles qu'ils ont eu l'occasion de soutenir cette opinion, et de réclamer pour elles,
non pas seulement l'aptitude à acquérir à titre onéreux,
mais encore la faculté de recevoir à titre gratuit. Ils résument leur théorie dans cette proposition. De droit commun, une capacité est entière et complète. Il faut des
textes précis et formels pour la circonscrire et la limiter.
A défaut de textes d'exception, l'être collectif ne diffère
donc pas, dans le domaine des biens, de l'être physique.

Comme on le voit, cette théorie, très suivie d'ailleurs en
doctrine, appuie toute son argumentation sur l'affirmation
de la capacité illimitée par essence des personnes physiques. Et, en effet, on peut lire presque partout dans les
traités de droit, que toute personne physique, sauf l'effet
des condamnations pénales, est illimitée de sa nature et
se meut sans entraves aucunes dans les rapports juridiques.

Nous pensons qu'il y a là une erreur. La capacité des
personnes physiques, pas plus que celle des personnes
morales n'est par sa nature même illimitée. Le droit, en
effet, ne raisonne pas sur les êtres physiques envisagés
dans leur individualité physique. Non. Il raisonne sur
les personnes juridiques. Ce qui ne conduit pas du tout à
des résultats semblables. Personne vient du mot latin

persona qui signifie masque d'acteur et par extension le
rôle joué par l'acteur. Effectivement le droit ne considère la
personne que comme une abstraction capable de droits et
susceptible d'obligations. L'étymologie du mot personne
se trouve donc en harmonie avec les choses que ce mot
désigne. La science juridique qui ne pouvait argumenter
sur la personne physique, trop complexe, en détache un
ensemble d'attributs qu'elle coordonne au moyen du concept de personne. Ainsi que toutes les sciences, elle
remplace les phénomènes par des abstractions qui se
plient plus facilement aux raisonnements. Partant de là,
on s'explique facilement que la loi se crut toujours autorisée à réglementer la capacité des personnes.

De la réglementation à la suppression ou à la diminution de la capacité, il existe peu d'intervalle. La loi n'a
jamais manqué de franchir cet intervalle. Elle l'a fait de
tous temps et elle le fait encore. Dans l'antiquité classique,
et au moyen âge, la variété des conditions juridiques s'efforçait de traduire les idées religieuses dominantes et la
hiérarchie des propriétés. C'était une diversité de capacités, savamment ascendante, qui allait du serf ou de l'esclave, au noble ou au suzerain féodal. De nos jours la
capacité paraît unifiée en apparence, grâce au triomphe
des principes révolutionnaires. Mais l'unité n'est que de
surface. Que de distinctions encore à établir ! A peine
un demi-siècle seulement, nous sépare de la mort civile.
La loi s'arrogeait dans cette institution le pouvoir de condamner un être physique à une capacité tellement rudi-

mentaire, qu'il fallait chercher, dans les institutions de la Rome primitive, pour en trouver de semblables. A côté de cette véritable interdiction de l'eau et du feu qui frappait le mort civil et qui, aujourd'hui ne constitue plus qu'un souvenir, notre Code (article 906 et 725 du Code civil) admettait et admet encore la capacité embryonnaire des enfants non conçus.

Il n'accorde aux mineurs (903 et 904) et aux enfants naturels que des droits mutilés d'acquisition ou de disposition à titre gratuit

Longtemps il maintint une réglementation spéciale des *droits civils* pour les étrangers. A l'heure actuelle, l'étranger non admis à domicile, c'est-à-dire non muni de l'estampille de l'État, ne jouit que d'une condition incertaine sans cesse modifiée par le hasard des jugements et l'évolution des doctrines. Les sentences criminelles modifient tous les jours la capacité des individus. Enfin n'existe-t-il point dans le Levant des pays, où des capitulations sanctionnent de leur autorité internationale, la bigarrure des conditions juridiques ? Nous marchons donc vers l'unification des capacités, mais nous n'y atteignons pas. Les codes qui règlent les capacités, aimeront toujours les borner dans leur action. Puisque la variété règne encore dans le domaine des personnes physiques, pourquoi *a fortiori* ne pas admettre des capacités limitées, quand il s'agit d'êtres collectifs, dépendant de la destination qu'ils assument ? Pourquoi surtout ne pas en admettre là où elles ne font que traduire l'essence de l'institution qui est l'esprit de désintéressement et l'affectation à un but d'ordre idéal ?

La théorie de la capacité naturelle illimitée se réfute sans trop de difficulté, on le voit. Une capacité limitée n'a donc rien d'illogique en soi. Peu de capacités, même dans l'ordre des personnes physiques, gardent leur pleine intégrité. Et le droit civil dans le chapitre qu'il consacre aux personnes, nous présente presque autant d'incapacités que de capacités. Concluons donc en disant que, si les êtres physiques issus des lois biologiques sont si souvent privés d'une partie des avantages juridiques qui caractérisent l'état de la personne, à plus forte raison, les êtres collectifs produits par la volonté commune de plusieurs individus dominée par un même but, ne sauraient jouir d'un statut intact. Et cela surtout dans un droit comme le nôtre, qui, rebelle à l'effort collectif, n'envisage les individus qu'à l'état dispersé et redoute souverainement tout groupement libre et autonome !

Nous en avons fini avec le préjugé à peu près général de la capacité illimitée. D'autres objections restent à combattre. Car nous n'admettons pas uniquement une capacité limitée, nous la disons en outre limitée par une affectation désintéressée. Et cette idée du but est de nature à ce qu'il semble, à susciter bien des critiques.

Vous parlez de but, objectera-t-on, probablement ; mais notre droit ne se prête point à cette affectation d'un patrimoine à une destination. Il la repousse de toute sa

force, lui qui dans l'article 544 du Code civil définit la propriété, par le *jus fruendi* et *abutendi*, et paraît la vouloir
constamment absolue et dégagée de toutes entraves. En
raisonnant ainsi, on se méprend grandement. Notre droit
bien loin de répugner aux affectations, les a toujours au
contraire vues avec faveur, et de plus en plus, il semble
chercher à augmenter la place qu'elles occupent et le
rôle qu'elles jouent. Le démontrer ne soulève pas de difficultés.

Prenons d'abord le droit civil. Il nous fournira des
exemples saisissants de la facilité avec laquelle il admet
les affectations. Et pourtant c'est de toutes les branches
du droit celle où, à cause des lisières de la codification,
le progrès marche le plus lentement.

D'abord le Code civil, dans sa réglementation des servitudes, nous présente un premier et saisissant exemple,
non pas d'un patrimoine, mais d'un élément du patrimoine ou d'un bien, affecté à l'utilité d'un autre fonds ou
au service d'une personne. L'affectation, dans l'hypothèse
des servitudes est si forte qu'un arrêt de la Cour de Cassation relatif à une congrégation non reconnue a pu dire
que les rapports des servitudes n'exigeaient pas des propriétaires, mais simplement des fonds en présence (1).

---

(1) Cette particularité du droit des servitudes est un des nombreux
arguments sur lesquels Brinz fonde sa théorie du Zweckvermögen. Lui
aussi comme notre Cour de Cassation française, voit dans la servitude
un droit qui compète non à un être physique, mais à un fonds et se
caractérise par un *pertinere ad aliquid* au lieu de l'ordinaire *pertinere ad aliquem*. Dans les Pandectes, beaucoup de textes viennent

Il y a déjà là un premier linéament de propriété liée,
« *gebundenes eigenthum* », comme disent les Allemands
c'est-à-dire asservie à une destination qu'elle doit reconnaître et respecter. De même l'hypothèque pourrait aussi
se considérer comme un droit réel affecté à une créance,
dont il est là pour constituer la garantie et assurer le paiement. Mais nous ne voulons pas insister sur ces analogies assez contestables. Nous le voulons d'autant moins
que nous recherchons actuellement, non pas des affectations spéciales frappant tel bien en particulier, mais des
affectations d'ensemble grevant un patrimoine tout entier,
ou au moins une entité patrimoniale distincte, facilement
séparable du reste du patrimoine où elle se trouve comme
enclavée. Ces affectations qui font, des personnes qui possèdent les patrimoines ou les entités patrimoniales gou-
vernés par un but, des administrateurs chargés de les
gérer conformément à leur destination, et non plus des
propriétaires tout-puissants et autonomes, se multiplient
de jour en jour dans le droit civil.

   Essayons de le montrer.

Commençons d'abord par citer le cas du retour succes-
soral. Dans cette hypothèse, il se forme une masse héré-

à l'appui de cette manière de voir. Citons, par exemple, la loi 12 D.
de servit. VIII. I. qui dit : *fundo* servitus acquiritur, la loi 31 D. de
s. p. r. VIII. 3. num imus *fundus* id jus aquæ amisisset. la loi 31 *in
fine* D. de neg. gest. III. 5. sententia *prœdio* datur, loi 7. pr. D. de
publican, XXXIX, 4. *in vectigalibus ipsa prœdia non personas
conveniri*. L. 6. 22 D. si ser vindicetur VIII. 5 hanc servitutem non
hominem debere, sed rem. La matière des servitudes est donc une des
premières notions juridiques où point l'idée d'affectation, et avec une
force telle, qu'elle arrive à mettre au second plan le sujet du droit.

ditaire distincte du reste de la succession, un petit patrimoine dans le grand, grevé d'affectation au profit de l'ascendant donateur, quand le gratifié décède sans postérité.
La destination dérive de la loi en matière de succession
anomale. Elle dérive au contraire de la volonté du donateur en matière de retour conventionnel. Sans insister sur
cette différence qui, ici ne nous importe pas, constatons
que le retour légal ou conventionnel nous offre un premier exemple d'entité patrimoniale dominée par un but.

Les substitutions et les majorats nous en offrent un
second exemple. Le majorat, là où il subsiste, ou la substitution quand elle est exceptionnellement permise, constitue en effet une petite universalité de biens qu'unit en
un même faisceau, l'affectation à un but spécial et à une
œuvre déterminée. L'asservissement à la destination se
manifeste ici avec une netteté grandissante. La propriété
du grevé de substitution perd son caractère absolu. Au
lieu de gérer les biens substitués dans son unique intérêt
individuel, il doit constamment obéir à la destination supérieure qui les rend indisponibles sous la sanction d'une
condition résolutoire, et fait d'eux dans l'ensemble de ses
biens un patrimoine spécial et comme personnifié par le
but auquel il est consacré. Le même phénomène se peut
aussi constater, quoiqu'avec moins de force, en matière
de communauté.

Le patrimoine de la communauté, malgré sa confusion
de fait avec celui du mari, obéit à une destination, qui est
l'intérêt du ménage. Et la loi prend soin d'isoler ce patri-

moine commun des patrimoines propres des deux époux.
M. de Vareilles-Sommières, frappé de l'analogie qu'il y a
entre l'association sans but lucratif, et la communauté,
s'en sert souvent pour justifier sa conception de l'ensemble des associés propriétaire de l'actif social.

De même, nous dit-il, que la réunion des deux époux possède la communauté, la réunion des associés possède les
biens de l'association. Il y a là un rapprochement plus
spécieux que vrai. En réalité, on ne peut tirer argument en
faveur des associations d'une situation aussi spéciale que
celle de la communauté.

Le Code, dans sa faveur pour elle, multiplie tellement
les exceptions aux règles générales des sociétés que toute
induction basée sur son régime spécial ne peut être que
trompeuse et décevante. La communauté dont, c'est un
un fait à remarquer, on ne s'occupe guère dans la science
juridique française de rechercher la nature juridique,
probablement à cause de la minutieuse réglementation
du Code, paraît plutôt qu'une association sans but lucratif, un patrimoine isolé nettement de celui des deux
époux et géré par le mari conformément à une destination d'ordre à la fois idéal et intéressé : l'intérêt du
ménage et des enfants. Nous avons là une mise en pratique de l'idée du patrimoine-but ou de la propriété liée,
de Brinz.

L'institution contractuelle organisée par les articles
1082 et 1083 du Code civil n'en consacre-t-elle pas aussi
une application ? Un donateur arrive, en en faisant usage,

à scinder en deux son patrimoine et à le diviser en deux
universalités : la première qui reste soumise à son pouvoir de maîtrise tel que l'organise l'article 544 du Code
civil et la seconde affectée sous condition à l'institué. Sans
aucun doute, en présence de cette masse patrimoniale isolée par le donateur du reste de son patrimoine, nous pouvons dire qu'il y a affectation à un but. Le disposant fait
une espèce de fondation sur soi et sans faire sortir les
biens donnés de son patrimoine, il les érige en entité distincte. Nous nous rapprochons ainsi, avec cette espèce, de
la matière si délicate des fondations où règnent véritablement les affectations. La fondation, on le sait, se heurte
dans notre droit à une foule de difficultés produites par
le manque de textes et la timidité des principes enseignés
par notre doctrine. La jurisprudence a exquissé à propos
de l'interprétation de l'article 900 sur les conditions un
embryon de théorie (1). Pour elle, la destination constitue
la cause impulsive et déterminante de la libéralité effectuée par le fondateur. Une fois que la destination cesse
d'être remplie, la donation doit tomber de même qu'un
homme meurt quand son cœur cesse de battre. Les diffi-

(1) On s'explique facilement que les difficultés suscitées par le développement grandissant des fondations oubliées par le Code civil se
posent sur les articles du Code civil relatifs aux conditions. On sait en
effet que de toutes les formes soutenues en doctrine pour assurer la
validité de la fondation, le plus simple et le plus pratique, c'est encore la donation avec charge à une personne administrative. La
jurisprudence a dû, étant donnée cette situation, creuser la notion de
la condition dans les libéralités et c'est ce qui lui a permis de faire,
sur ce point spécial, bon accueil à l'idée de but et d'affectation.

cultés suscitées par les libéralités scolaires ont permis à la jurisprudence de développer ce côté de la théorie de la fondation. C'est, on le voit, une consécration en plus de l'idée d'affectation. N'avions-nous pas raison de les dire nombreuses ?

Tous les exemples que nous venons de donner montrent clairement que l'idée du but n'est pas étrangère à notre droit civil et qu'elle y pénètre graduellement. La propriété asservie à une affectation désintéressée de nos associations ne jure donc pas avec les principes du droit. C'est déjà un grand point. Mais il y a plus.

Depuis une dizaine d'années, le droit public est agité par une nouvelle tendance. La pratique administrative y a développé un principe, dont les applications ne cessent de croître, sous la poussée de la neutralité de jour en jour plus marquée, de l'État moderne. Ce principe, on lui a donné le nom de principe de la spécialité (1). Il régit les personnes morales publiques. La jurisprudence s'en est surtout inspirée quand elle a eu à apprécier des libéralités aux pauvres adressées au Conseil de fabrique. Jusqu'en

___

(1) La théorie de la spécialité parait remonter à l'année 1837. Elle fut consacrée à cette époque par un arrêt du Conseil d'Etat du 13 février 1837.

Depuis lors, la jurisprudence l'a toujours appliquée, par exemple, en défendant aux Chambres de notaires de recevoir des legs adressés aux pauvres. Conseil d'État, 2 décembre 1881. D. 82. 3. 22. Mais elle a fréquemment varié sur son application. Retenons de tout cela, c'est la seule chose qui nous importe ici, la relative ancienneté du principe de la spécialité. Il est donc faux de dire qu'il constitue une règle de circonstance.

1873, on admit le système de l'acceptation conjointe de la fabrique et du bureau de bienfaisance. Des avis des 6 mars et 25 juillet 1873 autorisèrent l'acceptation par la fabrique seule, mais sous la surveillance du bureau de bienfaisance. A partir de 1881, le principe de la spécialité s'implanta définitivement dans la jurisprudence administrative (Av. 13 juillet 1881, 2 décembre 1881). Depuis lors on refuse l'autorisation d'accepter des legs à charge d'aumônes au Conseil de fabrique. On renferme ce dernier dans sa spécialité qui est de subvenir aux dépenses du culte, et on lui interdit d'en sortir. Le principe de la spécialité tend à envahir tout le droit administratif. De règle de travail qu'il était d'abord, il devient toute une institution juridique. L'évolution qu'il suit paraît assez curieuse. Pleinement accepté par la Jurisprudence et la grande majorité de la doctrine administrative, il se heurte dans ce moment-ci à la résistance des tribunaux judiciaires. Les Cours d'appel s'y montrent particulièrement hostiles. M. Planiol, dans une note vraiment magistrale insérée au recueil de Dalloz en 1895. (D. 95. 1. 217, sur Civ. req., 26 mai 1894) a présenté une défense très brillante de la jurisprudence des Cours d'appel.

Le combat se livre surtout à propos de la sanction judiciaire du principe de la spécialité. Les tribunaux semblent vouloir se refuser à lui donner la sanction judiciaire que réclame l'autorité administrative.

Dernièrement la Cour de cassation (Civ. 31 janvier 1893.

D. 93, 1, 513) n'a pas voulu considérer comme une cause de nullité la violation par un disposant de la règle de la spécialité. Elle s'est refusée à donner une sanction civile à ce principe de droit public, en se basant sur les textes du Code civil qui n'annulent que pour défaut d'autorisation une libéralité adressée à une personne morale publique (art. 910 du Code civil). Il est en effet facile de dire que la spécialité ne figure pas dans le Code, puisque sa théorie formulée dès 1837 ne s'est guère développée qu'après les avis de 1881 cités plus haut. Mais reste à savoir, si ce principe ne découle pas de l'ensemble de notre droit public et s'il ne traduit pas excellemment cette affectation à un but immuable qui constitue un des caractères saillants des établissements publics.

Voilà ce que la Cour de cassation ne se demande pas assez, et faute de le faire elle perd une occasion précieuse d'enrichir par une décision nouvelle la théorie du but, en voie de formation dans notre droit, et qu'en d'autres matières, elle a su si bien traduire et consacrer.

On ne saurait considérer comme illicite, déclare la Cour dans cet arrêt du 31 janvier 1893 (rapporté aussi dans S. 93, I. 347), une condition qui n'est contraire à aucune loi. Il s'agissait, en l'espèce, de l'attribution d'un legs à la mense épiscopale de l'évêché de Grenoble à charge d'entretenir des écoles primaires, dans les termes précisés par le testament. Nous le répétons! la Cour a eu tort de ne pas profiter de cette affaire pour trancher définitivement la controverse actuellement instituée sur la spécialité.

Du reste sa décision ne prend pas position sur le fond du débat, et le 21 juin 1893 la Cour de Chambéry saisie du procès après cassation de l'arrêt de Grenoble a eu bien soin de le préciser (S. 94. 1. 124). Cette dernière Cour tient à écarter du litige la question générale de la spécialité. Elle affirme que dans le silence de la loi la tenue et l'entretien d'écoles primaires ne paraissent pas s'écarter du but de l'institution des évêchés. Un arrêt du 16 fév. 1893 de la Cours d'Amiens, rendu à propos d'un orphelinat-ouvroir, consacre la même interprétation de la doctrine de la Cour suprême.

Somme toute on ne peut donc pas dire que les Cours d'appel et la Cour de Cassation rejettent la spécialité. Bien loin de là. Tout ce qu'on peut dire, c'est qu'elles manifestent une tendance très prononcée, à ne pas donner à ce principe l'ampleur que lui confère la doctrine administrative, et à interpréter très libéralement la destination des personnes morales ecclésiastiques. On doit souhaiter que la Cour suprême, au lieu de chercher des faux-fuyants pour ne pas trancher cette importante question, l'aborde un jour résolument et de front. En attendant ce mouvement de jurisprudence, le principe de la spécialité, il nous faut le constater, est devenu presque un des axiomes de notre droit public. Nous pouvons donc en tirer parti et en tenir état.

Si nous avons insisté sur lui avec quelques détails, c'est que de la spécialité des établissements publics à la capacité limitée que nous croyons être celle des associations laïques désintéressées, il n'y a qu'un pas.

Essayons de le prouver. Dire que la personne morale publique est soumise à la règle de la spécialité, qu'est-ce faire en effet, sinon affirmer que la personne civile n'a d'aptitude que dans la sphère déterminée par la loi qui l'a reconnue ou les statuts qu'elle s'est donnés ? Eh bien, dire qu'une association désintéressée est asservie à la destination que la volonté de ses fondateurs lui a conférée, est-ce dire quelque chose de très différent ? Non. Une parenté absolue d'origine et de résultats reunit les deux théories. La spécialité constitue le trait d'union qui relie le contrat d'association dont nous cherchons les principes au droit commun des personnes administratives. Comme ces dernières, l'association ne peut acquérir sans limites un patrimoine de spéculation. La logique en demeurant implique cette solution. Quand on parle d'association désintéressée, on n'éveille dans l'esprit de personne l'idée d'un vaste capital d'exploitation. Le mot association sans but lucratif, indique clairement que les êtres collectifs désintéressés n'ont pas à compter sur l'accumulation de leurs richesses corporatives, s'ils veulent devenir puissants, mais sur leur action, leur foi et leur propagande. Donc à côté de la spécialité des établissements publics, il importe de placer la limitation désintéressée des associations non lucratives. Ce système nous permet très clairement de nous rendre compte de l'exiguité du patrimoine, que l'analyse des textes sur les associations, nous a permis de construire. Avec l'idée de l'œuvre spéciale dominant la capacité de nos êtres collectifs, tout s'explique.

La société d'enseignement pourra posséder les plus beaux bâtiments du monde pour y installer des cours, si l'on nous permet de prendre cet exemple, mais elle ne pourra pas posséder à la campagne des fermes de rapport, ou à la ville des hôtels qu'elle louera pour en tirer profit. La division du travail s'impose en effet aux êtres collectifs comme aux individus. A chacun son rôle, et à chacun sa fonction. La loi administrative en sanctionnant ces principes garantit en même temps le droit et surtout la liberté individuelle que la pleine capacité des associations en matière patrimoniale réduirait bien vite, à l'état d'ombre vaine et de souvenir regretté, absolument comme dans ce régime de castes où l'empire romain acheva de périr !

Nous ne nous dissimulons pas au reste que notre théorie prête le flanc à des critiques. On contestera sans doute l'analogie que nous déclarons exister entre la situation des personnes morales publiques et celle des êtres collectifs privés. On insistera avec force sur les différences qui séparent les deux ordres d'institutions. On tracera entre elles un parallèle accusant des divergences constantes de constitution et de structure. Puis allant plus loin on s'efforcera au nom des principes de repousser l'assimilation que nous tentons.

L'emprisonnement dans un ordre bien prédéterminé de fonctions imposé aux personnes du droit administratif s'explique, argumentera-t-on, par leur qualité d'organes de l'État. Ce dernier accablé de plus en plus par l'universelle tendance qui traverse tous les pays civilisés d'accroître son rôle dans des proportions immenses, leur cède une partie nettement fixée et clairement précisée de ses complexes attributions. Pour ce, il les érige en corps autonomes sous la surveillance ou mieux sous la tutelle de son administration. Au contraire, ne manquera-t-on pas sans doute d'ajouter, les associations privées ne forment nullement des organes indirects de l'État. Elles ne constituent à aucun degré des agents auxiliaires sur lesquels il se décharge un peu du poids trop lourd de ses fonctions. Indépendantes du pouvoir, les sociétés désintéressées n'ont droit ni à des privilèges ni à des faveurs. En sens inverse, elles échappent, c'est la même justice, aux règles compensatrices de ces privilèges chez les établissements publics et d'utilité publique.

Bref ces règles, ne sauraient, par leur nature même, s'appliquer aux sociétés que nous étudions, produits libres et spontanés des énergies individuelles qui se sentent trop seules devant l'État ! Ces sociétés n'ont point droit à un traitement de faveur : pourquoi donc vouloir leur en faire payer la rançon ?

Cette objection à toute extension de la théorie de la spécialité ne nous paraît pas insurmontable. Bien entendu, les associations dont nous nous occupons n'exercent pas un rôle public ; mais la fonction qu'elles assument une idée ne la domine-t-elle pas ? Quelle qu'elle soit, idée de la science des lettres ou de la patrie, n'est-ce pas elle qui dirige l'association ? Eh bien dès lors cette servitude par rapport à une idée, qui enchaîne le patrimoine corporatif, ne ressemble-t-elle pas beaucoup à la théorie de la spécialité ? L'idée spéciale qui a réuni en un corps les volontés des membres de l'association va contenir leur activité juridique dans les mêmes limites. Vouloir transformer un pareil patrimoine d'affectation en un patrimoine de rapport, les sociétaires l'essaieront, mais la loi ne peut pas et ne doit pas le leur permettre. Comme le dit Löning à l'article association dans le Wörterbuch de Conrad l'association laissée trop libre devient souvent, d'un instrument de « culture sociale » et d'apaisement économique un véritable fléau. Et ces inconvénients et ces dangers naîtront la plupart du temps d'un patrimoine trop opulent acquis en dépit des lois. La richesse donnera la fièvre aux sociétaires et leur fera perdre de vue leur idée constitutive.

L'histoire nous montre d'une façon saisissante par l'exemple de l'Espagne, ce que devient un pays où des associations non lucratives étendent indéfiniment leurs privilèges et leurs propriétés. Les ordres religieux de notre ancienne France ont dû en grande partie, à leur surabondance de biens, l'oubli des grandes idées qui animaient leurs fondateurs. Il nous semble donc à la fois utile et juridique que le but poursuivi spécialise l'être collectif dans un ordre fixe et nettement délimité de préoccupations matérielles et de relations juridiques. La beauté de l'idée directrice doit faire à la fois la

grandeur et la faiblesse de l'association non lucrative.
Elle la laisse pleinement libre dans la sphère du désintéressement, du dévouement et du sacrifice, mais elle la
limite par en bas et lui interdit de descendre des sommets
pour imiter le petit propriétaire uniquement préoccupé
d'entasser écu sur écu et d'acquérir lopin sur lopin de
terre. Noblesse oblige : Il ne faut pas mêler dans un al-
liage hybride le culte de l'idée au vol pur, et celui des
intérêts pécuniaires. La croix de bois a toujours mieux
valu que la croix d'or !

Le but qui les fonde imposera donc aux sociétés sans but
lucratif un patrimoine adapté à leur destination et pas
plus riche qu'elle ne l'exige. Aussi bien la loi n'est-elle
pas de notre côté ? Si l'on veut bien se rappeler en effet
les déductions juridiques du commencement de ce chapitre, on verra qu'elles s'éclairent toutes à la lumière du
principe de la limitation désintéressée. Lui seul permet de
les expliquer. Ce que le Code pénal paraît permettre, c'est-
à-dire le local ou maison sociale, les cotisations, et enfin
le mobilier de personne privée et de personne collective,
cadre très bien avec la destination spéciale de nos sociétés,
dont la vitalité s'affirme uniquement par des réunions, des
auditions, des cours et des conférences. Le reste contras-
terait avec le but qu'il s'agit de réaliser.

Laissons-le aux sociétés de spéculation commerciale
ou aux sociétés civiles, dont c'est la mission d'accroître
la richesse du pays.

L'opulence de ces deux catégories d'institutions ne menace en effet ni l'État ni la liberté.

En somme, grâce au principe généralement perdu de vue en notre question de la spécialité de but et de fonctions de Sociétés créées sous l'empire tyrannique d'une unique idée, d'une idée force pour parler comme M. Fouillée, nous sommes parvenus à retrouver les raisons qui semblent guider le Code pénal. Nous nous expliquons maintenant l'exiguité des biens de nos Associations et le vœu de pauvreté auquel la loi paraît les condamner.

Reste notre dernière question, la plus grave de toutes. Ces cotisations, cette maison sociale, ce mobilier ; à qui tout cela va-t-il donc appartenir ? A personne, sinon au néant de s'empresser de proclamer la théorie classique, puisqu'il n'y a aucun état intermédiaire entre la personne physique et la personne morale créée par la loi. A l'ensemble des associés de répondre en sens inverse le système du contrat d'association. La fin de ce chapitre sera consacrée à l'examen de ces dernières difficultés.

2º. A qui appartient le patrimoine limité des associations ?

Nous connaissons les réponses des auteurs classiques et des défenseurs du système du contrat d'association à cette question. Des deux solutions, laquelle suivre ?

Nous ne pouvons les accepter, ni l'une ni l'autre. Leur souci trop manifeste de déductions infaillibles d'un système *a priori* leur interdit en effet une vue claire des choses. Ce qu'il y a de certain pour reprendre la controverse par sa base, c'est que la loi, comme nous avons essayé de le prouver, reconnaît à nos associations une certaine capacité juridique en rapport avec la spécialité de leur but. Or, qui dit capacité, dit nécessairement être qui en est investi. Ces mots être et capacité juridiques forment un couple d'idées unies qu'on ne saurait dissocier. Dès lors, à quel être attribuerons-nous cette capacité dont nous avons constaté la concession indirecte mais certaine par la loi ? Ici, force nous est de revenir à la grande controverse instituée en Allemagne sur la nature des personnes morales et de rappeler la théorie d'une entraînante originalité qui y marche de plus en plus vers le succès. Avec Gierke, nous croyons à la personne morale, non plus ainsi que le prétendait, sinon le droit romain, au moins son célèbre interprétateur de Savigny, simple fiction légale, *mais réalité concrète et vivante*. La convention des parties en même temps que l'association met au jour, nous le pensons comme lui, une personne collective réelle.

Le véritable contrat social qui se produit alors fait naître un organisme. Seulement, il importe de bien le remarquer, cet être nouveau ne dérive pas de la fatalité des lois physiologiques, mais de l'autonomie de la volonté d'un groupe de libres citoyens. C'est, dirons-nous, pour employer la belle expression par laquelle M. Fouillée caractérise la Société, un organisme consensuel. Les conséquences de cette façon de voir les choses sautent tout de suite aux yeux. La volonté est libre, au moins elle se croit libre, et cela nous importe seulement à nous qui ne voulons point entrer dans la grande discussion métaphysique instituée à ce sujet depuis qu'il y a des philosophes et qui pensent.

Eh bien, s'il en est ainsi, la loi n'a point à créer les personnes collectives : la nature ne lui a point donné un pareil pouvoir. Il passe sa puissance sans prise sur les volontés. Tout ce qu'elle peut faire c'est traquer et combattre les organismes nés en dehors d'elle, s'efforcer de les détruire en dispersant leurs membres, ou par contre favoriser ceux qui lui plaisent et leur conférer des droits plus amples que ne le commande le droit commun des êtres collectifs. Les personnes physiques à notre époque ont obtenu l'égalité devant la loi. Les personnes morales ne l'entrevoient même pas au terme lointain d'une évolution commencée. La faute en est à cette conception surannée des associations privilégiées que sur les errements des monarchies absolues notre droit public s'obstine à consacrer. Les quelques avantages de premier plan concédés à quelques corps favorisés illusionnent l'opinion sur l'état de la pratique et des lois. En réalité, pour les associations, notre droit consacre un étrange manteau d'Arlequin de capacités différentes. Nous en sommes encore aux temps de la République romaine où, à côté du citoyen (*civis romanus*),

on comptait une infinité d'autres catégories de personnes
physiques : les *Latini Veteres*, les *Latini Juniani, les pere-*
grini cum et sine certa civitate, les dedititii, les gens des
cités alliées ou sujettes, les esclaves, les affranchis, et enfin
les barbares. Nous en passons, ne pouvant tout citer. Eh
bien chez nous par exemple, à côté de la société commerciale, être moral du droit privé, du syndicat professionnel,
ou de la commune ou de l'hospice, personnes morales publiques dûment reconnues, nous rencontrons la société de
musique approuvée par la préfecture de son département,
la congrégation non autorisée, le syndicat irrégulier qui
n'a pas effectué le dépôt de ses statuts à la mairie, et l'association de plus de 20 personnes non habilitée par une
autorisation préfectorale. Nous arrêtons là cette énumération qu'on pourrait faire plus longue.

On le voit, la bigarrure triomphe et dans une assemblée
de sociétés on pourrait dire ce que disait de ses contemporains un évêque franc, que chacune a un statut personnel différent. D'ailleurs ici la spécialité des buts re-
cherchés impose tant soit peu ces divergences : mais on
peut néanmoins constater combien apparaît encore éloi-
gnée la réalisation d'une certaine égalité. Quelle place
occupent dans cette confusion de situations nos associations ? Elles constituent des *cives minuto jure* auxquels
la loi n'accorde que les droits absolument indispensables
dans les relations du droit. On ne pourrait pas dire comme
quelques-uns l'ont soutenu que ce sont des esclaves, puisque
nous l'avons prouvé, elles ont des droits et un patrimoine

que sauf les *servi publici populi romani*, les esclaves n'a-
vaient pas à Rome. Elles seraient plutôt, pour rester sur le
terrain de cette ingénieuse analogie, des affranchis latins
juniens ou déditices, c'est-à-dire des citoyens à la capacité
tronquée et vue avec défaveur par le droit qui craint beau
coup leur habileté pratique à se créer des patrimoines opulents et à fausser ainsi les ressorts du mécanisme social.

Toutefois, quelles que soient les restrictions légales,
l'association non reconnue n'en constitue pas moins une
personne dans la réalité des choses, absolument comme
l'esclave à Rome que les grands juristes classiques pro-
clamaient, en droit naturel, *sui juris*, tandis que le droit
civil rangeait son corps parmi les choses. Seulement c'est
une personne étroitement cantonnée dans son but directeur, ainsi que les corporations ouvrières de l'ancienne
France. Le but poursuivi par la volonté sociale, grève
son patrimoine d'une véritable servitude d'affectation.
Servitude qui explique les entraves empêchant son trop
grand développement. A cause de cette dépendance, les
biens sociaux se réduisent à des meubles, à des cotisations, et à un local. La possession des immeubles est interdite aux associations, sinon au moyen d'interpositions dangereuses. On le voit, nous corrigeons la théorie de Gierke
admettant l'universalité d'extension de la capacité de la
personne morale et la plaçant au même niveau que la personne physique, par l'idée si fine et si juste, qui fonde le
système de Brinz. La synthèse que nous opérons ainsi
nous semble mieux s'harmoniser avec les défiances et les

terreurs de notre législation que la largeur de la doctrine du professeur de Heidelberg. Gierke d'ailleurs, ne l'oublions pas, écrit pour exposer ce qu'il croit être la législation d'un pays où l'association se forme librement d'après le Gemein Recht et beaucoup de législations particularistes.

En Allemagne, on a atteint le stage appelé par lui époque de la liberté d'association, et où de plus en plus les privilèges de certains corps disparaissent et se fondent dans l'égalité générale d'un régime du droit commun. Chez nous, en France, au contraire, nous demeurons toujours au stage précédent : l'association soumise à l'autorisation et les corps les plus favorisés pourvus d'avantages spéciaux. Quant à la foule obscure des sociétés non munies de l'habilitation plus haute qui reconnaît et consacre l'existence ; sur elles la loi se tait et la capacité restreinte de ces êtres collectifs se heurte aux difficultés d'une situation ambiguë et controversée. Le privilège de la reconnaissance d'utilité publique paraît le droit commun quand il n'en constitue que la violation, et si les personnes physiques sont aujourd'hui libres et égales en droits, les personnes morales ne connaissent encore ni l'égalité ni la liberté. Dès lors, à notre législation la théorie de Gierke ne saurait convenir : vis-à-vis d'elle cette doctrine paraît une espérance plutôt qu'une réalité.

D'autre part, trop préoccupé du parallélisme morphologique constant qu'il établit entre la série animale et les Sociétés humaines, Gierke ne voit pas assez que l'organisme créé par la fondation d'une association n'a pas la capacité complète d'un citoyen ordinaire. Il repose en effet sur la volonté commune des associés et n'est pas issu des lois biologiques. — Eh bien, l'observation le démontre, cette volonté n'est commune qu'en tant qu'elle s'efforce de réaliser l'idée but de l'association. Ce but subsiste et survit à la mort des associés. Lui seul possède le patrimoine corporatif et les associés n'en forment que les organes et les moyens de réalisation. Dès lors la loi peut très logiquement renfermer les sociétés dans leur but et strictement limiter leur capacité. — La Société, comme la volonté qui la crée, s'analyse donc spéciale et restreinte à la satisfaction d'un but déterminé. On comprend en outre sans peine que la législation rende difficile l'acquisition des immeubles dont la possession confère une part de souveraineté et présente d'ailleurs tous les inconvénients des cultures souvent improductives auxquelles on livre les biens de mainmorte. Voilà donc les conclusions où nous arrivons maintenant : les associations habitées par une autorisation préfectorale, mais non reconnues d'utilité publique, constituent des personnes collectives réelles, quoique la loi n'en dise rien, parce que le législateur ne peut qu'avantager ou proscrire les personnes, créées en dehors de lui, par l'autonomie des volontés humaines, et non leur dénier l'existence. La vie en effet, répétons le une dernière fois, n'est pas une concession de l'État. Tout être collectif doit avoir une capacité.

Celle de nos idéales associations se meut dans le cercle restreint où les enferme la spécialité de leur but ; en d'autres termes elle n'est pas illimitée. Un corps formé pour propager des idées étrangères à la recherche du lucre, ne saurait prétendre en effet à la large capacité des sociétés de spéculation, qui n'ont d'autre fin que l'acquisition plus rapide de la richesse par l'accumulation du capital et la fragmentation des risques. A un but différent doit répondre un patrimoine différent.

Nous arrivons ainsi à un patrimoine d'affectation strictement mesuré sur le but en vue duquel il est possédé. Que les associations ne se plaignent pas trop de cette règlementation sévère. L'organisme supérieur, l'Etat a le droit de se défendre contre l'invasion des organismes inférieurs. Et d'ailleurs, ce qu'elles perdent en richesse elles le gagnent en liberté, car la tutelle de l'Etat qui pèse si lourdement sur les établissements reconnus, ne vient pas sans cesse entraver leur vie et leur progrès.

Si l'on veut bien considérer au reste que pour une société la liberté d'allures et l'indépendance d'actions valent toutes les somptuosités d'un riche patrimoine ; peut-être pensera-t-on, que les associations non lucratives ne sont pas comme on l'a prétendu, non sans emphase, condamnées par nos lois, à la mort lente, mais sûre, qui dans la Rome primitive, était le lot de l'interdit *aqua* et *igni*. Ne soyons donc pas si pessimistes et contentons-nous d'observer, que, pour améliorer le sort des sociétés sans but lucratif, il faut que la doctrine consente à ne plus s'enfermer dans une tour d'ivoire, d'où elle contemple sans changer rien à ses principes immuables, les efforts des citoyens, dans le but de reconstituer la bienfaisante protection des associations. L'avenir de l'esprit de groupement en France dépend donc d'elle et d'elle seule. Qu'on ne l'oublie pas !

CHAPITRE V

APPLICATION DES PRINCIPES POSÉS DANS LE CHAPITRE PRÉCÉDENT,
AU FONCTIONNEMENT PRATIQUE DES ASSOCIATIONS LAIQUES SANS
BUT LUCRATIF.

L'examen doctrinal de la situation juridique des associations laïques désintéressées est achevé. Il nous faut
maintenant étudier la jurisprudence et mettre en regard
ses solutions et les nôtres. Une difficulté rend cette analyse
des décisions judiciaires particulièrement pénible : c'est le
manque de conceptions d'ensemble qui paraît caractériser
la jurisprudence. Elle ne veut rendre que des arrêts d'espèces. Elle se perd dans les questions de fait et les particu-
larités de l'hypothèse qu'elle envisage. Néanmoins, ses attendus volontairement spéciaux à un cas bien déterminé,
reflètent, en cherchant un peu, des vues générales en somme
assez voisines des nôtres. Des arrêts récents surtout semblent aller de plus en plus loin dans la voie du libéralisme.
Le décousu des monuments jurisprudentiels nous oblige à
présenter quelques types de sociétés les uns après les
autres, au lieu de les examiner toutes en même temps.
D'ailleurs, nous le répétons, de ces bigarrures se dégage
une théorie générale assez marquée. Le tout est de la
trouver.

Nous commencerons notre revue par les cercles. Aucune loi ne s'occupe d'eux, à l'exception de la loi fiscale. Et encore le fait-elle seulement pour les frapper d'une taxe spéciale (1) et imposer plus fortement les cartes à jouer qu'ils emploient, que celles dont se servent les particuliers. C'est dire que les cercles restent, malgré ces quelques dispositions fiscales sur des points de détail, à peu près en dehors de la loi. Ils forment ce qu'on appelle des sociétés d'agrément. Autant ils peuvent causer de mal en contribuant à augmenter la passion des jeux de hasard, autant leur judicieux emploi peut servir à la paix sociale. Généralisés, les cercles d'ouvriers et de travailleurs de tous genres aideraient à la lutte contre le cabaret et l'alcoolisme qui est de plus en plus à l'ordre du jour dans ce pays. Malheureusement la loi s'en désintéresse complètement et garde sur leur capacité un silence qu'elle ne semble pas pressée de rompre.

(1) Nous avons déjà fait allusion plus haut à la loi de 1890 et au règlement du 13 décembre 1890 qui organisent cet impôt spécial qui s'étend d'ailleurs à toutes les sociétés où on paie des cotisations.

La taxe est assise sur la valeur locative des établissements et bâtiments sociaux et sur le montant des cotisations et des droits d'entrée : son taux est progressif.

Il y a trois classes de cercles, suivant que leurs cotisations atteignent 8.000, 3.000 fr., et moins de 3.000 fr. et leurs locaux, 4.000, 2.0.0 et moins de 2.000 fr. de valeur locative. La progression varie d'après les catégories, de 20 0/0 et de 8 0/0 à 5 0/0 et 2 0/0.

Ces textes sont précieux. Ils s'efforcent d'abord d'enfermer les cercles dans leur destination au moyen d'un tarif progressif, et en second lieu, ils accordent à nos sociétés les locaux, les cotisations et le droit de s'administrer. Nous ne comprenons vraiment pas pourquoi ; la jurisprudence n'a jamais essayé d'en tirer parti.

Dans ces conditions, il faut bien appliquer le droit commun des associations non lucratives.

Ils sont soumis par conséquent et, d'ailleurs cela va de soi à l'approbation préfectorale. Voir entre autres l'arrêt déjà cité du Conseil d'État du 7 janvier 1887, recueil de Sirey. 88. 3. 49. Une fois cette autorisation obtenue et l'existence ainsi assurée, les fondateurs doivent tout d'abord comme première affirmation de la formation du nouveau cercle lui bâtir un local ou en aménager un qu'il louera. Dès cet acte initial commencent les difficultés. Il arrivera souvent que le ou les fondateurs ne paieront pas les entrepreneurs. Ces derniers attaqueront en justice leurs débiteurs, et avec eux les membres du cercle comme responsables civilement. La jurisprudence ne favorise point cette extension de la poursuite. Pour ne citer que les plus récents arrêts qui d'ailleurs ne font que répéter leurs devanciers, un arrêt de Paris (S. 90. 2. 147.) rejette absolument cette prétention. Les membres du cercle, déclare-t-il, ne sauraient être considérés comme responsables civilement des actes du fondateur, car le cercle n'a pas la personnalité civile. Les fondateurs seuls sont débiteurs. Quant aux sociétaires du cercle non engagés personnellement, on doit les mettre hors de cause.

Nous voici en présence d'une nette exposition de la théorie classique de la personnalité fictive, œuvre de l'unique législateur. Un autre arrêt de Paris du 5 Janvier 1886 (S. 90, 2, 146) se range à la même opinion. Les entrepreneurs, déclare-t-il, dans ses attendus, ne peuvent mettre

en cause que le gérant fondateur du cercle, surtout ajoute-
t-il, heureux de quitter pour le terrain du fait une délicate discussion de droit, quand il a fait approprier sa propre maison et quand il a traité en son privé nom avec son
propre architecte.

Dans ces espèces, le cercle, comme la plupart du temps
au reste il arrive, se composait de deux groupes distincts.
Une société de spéculateurs qui l'avait créé formait le
premier, et les associés qui s'y faisaient admettre, ou y
avaient adhéré dès sa constitution, formaient le second. La
société de spéculateurs évidemment ne se proposait qu'un
but commercial, une véritable entreprise de fournitures
dans le sens de l'article 638 du code de commerce : par
contre, les membres, eu sens inverse, constituaient une
véritable association sans but lucratif. Une pareille union
de Société à buts divergents, paraît de plus en plus se
réaliser dans la pratique. Dans l'industrie, ainsi que
M. Thaller le faisait dernièrement remarquer en une note
au recueil périodique de Dalloz (1896. Cahier n° 6), à
propos d'un arrêt que nous verrons plus loin, les grandes
sociétés par actions ou par intérêts, industrielles, minières,
et autres se doublent fréquemment d'économats, de Sociétés
de crédit, de cercles, de sociétés de musique, qui s'efforcent d'arracher au cabaret les ouvriers à leurs heures de
loisir pour leur inspirer le goût de l'économie, ou
pour leur ménager des distractions saines et honnêtes.

Eh bien, ici en nos espèces, nous retrouvons en petit
ces institutions patronales de paix sociale qui accompa-

gnent maintenant les grandes sociétés de capitaux à but
lucratif. Ici aussi, les mobiles des deux sociétés juxtapo-
sées divergent. La jurisprudence a senti confusément cette
séparation des deux associations, à ce qu'il semble, et
elle l'a voulu marquer, mais comme cela ne laissait pas
que de l'embarrasser, elle a eu recours aux raisonnements
de la théorie classique. Avec celle-ci, les sociétaires ne formaient qu'une poignée d'individus capables *ut singuli* mais
obligés seulement en cas d'engagement personnel pris. Or,
il n'y en avait aucun dans l'espèce. D'où, et très logiquement
on a conclu à la seule responsabilité des gérants de la société d'exploitation. Solution juste, mais qui n'analyse guère
les choses ! Quoiqu'il en soit, nous voici en face d'une
première affirmation de la doctrine généralement admise,
et cela, remarquons-le, quand l'association n'accomplit
encore que ses premiers pas dans le monde du droit.

Suivons-la dans son développement vital. Supposons le
cercle devenu locataire ou propriétaire, et sans difficultés,
d'un immeuble. Il va falloir poursuivre la levée des cotisations, contre des membres quelquefois récalcitrants.
A propos d'un comice agricole dont, quant au point spécial qui à l'heure actuelle nous occupe, la situation est la
même, le tribunal de Coutances le 16 juin 1875 déboute
l'association, de son action en justice, parce qu'elle n'a
pas d'existence juridique. La Cour de Cassation, dans une
autre espèce relative aussi à un comice agricole, se prononce (30 janvier 1878. S. 78. 1. 215) pour la solution contraire et rejette la traditionnelle doctrine, sous le prétexte

qu'il y a eu engagement de verser son apport pris par chaque associé vis-à-vis des autres.

Cet engagement, ajoute la cour, est indivisible, ce qui permet à un des membres d'en poursuivre l'exécution au nom de tous. Les motifs de cet arrêt, M. le comte de Vareilles les revendique en faveur de sa théorie du contrat d'association. Nous le voulons bien ; seulement, avec cette opinion, nous voici en présence d'une deuxième théorie adoptée par la jurisprudence, celle de la capacité de la collection des associés. Impossible. on le voit, de tirer de ce désarroi une conception d'ensemble constamment suivie dans la solution des cas particuliers. Mais continuons notre exposé. Souvent les associés ne se contentent pas de se refuser au paiement de leurs cotisations. Enhardis par les idées quelquefois admises sur la capacité civile des seuls membres *ut singuli,* ils réclament le partage de l'actif social en vertu de l'article 815 du Code civil. Pour notre part, nous ne saurions condamner leurs prétentions. En dehors de la personnalité morale des sociétés et de la communauté conjugale, le Code civil en effet ne connaît en tant que propriété collective que l'indivision. Si l'on part des droits individuels des associés, on arrive fatalement à une communauté de fait régie par l'article 815 du Code civil. C'est tellement vrai qu'un des précurseurs de M. de Vareilles, M. Lainé Deshayes, dans son traité du régime des communautés religieuses en France le proclamait (page 95) et s'en faisait une arme pour défendre, contre l'habituelle terreur de la mainmorte, sa théorie basée sur les droits individuels des associés *ut singuli*.

Mais, dira-t-on, l'indivision ne constitue qu'un état passif étranger à la volontés des parties. Or ici il y a eu un contrat d'association et non une communauté établie *sine affectu societatis*. C'est vrai. Seulement la doctrine classique répondra avec juste raison que la convention est doublement nulle et comme contraire à l'ordre public et comme ayant une cause illicite. Elle disparaît. Et nous ne sommes plus en présence que d'un état d'indivision, non voulu, et passif, remplissant en un mot toutes les conditions juridiques de la communauté d'indivision, telle que l'organisent les articles 815 et 816 du Code civil. Que l'on accuse tant qu'on le voudra cette conclusion de sévérité et de manque de libéralisme; elle est forcée quand on met dans les prémices du raisonnement le droit individuel des associés. Nous ne faisons d'ailleurs aucune difficulté pour reconnaître que, régie par le droit des indivisions de fait, la situation des associations non lucratives ne sera rien moins que brillante. Si les sociétaires sont tous d'accord, ils pourront convenir de suspendre le partage pendant 5 ans et renou veler cette stipulations tous les 5 ans. Encore faut-il, pour cela, un consentement unanime souvent très difficile à obtenir. Supposons le réalisé. Malgré le délai quinquennal qui s'ouvre devant l'association, sa situation n'en vaut guère mieux. L'administration de la caisse et du patrimoine corporatifs soulèvera des difficultés sans nombre.

Aucun des associés ne pourra faire des innovations sans l'assentiment de ses coassociés. Les actes d'administration qu'il passera ne lieront point ces derniers. Le bail qu'un des communistes stipulera au nom de l'association ne constituera point un contrat opposable aux autres (1). Toutes ces caractéristiques de l'indivision que nous venons de rappeler gêneront est-il besoin de le dire, d'une manière intolérable, l'association dans sa vie et son fonctionnement. Son existence aura la fragilité et la précarité des indivisions. Elle dépendra des caprices d'un seul associé, qui pourra par son opposition rendre impossible la marche du mécanisme social. Et pourtant, il faut le répéter, l'indivision découle du système individualiste du contrat d'association. Le contrat d'association tombant frappé de nullité, en vertu de l'article 6 du Code civil, comme tendant à tourner les lois qui interdisent de recevoir des libéralités à titre gratuit aux êtres collectifs non incorporés et qui limitent en même temps leur capacité d'acquérir à titre onéreux, il ne reste plus que des biens possédés par indivis. N'avons-nous pas, puisqu'il en est ainsi, raison de dire que la solution individualiste du problème que nous cherchons à résoudre n'aboutit qu'à des illogismes confus ?

Les tribunaux sentant combien, si l'on raisonnait serré, en partant des droits individuels des associés *ut singuli*, on compromettrait les cercles et les sociétés dites d'agrément, rejettent ces conclusions et font appel assez souvent

(1) Voir AUBRY et RAU, tome 2, § 224, pages 406 et 407.

à cette éminence grise de la raison qu'on appelle le bon sens.

Par exemple un jugement du tribunal d'Apt (Gazette des tribunaux du 27 juin 1890), nous déclare pour se soustraire à l'application des principes de l'indivision « qu'il ne saurait y avoir là une simple communauté... emportant indivision : que s'il en était autrement il n'y aurait plus de cercle assuré de son existence du lendemain. »

Voilà qui est bien pensé, bien dit et bien jugé, proclame M. de V. S. En est-il bien sûr ? Ce jugement tranche et affirme, mais il néglige de donner ses raisons, et peut être estimera-t-on qu'elles valaient la peine d'une plus longue augmentation. Seulement, il est curieux parce qu'il montre bien l'imbroglio où se débat la jurisprudence favorable aux cercles et aux sociétés d'agrément mais forcée par les deux théories aux prises, logiquement appliquées, de leur refuser toute certitude de durée quelconque. En désespoir de cause elle a recours au bon sens, malheureusement plutôt insuffisant en tant que raison de droit. Et M. de Vareilles l'approuve, parce que sa théorie elle aussi ne sort rien moins que facilement, au moyen du décor de l'ensemble des associés trouvé à propos, du paralogisme que sans cela, en allant jusqu'au bout, elle arriverait à instituer des associés seuls et pleinement capables *ut singuli* dans les prémices du raisonnement et privés de tous droits dans la conclusion. La jurisprudence se tire de l'ornière moins subtilement, mais au fond même procédé en honneur des deux côtés.

Un arrêt qui d'ailleurs paraît à M. de V. S. l'expression de la plus pure justice, a été autrement logique. La cour de Poitiers l'a rendu à propos d'une loge maçonnique. Ses membres avaient stipulé l'indivision perpétuelle de l'immeuble qui leur servait de lieu de réunion, clause au reste, nous l'accordons, fort sujette à caution.

La Cour (S. 78. 2. 89. D. 77, 2. 229) dit que l'association des francs-maçons de Poitiers constitue non une société, mais une réunion d'hommes, ou mieux une simple association philanthropique soumise à toutes les règles de la communauté de fait. D'où, comme il y a indivision, elle déduit le droit pour chacun des associés de réclamer quand il le veut (art. 815) le partage de l'immeuble corporatif. Très bon jugement fait observer que M. de V., mais néanmoins mauvaises raisons. La société en réalité constituait une société secrète et partant un pur néant juridique.

Voilà ce qu'il aurait fallu dire au lieu de faire intervenir l'indivision. Cela ne nous semble pas très soutenable. L'article 13 du décret des 28 juillet et 2 août 1848 toujours en vigueur à ce sujet ne définit pas les associations secrètes. Donc pouvoir discrétionnaire des tribunaux. Et la doctrine des criminalistes les plus autorisés entre autres M. Garraud (tome 4, page 191) de son traité de droit pépénal exige qu'il y ait « association cachée pour le public et révélée à ses seuls affiliés ».

Or la franc-maçonnerie, tous les journaux s'en occupent, et certains rendent même compte de ses réunions, ou annoncent les résultats des élections qui s'y font, en les commentant absolument comme des élections ordinaires. Parler de société sécrète dans ces conditions, c'est, il nous semble, oublier qu'un texte pénal s'interprète restrictivement et qu'il y a quelque chose de paradoxal à baptiser ainsi, une association tellement connue, qu'on ne peut ouvrir la plupart du temps un journal sans y voir analyser ses décisions ou critiquer ses idées directrices.

A dire vrai, plus logique que M. de Vareilles-Sommières, la Cour de Poitiers tire une déduction irréprochable de la capacité des membres *ut singuli*, qu'elle admet.

Solution qui empêche de vivre les Sociétés désintéressées. Théorie mauvaise et contraire à la liberté des citoyens, dit-on. Nous le voulons bien, mais qu'y faire si tel s'analyse en fin dernière l'aboutissement logique des idées individualistes qui fondent le système du contrat d'association ? Du moment en effet qu'on se refuse à chercher ailleurs, dans une analyse et une décomposition plus fines de la notion de personnalité civile, la lumière et la vérité, on ne peut se soustraire à ces contradictions et à ces antinomies. Elles s'imposent inéluctablement.

A grands traits nous avons ainsi retracé, d'après la jurisprudence, la situation des cercles en les rapprochant de quelques sociétés non lucratives de structure analogue. Toutes ces décisions judiciaires témoignent en somme d'une constante rigueur que de temps en temps viennent battre faiblement en brèche des tendances assez inconscientes vers la théorie du contrat d'association ou les don-

nées d'un vague bon sens. Tout cela d'ailleurs plus
senti qu'exprimé. Les arrêts et jugements, on a pu le
dire, en face de ce chaos jurisprudentiel, se laissent uniquement guider par le plus ou moins de sympathie que
leur inspire la société particulière qu'ils examinent.

Nous ne sommes pas bien persuadé toutefois de l'entière vérité de cette appréciation un peu sévère. En réalité la jurisprudence obéit à quelques idées générales très
simples, seulement il les faut chercher. Les voici à ce
qu'il semble. Elle établit une classification entre les associations sans but lucratif dénuées de personnalité morale.
Toutes celles que nous avons vues jusqu'ici, elle les range
sous l'étiquette de sociétés d'agrément et leur applique
avec intermittences, mais la plupart du temps néanmoins,
les rigueurs de la théorie classique.

À ces sociétés d'agrément où l'intérêt privé domine visiblement, elle tend par contre de plus en plus, à opposer
les sociétés d'une utilité générale incontestable, secondant
dans leur cercle étroit la mission de l'Etat, et à les ériger
en ce que nous appellerons des établissements d'intérêt
général, pourvus d'une personnalité limitée, mais existante, et parfaitement indépendante de celle des membres
pris individuellement. Telle s'affirme en somme la direction du développement de la jurisprudence sur les associations non lucratives. Le danger de ce système nouveau
apparaît tout de suite. Le tri entre les deux catégories se
fondera sur l'idée assez vague de l'intérêt général, bien
faite pour prêter à l'arbitraire des distinctions. Puis les

tribunaux, peut-on ajouter, joueront en somme ainsi, malgré le décret de 1872, un peu le rôle de Conseils d'Etat au
petit pied, créant des établissements judiciaires à côté des
établissements habilités par les organes de l'autorité administrative.— Deux objections, dont sans se dissimuler l'importance théorique, il ne convient pas d'exagérer la portée pratique. En effet qu'importe le pouvoir à peu près
discrétionnaire que l'on laisse ainsi à la jurisprudence, si
ce pouvoir rend aux associations la vie plus facile, et répond en même temps à l'esprit de nos lois administratives
et aux inductions que l'on peut tirer de leurs textes ?

Les associations que la jurisprudence traite le mieux,
ce sont les sociétés d'encouragement à la race chevaline
et avec elles les sociétés de tir (1). Parlons d'abord des
premières. La Cour de cassation, avant de consentir à
accorder aux sociétés hippiques un traitement de faveur,
l'avait accordé déjà dans des arrêts de 1860 (S. 1860.1.359)

(1) Cette sollicitude paternelle pour les sociétés hippiques semble
au premier abord bizarre, alors que les sociétés de bienfaisance restent soumises aux prohibitions habituelles. En réfléchissant bien
on voit qu'elle s'explique par deux raisons. D'abord les sociétés de
courses ont un semblant de caractère officiel depuis la loi du 2 juin
1891 sur le pari mutuel. Elles sont autorisées par les préfets ou par le
ministre de l'agriculture après avis du Conseil supérieur des haras
(article 2 de la loi). Leur budget annuel et leurs comptes sont soumis (article 3) au contrôle des ministres de l'agriculture et des finances. En second lieu, elles rendent des services à l'élevage et quelquefois même à la défense nationale, paraît-il, en aidant à l'amélioration du cheval de guerre.

L'article 5 de la loi de 1891 vient renforcer tous ces caractères offi-
cieux, sinon officiels, de nos sociétés en organisant un prélèvement sur
les fonds du pari mutuel au profit des œuvres de bienfaisance locales.
Voilà les raisons qui ont sans doute entraîné la Cour suprême. Néanmoins, il est assez singulier de la voir entrer dans la voie du libéralisme en commençant par les sociétés de courses.

et de 1864 (S. 1864. 1. 327) aux sociétés agricoles de
fertilisation et d'arrosage. Reprenant les expressions
mêmes de l'arrêt de la Chambre civile de 1860, la chambre
des requêtes le 25 mai 1887 (S. 1888. 1. 162) « et la note
de M. Lyon Caen » reconnaît, à une société vosgienne
d'encouragement de la race chevaline autorisée par le
préfet des Vosges, une « véritable individualité » car, dit
la Cour, elle a été instituée dans un but d'intérêt général,
distinct des intérêts individuels des particuliers qui la composent. D'où l'arrêt tire cette conclusion que la société peut
agir en justice au moyen d'un de ses administrateurs et de
même qu'elle peut y être actionnée. Cette décision a eu
un certain retentissement. Dans la note adjointe à l'arrêt
M. Lyon Caen en conteste la doctrine. La personnalité,
déclare-t-il, ne saurait dériver que de la loi ou d'un décret
en Conseil d'État. La Cour la tire de la sympathie particulière qu'elle éprouve pour les faits de la cause et pour l'association qu'elle a à juger. Rien de moins juridique. Puis
le savant professeur, après avoir condamné notre Code
pénal (art. 291) nous laisse entrevoir un moyen de justifier
l'arrêt. En Angleterre, en effet, et il le rappelle, la capacité
d'agir en justice se détache de la personnalité civile : elle
existe là même où cette dernière ne se rencontre pas. Ainsi
par exemple les sociétés commerciales de moins de 7 personnes (partnerships), quoique non personnes morales,
possèdent néanmoins la faculté d'agir en justice. Cette
faveur, soit dit en passant, le projet de Code de procédure civil de 1883 l'accordait aux associations qui nous

occupent, en leur permettant d'ester en justice, en la personne de leurs administrateurs. Peut-être, semble suggérer
M. Lyon-Caen, la Cour oubliant un moment la règle,
nul ne plaide par procureur, si gênante et si déraisonnable, s'est-elle inspirée de ces données de législation
comparée. Nous ne le croyons pas. A notre sens, absolument comme les tribunaux allemands parlant de demi-
personnalité, et poussée par la logique intérieure de l'institution qu'elle avait à juger, la Cour a refusé le mot de
personne en accordant la chose. C'est un premier pas
timide, mais considérable, dans la voie nouvelle ouverte par
les Allemands. Avec notre système, l'arrêt se justifie le plus
aisément du monde. La société constituait une personne
réelle collective libre d'agir dans le cercle que lui traçait
le but qu'elle s'était donné. Et l'administrateur qui pour
elle comparaissait devant les tribunaux, ne la représentait
pas, mais l'incarnait comme l'organe le corps dont il
fait partie. Ainsi que le répète maintes fois Gierke dans
ses volumineux traités consacrés à la Genossenschaftsthéorie, une société n'a pas de représentants mais des
organes principaux ou secondaires. Et en l'administrateur, organe principal, dépositaire de la volonté commune, base de l'association, réside la pleine capacité
d'ester en justice. Pas de doutes donc, avec cette manière de voir.

En quittant cette métaphysique pour les textes où nous
avons tâché de la rattacher, pas plus de difficultés. Quand
on a droit à un immeuble social, à des cotisations et à

la fortune mobilière ; forcément, la logique le veut, l'action vous est ouverte, car elle ne forme rien autre chose que le côté actif et batailleur du Droit lui-même. Des droits sans actions, c'est un champ enclavé sans droit de passage. Donc, l'arrêt nous semble l'expression de la vérité juridique la plus achevée, et se justifie amplement et par le fondement rationnel de notre théorie, et par ses bases légales. Nous lui souhaitons de faire jurisprudence et de s'étendre à toutes nos associations.

Les associations, cet arrêt rendu, se sont d'ailleurs mises aussitôt en campagne pour essayer de lui conférer une portée plus vaste que celle qu'il paraissait avoir. Tout de suite on a eu recours au raisonnement que voici : La Cour suprême reconnaît aux sociétés d'encouragement à la race chevaline une individualité véritable. Cela revient au fond à leur octroyer la personnalité pour qui ne s'arrête pas aux seules apparences.

Eh bien, quelles vont être les règles de cette personnalité issue de la libre volonté des sociétaires ? Ce ne sont pas celles des établissements publics, organes détachés de l'État ou de l'Église, puisque nos sociétés constituent des institutions privées. Non ; mais celles des sociétés commerciales ou des sociétés civiles, de formation libre elle aussi, avec en moins la nécessité de l'autorisation préfectorale ou ministérielle. Or, en matière de sociétés intéressées, domine de plus en plus une doctrine large et libérale soutenue avec beaucoup de talent, notamment par M. Lyon

Caen, d'après laquelle elles possèdent la faculté d'acquérir à titre gratuit aussi bien qu'à titre onéreux.

L'article 910 du Code civil, soutiennent généralement les défenseurs de cette théorie, ne s'applique qu'aux établissements publics ou d'utilité publique. Il les déclare incapables d'acquérir à titre gratuit sans autorisation administrative. Rien de plus, rien de moins. En tout cas, il ne vise certainement point les sociétés d'acquisition et de spéculation, dominé qu'il est par des idées d'ordre politique et social. Sur ce point, il ne saurait exister de doute. On se contente de cette vue peut-être superficielle de l'article 910 et on continue l'argumentation. Puisque l'article 910, dit-on, ne vise pas les sociétés lucratives, elles deviennent indiscutablement capables d'acquérir à titre gratuit : l'article 902 posant en thèse générale la capacité de tous ceux dont un texte exprès du Code ne proclame pas l'incapacité ! Reste le principe de la spécialité dont on s'efforcera sans doute de tirer parti. Qu'on ne l'oppose pas ! Comment en effet infliger les entraves de la spécialité aux sociétés commerciales et civiles, que la législation voit avec une faveur sans cesse croissante à cause de l'impulsion puissante qu'elles ont donnée à l'activité industrielle du pays ? La restriction de la spécialité s'explique par un pouvoir de contrôle et de direction retenu par l'organisme supérieur l'État sur les organismes inférieurs qu'il détache de lui avec une relative autonomie. L'État agit comme le propriétaire qui en aliénant un de ses fonds, conserve sur lui une servitude de vue ou *non altius tollendi*. Il garde dans le démembrement qu'il consent une certaine suzeraineté, un certain domaine éminent, dans le but de sauvegarder son autorité et d'assurer le fonctionnement régulier des services publics. Eh bien, on le reconnaîtra, ces motifs de la spécialité ne peuvent s'appliquer aux sociétés à but lucratif. L'État au lieu d'entraver leur développement favorise leur essor et applaudit à leurs progrès ! Pour elles, le principe de la spécialité serait une gêne insupportable et pour l'État, ce serait une vexation inutile. Que lui importe le mode de leurs acquisitions, en effet, puisque le but reste le même et que par définition même, il ne saurait gêner le pouvoir social ! D'ailleurs, les donations et les legs seront assez rares, et il ne peut s'effaroucher d'une crainte chimérique.

Tout ce raisonnement, très en forme, les partisans des associations l'ont adopté aux institutions qui leur étaient chères. L'analogie que l'esprit, en dépit de la réalité des choses se complaît à établir d'instinct entre les sociétés et les associations les y poussait. Aussi devant les tribunaux on a tenté le système. La discussion s'est engagée à propos de la Société hippique de Cavaillon en Vaucluse. Un immeuble lui avait été légué pour servir de champ de courses. Le légataire universel exécute d'abord le legs, puis revendique le fonds une année après en se basant sur la nullité d'un pareil legs à personne morale, non reconnue par un décret rendu en Conseil d'État, ainsi que l'exigent les principes. Successivement, le tribunal d'Avignon et la Cour de Nîmes, consacrent le système du légataire uni-

versel en rejetant l'argument tiré de l'arrêt de Cassation
de 1887, qui, disent les deux juridictions, ne parle pas de
personnalité, mais *d'individualité véritable* et laisse
plein empire à l'article 910 du Code civil.

La Société hippique a porté alors le litige devant la
Cour de cassation. Celle-ci, sur un rapport lumineux de
M. le conseiller Cotelle, rejeta définitivement les prétentions des associations. L'arrêt qui est du 2 janvier 1894
s'exprime ainsi : « Ces sociétés ont une certaine capacité
qui les rend idoines à procéder dans l'ordre de l'entreprise
déterminée par leurs statuts et par suite capables de soutenir des procès, mais ne les rend pas pour cela capables
d'acquérir à titre gratuit, comme les établissements publics reconnus par l'État ». Ces propositions, le curieux
rapport du conseiller Cotelle les élucide. Pour lui, nos
associations, fondées sur un but d'intérêt général, tolérées
par l'administration, qui les aide dans leur vie, et les accepte comme auxiliaires pour une partie de l'accomplissement de sa mission légale, ont une *vitalité relative*,
mais jamais une personnalité morale. Et cette « vitalité
relative » leur permet de passer des contrats, d'encourir
une responsabilité pour des accidents, et d'ester en justice.
Mais rien au delà. Ne sont-ce pas là, sans la théorie qui
les groupe, les solutions auxquelles nous avait conduits
notre étude doctrinale ?

La jurisprudence tend donc ainsi vers la notion de
l'organisme but : de l'être collectif et réel doué, dirons-

nous, de la seule vitalité nécessaire à l'accomplissement de l'idée qu'il incarne (1).

Pour pouvoir acquérir à titre gratuit, il lui faudrait la qualité de Société. Or, notre organisme-but ne l'a point. Les versements dans les associations, selon la fine remarque de M. Cotelle, subviennent à des dépenses, au lieu d'aboutir à une spéculation lucrative dont les sociétaires désireraient entre eux partager les profits. Où voulez-vous trouver une société, là où manque sa caractéristique propre : l'*animus lucri*? Donc l'illusion trop fréquente qui mène à assimiler le contrat de société à ce qu'on nomme le contrat d'association tombe. Et l'on se trouve en face de l'article 910. Or, cet article, quel est son motif dominant? Comme tous ceux des chapitres I et II, du titre II du livre III du Code civil, il veut faire respecter au moyen du Code, l'état des choses établi par la révolution. Prohibition des substitutions, règle de l'article 900 sur les conditions, et enfin article 910 tout cela forme une trilo-

(1) L'arrêt qui paraît avoir guidé la Cour de Cassation dans cette décision du 2 janvier 1894, c'est un arrêt du 2 juin 1861. S. 61. 1. 615, rendu conformément aux conclusions du procureur général Dupin. Il déclarait nul un legs adressé par personne interposée aux frères de la doctrine chrétienne de Saint-Joseph du Mans reconnus par une ordonnance royale de 1823.

Voir un arrêt de Toulouse, 6 mars 1884. S. 87. 2. 187 autorisant les frères du Paradis à ester en justice à propos des traités qu'ils ont passés pour leurs écoles.

Ces deux arrêts donnent ainsi un aperçu succinct de la situation des frères de la doctrine chrétienne. Elle est à peu près semblable à celle de nos associations laïques non lucratives. Une certaine unité semble donc se faire dans la jurisprudence.

gie cohérente. Comme nous l'avons déjà dit tout à l'heure, un motif de contrôle et de suspicion explique notre texte. Sans doute, il ne parle pas des associations que nous étudions, sinon par *à contrario*. Mais, il faut remarquer que tout comme les établissements publics et d'utilité publique, nos sociétés déchargent l'État d'un peu du faix de ses attributions. En plus, elles se trouvent dans une situation intermédiaire entre le néant et la personnalité officielle, situation que toute société traversera presque nécessairement avant d'être reconnue.

Dès lors si l'on écartait l'article 910 quels singuliers résultats! La reconnaissance ne conférerait aucun avantage précis aux sociétés qui l'obtiendraient et un établissement libre aurait la pleine liberté d'acquérir à titre gratuit sans autorisation, alors que les organes indirects de l'état qui s'acquittent de la même œuvre que les associations libres subiraient, pour la moindre donation, la nécessité d'obtenir un ensemble confus d'habilitations. Si l'on réfléchit qu'en 1804 la terminologie du droit administratif sur les associations et établissements, n'était pas encore arrêtée ces raisons acquièrent une irrésistible valeur. Donc, l'application de l'article 910 à nos sociétés, est indiscutable et certaine. Ce texte repose en outre sur la défiance de l'État vis-à-vis des sociétés de propagande et d'enrôlement, comme le dit fort bien M. Thaller (D. 1896, cahier n° 6), à propos de notre arrêt, et d'un autre sur le même sujet que nous verrons plus tard. Cette défiance suffit à rendre très difficilement réfutable l'argument *a contrario* que l'on tire de l'ar-

ticle 910 ; et surtout en présence de la notion essentiellement vague au moment de la rédaction du Code de l'établissement d'utilité publique, dont il parle pêle-mêle avec
les hospices et les pauvres. Pour nous, ses termes alors très
peu arrêtés, comprennent aussi nos sociétés de tir, de
courses, et de gymnastique, que nous pouvons appeler,
nous inspirant des décisions récentes, des *établissements
d'intérêt général*.

A notre avis, la Cour de cassation a ainsi créé, tirant
parti de la conception vague, et toujours abandonnée à la
jurisprudence, de l'Etablissement, une troisième classe
d'institutions corporatives d'intérêt général, limitativement
enfermées dans leur but originaire et délimitées par la
volonté qui les a fondées. Elles se distinguent par leur incapacité absolue de rien recevoir à titre gratuit, sauf les
dons manuels, protégés par la règle de l'article 2279.
De sorte que, dans l'octroi de la capacité d'acquérir à
titre gratuit aux corps organisés, on peut distinguer trois
stages différents : l'incapacité absolue pour nos associations d'intérêt général, l'incapacité relative levée par une
autorisation pour les établissements publics et d'utilité
publique, et enfin la pleine capacité pour les sociétés du
droit privé, reconnues implicitement par les arrêts dont
nous nous occupons, personnes collectives capables
d'acquérir à titre gratuit comme les personnes réelles,
et placées dorénavant de par leur but tout de lucre et
de spéculation, en dehors des liens de la spécialité. Ainsi
se résume à l'heure actuelle l'opinion de la jurispru-

dence sur cette question si difficile de l'article 910 et des Associations.

Des arrêts plus récents encore que ceux déjà cités, sont venus compléter et renforcer ces solutions jurisprudentielles, en leur conférant une portée vraiment générale. Passons à leur examen. C'est d'abord un arrêt de la cour de Dijon rapporté dans Sirey (1890. 2, 16.). Le Cour souligne le caractère d'intérêt général des Sociétés de tir et gymnastique, dont l'espèce mettait en cause la capacité à ester en justice. Sans doute elles ne sont approuvées que par un simple arrêté préfectoral, mais l'État leur donne des subventions, leur remet des munitions, et en leur faveur il consent souvent à la vente de cartouches d'armes de guerre. Voilà bien des marques de sollicitude qui prouvent, selon la Cour, *l'individualité véritable* de ces associations, distincte des membres qui la composent, et rendue d'ailleurs nécessaire par des considérations supérieures, ayant trait à la défense nationale. D'où et comme conséquence immédiate se tire, la possibilité, pour ces sociétés, d'être représentées en justice par leur Président, au lieu de l'obligation qu'on prétendait leur imposer de faire figurer en noms dans la Procédure le millier de gymnastes ou tireurs sociétaires, afin d'obéir à l'antique règle : nul ne plaide par procureur.

En somme, application à un cas très favorable de l'arrêt de 1887, cette décision s'en laissait logiquement déduire. Où la lutte a été plus vive, c'est à propos encore une fois de la capacité d'acquérir à titre gratuit.

Les associations en présence de leur incapacité bien et dûment proclamée de recevoir comme telles : ont eu recours à un raisonnement à peu près semblable à celui qui va suivre. Si nous formons, se sont-elles dit, nous, associations idéales, des agrégats incapables de recevoir à titre gratuit, les Sociétés lucratives, elles, ainsi que les arrêts de 1887 et 1893 le reconnaissent implicitement, ont une pleine capacité et constituent des personnes morales à peu près aussi libres d'allures dans leurs rapports avec les biens, que les personnes physiques. Eh bien, dissimulons notre incapacité sous le voile de la société civile, *ou anonyme, ou à forme commerciale.* Ce pavillon sauveur fera de notre inaptitude une pleine aptitude à recevoir à titre gratuit.

Ce raisonnement était d'autant plus fort qu'une décision judiciaire l'avait déjà consacré. Jugement du tribunal de la Seine du 30 mars 1881. S.81. 2. 249 et sq, et la note de M. Labbé. Il s'agissait d'une société anonyme de propagation des œuvres spirites d'Alan Kardec, reconnue par le tribunal apte à recevoir par testament des legs en faveur de son but. Les attendus de ce jugement, s'appuient sur la liberté accordée en 1867 à la formation des Sociétés anonymes, sur le silence de l'article 910, et enfin sur la règle générale de capacité posée par l'article 902. Tout ce raisonnement porterait, comme le fait justement remarquer M. Labbé, qui en conteste d'ailleurs le bien fondé et essaie d'esquisser une théorie personnelle, si nous nous trouvions en face d'une société de spéculation industrielle ou commerciale ; mais

ici qu'avons nous ? Un voile d'anonymat couvrant mal une
société à tendances mystiques. Et le principe dominant en
matière de sociétés se dresse dès lors contre cette prétention des spirites. La capacité d'une société dépend, non de
sa forme extérieure, mais de sa structure intime et de sa
nature véritable. Donc, au lieu d'une société anonyme, nous
n'avons devant nous, qu'une association sans but lucratif,
analogue à celles dont cette étude n'a cessé de s'occuper
constamment. Disons donc, que de même qu'une société
civile à forme commerciale reste civile si son but le reste,
de même, sous l'apparence d'une société par actions, une
association mystique occultiste demeure une association
non reconnue d'utilité publique et incapable de recevoir
des legs et les donations en vertu du système de l'article
910 du Code civil.

Les spirites comprenant, en dépit de cette décision très
critiquée d'ailleurs par la doctrine, le danger de leurs procédés ont cherché ailleurs un plus facile accès vers l'entière capacité.

Ils ont cru le trouver dans la Société commerciale ou
civile, à capital variable, dont l'article 53 de la loi de 1867
sur les sociétés reconnaît la personnalité. En effet peut-on
dire, ces sociétés à capital variable constituent souvent,
comme entre autres les sociétés coopératives de consommation, des associations, au sens strict du mot, n'ayant pas pour
but la réalisation de bénéfices en argent à partager. Car,
que veut une société coopérative de consommation, sinon
procurer à ses membres la possibilité d'acheter à meilleur

compte en se passant d'intermédiaires ? Dès lors pourquoi la forme de ces sociétés ne conviendrait-elle point à
des associations autres que les coopératives ? puisqu'elle
est faite pour des associations. Si l'on admettait cette manière de voir, au moyen de la variabilité du capital, toutes
les associations acquerraient une capacité intégrale, absolument comme avec le système du contrat d'association de
M. le comte de Vareilles. Cette différence toutefois établie,
qu'ici, dans ce système hardi, la capacité dériverait de la
personnalité unanimement accordée, en vertu de l'article 53
de la loi de 1867, aux sociétés à capital variable par la
doctrine, et non du contrat innommé d'association.

Un pareil résultat suffit à condamner cette opinion. Un
article d'une loi commerciale, ne saurait posséder en
effet le pouvoir de renverser toutes les conceptions fondamentales de notre droit sur les corps et la propriété
corporative, et les prohibitions des articles 291 et sq. du
Code pénal ! Reste alors à réfuter juridiquement le système des spirites. M. Lyon-Caen, dans la note annexée à
Sirey (1895. 1. 65 et 66), le fait au moyen des travaux
préparatoires de la loi de 1867. On avait projeté de ne
permettre les sociétés à capital variable que pour 4 objets
bien déterminés : consommation, crédit mutuel, construction, production. Cette limitation du projet du gouvernement, la commission du corps législatif la fit écarter,
et l'on admit que nos sociétés pourraient poursuivre d'autres buts en se conformant aux règles générales du contrat de société.

De là, cette conclusion du savant professeur, qu'en dehors de ces 4 cas bien spécifiés par les travaux préparatoires, le droit commun de l'article 1832, reprend sa portée générale d'application. Donc, comme ici nous n'avons pas réalisation de bénéfices en argent à partager entre les associés, nous nous trouvons en présence d'une association pure et simple, sans but lucratif, dont la forme extérieure ne saurait modifier la nature. Dès lors, à cette société mystique, se proposant pour but le prosélytisme et l'apostolat d'une manière de culte non reconnu, s'adaptent parfaitement les motifs de l'article 910 qui, on se le rappelle, s'inspirent de la défiance de l'État, vis-à-vis des établissements qui poursuivent le triomphe d'une idée. Les idées, l'État en connaît le pouvoir de diffusion et d'expansion. Il en veut jalousement surveiller la marche, et surtout les empêcher d'atteindre à cette puissance patrimoniale vers laquelle infailliblement conduit la constitution d'un patrimoine de mainmorte : substrat tangible de l'idée, et comme elle, d'une durée indéfinie.

D'ailleurs, ainsi que le remarque M. Thaller sur notre question (D. 96, 6ᵉ cahier), il n'y a point besoin de longs raisonnements, en une discussion telle que la nôtre. Les sociétés à capital variable en fait, sont toujours des sociétés coopératives. C'est pour cette fin seule, que le législateur les a créées. Eh bien, le bon sens le dit, le mot coopération jure avec l'idée de la propagande du spiritisme. Ne favorisons pas donc pas cette transmutation de formes, que condamnent l'esprit et les travaux préparatoires de la loi de 1867 et traitons la société spirite en association, qu'elle ne saurait cesser d'être, malgré ses ingénieuses tentatives pour tourner les lois sur les associations.

La Chambre des requêtes de la Cour de cassation, arrêt du 29 octobre 1894 (S. 95. 1. 67) confirmant la décision de la Cour de Bordeaux se rend à ces raisons « attendu, dit-elle, qu'une association qui *n'a pas pour but la réalisation de bénéfices à partager entre les associés, n'est pas une société dans le sens de l'article 1832 du Code civil*, que dès lors, à moins d'être légalement reconnue par l'Etat, elle ne constitue pas une personne morale capable de recevoir des libéralités... que ce principe s'applique à toutes les sociétés, aussi bien à celles qui, comme la demanderesse, ont pris la dénomination de sociétés à capital variable, qu'aux autres espèces de sociétés ; que pendant la durée de l'association, ses adhérents n'étaient appelés à aucun partage de bénéfices à réaliser par suite des opérations auxquelles elle se livrait... attendu que la société n'a jamais été reconnue légalement par l'Etat, qu'elle était incapable de recevoir à titre gratuit... etc. » On le voit, c'est une condamnation en bonne et due forme des associations prétendant, comme les sociétés à formes commerciales, à la possibilité d'acquérir à titre gratuit. Malheureusement, cette solution juste est compromise par l'affirmation à deux reprises de l'axiome de de Savigny, qui paraît à la Cour une maxime presque sacrée, malgré les entorses violentes qu'elle lui donne fréquemment.

Désormais, il y a donc une ligne de démarcation bien
tranchée qui sépare les associations même les plus favorisées des tribunaux et érigées par eux en établissements
d'intérêt général, des sociétés ou civiles ou commerciales
ayant pour but la réalisation de bénéfices en argent à partager entre leurs membres.

\- Avec ce dernier arrêt du 29 octobre 1894 de la Chambre
des requêtes, la théorie de la Cour de cassation paraît
acquérir une précision définitive. Sa construction a soulevé une certaine opposition doctrinale. M. Lyon-Caen,
dans une note sous Sirey (94. 1. 129), relative à la Société hippique de Cavaillon, accuse nos arrêts de faire
œuvre prétorienne. Ce reproche nous touche peu : car, à
notre sens, la jurisprudence a le devoir de compléter une
législation vieillie, par des conceptions nouvelles, en rapport avec les exigences de temps profondément différentes de ceux de la codification. Et même, si l'on écarte
cette idée de la jurisprudence « *vox viva juris civilis* »
pour nous servir de la belle expression romaine, où
trouver cette *lex lata* sur la personnalité morale que
l'on accuse les tribunaux de transformer en *lex ferenda?*
Nulle part. Rien que de vagues allusions dans les Codes
et dans les lois. Donc, reconnaissons aux Tribunaux la
liberté de peupler ainsi, degré par degré, le droit public de
nouvelles personnes. Aussi bien, depuis l'organisation administrative de l'an VIII, tant d'êtres collectifs sont nés à
la vie juridique, que vraiment il n'y a pas lieu de s'élever

contre une pareille liberté qui correspond aux tendances intimes et profondes du droit public.

Avant de terminer ce chapitre, une dernière question. On sait que la loi du 21 mars 1884 reconnaît en son article 6 la personnalité des syndicats professionnels. Or on s'est posé la question de savoir si l'article 3 de la loi qui énumère les intérêts dont les syndicats assument la protection et la défense était limitatif. La Cour de cassation 27 juin 1885 (S. 87. 1. 281) a refusé aux médecins le droit de se syndiquer (1). Le tribunal correctionnel de la Seine au contraire, 10 mars 1890 (S. 90. 2, 144), admet l'extension de la loi à toutes les professions, extension que paraissent bien au reste consacrer les travaux préparatoires. Voir notamment le rapport au Sénat de M. Tolain, très affirmatif, «... en un mot *toute personne qui exerce une profession*, ainsi qu'il est dit dans la loi, aura le droit de se servir de la législation que vous allez voter ». Le 4 juillet 1890 la Cour de Paris s'est rangée à cette opinion, contraire à celle de la Cour suprême. Il s'agissait d'un syndicat de professeurs libres. Si la Cour suprême, et cette espérance appartient à l'ordre des possibilités, modifiait sa solution, comme elle fera sans doute quand elle pourra enfin bénéficier de ce recul qui est nécessaire à la bonne interprétation d'une loi, tous les gens exerçant une profession libérale ou manuelle, ou commerciale, ou indus-

(1) Cette faculté leur a été définitivement reconnue par la loi du 30 novembre 1892 sur l'exercice de la médecine, article 13.

trielle posséderaient un moyen de créer des associations, personnes morales, en dépit des doctrines généralement soutenues sur la personnalité fiction légale. En effet, comme on le peut constater tous les jours pour les Syndicats ouvriers, le pavillon syndical couvre bien des buts divergents. Il abrite tout un système politique la plupart du temps. Et les congrès de syndicats passent généralement toutes leurs réunions à s'entretenir de la façon de créer une société nouvelle. Pourquoi dans ces conditions, est-on tenté de se dire, la jurisprudence étant devenue, avec l'écoulement des années, un peu plus libérale et reconnaissant à tous ceux qui travaillent la faculté de se syndiquer, des citoyens de professions identiques ou similaires ne chercheraient-ils pas dans la constitution d'un syndicat un moyen légal d'échapper aux exigences des tribunaux vis-à-vis des cercles et des sociétés d'agrément ? Une pareille manière d'agir, malheureusement pour ceux qui seraient tentés d'y recourir, demande une jurisprudence très libérale et elle se heurte à la règle de la spécialité des personnes administratives.

Une fois que l'on admet ce principe, on ne peut joindre, il nous semble, une deuxième affectation désintéressée au but principal du groupement syndical : la défense des intérêts professionnels. Il n'y a là qu'un masque qui vaut autant d'ailleurs que le masque de la Société à capital variable, sinon plus. Car avec lui, on ne risque au pis aller qu'une dissolution et des peines infiniment plus légères que celles de l'article 291 complété par la loi de 1834.

La jurisprudence semble avoir prévu ce danger et dans une série d'arrêts récents, elle met tout en œuvre pour le prévenir. Les travaux préparatoires de la loi de 1884 ne lui sont pas d'un faible secours à ce point de vue. Le rapporteur de la loi en 1881, M. Allain Targé, s'étendait complaisamment sur les limitations qu'il convenait d'apporter au droit de posséder des syndicats. Il montrait à la Chambre les dangers d'une concession trop large de la capacité juridique et les facilités qu'elle accorderait aux congrégations religieuses et à leur mainmorte « immense et infinie ». Cette crainte de se prêter à la reconstitution des congrégations alors dissoutes qui animait le rapporteur de la loi et le conduisait à signaler à ses collègues le danger des interpositions, grâce auxquelles des chambres syndicales de patrons étaient arrivées, disait-il, à posséder jusqu'à 300.000 fr. de fortune, par l'entremise de fiduciaires, a dicté à la jurisprudence ses solutions restrictives.

Analysons les rapidement. Citons d'abord un jugement du tribunal de Villeneuve-sur-Lot (D. 94. 1. 4.). Il a été rendu à propos du syndicat de Jumel. Ce syndicat composé de personnes de professions différentes, où l'on jouait au billard et aux cartes et où l'on faisait des conférences religieuses, était en réalité un cercle catholique masqué sous le déguisement syndical. Le tribunal de Villeneuve-sur-Lot en prononce la dissolution. Ses attendus s'appuient sur le but spécialement professionnel des associations syndicales : qui interdit les doubles emplois et les combinaisons hétérogènes de sociétés professionnelles accolées à des sociétés sans but lucratif d'ordre politique ou religieux.

Un arrêt de la Cour de cassation du 18 février 1893 (D. 94. 1. 26. S. 1896. 6e et 7· cahier 1. 376 à 380 et note anonyme) est venu confirmer de sa haute autorité cette jurisprudence. L'affaire qui a donné lieu à cet arrêt est une affaire qui a eu le Nord pour théâtre et y a fait quelque bruit. L'association professionnelle des patrons du Nord fut poursuivie en annulation devant le tribunal correctionnel de Lille et dissoute par ce tribunal dans un jugement qui eut un certain retentissement. Ce jugement fut confirmé par la Cour de Douai. L'arrêt de Douai porté, sur un pourvoi de l'association professionnelle, devant la Cour de Cassation, y fut confirmé. La Cour suprême se borne dans son argumentation à rappeler les termes de l'article 3 de la loi du 21 mars 1884 qui permettent seulement les associations professionnelles ayant *exclusivement* pour but l'étude et la défense des intérêts économiques industriels commerciaux et agricoles. Puis relevant la présence dans le syndicat des patrons du Nord, de personnes étrangères à l'industrie textile et constatant dans les réunions corporatives, la discussion de questions non pas industrielles mais exclusivement politiques, religieuses et sociales, comme la création de confessionnaux et d'oratoires, et l'organisation de pèlerinages ouvriers à Rome : elle prononce l'annulation du syndicat. Cette décision consacre désormais le principe de la spécialité économique des syndicats professionnels. C'est encore une porte fermée aux associations politiques et religieuses sans but lucratif. Le syndicat professionnel se voit cantonné, par ces décisions, dans la discussion de tout ce qui touche à la production, à la circulation, à la consommation et à la répartition de la richesse. On le voit, la jurisprudence se montre très portée à tenir compte de plus en plus de la spécialité des affectations. L'organisme syndical n'est donc pas fait pour les associations non lucratives. Malgré les formes qu'elles essaient de revêtir, leur capacité restreinte les suit toujours et elles ne gagnent à des simulations que les frais et les ennuis d'un procès que termine une dissolution. De tels procès au reste ont l'avantage de fixer la jurisprudence, et de déterminer les caractères distinctifs de chaque association.

Nous sommes arrivés avec ces efforts désespérés des associations, pour acquérir la pleine capacité que les lois et les principes du droit s'accordent à leur refuser, à la fin de ces deux chapitres consacrés, le premier à l'étude théorique, le second à l'étude pratique de la situation juridique des sociétés désintéressées. Résumons le plus brièvement possible les idées que nous avons soutenues et la marche que nous avons suivie. D'abord nous avons tenté une théorie nouvelle des associations laïques à but non lucratif approuvées par l'autorité préfectorale, mais non reconnues d'utilité publique.

Les articles 291 et sq. du Code pénal, où l'on s'obstine à ne chercher que des pénalités nous ont révélé derrière la rigueur de leurs prohibitions une certaine capacité

patrimoniale des associations, dont ils semblent en apparence ne vouloir que la ruine et la mort.

Ces résultats parcellaires obtenus, par la minutieuse
analyse des termes et des intentions de la loi pénale, il
fallait les grouper sous une théorie d'ensemble. Cette doctrine commune, une conciliation des systèmes, l'un et l'autre trop absolus, de Brinz et de Gierke, nous en a fourni
la base et l'esprit. Elle repose sur l'idée d'un organisme créé
par la volonté collective de ses membres, qui le destine à
l'unique et exclusive réalisation d'un but désintéressé. La
jurisprudence, nous l'avons montré, bien loin de combattre
cette conception d'un organisme-but, Zewck-organismus,
diraient les Allemands, la consacre en partie, sinon dans son
fondement théorique, au moins dans ses conséquences
pratiques. Elle s'achemine lentement vers notre système.
Seulement, se conformant à ses modes ordinaires de développement, elle ne se laisse guider par les systèmes nouveaux que degré par degré. Poussée par son amour de la
distinction, elle a séparé nos associations en deux classes.
Une seule d'entre elles, jouit des avantages dont toutes
les sociétés désintéressées sans exception devraient jouir.
La classification jurisprudentielle peut se justifier. Parmi
les associations non formées dans un but intéressé, il
y en a en effet, qui ne se proposent que le plaisir et l'a-
grément de leurs membres. D'autres au contraire visent
plus haut. Les intérêts de la science, des lettres ou de la
Patrie les inspirent et conduisent tous leurs actes corporatifs. Les premières ne servent l'État que très indirecte-

ment, les autres secondent par leur intervention bienfaisante ses efforts pour accroître la culture générale de la
nation et répandre les lumières de la civilisation. Le
pouvoir social, disent les allemands, n'est pas seulement
un Polizstaat : il est encore et surtout un Cultur-Staat.
Donc proclame la jurisprudence, il doit abdiquer ses droits
régaliens de haute police administrative en faveur des
sociétés qui aident à l'effort contenu de l'humanité vers
le progrès, mais non pas en faveur de celles qui plus
modestes cherchent simplement à rendre attrayante et
moins isolée la vie de leurs membres. Telles sont les
idées qui inconsciemment dictent à nos tribunaux leurs
décisions libérales à l'égard de certains groupements
dominés par un but idéal.

La construction jurisprudentielle manque encore de
largeur et de précision. La classification des associations
en associations d'agrément et d'utilité générale prête ter-
riblement le flanc à l'arbitraire. Mais enfin déjà quelques
sociétés sont soustraites à toutes les injustices de la théorie
à laquelle M. Laurent à attaché son nom. Elles sont reconnues aptes à passer des conventions, à ester en justice, à s'obliger *ex contractu et ex delicto* ! —

Ne sont ce pas la d'heureux résultats et qui compensent
les inconvénients de la classification, par laquelle la jurisprudence a cru devoir commencer son évolution ?

En réalité, ces distinctions ne constituent qu'une étape
dans l'évolution jurisprudentielle. Toutes les associations
finiront par arriver, avec la diffusion des théories juridiques,

de plus en plus en faveur, qui font de la personnalité morale un organisme vivant, au stage privilégié que, à l'heure actuelle, quelques-unes seulement ont franchi. Et alors l'association, délivrée des entraves des théories profondément dangereuses, au point de vue social, qui voudraient la supprimer à force de logique, pourra naître, vivre et mourir dans l'indépendance et la capacité. Sans doute sa capacité n'aura pas la large extension de celle des êtres physiques : il lui manquera la faculté de recevoir à titre gratuit et de posséder des immeubles de rapport. Mais ces limitations, la satisfaction de l'idée incarnée par l'être collectif les exige, et la raison les demande.

Elles répondent en outre à une des lois fondamentales du droit public qui est la spécialisation de chaque organisme dans sa fonction. Pourquoi si les êtres collectifs supérieurs, les établissements publics essentiellement, et les établissements d'utilité publique de par leurs statuts, sont enfermés étroitement dans une classe fixe de préoccupations et d'attributions, n'en serait-il pas de même pour les êtres inférieurs, les associations simplement approuvées, par les préfets ? La loi de l'être inférieur ne fait que répéter celle de l'être supérieur et d'un bout à l'autre de toute série de corps vivants de même espèce ce ne sont que similitudes de règles constitutives.

Espérons donc que sous la poussée de la logique interne de l'institution, la jurisprudence consacrera un jour la disparition de toutes les démarcations ingénieuses, mais arbitraires, où se complaît la subtibilité de son génie.

Cette réforme modeste, que quelques arrêts de principe suffiraient à opérer, ferait, croyons-nous, beaucoup pour la pacification sociale. Elle assurerait à l'Etat une force nouvelle.

Tant valent les parties, en effet, tant vaut le tout. Un organisme social formé d'éléments composants solidement unis, joint à la puissance qui accompagne toujours le pouvoir public, l'irrésistible empire que donne la parfaite cohésion organique : Ne l'oublions pas ! Aucun danger d'ailleurs ne menacerait l'État à la suite du triomphe de pareils principes. La théorie du contrat d'association en soulève, et de fort graves. Celle que nous adoptons n'en soulève aucun. Elle rend impossible la formation de patrimoines immobilisés dans l'indéfini d'une affectation idéale. Elle garde l'avenir, tout en se montrant favorable au présent.

Voilà plus de raisons qu'il n'en faut pour la justifier. Souhaitons sa réussite définitive. L'appendice que nous annexons à ce chapitre et qui nous fera saisir sur le vif les difficultés au milieu desquelles se débattent les associations non reconnues d'utilité publique, achèvera de nous montrer, et la grandeur du mal qui subsiste encore, et la nécessité d'un remède.

APPENDICE AU CHAPITRE V

LE FONCTIONNEMENT DE L'ASSOCIATION LAIQUE SANS BUT LUCRATIF
ÉTUDIÉ SUR UN EXEMPLE PARTICULIER.

Le chapitre précédent nous a fait assister aux efforts de la jurisprudence pour se dégager des situations enchevêtrées et presque inextricables, où la théorie classique prise trop aveuglément comme guide l'avait fait tomber. Contraint par les exigences mêmes de la matière à exposer, ce chapitre n'a du donner que des lignes générales et des résultats d'ensemble. Nous estimons qu'il faut à la théorie ajouter l'exemple, si l'on veut jeter quelque clarté sur la capacité de nos associations. Dans ce but, nous allons consacrer cet appendice à appliquer à une espèce particulière les règles précisées et découvertes. Ce sera en quelque sorte une modeste mise en pratique de la méthode monographique qui conduit si souvent à des découvertes heureuses dans les sciences sociales. Nous prendrons notre exemple parmi les associations les plus favorisées, celles que nous avons appelées les établissements d'intérêt général. Leur but souverainement utile à l'État a amené la jurisprudence, nous le savons, à faire d'elles une classe privilégiée d'associations échappant à toutes les rigueurs qui frappent les sociétés dites d'agrément.

Entre toutes ces sociétés admises à un traitement de faveur, nous choisirons, pour en faire l'objet d'une rapide monographie, une des plus méritantes et des plus utiles : nous voulons parler du comice agricole. Nul n'ignore les les services que de pareilles institutions rendent à l'agriculture. Elles réagissent avec vigueur contre la tendance à l'isolement et à la routine qui n'a que trop longtemps sévi sur les travailleurs de la terre, en France. Les concours qu'elles organisent, les réunions de propriétaires et de fermiers qu'elles instituent, les récompenses qu'elles distribuent, répandent dans tout le pays le désir de l'union et l'amour du progrès. C'est dire que bien peu de sociétés méritent plus que celles-là la faveur de nos tribunaux. Eh bien, nous allons, la jurisprudence en main, tracer le schéma de leur vie de tous les jours.

Nous verrons que si les prohibitions dérivées d'une théorie, par trop attachée à la logique à outrance, ont un peu relâché leur étreinte, elles n'en pèsent pas moins encore d'un lourd poids sur les associations agricoles, malgré les services indiscutables qu'elles rendent à la culture et au pays !

Le comice se forme naturellement par l'initiative privée des cultivateurs. A la différence de sa sœur germaine, la société d'agriculture, sciences et arts, il se compose de professionnels et ne se propose pour but que des choses pratiques et locales : la diffusion des meilleures méthodes de culture, la création de nouveaux débouchés. Tout cela, au moyen de différents procédés d'action, au pre-

mier rang desquels se placent les expositions et les concours. Mais revenons à la constitution de nos comices.
Les agriculteurs qui les veulent fonder, après s'être en-
tendus entre eux, demandent l'autorisation préfectorale
pour satisfaire au préscrit de l'article 291. Avec leur demande d'autorisation, ils déposent à la préfecture, leur
règlement, leur projet de statuts. Cela se fait, au reste,
presque toujours, quand on sollicite une autorisation préfectorale (1) Le préfet approuve les statuts et l'arrêté appro-
batif est inséré au recueil des actes administratifs du
département. Le ministère de l'agriculture a fait établir
d'ailleurs un spécimen des statuts pour les comices ou
sociétés agricoles.

Ce spécimen nous est précieux. Voici pourquoi. Il
nous permet de constater en effet, combien étaient justes
les solutions que nous avons essayé de tirer, des quelques
textes que la loi française consacre aux associations. Dans
ces statuts rédigés par l'administration, nous trouvons
la *pecunia* et l'*arca communis*. Des êtres sans capacité,
possèdent donc, à les en croire, les signes de la personnalité morale. C'est un fait à retenir soigneusement.

L'administration qui octroie l'autorisation, la révo-
que conformément au droit commun de la police des
associations. Elle peut dissoudre le comité qui a cessé de
lui plaire. Voir un arrêt du Conseil d'État, 4 mai 1888.

---

(1) L'article 291, se prête à cette habitude d'ailleurs, puisqu'il parle
des conditions que l'administration a le droit d'imposer aux associations.

D. 89. 3.77. Cet arrêt décide, que des irrégularités dans la composition du bureau, suffisent à justifier la dissolution du comité, opérée par le préfet. Un arrêté de dissolution d'ailleurs, pris en pareil cas, n'est pas sans recours. Le recours pour excès de pouvoir, réussira quelquefois contre lui, quand ses conditions d'exercice se trouveront réunies.

C'est ainsi par exemple qu'un préfet s'étant avisé une fois de dissoudre un comité, sous le prétexte qu'il ne doit en exister qu'un par arrondissement, le Conseil d'Etat a annulé son arrêté pour excès de pouvoir (4 fév. 1881. S. 82. 3. 41. D. 82. 3. 68.). C'était sagement décidé. Le préfet n'avait point le droit en effet, pour satisfaire son amour de la symétrie, de dissoudre un des deux comités de l'arrondissement.

Arrivons maintenant à la capacité juridique du comice. Il a la capacité d'une association libre, indépendante de l'administration. Par suite, en cas d'obligation à sa charge, les tribunaux judiciaires sont exclusivement compétents et nullement les tribunaux administratifs. Le comice possède un patrimoine. Ce patrimoine comme celui de toute association se constitue au moyen des cotisations versées par ses membres. Cotisations qui varient suivant le titre de membre actif, honoraire, ou participant, qu'il convient au nouvel adhérent de prendre. Donc le comice acquiert, à titre onéreux, on peut le dire, les cotisations que lui versent ses membres.

Il ne se borne pas là. Il acquiert aussi la plupart du

temps à titre gratuit. L'Etat, le département, parfois même des associations, telles que celles d'agriculture, sciences et arts, lui consentent en effet des subventions. La subvention administrative ne constitue pas autre chose qu'une donation. On pourrait, se guidant sur cet exemple et cette analogie, tenter de soutenir que le comice tient état de personne, capable de recevoir des libéralités, des particuliers comme de l'administration. Cette extension de capacité, la jurisprudence ne la permettrait pas. A propos d'une institution voisine, une société d'agriculture sciences et arts, non reconnue d'utilité publique, elle a en effet jugé qu'un legs de bâtiments et de champs pour y installer une ferme-école était nul et non avenu. Arrêt de la Cour de Cassation 6 avril 1866. S. 67. 1. 61. La Cour suprême dans cet arrêt se contente de refaire le raisonnement bien connu. Sans reconnaissance d'utilité publique, affirme-t-elle, pas de personnalité, donc aucun droit d'acquérir à titre gratuit.

Malheureusement la Cour ne voit point que, s'il n'y a pas de personnalité, la caisse commune formée par les cotisations et subventions demeure là en l'air, dans le bleu, sans aucun propriétaire, ni réel ni apparent. La Cour aurait dû invoquer le principe déposé en l'article 910 du Code civil et se garder d'émettre une théorie sur la personnalité, dont le moindre défaut est de soulever des contradictions sans nombre.

Quoiqu'il en soit, le Comité a donc des ressources. Conformément à sa destination agricole, il s'en servira pour organiser des concours et des expositions avec des récompenses et des primes. Quelquefois même il achètera des animaux reproducteurs, des graines de qualité supérieure, ou des machines perfectionnées et il en opèrera entre ses membres la revente ou la répartition gratuite. Aux concours particuliers ou régionaux qu'il ouvrira, le comice percevra souvent des droits d'entrée et le commerce de ces tickets constituera encore une ressource de plus pour la caisse sociale, en même temps qu'un nouveau mode d'acquisition à titre onéreux.

Toute capacité se manifeste à l'extérieur par sa participation à des contrats. La capacité des comices comme les autres.

Par conséquent nos comices, en qualité d'êtres collectifs vivants et capables, passeront des contrats avec les tiers. Ici surgissent les difficultés.

Comment poursuivront-ils ou seront-ils poursuivis ? La Cour de cassation, en un arrêt du 30 janvier 1878 (S. 78. 1. 265, et note Bourguignat ; D. 80. 1. 300), que nous avons déjà cité dans le précédent chapitre, a eu à s'occuper de la question. Faute de voir clairement, derrière les associés, un être collectif dont ils constituent les organes, voici l'imbroglio confus auquel elle arrive. Les comices ne sont que des rassemblements d'individus. Seulement ces individus épars ont des intérêts communs et indivisibles. Deux propositions contradictoires qui ne paraissent pas gêner le moins du monde la Cour suprême !

Donc toutes les fois qu'il s'agira d'une créance collec-

tive, le comice déléguera un de ses administrateurs pour
la poursuivre en justice. L'obligation du tiers est indivisible par le rapport sous lequel elle a été considérée dans
l'engagement. Chacun des associés peut donc en poursuivre l'exécution et par conséquent le délégué comme tous
les autres.

Cet arrêt de la Cour de cassation introduisant le principe
de l'indivisibilité de la créance du comice agricole, quand
elle a pour objet de fournir à la réunion des membres des
ressources correspondantes et indispensables à l'acquitte-
ment des charges dont elle est tenue, est resté jusqu'ici
isolé faute de litiges semblables. Mais la disette d'espèces n'a pas empêché sa solution de triompher généralement dans la doctrine.

Toutefois, en Belgique, la théorie classique, souvent
consacrée par les tribuuaux, s'en tient encore à la fragmentation du droit de poursuite, au prorata des droits individuels. Si par exemple nous supposons une société d'agriculture de 700 membres créancière vis-à-vis d'une compagnie
de gaz ou d'électricité, de tant de mètres cubes de gaz ou de
tant d'unités électriques, chacun des membres, y compris
le président de la société, ne pourra agir que pour un sept-
centième de la concession d'éclairage. C'est la théorie des
atomes appliquée aux poursuites judiciaires.

L'arrêt de 1878 de notre cour de cassation est merveilleux de libéralisme auprès de ces solutions. En effet,
étant donné son principe, quand le représentant du comice
agira, on ne pourra certainement opposer à sa poursuite

très régulièrement intentée aucune exception recevable. Il y a là un avantage qui vaut donc, au moins par comparaison.

En sens inverse que va-t-il arriver si l'association s'est obligée? Nous n'avons pas de jurisprudence sur ce point spécial. La doctrine a libre jeu dans ses déductions logiques. Elle raisonne ainsi. Le Comice a contracté des dettes à l'occasion d'un concours régional. Il ne paie point l'éclairage, les tentures et les travaux d'ornementation, pour prendre cet exemple. Et bien, les créanciers ne pourront s'en prendre qu'aux administrateurs qui sont intervenus personnellement aux contrats. Qu'on ne parle pas d'administrateurs incarnant leur société avec la même force qu'un organe incarne l'être dont il fait partie ! Le droit ne connaît que les obligations personnelles. En dehors de là, les tiers seront désarmés. Les principes exigent qu'on considère les administrateurs comme ayant traité non pas pour la société, mais pour eux dans leur intérêt personnel. Quand il s'agit de l'honneur des principes, qu'importent les considérations d'ordre pratique ; périssent plutôt les associations agricoles que de donner aux principes la plus légère entorse !

Donc on condamnera personnellement les administrateurs chacun pour la part qu'ils auront prise aux acquisitions et aux commandes. Sans doute ils ont traité dans l'intérêt social, mais cela n'est pas à considérer puisque la collectivité qu'on aperçoit derrière les associés *ut singuli* n'a pas de personnalité distincte des membres qui la composent. Devant pareil axiome il n'y a pas d'objection qui vaille : force est de s'incliner avec respect (1).

Toutefois une difficulté gêne un peu les auteurs dont nous analysons la doctrine. Supposons que le comice, être impersonnel, soit seul mis en cause, et qu'on poursuive par exemple la nullité de l'association, que se produira-t-il ? Il faudra, quelque bizarre que cela puisse paraître, appeler en justice tous les membres sans exception. S'il y a 700 agriculteurs on les citera tous. Cela rappelle un conte de Auerbach, où tout un village comparaît devant le juge, parceque malgré les interdictions du bailli, les paysans du dit village persistaient à se promener la hache sur l'épaule.

De pareilles assignations, outre qu'elles ne coûtent pas peu, ne sont vraiment possibles que dans la Forêt noire. Ailleurs, elles ne paraissent que très difficilement particables. M. Bourguignat, qui dans sa note sous Cass. 30 janvier 1878. S. 78. 1. 265, déjà citée, enseigne cette solution, la reconnaît lui-même peu pratique. Il a raison. On se gardera avec soin dans les comices agricoles de plaider

(1) Quelquefois néanmoins la jurisprudence s'est écartée des principes pour rentrer dans l'équité et le bon sens. Ainsi, par exemple, un arrêt d'Aix rendu le 7 avril 1865 (S.65. 2. 295), en s'appuyant sur la raison, dit qu'on ne peut forcer les tiers à poursuivre chacun des associés pour une somme infime. Le malheur est que de pareilles décisions se compromettent elles-mêmes en n'allégeant aucun argument de droit. Ce que les tiers auront de mieux à faire ce sera d'exiger le porte-fort des représentants de la Société aux contrats. Ainsi au moins ils auront devant eux, des obligés *in totum*, au lieu de débiteurs pour une fraction minuscule.

la nullité ou tous autres procès où serait intéressé le Comice pris en lui-même. Nous espérons qu'un arrêt analogue à ceux que nous avons vus animés d'intentions si libérales à l'égard des sociétés de tir et de courses, viendra soustraire les comices agricoles à cette doctrine par trop rigoriste. Il n'est pas besoin pour cela d'une loi. Des arrêts suffisent. Et si la justice paraît vouloir créer des établissements d'utilité générale, en possession, et du droit d'ester en justice par le moyen de leurs administrateurs, et d'une capacité que nous avons déterminée : sans aucun doute, dès que l'occasion se présentera enfin, elle régularisera la situation incertaine des comices agricoles !

Les associations en matière agricole sont pourtant parmi les plus favorisées. On voit donc par elles combien il reste à faire !

L'analyse rapide de leur constitution juridique nous aura montré clairement combien il manque aux groupements même les mieux traités de droits et surtout de liberté.

L'obligation pour les tiers créanciers de poursuivre non pas pour le tout l'administrateur délégué du comice, mais chacun des administrateurs intervenant au contrat, pour sa part et sa portion ; la nécessité pour les membres ou les tiers qui veulent intenter des actions relatives aux intérêts collectifs et au but du comice, envisagé en lui-même, d'assigner tous ses adhérents sans exception : voilà de quoi décourager bien des initiatives et glacer bien des enthousiasmes !

Ces difficultés inextricables ont au moins le mérite de

faire voir par un saisissant exemple combien la méthode déductive de Laurent et de son école consacre de singularités et produit d'erreurs dangereuses.

Ces déductions intraitables et cet amour passionné de l'impérieuse logique aboutissant à de si étranges résultats : tout cela ne juge-t-il pas en effet et sans appel la doctrine qui les enseigne et la méthode qui y conduit?

SECTION II

L'ASSOCIATION RELIGIEUSE

CHAPITRE VI

THÉORIE GÉNÉRALE DES ASSOCIATIONS ET COMMUNAUTÉS RELIGIEUSES
NON RECONNUES. LEUR FORME EXTÉRIEURE ET LEUR NATURE JU-
RIDIQUE.

Nous abordons avec ce chapitre le point le plus difficile
et le plus controversé de notre étude. Toujours cette
situation délicate des associations religieuses, et les
irritantes discussions qu'elle soulève, influe plus ou
moins en France sur la question générale de la capacité
des associations. Avec le plan que nous avons adopté, nous
évitons ces regrettables pénétrations d'un domaine dans
l'autre, et nous pouvons mieux et plus nettement séparer des institutions différemment réglées par les textes
administratifs auxquels déjà bien des fois nous avons
fait allusion. Le problème que nous avons à résoudre est
celui-ci. Les lois de 1790, de 1792, le décret de messidor
an XII, les décrets de 1880, ont supprimé les congrégations religieuses et placé leurs membres sous la menace,

sans cesse réalisable d'une dissolution par mesure administrative. Néanmoins, malgré ces prohibitions du pouvoir,
le désir d'une vie contemplative consacrée à la méditation
et à la prière, l'attrait du mysticisme, la séduction des
œuvres de charité et de bienfaisance, ont, pour nous servir des expressions de M. Taine, « réchauffé du nos jours
la foi dans les cloîtres », et en même temps ont donné
aux communautés religieuses une vitalité et une impor-
que la fin de l'ancien régime ne connaissait point. En
présence de cette persistance à vivre des congrégations
tant de fois supprimées, l'embarras des auteurs et des tribunaux est grand. En droit, sans doute, elles constituent
un néant, un non être, au moins d'après la théorie classique, dont l'influence est encore à peu près générale, mais
en dépit de l'acte de décès sans cesse dressé par les théoriciens, quelques années après leur dissolution, elles re-
paraissent et se remettent à passer des contrats, à édifier
des locaux, à faire figure enfin de personne bien vivante
dans le monde du droit. Et, pourtant, la logique se déclare
contre elles. De deux choses, l'une répétent à l'envi, les
civilistes : on est, ou on n'est pas : donc leur vie de fait
viole toutes les règles du droit et de la logique. Elles ressemblent un peu à ce malade de Molière qui s'obstine à
vivre malgré les arrêts de la Faculté. Elles ne se rendent
pas à la vertu infaillible d'un irrésistible dilemme. Eh
bien, nous avons à nous demander si vraiment la situation juridique des associations religieuses se présente telle
que l'affirme la théorie classique, et si cette vie, contraire

aux prohibitions du droit, ne s'explique et ne se justifie point par des raisons juridiques et ne constitue point une forme inférieure mais existante de capacité,

Avant d'examiner ce point capital, des précisions s'imposent. Nous devons nous demander d'abord ce que nous entendrons par congrégation et association religieuse. Pour résoudre cette question préliminaire, indispensable à la claire intelligence du sujet, nous scruterons les communautés religieuses dans la forme extérieure qu'elles adoptent généralement. Nous chercherons derrière les clauses enchevêtrées et subtiles où elles se complaisent, les traits essentiels qui la distinguent. Puis, débarrassés de cette détermination souvent assez difficile de l'association religieuse, nous arriverons au point capital qui est, ainsi qu'on le peut facilement deviner, la fixation de leur capacité. En un mot, dans ce chapitre, conformément à l'ordre logique des choses, nous passerons de la forme extérieure des congrégations et de leur structure apparente, à l'étude détaillée de leur capacité juridique fondée sur l'analyse de leur véritable nature interne.

En d'autres termes, nous ferons d'abord l'anatomie des associations religieuses, et leur constitution bien analysée, nous en aborderons la physiologie, c'est-à-dire que nous mettrons l'organe aux prises avec ses fonctions.

Commençons donc par l'étude des caractères distinctifs et de la forme extérieure de nos associations. Et d'abord qu'est-ce qu'une communauté ou congrégation ? Ces mots éveillent dans l'esprit l'idée d'une association fortement unie, prononçant les trois vœux de pauvreté, de chasteté et d'obéissance, et soumise à l'autorité canonique d'un supérieur. Le Tribunal de la Seine, dans un jugement du 3 mai 1889 (S. 1892. 2. 28) semble exiger trois conditions : l'existence d'une règle spirituelle, la destination pieuse et le lien religieux. Ces trois caractères individualisent assez bien la congrégation asservie à un but pieux pour la réalisation duquel le congréganiste se sacrifie tout entier. Ils font ressortir avec force ce fait que nulle part ailleurs, sinon dans les congrégations, on ne retrouve : un si complet anéantissement de l'individu devant l'œuvre poursuivie. Dans les associations laïques, l'associé ne donne à l'être collectif dont il fait partie qu'une petite parcelle de son temps et de son activité ; ici, il lui donne toute sa vie et, en outre, il se dépouille en sa faveur de la prérogative la plus précieuse de tout citoyen : la liberté. Ces traits originaux de la communauté religieuse ont beaucoup frappé ceux qui ont étudié ces questions, et en particulier M. Taine (1). Il insiste sur les congrégations dans ses origines de la France contemporaine, et il y voit le plein épanouissement de la théorie de Rousseau. En effet, le congréganiste, à la façon de l'homme sortant de l'état de nature du philosophe génevois, aliène tout, au profit de la communauté où il s'agrège. Ce n'est donc

(1) Origines. Reconstruction de la France en 1800, l'Église, *revue des deux mondes*, année 1896, pages 480 et sq. En quelques pages vivantes et profondes le grand philosophe y décrit les congrégations, pour lui, véritable réalisation du songe jacobin.

pas dans les créations révolutionnaires qu'il faut chercher
ce rêve égalitaire de communisme à la spartiate qui a
tant tourmenté les disciples de Rousseau, mais dans les
cloîtres et les monastères. Là seulement, l'individu s'aliène
pour assurer le triomphe d'une idée. Disons donc que les
congrégations constituent l'effort maxima de l'esprit
d'association, et que chez elles, l'homme disparaît presque dans le sein de l'être collectif, qu'il crée. Partout où
les caractères de soumission absolue et de destination
toute puissante que nous venons d'analyser, se rencon-
treront on se trouvera en présence d'une congrégation ou
d'un ordre. Cette dernière expression, notons-le en passant, ne signifie pas exactement la même chose que le
mot congrégation. Elle suppose plutôt que l'obéissance à
un chef, la soumission individuelle à une règle déterminée. Au fond, du reste, la différence n'est pas très grande,
puisque dans les congrégations, le supérieur canonique
ne fait qu'ordonner l'application de la règle.

Quoiqu'il en soit, de cette façon différente de nommer
une même institution, nous venons à grands traits de
décrire les congrégations. Elles se caractérisent donc par
les vœux, la règle, et la soumission absolue à un supérieur
ou aux canons de la communauté.

A côté des congrégations, les lois fiscales, les seules
qui s'occupent actuellement des associations religieuses.
non autorisées, placent ce qu'elles appellent « les associations religieuses ».

Les tribunaux ont eu à se demander ce que signifiaient

ces expressions à propos du paiement de l'impôt sur le revenu et du droit d'accroissement. Dans un arrêt sur cette
matière du 3 janvier 1894. (S.95.1.148,) la Cour de cassation déclare la question, plutôt de fait que de droit, et la
laisse entièrement livrée au souverain pouvoir d'appréciation des tribunaux de première instance. Comme le dit
M. le professeur Wahl en la note, qui au recueil de Sirey, accompagne ledit arrêt, on peut tout de même poser
quelques principes.

Essayons d'y arriver.

Et d'abord, il faut nécessairement, pour qu'il y ait
association religieuse, que les associés ne touchent aucune
fraction des bénéfices corporatifs : s'ils en touchaient une
fraction, en effet, nous nous trouverions en présence,
nous le savons, d'une société intéressée, dans les termes
de l'article 1382 du Code civil. Et une pareille société
diffère grandement, tant au point de vue de la fiscalité,
que de la capacité juridique, des sociétés non lucratives
que nous étudions !

Cette condition essentielle mise à part, l'association, pour
être religieuse, dans le sens des lois fiscales et administratives, doit-elle se composer uniquement de membres du
clergé régulier unis entre eux par un lien religieux ? Ou pour
présenter la question sous une autre forme, une société
où figureraient des laïques ne constituerait-elle point une
association religieuse ? La jurisprudence paraît le soutenir.
Elle s'appuie sur les travaux préparatoires des lois de 1880 et
de 1884. Nous la croyons dans l'erreur. En effet, les travaux

législatifs de 1880 et 1884 sont excessivement vagues, si
vagues même, que la jurisprudence dans d'autres controverses oppose une fin de non recevoir absolue à tout argument que l'on y puise. Sans trop insister sur cette raison
qui, pour être empruntée à la jurisprudence elle-même,
ne suffit pas à asseoir une augmentation convaincante ;
nous dirons en outre que la terminologie des lois de 1880
et de 1884 se rapproche singulièrement de celles des textes de l'époque révolutionnaire qui décrètent de nullité tous
les groupements dans un but religieux. Qu'on en juge plutôt ! Eux aussi se servent des expressions, « congrégations,
communautés et associations religieuses ». Et ce qui nous
semble décisif, ils y ajoutent les familiarités et les confréries : associations pourtant essentiellement laïques. Dès
lors, pourquoi établir un disparate entre la loi administrative et la loi fiscale ? Cela se comprendrait d'autant
moins que c'est contre les mêmes sociétés qu'annulait le
législateur révolutionnaire que l'État, à l'heure actuelle,
dirige ses taxes nouvelles. Les mêmes associations qui autrefois étaient proscrites deviennent aujourd'hui des contribuables. Pour toutes ces raisons, il nous semble donc
qu'on ne doit pas enfermer dans un cadre rigide ces mots :
associations religieuses. Ils constituent une expression
synthétique, qui englobe sous son champ d'application les
confréries de laïques ou de pénitents et les tiers ordres,
aussi bien que les communautés proprement dites. Pourquoi exempter en effet de la taxe fiscale les conférences de
Saint-Vincent-de-Paul, les confréries du Saint-Sacrement

les tiers-ordres de Saint-François ou de Saint-Dominique ?
Un tiers-ordre, pour prendre ce cas comme exemple, forme
le prolongement laïque d'une congrégation. Il suit les
mêmes vues et favorise les mêmes entreprises. On ne
comprendrait pas une mesure différente pour l'accessoire
et pour le principal !

Donc largeur d'application de l'expression association
religieuse ! A une condition toutefois. C'est que la destination religieuse se manifeste sans ambiguïté. La jurisprudence d'ailleurs sur ce point spécial semble ne pas
s'arrêter à l'application machinale des expressions légales
et à la littérale interprétation des textes. Bien au contraire ! Elle s'inspire surtout de leur esprit et repousse
absolument tout matérialisme d'interprétation.

Quelques-unes de ses décisions notamment ont admis
comme associations religieuses des sociétés d'enseignement
primaire ou de bienfaisance (Vide: Perpignan, 9 mai 1892
en sous note sous Cassat. S. 95. 1. 145. et trib. de Rouen
4 oct. 1890. S. 1892. 2. 127), a très juste raison d'ailleurs
selon notre avis.

En effet, la destination d'un groupement en corps, ne doit
pas être cherchée dans la fin immédiate et directe que les
associés se proposent ! Il faut pousser plus loin l'analyse
des intentions. Dans les sociétés de bienfaisance ou d'enseignement, dont il s'agissait, le but poursuivi extérieurement, ne répondait pas sans doute au premier abord
aux expressions des lois de 1880 et de 1884. Mais que
si l'on réfléchit un peu, cette extensive interprétation

des textes s'explique très bien. Car comme le remarque
avec juste raison M. Wahl dans la note anexée à l'arrêt
de 1895, l'enseignement ou même l'exploitation industrielle ou agricole à laquelle on se livre en commun
(chartreux, trappistes) ne constituent que des moyens
d'acquérir un capital qu'on consacrera à étendre le pouvoir de l'ordre ou à rendre possible l'obligation du travail
imposée par les règles de la congrégation. Sous le but apparent se cache un but plus éloigné mais vital qui est la
grandeur de la religion ou la préparation de la vie future.
Nous avons seulement à nous occuper de cette fin directrice. Toutes les fois qu'une association y sera asservie, nous
nous trouverons donc en présence d'une association religieuse. Cette condition *de l'affectation pieuse suffit. En
elles se résument tous les signes distinctifs d'un groupement religieux*. La règle commune et le lien religieux ne
s'imposent qu'aux ordres et congrégations. Quant aux
associations, leur destination, une fois prouvée, on n'a pas
besoin de chercher d'autres caractères. Elles peuvent
même se composer à la fois de prêtres séculiers et de
membres du clergé régulier. Qu'importe en effet que dans
leur sein les deux clergés se mêlent, si la destination apparaît, sans hésitation aucune, religieuse ! Donc pour
nous résumer, pas de difficultés au moins en droit. Le
juge du fait n'aura qu'à aller directement, à travers
les méandres des espèces, à l'affectation et au but de la
société.

Il n'aura pas à se préoccuper des autres critères qu'on

propose et Dieu sait pourtant, si à cet égard les imaginations se sont données libre carrière. Le juge repoussera
tous ces systèmes. Il ne tiendra, par exemple aucun compte
de la reconnaissance de l'association par l'autorité ecclésiastique, quoi qu'en disent souvent dans les procès les
défenseurs des associations religieuses. Car avec cette
condition, les sociétés calvinistes par exemple, en l'absence dans leur confession d'aucune juridiction compé-
tente pour sanctionner les associations, ne formeraient
pas des sociétés religieuses, au détriment de toute logique et de toute équité.

Donc, comme conclusion de cette analyse délicate de la
notion d'association religieuse disons : on entend par ces
expressions dans les lois et les décrets, non seulement les
communautés et les congrégations, mais encore les confréries et les tiers-ordres. Nous ferions entrer même dans
cette classe d'associations les sociétés conclues en dehors
de toute idée de participation aux bénéfices, entre religieux
séculiers ou réguliers, et même entre laïques. Ce qu'il faut
considérer, c'est le but final seul. L'association sera religieuse du moment que ce but consiste directement et essentiellement, quels que soient d'ailleurs les procédés matériels
de réalisation employés, dans l'accomplissement d'une œuvre de charité confessionnelle ou la diffusion d'un certain
idéal religieux. Cette définition, sans prétendre à l'impec-
cabilité, nous semble caractériser autant qu'il paraît possible la complexité des choses. Elle nous ramène en outre
à la considération du but dominateur, que nous a rendue

déjà familière, le coup d'œil jeté par nous plus haut sur les théories allemandes.

Nous savons maintenant ce qu'est une communauté, une association ou une congrégation religieuse. Il nous faut, ces questions de définitions et de classification tranchées, nous demander maintenant comment les groupements religieux arrivent à posséder des biens en dépit de tous les textes menaçants qui le leur interdisent.

Une chose surprend, tout d'abord, abstraction faite de la loi civile. Le moyen, se demande-t-on, de concilier, avec le vœu de pauvreté et celui d'obéissance, les combinaisons enchevêtrées des congréganistes ? Cette objection souvent faite à la tribune parlementaire ne tient pas compte de la finesse de casuistique du droit canonique. Les vœux ne sont pas du tout ce qu'un vain peuple pense. Ils n'ont plus aujourd'hui la même portée qu'au moyen âge. Suivant le témoignage autorisé de MM. Van den Heuvel et de Vareilles-Sommières, les juristes se trompent presque tous à leur égard. Le vœu de pauvreté, si l'on consulte les canonistes du xixᵉ siècle et une lettre très significative de Léon XIII écrite le 31 juillet 1878 aux évêques de Belgique lors de l'insurrection de l'épiscopat belge contre le ministère Frère Orban, quand il est simple, et cela arrive la plupart du temps, car le vœu solennel, ne s'applique plus qu'à de rares communautés, enlève seulement aux religieux le droit de disposer de leurs biens sans l'autorisation de leur supérieur.

Quant au vœu solennel il enlève la capacité et le droit de

disposer individuellement. Notons aussi que pour les canonistes actuels, les religieux constituent les véritables propriétaires *indivis* et en commun des biens du couvent, que
ne possède nullement un être fictif ou moral distinct des
individus. La congrégation se confond avec les individus
qui la composent : il n'y a pas en elle l'ombre d'un établissement de mainmorte affirme le savant bollandiste de Bück
et si les congréganistes dissipent les biens de la communauté, ils dissipent leurs propres biens « *tout en violant
de très graves devoirs* ». Cette doctrine méritait d'être citée parce qu'elle contraste fortement avec celle du moyen
âge, où devant les tentatives répétées du clergé, pour se
créer des fiefs aux dépens des biens d'Église, l'église proclama bien des fois la précarité de la possession des bénéficiaires et des prébendiers en consentant tout au plus à
y voir un simple usufruit. Le *corpus juris canonici* four-
mille de textes qui affirment que les biens de l'Église et
des fondations pieuses sont à Dieu ou aux pauvres, mais
non aux clercs. De nos jours, on le voit, les juristes et
les canonistes ont repoussé le mysticisme de ces déclarations, très défendables d'ailleurs en droit, pour revendiquer
les bénéfices du droit commun des personnes physiques.

Ces vues nouvelles de l'Église sur les droits des congréganistes sont, au demeurant, une preuve de plus de l'art
subtil avec lequel la législation canonique sut toujours
se plier aux circonstances et désarmer par des concessions
de principes faites à propos la défiance incurable de l'État.
Elles permirent aux congrégations non reconnues de s'as-

surer, au moyen des clauses célèbres d'adjonction et de
réversion, la perpétuité et tous les avantages des établissements réguliers, reconnus d'utilité publique. Sous des
déguisements habiles de formes et d'apparences, les communautés réussirent ainsi à garder intact leur patrimoine.
Le moment est venu d'examiner la forme juridique extérieure que prennent la plupart du temps les congrégations
non reconnues et d'en chercher la légalité. Cette étude
achèvera d'individualiser les communautés non reconnues,
à la fois dans leur forme et dans leur esprit.

Les congréganistes concluent entre eux très souvent une
Société civile intéressée chargée d'alimenter la vie commune de la congrégation. Leur raisonnement est très
simple.

Si nous restions à l'état d'association non intéressée
disent-ils, nous ne pourrions acquérir, à cause des prohibitions légales consacrées par la jurisprudence, les biens
nécessaires à l'accomplissement de notre destination pieuse.
Heureusement le droit civil nous reste et aussi le droit
commercial. Sur l'association incapable nous grefferons
une société civile ou une société commerciale. La capacité de l'association intéressée permettra à l'incapacité
de l'association désintéressée de subsister. En ce procédé,
au reste, rien ne légitime les attaques que l'on dirige
généralement contre lui. La société ainsi formée remplit
toutes les conditions exigées par le Code civil et le Code
de commerce. De quel droit venez-vous la combattre?
Puisque le texte de l'article 1832, du code civil, ne fait

pas de distinctions entre les citoyens, et les admet tous à
former des sociétés, pourquoi priver les congréganistes
qui sont des citoyens comme les autres, d'une prérogative
du droit commun? Même les membres des congrégations
reconnues que gêne la tutelle administrative, pourront
échapper à ses entraves en formant entre eux des sociétés
intéressées ordinaires, régies par la loi civile ou commerciale. Eux aussi sont citoyens, et par conséquent, ils ont le
droit de chercher dans une entreprise sociale à accroître
leur patrimoine. Décréter de nullité les sociétés qu'ils forment, ce serait couronner par une illégalité le traitement
arbitraire qu'on leur inflige et les frapper d'une « véritable intérdiction de l'eau et du feu ». La forme de société
civile prise si souvent par les congrégations est donc pleine
ment licite, et à l'abri de toute nullité. Sans doute les bénéfices distribués iront à l'association dont ils assureront
le fonctionnement, mais qu'importe? Chacun peut faire
de sa part de bénéfices dans une société, l'usage qui
lui plaît. Cet usage ne regarde point l'État. Du moment
que la société fonctionne régulièrement, l'État perd ses
droits et n'a pas à critiquer, ou à contrôler l'emploi des
résultats de l'exploitation sociale. Rien de plus clair
donc. La nullité de l'association n'empêche point la validité de la société civile ou commerciale. Cette dernière
remédie à tout et assure aux associations religieuses la
large liberté que la législation accorde de plus en plus à
la spéculation industrielle ou commerciale. Au moyen de
ce pavillon commerçant que les nécessités la forcent à

arborer, l'association esquive les prohibitions et redevient pleinement capable. Elle se sert du droit commun pour sa défense ; qui peut le lui reprocher ? Sans doute elle prend des apparences assez en opposition avec sa véritable nature. Elle les regrette. Mais avant tout il faut que l'œuvre vive ; et, son importance justifie les détours ingénieux, auxquels les congréganistes recourent. C'est ici ou jamais, quand il s'agit du salut des ordres et congrégations et des idées auxquelles elles se consacrent, le cas de dire que la fin justifie les moyens.

Voilà le raisonnement : Il ne manque ni d'habileté ni de valeur. La doctrine pourtant en grande majorité ne s'est jamais laissée convaincre par lui. Et, de fait, il y a quelque piquant, de voir les congrégations religieuses se proclamer commerçantes et réclamer à ce titre les avantages du droit commun. Cette étiquette qu'elles prennent ne semble guère répondre à leurs intentions véritables, telles que les vœux sur lesquelles elles reposent, permettent de les présumer. Le droit commun invoqué pour tourner la loi cesse de protéger ceux qui l'invoquent. La loi ne peut servir à légitimer la violation de ses dispositions.

Sans cela, comme le sabre de Joseph Prud'homme, elle aurait deux fins : se consolider et au besoin se détruire.

Ces observations générales tirées de la singularité que présentent ces articles du Code civil et du Code de commerce busquement démasqués pour rendre inefficaces des principes fondamentaux de notre droit public, une fois formulées, il est facile de montrer, déclarent presque tous les auteurs que les sociétés civiles des congréganistes sont nulles. Deux raisons surtout peuvent s'invoquer contre elles.

La première c'est qu'elles ne constituent que des personnes interposées par rapport à la congrégation. L'interposition, pour s'exercer par l'intermédiaire d'une société n'en change ni de caractère ni de nature.

Le fiduciaire, au lieu d'être une personne physique est un être collectif ou un agrégat d'individus. Mais cette circonstance n'enlève rien de son irrégularité au fait de l'interposition. La société, au lieu de se proposer commé but, un partage de bénéfices entre ses membres, n'a pour objectif que de servir d'organe d'acquisition à l'association religieuse à laquelle ses membres sont agrégés. L'organe ne saurait posséder plus de capacité que l'organisme qu'il sert. L'accessoire suit le sort du principal. De même qu'à Rome, l'esclave d'un incapable ne pouvait, malgré sa qualité d'instrument d'acquisition acquérir pour lui, de même la société de congréganistes ne peut conférer à l'association mère, la pleine capacité que lui refuse la loi. L'adjonction d'un organe capable est impuissante à produire ce phénomène de la conversion de l'incapacité en capacité. L'acquisition réalisée par son intermédiaire ne vaut pas plus que l'acquisition réalisée directement. L'une tombe comme l'autre. Il faut naturellement prouver l'interposition et le versement de tous les bénéfices à la communauté mère. Cela ne sera d'ailleurs pas très difficile dans la majorité des cas. Souvent, il suffira, pour démontrer l'interposition, d'examiner soigneusement les statuts. Cet examen prouvera bien souvent l'interposition cherchée. On y trouvera, par exemple, des clauses telles que celle-ci : « Les bénéfices ne seront pas distribués personnellement aux associés », ou bien telles que celle-ci : « Tout associé qui aura mauvais caractère pourra être expulsé de la société ».

De pareilles stipulations se chargent d'indiquer avec éloquence le caractère d'organisme désintéressé que possèdent ces sociétés prétendues intéressées.

Non seulement les acquisitions qu'elles servent à réaliser sont nulles, mais la société en elle-même l'est aussi. Et c'est ici qu'intervient la seconde des raisons que nous annoncions tout à l'heure. Toute société en effet, doit avoir un but licite, article 1833 du Code civil. Or, est-ce un but licite que de tourner les lois ? On essaie de le soutenir par des prodiges de casuistique, mais on n'y parvient guère. L'article 6 du Code civil suffit à réfuter tous ces efforts dignes d'une meilleure cause. On ne peut déroger par des conventions particulières, nous dit-il, aux lois qui intéressent l'ordre public. Eh bien, plusieurs de ces lois déclarent dissoutes les congrégations et défendent d'en former à l'avenir ! Toutes les conventions qui tâchent de les tourner, ne valent donc rien. Elles sont inficiées d'une nullité à laquelle aucune dialectique ne saurait les soustraire.

On contestera peut-être le caractère de lois d'ordre pu-

blic, des lois sur les associations religieuses. Mais avec
peu de fruit. L'idée d'ordre public en effet a été de nos
jours éclaircie par les progrès du droit international. On
s'accorde à faire rentrer sous cette notion les lois qui
touchent à la constitution politique du pays et à l'organisation de la propriété. Toutes lois qui régissent les communautés religieuses dont le patrimoine de mainmorte
soulève les plus hautes questions de propriété dans un
pays ! Sans conteste d'ordre public international, comment
ces lois ne seraient-elles pas *à fortiori* d'ordre public
interne ! La libre convention des congréganistes ne peut
donc entraver leur fonctionnement.

Elle n'aboutit qu'à l'annulation des acquisitions comme
faites par personne interposée et à l'annulation de la personne collective interposée qui sert à réaliser ces acquisitions. En vain, donc les congrégations cherchent à sortir du cercle de nullités où elles étouffent. Elles ne sauraient échapper à l'application des textes restrictifs qui les
régissent.

Cette argumentation fait la base, entre autres décisions
judiciaires, d'un arrêt de principes souvent cité de Caen
(S. 47. 2. 278. D. 1849. 1. 44), rendu à propos d'une
société de trappistes d'une durée de 40 ans, aux termes
de ses statuts, et de nature tellement intéressée, que les
membres en portaient le nom de frères, et s'engagaient à
célébrer à perpétuité la messe conventuelle !

L'arrêt de Caen cadre avec la rigueur inflexible de la
théorie classique. Il est solidement motivé et d'une grande

logique de construction. A notre avis pourtant, il vient
se briser contre une objection fondamentale. Il ne tient
en effet, aucun compte de la volonté des parties, et de la
nature juridique de congrégations religieuses. Avec lui,
nous sommes persuadés de la nullité comme telle, de la
société civile ou commerciale, formée par les religieux
entre eux, mais cette conviction résulte pour nous d'autres raisons. L'argumentation, sur laquelle se fonde
l'arrêt de Caen, consiste à chercher dans le Code civil des
textes qui montrent la nullité de la société des congréganistes. Il y a plus et mieux à faire. Ne serait-il pas plus
simple de raisonner ainsi ? La société civile de congréganiste, ne constitue qu'un expédient, qu'un subterfuge,
nous le concédons. Mais elle n'est pas nulle, elle n'est
que mal qualifiée par les parties. Dans leur désir éperdu
d'acquérir et de posséder, les congrégations recourent à
cette forme qu'ils croient plus sûre. Faut-il les suivre sur
ce terrain ? Nullement. La nature d'un groupement quelconque ne dépend pas de sa forme extérieure, mais de
son but et de son essence. La jurisprudence ne cesse de
proclamer ce principe en matière de sociétés civiles à
formes commerciales. Pourquoi ne l'appliquerions-nous
pas ici? Sous le vêtement d'une société de spéculation il
y a en réalité une association sans but lucratif, soumise à
toutes les règles de ces associations, et soustraite aux
prescriptions du Code civil et du Code de commerce. Tel
est le droit. Telle est la vérité.

Il ne faut pas en effet s'imaginer que l'association dé-

sintéressée n'implique aucune fortune patrimoniale. Les
êtres collectifs, pas plus que les personnes physiques, ne
vivent de sentiments et de rêves. Les biens, prolongement
nécessaire de toute activité vitale et de toute personnalité
juridique, complètent la réunion des individus. Ils adhèrent à elle et ne font nullement partie d'une société civile
qu'on juxtaposerait au contrat désintéressé d'association.
Établir une pareille superposition, c'est oublier la nature
et l'essence de l'association sans but lucratif ; c'est condamner les sociétés idéales à fonctionner à vide et à mourir d'asphyxie et d'inanition. L'idée ne suffit pas à nourrir l'idée. Elle a besoin de l'appui du patrimoine, comme
notre cerveau a besoin de l'afflux nourricier du sang, que
lui apporte la régularité du rythme circulatoire.

Sans doute quelques membres pourront former entre
eux une véritable société civile ou commerciale et alors
les principes du rigorisme classique trouveront une occasion favorable de s'appliquer. Nous n'en disconvenons
pas. On pourra, en pareil cas, discuter l'interposition et en
annuler les effets. Mais quand l'universalité ou la grande
majorité des congréganistes forme une société par actions,
il n'y a pas d'interposition d'un être par rapport à un autre, il y a un déguisement, une seconde forme prise par
un seul et même être. La personne interposée et la personne qui bénéficie de l'interposition sont identiques, sous
leurs aspects différents. On ne met pas en effet la contemplation des béatitudes de la vie future, le dévouement
aux pauvres, le soulagement de ceux qui souffrent, en ac-

tions, comme une mine de charbon ou une raffinerie de pétrole ! Et si on est assez ingénu pour le faire, la justice doit changer cette étiquette trompeuse, et la remplacer par la vraie.

Au demeurant, nous croyons que depuis les lois fiscales de 1880 et de 1884, la question n'est plus entière. Ces lois qui frappent d'impôts les sociétés de fait formées entre congréganistes appartenant à des communautés reconnues ou non reconnues, paraissent bien faire succéder à la nullité de la théorie classique, la tolérance bienveillante de l'Etat et même la *reconnaissance fiscale*.

Traitant l'apparence suivant ses véritables lois, elles l'imposent au taux élevé qui est celui des associations religieuses. C'est un abandon indirect de la doctrine antérieure.

D'ailleurs, en jurisprudence, l'arrêt de Caen n'a pas eu de successeurs. Le principe posé par lui reste. Il figure à la place d'honneur dans tous les traités de droit public et privé. Mais pratiquement on n'annule plus les sociétés entre congréganistes. On se borne simplement à rechercher si elles sont *sérieuses* et si elles veulent réellement constituer de véritables sociétés intéressées. La négative prouvée, on leur applique l'impôt sur le revenu de 5 0/0 et la taxe d'abonnement de 0,40 0⫶0 qui a pris la place de l'impraticable droit d'accroissement. A l'annulation a donc fait suite la tarification. Donnons comme exemple de ces nouvelles tendances jurisprudentielles un arrêt récent. Il est du 20 avril 1891. Il a

été rendu par la Cour de Montpellier (S. 92. 2. 76).
La Cour déclare dans un de ses attendus que la société
des moines de Ségriès, établie pour la fabrication du co-
gnac du même nom, forme une réunion de citoyens qui,
quel que soit le nom qu'on leur donne, peuvent constituer une association ayant un *intérêt purement civil ou
commercial*, quoique leur vie religieuse ait un objet tout
autre.

Du moment, on le voit, que l'intérêt *purement* civil ou
commercial existe, la jurisprudence valide la société. Elle
n'accepte plus la théorie absolue de l'arrêt de Caen. Entre
cet arrêt de Caen et l'arrêt de Montpellier, d'autres arrêts
(cassat. 1882. S. 1884. 1. 215 et C. d'appel de Bruxelles
7 juillet 1883. S. 1883. 438 et Cassat. 19 janvier 1887. S.
1890. 1. 333) que nous reverrons d'ailleurs plus loin,
n'avaient pas été aussi hardis. Au lieu d'affirmer nettement la validité du groupement des congréganistes pour
une entreprise exclusivement intéressée, leurs attendus
se réfugiaient dans le droit personnel et direct du représentant de l'association Il a traité en son propre et privé
nom, assuraient ces arrêts. Si au contraire, disaient-ils,
il avait agi comme prête-nom de la société civile ou commerciale de congréganistes, ce fait bien prouvé aurait
entraîné la nullité du contrat passé par lui, en fraude
des dispositions légales, qui dénient aux communautés
non autorisées, soit directement, soit indirectement, la
capacité juridique en même temps que l'existence légale.

L'arrêt de Montpellier marque donc une évolution de jurisprudence. Il reconnaît la validité de la société et abandonne le subterfuge accoutumé de l'affirmation d'un droit individuel. C'est un progrès de logique et de clarté. Seulement, nous regrettons de ne pas trouver dans l'argumentation de la Cour, même la plus fugitive allusion aux lois de 1880 et de 1884 qui, en termes très explicites, ont accordé aux sociétés dont s'agit les honneurs de la reconnaissance fiscale. Il y avait là, ce semble, un argument important à invoquer et qui dépassait en portée ceux que donne la Cour. Elle ne l'a pas risqué. Et au surplus, la jurisprudence en général, ne fait pas sortir de leur domaine purement fiscal, les lois de 1880, 1884 et 1895. Ses décisions ne veulent même pas qu'on aille dans les travaux préparatoires chercher la lumière qui ne se dégage pas du texte. A plus forte raison se gardent-elles bien d'insister sur les réactions réciproques de la loi fiscale et de la capacité civile des communautés non autorisées. Ces tendances sont regrettables. Peut-être un mouvement contraire se produira-t-il, à mesure que se présenteront des cas d'application de la loi de 1895 sur la taxe d'abonnement, mieux rédigée d'ailleurs, et plus juridiquement conçue que ses devancières de 1880 et de 1884.

En tout cas cet appel adressé à la loi fiscale pour combler les imperfections de la loi civile et administrative déciderait à notre avis dans le sens de la validité, du sort des sociétés même non « sérieuses » de congréganistes groupés dans un but désintéressé ou uniquement lucratif.

Il ferait plus encore. Il permettrait de trancher la controverse relative aux clauses d'adjonction et de réversion
qui a partagé la doctrine et suscité tant de discussions
soit au Parlement, soit dans les œuvres juridiques. Nous
y arrivons. Les communautés religieuses non antorisées,
travaillées par cet éternel besoin qu'elles éprouvèrent toujours de donner à leur patrimoine des garanties sérieuses
de durée et de fixité et rassurées par les nouvelles conceptions des canonistes sur les vœux et leurs résultats juridiques, imaginèrent d'ajouter à la société civile que leurs
membres formaient entre eux, les deux clauses de réversion et d'adjonction.

Grâce à la première de ces deux clauses, la part des dé-
cédés et des sortants accroissait aux survivants et aux
restants.

Grâce à la seconde, de nouveaux membres venaient en
nombre illimité combler les vides que la retraite ou la
mort apportaient dans les rangs de l'association religieuse.
Ces clauses eurent du succès. Le législateur s'en préoccupa
en 1880 et les frappa du droit d'accroissement et de l'impôt sur le revenu.

Pendant la discusion de ces lois, on accusa la combinaison de ces deux classes d'illégalité flagrante. Elle permettent, s'écria-t-on, de constituer une mainmorte perpétuelle et de teurner toutes les lois qui, dans le Code
civil, et, le droit public, empêchent l'envahissement des
biens par les êtres de raison.

Le reproche qui nous paraît au moins spécieux, ne parvient pas à troubler la sérénité des partisans du contrat d'association. De deux choses l'une, s'empressent-ils de répondre, ou bien les sociétés civiles, dont si souvent les communautés religieuses empruntent les dehors, sont à durée illimitée, ou bien elles sont à durée limitée. Dans le second cas, la fixité du terme, que les statuts stipulent, suffit à empêcher toute crainte de mainmorte. Et dans le premier, l'article 1869 du Code civil, tant de fois invoqué et jamais en vain, par M. de Vareilles, permet à tout associé d'opérer au moyen d'un acte de renonciation signifié à tous les asaociés, de bonne foi, et non à contre temps la dissolution de la société. Où apparaît dans tout cela l'hydre de la mainmorte? Les clauses incriminées sont donc sans danger aucun, et on ne peut alléguer contre elles que de vains fantômes et d'imaginaires terreurs.

Elles constituent tout simplement des résultats licites du libre jeu de la volonté des congréganistes. Rien de plus. Ni l'adjonction, ni la reversion ne sortent de la légalité. Elles en sont au contraire, une pure et inattaquable expression.

Pourquoi dès lors tant de colères ? Du moment que l'on a inscrit dans le Code civil, le principe de l'autonomie de la volonté individuelle en matière de contrats, on doit respecter l'usage qu'en font les citoyens; ou les textes ne sont plus qu'un vain mot!

Doctrinalement une pareille argumentation semble laisser peu de place à l'objection. En fait, on voit facilement qu'elle n'entrave en rien cette constitution d'une main-

morte irrégulière qu'elle s'efforce pourtant de prouver impossible et inconcevable ! Qu'importe la durée limitée de
la société en effet ? Les religieux n'ont-ils pas prononcé
le vœu d'obéissance, dont à notre connaissance au moins,
aucune décision des canonistes n'est venue restreindre la
portée ? Et les documents judiciaires ne nous prouvent-ils
pas que les sociétés de congréganistes en général formées
pour 50 ans, se renouvellent tous les 50 ans avec une
ponctualité des plus louables ? On allègue l'article 1869 ;
dans l'hypothèse seule des sociétés illimitées d'ailleurs.
Mais outre que la société à durée illimitée est très rare à
cause de son maniement peu facile et un peu aussi à cause
du fameux article 1869 lui-même ; la renonciation d'un
seul associé ne dissout pas si aisément que cela l'association. Elle doit, ne l'oublions pas, être notifiée aux autres
membres de bonne foi et pas à contre temps. Expressions
assez élastiques et qui soulèveront presque toujours un
procès. De son issue dépendra seulement la destinée de
l'association. Et puis le vœu d'obéissance existe dans la
société illimitée, comme dans la société limitée. Il produira ses effets. L'article 1869 restera donc dans la société
illimitée, plutôt une menace qu'une réalité agissante. Il
n'empêchera nullement le patrimoine corporatif de s'accroître. Aussi bien ce n'est pas un article de Code qui
peut refréner ce pouvoir de lente immobilisation qu'ont
toujours les idées désintéressées qui président aux groupements non lucratifs. A la différence de l'œuvre de spéculation qui exige des mutations fréquentes et une circula-

tion fiévreuse de la richesse : l'œuvre religieuse ou morale veut l'immuabilité des acquisitions et l'agrandissement continu et indéfini du patrimoine d'affectation. Qu'on ne nous parle donc pas des dissolutions fréquentes et de l'orageuse existence des sociétés religieuses. Elles ont au contraire le calme qui convient à l'œuvre qu'elles incarnent et aux traditions très lointaines qu'elles perpétuent.

Le reproche de faciliter indirectement à la constitution de la mainmorte, qu'on adresse à la société de congréganistes, basée sur les clauses de réversion et d'adjonction, se justifie assez aisément comme on le voit.

Il en est un autre, formulé aussi lors de la discussion des lois de 1880 et 1884. Celui-là, on peut le tenir pour faux de tout point. Il consiste à dire que la réversion et l'adjonction tombent sous le coup des articles 896 et sq. du Code civil qui prohibent les substitutions. En pareil cas, il se produirait une substitution perpétuelle. Qu'on y réfléchisse en effet. Les sortants communiquent leur part aux vivants, et ainsi comme dans les familles de l'ancien régime, le patrimoine passe de main en main, sans se diviser ni se dissoudre. Grâce à la subrogation continue des individus, les biens corporatifs ne ressentent point le contre-coup des changements juridiques qui se produisent dans le groupe de leurs propriétaires : ils restent perpétuellement la chose de cette série d'associés, qui semblables aux fractions périodiques de l'arithmétique, s'ajoutent indéfiniment les uns aux autres.

Ces considérations ne nous paraissent pas de nature à entraîner l'annulation des clauses qu'elles incriminent. L'accusation lancée contre elles, de constituer une substitution perpétuelle ou à plusieurs degrés, suivant qu'il y a ou non dans les statuts, la clause d'adjonction, ne tient pas très solidement. Pour qu'il se produise une substitution en effet, il faut qu'il existe une institution. Le mot substitution proclame ce principe par sa composition même. Eh bien ici où est l'institution ? Nulle part. De plus dans la substitution prohibée, le grevé obligé à conserver et à rendre ne peut aliéner. Les congréganistes le feront rarement sans doute : « ils violeraient de graves devoirs, » mais ils demeurent capables de le faire. Cette possibilité écarte absolument l'annulation, à titre de substitution prohibée. Le mécanisme de nos deux clauses reste pleinement valable. Tout au plus, comme le dit de M. Vareilles, sommes-nous en présence de la substitution de *eo quod reliquerit*, très usitée en Belgique et qu'aucun texte de nos lois ne condamne ni n'interdit.

On a allégué aussi quelquefois que les sociétés à clauses de réversion et d'adjonction formaient des tontines et, partant, n'avaient, en l'absence de l'autorisation du gouvernement, exigée par la loi du 24 juillet 1867, art. 66, aucune existence juridique. Les défenseurs des congrégations ont, sans grand peine, refuté cette argumentation. Dans la tontine, en effet, la réversion est le but unique de l'association : dans la congrégation au contraire, elle n'est qu'un moyen de réaliser l'idéal auquel on se consacre.

Puis, au lieu de laisser libre, comme les tontines, l'entrée
dans la société, les congrégations constituent des groupes
fermés où l'on n'est admis qu'après de lentes formalités et
de minutieux examens. D'un côté, on ne se propose que
l'acquisition de bénéfices provenant de l'ordre des décès ;
de l'autre côté, par contre, on n'envisage presque jamais
l'éventualité d'un gain, mais l'œuvre ou l'idée à laquelle
sont affectés les résultats de l'exploitation sociale. Pour
résumer ce court parallèle, disons que la tontine est une
société inerte et purement lucrative, et que toutes ces
raisons empêchent de lui assimiler les congrégations vivantes, agissantes, et asservies à une destination impérieuse, qu'elles ne perdent jamais de vue, même dans le
moindre acte de leur existence corporative.

Les clauses d'adjonction et de réversion résistent donc à
toute cette lutte que l'on a menée contre elles. Au surplus,
la loi de 1880 les a mentionnées, non pour les prohiber,
mais pour les soumettre à l'impôt. Il y a là, à notre sens,
une considération décisive à faire intervenir dans le débat.
La loi de 1884 et la loi de 1895 toutefois ne parlent plus de
nos clauses. Elles se contentent, vis-à-vis des congrégations non autorisées, de les assujettir à la taxe comme
telles, sans mentionner les conditions de la loi de 1880 : la
clause d'adonction et celle de réversion. Ces clauses ne
sont plus requises désormais que des sociétés et associations civiles désintéressées. Différence de rédaction qui
s'explique par les habiletés des congrégations qui, après
1880, dans le but d'échapper au droit d'accroissement et

à la taxe sur le revenu, supprimèrent de leurs statuts les fameuses stipulations visées par la loi de 1880.

Le législateur en 1895 et en 1884 rendu plus circonspect par l'expérience, taxe les congrégations, sans leur demander plus, mais son silence ne doit pas être interprété dans le sens de la proscription de la réversion et de l'adjonction; bien au contraire. M. de Ramel, dans son discours à la chambre lors de la discussion de la loi de 1895, fit remarquer que le législateur en mentionnant les congrégations non autorisées dans son œuvre, reconnaissait ces clauses d'adjonction et de réversion qui leur assurent la pérennité. Pour éviter ce résultat, son amendement proposait d'appliquer aux congrégations non autorisées le droit commun en matière de sociétés avec clause de réversion en supprimant la clause d'adjonction. Cet amendement fut repoussé. Il en résulte donc que le législateur n'a pas entendu condamner par son silence les clauses que nous examinons. Ils les laisse subsister avec leurs résultats. Il leur permet de créer par de lents accroissements une mainmorte libre et occulte qu'il se borne à frapper, une fois formée, de taxes fiscales.

Jusqu'ici nous avons montré ce que les clauses d'adjonction et de réversion n'étaient pas. Il nous reste à nous demander ce qu'elles sont et à quelle conception juridique elles répondent.

Elles traduisent en un mécanisme juridique assez compliqué cet effort vers la personnafication qui domine l'existence de tous les échecs collectifs non reconnus. Prenons d'abord la clause d'adjonction· Comme les communautés non reconnues d'après les idées régnantes ne constituent qu'un simple agrégat de personnes physiques et qu'un rassemblement passager d'individus, il faut arriver à assurer l'avenir aussi bien que si une personnalité morale unissait cette réunion, sans elle inconsistante, d'associés. La clause d'adjonction illimitée de nouveaux membres satisfait à cette nécessité primordiale· Par son effet, les membres s'ajoutent aux membres et la grande famille de la congrégation se complète sans cesse. Le congréganiste qui entre dans le sein de la communauté ressemble à l'héritier qui accepte une succession. A son exemple, il continue la personnalité de ceux qui de sont retirés de l'association. Il prend sa part des frais qu'entraîne l'œuvre entreprise. Il paie la dette qu'entraînera à la charge de ses coassociés son entretien pendant toute la durée de la vie en commun. Il devient enfin titulaire de sa fraction aliquote de propriété dans les biens sociaux, susceptible de s'augmenter ou de diminuer suivant les variations qu'amènera l'avenir dans le personnel de la congrégation.

Voilà l'apparence extérieure de la clause si compliquée que nous essayons d'analyser. Si l'on entre plus avant dans son examen, on y trouve autre chose. La clause d'adjonction illimitée de nouveaux membres, qu'est-ce au fond, sinon une mesure destinée à assurer le recrutement de la congrégation, et sans aucun effet très appréciable sur son patrimoine? Une œuvre ne vit que par ceux qui y adhèrent, que par ceux qui l'exercent. Le souci des vides à combler, la préoccupation du renouvellement des membres, s'imposent à toute œuvre, quelque soit son degré de désintéressement.

C'est ce désir puissant de ne pas mourir qui explique la clause d'adjonction. Quand, grâce à elle, un nouveau membre entre dans l'association, pense-t-il seulement à cette part de propriété qu'on s'accorde dans la doctrine à lui reconnaître ? Il ne songe en réalité qu'à la créance d'entretien, d'habitation, d'aliments, et surtout de participation à la vie spirituelle, que lui doit la communauté, en contre partie de son apport.

La convention des parties ne vise pas d'autres avantages. Pas plus que le soldat en entrant au régiment ne se figure acquérir la co-propriété de tout le patrimoine de l'armée, ou du corps de troupes, pas plus que l'étudiant qui prend ses premières inscriptions ne s'imagine devenir titulaire d'une part de copropriété dans le patrimoine de la Faculté ou de l'Université, le congréganiste n'a l'impression d'augmenter ses biens. Comme le soldat et l'étudiant, il a en face de lui une idée et un ensemble de droits en relations avec elle. Il sent très nettement que tous ces biens se rapportent à l'œuvre qu'il veut faire triompher et qui les possède en vue de leur destination.

Quant à lui, il vivra en commun avec ses ses coassociés, il jouira des locaux de l'association, il s'emploiera à la réussite de l'idéal poursuivi, mais il ne prétendra à rien de plus. Somme toute, sa situation juridique se rapproche un peu de celle d'un locateur de services. En échange de ses services, il a droit à l'entretien et à la vie commu-

ne (1). La merces est payée en nature, mais cela est permis
dans notre droit. La clause d'adjonction ne fait que proclamer dans les statuts sociaux la possibilité pour ceux
qui en sont reconnus dignes d'engager leurs services au
profit de l'association religieuse. Le travail des congréganistes est sans doute plus désintéressé que beaucoup de
travaux et il est dominé par une destination impérieuse.
Certainement il ne rentre pas dans le cadre du contrat de
louage. Mais néanmoins il reste vrai de dire que semblable à l'employé, au salarié, le membre adhérent à une
association religieuse, ne possède aucuns droits sur les
biens de la personne pour laquelle il travaille. Ces biens à
qui appartiennent-ils alors ? À l'œuvre, au but que poursuit la société. Expliquons cette idée que l'exposé des
théories allemandes nous a déjà rendue familière.

Pour cela, remontons un peu haut. L'église est un état
organisé. Au moyen âge elle prétendait même gouverner
tous les autres. Il n'échappe à personne qu'avec la pré-
pondérance de plus en plus marquée de nos jours du principe de la neutralité religieuse de l'État, le gouvernement
que forme l'église n'a plus tous ses organes et est entravé
dans ses fonctions essentielles.

De tous temps la puissance religieuse a cru qu'il lui
appartenait, non seulement de propager la foi, mais encore d'enseigner aussi bien que la théologie, les lettres et

(1) Nous empruntons cet aperçu à la brochure de M. de Vareilles
sur le droit d'accroissement et les congrégations, sans y voir autre
chose d'ailleurs qu'une ingénieuse analogie.

science, et de se charger des œuvres d'assistance sociale. Cette tâche immense, son corps administratif direct, c'est-à-dire son clergé séculier, n'y suffisait pas malgré sa savante hiérarchie. L'état laïque, lui non plus, ne se contente pas d'une administration répandue habilement en un savant réseau sur toute la surface du pays : il crée des organes personnifiés à fortune indépendante qu'on appelle des établissement publics et auxquels il confie une branche spéciale de ses attributions.

Ce phénomène de fragmentation, de sécession, se produit surtout en matière de prévoyance et d'assistance et d'instruction publique. Facultés, universités, hospices, hopitaux montrent par leur activité et leur importance grandissantes les heureux résultats de ce mode de procéder. Et bien, ce perfectionnement, l'état moderne n'a pas eu le mérite de l'inventer. Dès le moyen âge l'église s'en était servie avant lui et précisément pour ces mêmes œuvres d'enseignement et d'assistance vis-à-vis desquelles aujourd'hui l'état consent à se démembrer en les érigeant en services personnifiés et autonomes. L'Église, pour assurer le fonctionnement de ces attributions qu'elle croyait être les siennes, eut recours aux congrégations. En elles, elle trouva une milice active et souple qui lui permit de réaliser ses desseins. Chaque congrégation et chaque maison séparée des grandes congrégations devinrent de véritables établissements publics religieux.

Ces caractères, elles ne les ont pas perdus. Elles continuent le même rôle, en dépit des prohibitions de l'État.

On y trouve en effet tout ce qui individualise l'établissement public, une œuvre entreprise, un siège social, un patrimoine et une direction. Sans doute le pouvoir et les lois dénient aux communautés religieuses la personnalité, mais en fait, cette personnalité existe pour le public ignorant des subtilités du droit et pour les congréganistes qui s'associent. Dès lors, le problème de la situation des congréganistes, par rapport au groupe dont ils font partie se simplifie. Dispensateurs de la fortune de l'établissement, administrateurs de ses biens, conformément à leur destination fondamentale, ils n'ont aucun droit à prétendre sur l'actif social. Et la clause d'adjonction dans le fond des choses, ne veut pas dire ce qu'elle paraît dire extérieurement. Elle assure simplement le recrutement libre de l'établissement, dont elle maintient ainsi la porte ouverte aux vocations reconnues ardentes et sincères.

Son objet, c'est de répondre à cette idée de perpétuité, qu'inspirent généralement les œuvres de la religion, et de rassurer les fidèles en leur montrant au moyen du jeu naturel de l'adjonction, dans l'avenir le plus éloigné, des congréganistes, pour supporter le patrimoine de la communauté et l'administrer suivant son affectation.

La clause de réversion à laquelle la suite du raisonnement nous conduit maintenant, se rattache non plus au personnel de la communauté, mais à ses biens. De même que la clause d'adjonction garantit la persistance des individus dans l'association, la clause de réversion garantit la permanence et la fixité des richesses corporatives.

Grâce à elle, l'association non autorisée se peut considérer sûre de son avenir patrimonial comme de son avenir en personnel.

A chaque fois que la mort ou la retraite fera perdre à l'association un de ses membres, sa part dans l'actif social accroîtra au groupe des survivants ou mieux des restants.

C'est ainsi au moins que les lois fiscales de 1880 et de 1884 caractérisent la clause de réversion. En réalité elles s'en tiennent aux apparences. Si l'on examine en effet dans son fondement même la réversion, on peut aisément se convaincre que le congréganiste sortant ne transmet rien au groupe des restants, sauf exception pour les apports.

Nous mettons les apports à part. Voici pourquoi. Lors de l'entrée en religion, le membre nouveau passe avec la communauté à laquelle il va s'agréger une série de stipulations qui peuvent s'analyser de différentes manières dans la langue du Droit civil. M. de Vareilles-Sommières dans son livre sur les congrégations et l'accroissement, le fait avec une certaine subtilité. Contentons-nous de dire pour simplifier les choses, et réserve faite d'ailleurs de la question de validité de ces pactes, que le congréganiste établit entre lui et la communauté une indivision provisionnelle, une *communicatio dominii*, susceptible de se transformer en propriété pleine au profit de la communauté par l'événement de la condition suspensive du prédécès ou de la retraite du stipulant, et au contraire, de revenir au stipulant en cas d'accomplissement de la condition résolutoire de sa survie aux autres membres de l'association. La mort ou la retraite du congréganiste fait se réaliser la condition suspensive, tandis que la condition résolutoire défaillit faute de pouvoir désormais s'accomplir. L'association devient de propriétaire indivise avec le congréganiste, pleine propriétaire *ex jure quiritium.* Il se produit donc à ce moment un accroissement des biens sociaux, par le jeu des conditions que nous venons de décrire en matière d'apports.

Mais les apports ne constituent à eux seuls qu'une petite fraction du patrimoine de la congrégation. Le reste de ses biens à la différence des apports ne subit, aucun changement à la suite d'un décès ou d'une retraite. La communauté s'enrichit parce qu'elle n'a plus à supporter la charge de l'entretien de l'associé qui s'en va, mais il ne s'opère aucune transmission de propriété de congréganiste à congrégation. Le groupe des restants en effet avec la mort ou le départ de celui qui les quitte ne change ni de caractère ni de situation. Les congréganistes non sortants continuent à gérer l'œuvre entreprise, à assister, et à secourir les malades et les pauvres, à propager la foi ou à distribuer l'enseignement religieux.

La propriété du patrimoine corporatif, pas plus qu'auparavant, ne fait impression sur eux. Elle demeure attachée à l'œuvre dont elle constitue l'outil et le moyen de réalisation. Croire que la mort ou la retraite d'un des congréganistes produit une perturbation dans le sein des communautés religieuses, c'est donc se méprendre absolument. A part la cessation de l'obligation de nourrir, de loger et de défrayer le membre sortant, la congrégation ne

retire de la retraite de ses membres aucun profit. Seulement il y a là un phénomène facilement saisissable pour
le fisc. Et l'on comprend que dans son amour pour les signes clairs, nettement révélateurs des ressources du contribuable, il en ait tiré parti, d'autant plus que la vie mystérieuse et renfermée des communautés religieuses ne
permet guère de trouver d'autres indices. La réversion,
dirons-nous donc, n'est rien autre chose qu'un phénomène
par lui-même sans grande importance, mais qui connu facilement des agents du fisc, puisqu'il repose sur une retraite ou sur un décès, ne manque pas de commodité comme
signe fiscal, donnant occasion de frapper de l'impôt le patrimoine des congrégations. Leurs biens sont si difficiles
à atteindre, que l'on comprend la conduite du législateur
en 1880 et en 1884. Seulement il a eu le grand tort de
ne pas se borner à faire de la réversion, un pur critérium
de législation financière. Il l'a fait entrer à toute force
dans un domaine qui n'était pas le sien, et c'est ainsi
qu'il a prétendu que la réversion opérait mutation.

Erreur juridique saisissante ! Théorie fausse de tout
point ! Ou bien en effet l'on admet avec la doctrine allemande que les associations forment des êtres collectifs,
dont les membres ne sauraient par définition même se
transmettre les uns aux autres des biens qui ne leur appartiennent pas, et alors force est de nier toute possibilité d'accroissement. Ou bien l'on affirme la non personnalité des
êtres collectifs et l'on proclame qu'ils ne constituent qu'une
simple juxtaposition d'individus, et alors la critique est

encore plus facile. M. de Vareillès notamment, dans une brochure sur l'accroissement et les congrégations (1) a entassé arguments sur arguments contre cette conception du droit d'accroissement et a montré qu'elle était inconciliable avec les principes classiques.

Son augmentation que nous verrons plus loin en détail dans le chapitre consacré au régime fiscal des associations porte presque toujours et ne laisse rien debout des conceptions du législateur de 1880 et de 1884. Ce dernier aurait donc plus sagement agi en se contentant de faire de la réversion un critère, fournissant une occasion de perception, et rien de plus.

Mais dira-t-on, dans ses stipulations, dans ses clauses, la réversion semble bien opérer une translation des sortants aux entrants ? Ces apparences extérieurs se comprennent facilement. Les congréganistes, frappés de l'aversion croissante des états modernes pour les personnnes morales religieuses ont cherché, aidés en cela par de bienveillantes interprétations de leurs vœux de la part des canonistes, à s'abriter derrière la faveur que l'on témoigne toujours aux droits individuels et aux personnes physiques.

La clause de réversion traduit ce désir des congréganistes d'éviter de ressembler à des mainmortables.

Elle les représente comme des propriétaires par indivis d'une société de biens qui passent successivement des

(1) Pichon. 1891.

prédécédés aux survivants. Rien de plus licite au premier
abord. Que si l'on scrute tout cela de plus près, il ne
reste que peu de ces apparences.

Les congréganistes n'ont qu'un simulacre de propriété.
Ils ne peuvent en user que sur les ordres de leurs supérieurs, l'aliéner qu'avec une autorisation. Il n'en jouissent pas, mais l'œuvre entreprise seule. Ils n'ont ni le
frui ni l'*abuti*. A peine un vague droit d'usage. Le juriste
donc qui, en matière de congrégations et d'après une
théorie constamment admise, possède le droit de chercher, derrière les simulations, les intentions véritables,
se trouve autorisé à dire qu'en dépit des clauses insérées
dans les actes passés par les congréganistes, aucune réversion ne se produit en cas de retraite. La stipulation
de réversion signifie simplement que les sociétés de congréganistes, indéfinies comme les entreprises qu'elles assument, ne meurent pas avec chacun de leurs membres, et
qu'elles échappent à la cause d'extinction, organisée pour
les sociétés civiles, par l'article 1865, n° 3° du code
civil. Il y a là une des conventions autorisées par l'article 1868. L'être moral continue avec les associés survivants.

Ces derniers, malgré la clause, conserveront vis-à-vis
de la personne collective leur rôle antérieur. Ils ne sorti-
ront pas de leur condition de gérants et d'administrateurs.
La persistance du patrimoine ne dépend pas du nombre
des associés. Ceux-ci sont fongibles entre eux : se subro-
gent les uns aux autres. Tant qu'il en subsiste deux, la

personne collective ne périt pas. Telle est la signification de la clause de réversion.

Combinée avec celle d'adjonction, elle fait de l'association religieuse une personne qui en dépit de sa non reconnaissance légale réussit à assurer son recrutement dans l'avenir et à former un être collectif indépendant des mutations de son personnel et doué d'une durée permanente tout comme les établissements reconnus par l'État.

Ainsi que cette conclusion le fait apparaître clairement, l'étude de la forme extérieure, véritable ou simulée, des congrégations nous a insensiblement conduits de déductions en déductions vers ces théories curieuses et originales sur l'association, dont l'analyse des systèmes allemands nous a déjà fait comprendre la capitale importance.

Nous allons les retrouver fréquemment dans le reste de ce chapitre qui sera consacré au problème de la capacité des associations religieuses. Les définitions préliminaires données, nous pouvons en effet maintenant nous attaquer à la question vitale elle-même.

Elle se pose en ces termes : quelle est la capacité juridique des associations religieuses non reconnues d'utilité publique, ou plus simplement non autorisées ? Forment-elles un pur néant, comme le déclare avec assurance la théorie classique, ou bien ne jouissent elles point d'une certaine capacité mutilée sans doute, mais réelle et bien vivante?

On connaît le prescrit des textes révolutionnaires et

des décrets de 1880. Tous ces documents législatifs font à
peu près à nos associations la situation d'un étranger condamné à l'expulsion du territoire français, et qui, malgré
l'arrêté d'expulsion, revient en France où quelquefois on
le laisse tranquillement séjourner et vivre, en oubliant l'arrêté administratif. L'association religieuse est comparable
aussi à l'état d'un individu condamné à la mort civile et
n'en constituant pas moins une personne vivante, à laquelle la nécessité force de concéder quelques droits primordiaux à titre d'aliments. Voilà une condition juridique
en marge du droit et très bizarre ? Comment la caracté-
riserons-nous scientifiquement. Rentre-t-elle dans les cadres de la science juridique ?

Nous le croyons. Il importe tout d'abord de se débarrasser du dilemme par lequel M. de Vareilles-Sommières
nie, avec la doctrine classique la plus pure d'ailleurs, qu'il
puisse exister un état intermédiaire entre l'être et le non
être. On est, ou on n'est pas : point de milieu, prclame-
t-il. Les associations religieuses manquant de l'estampille
de l'État constituent donc un néant absolu, une nullité
d'inexistence. La personnalité leur manque ; on ne peut leur
reconnaître des droits qu'en se servant des seuls individus,
des seules personnes physiques *ut singulæ*. Ce raisonnement repose tout simplement sur l'idée d'exportation allemande de la gésine de la personnalité morale par l'État.
Sans doute, en partant de cette notion, que pas un texte
de nos lois ne consacre ni ne justifie, le dilemme devient
irréfutable. Mais il tombe comme un château de cartes,

quand on s'attache à cette idée de raison et de bons sens,
que l'État ne possède aucun pouvoir créateur, et qu'il se
borne à estampiller, à enregistrer des naissances à la vie
de personnes morales, engendrées non pas par son décret
d'autorisation, mais par la fusion de plusieurs volontés
en une seule, s'unissant entre elles sous la poussée d'une
idée désintéressée et donnant l'être à un véritable organisme consensuel, doué d'une complète réalité objective.
Cette manière d'envisager les choses, nous transporte du
domaine des fictions, où facilement s'exerce la géométrie
logique des juristes, sur le terrain des réalités tangibles. Nous avons tout simplement en face de nous dès
lors, non pas une fiction inintelligible, sans texte pour en
excuser l'emploi, mais ce qu'on appelle souvent dans la
jurisprudence, une *res facti*, un état de fait et ce que
nous dénommerons, nous, à notre tour, une PERSONNALITÉ
DE FAIT. La plupart du temps, les arrêts qui, dans des attendus timides et hésitants, aboutissent à cette conclusion
devant quelques conséquences absolument injustes du
rigorisme classique, semblent craindre de caractériser une
pareille situation qui leur paraît tellement antijuridique,
qu'on ne peut la nommer qu'à peine. Nous ne comprenons
point cette peur des mots et des définitions. La personnalité de fait, au contraire, constitue une institution juridique d'un usage assez fréquent dans toutes les branches
du droit et qui obéit à des règles fixes. Il ne lui manque
qu'une chose : une théorie d'ensemble. Essayons de l'esquisser.

. Et tout d'abord, dans notre ancienne France, dès les
capitulaires de Charlemagne (1), les confréries et les compagnonnages qui jouaient un si grand rôle dans l'organisation du travail à cette époque d'universel mouvement
corporatif, sont sans cesse supprimés à la fois et par
l'Église, et par la Royauté. Rien n'y fait. Cela ne les empêche point de garder toute leur puissance et de vivre en
dépit des foudres du pouvoir, jusqu'à la Révolution. Voilà
bien des personnalités de fait, que ces êtres collectifs supprimés tant de fois, mais, néanmoins ils agissent dans le
monde du droit, ils possèdent des locaux où souvent, comme
en Flandre notamment, resplendit toute la somptuosité
du gothique tourmenté et fleuri de la décadence, ils jouent
dans les émeutes, derrière leurs bannières, un rôle des
plus importants et enfin ils mènent la plus agitée et la plus
remuante des vies corporatives ! En Allemagne, mêmes
prohibitions, et, dans les villes libres, quelquefois toutes
les corporations sont supprimées d'un seul coup (2) par le
Saint-Empire. Ce qui ne les empêche pas d'emplir toute
l'histoire du bruit de leur turbulente activité. Ce n'est pas
seulement dans le domaine des êtres collectifs que l'ancien régime connut la personnalité du fait, mais encore
dans celui des êtres physiques. A partir de la révocation

(1) Charlemagne abolit les associations en 779 et 786. En 1305, le
roi de France Philippe le Bel supprime toutes les confréries de Paris.
(2) C'est ce que fait Friedrich II en 1232 en Allemagne. Quelquefois les empereurs se contentent de supprimer les corps d'une ville.
Par exemple, ils agissent ainsi en 1322 pour Breme, en 1346 pour
Dortmund, en 1443 et en 1447 pour Francfort.

de l'édit de Nantes en 1865, comment peut-on en effet, caractériser autrement l'état des protestants restés dans le royaume ?

On les répute convertis au catholicisme. Ils vivent sous l'empire de cette fiction bizarre inventée par l'esprit délié des juristes du temps. Comme ils ne veulent point en grande majorité s'adresser à leurs ennemis pour leur état civil; ils concluent « au désert » dans le secret et le mystère leurs mariages, ne font pas dresser par les curés d'actes de naissance. Sans situation juridique dans la société, ils constituent ainsi de véritables personnes physiques non reconnues, des personnes de fait. Si le pouvoir cesse de fermer les yeux et de s'inspirer d'un peu de tolérance, la cruelle fiction se met à jouer, et convaincus d'hérésie et de relaps, les prétendus réformés, ainsi qu'on le dit alors, sont expédiés aux galères du Roy.

On le voit. Voilà toute une classe de personnes physiques en dehors du droit d'alors, simplement tolérées et toujours à la merci d'une recrudescence d'arbitraire. Néanmoins, hésitait-on à les considérer comme des personnes ? Le fait était plus puissant que le droit. Eh bien il en va de même pour les êtres collectifs. Le pouvoir a beau les prohiber, ses ordonnances ne sauraient altérer leur véritable nature, et ils restent toujours un organisme réel et vivant, capable de figurer malgré la sanction du pouvoir qui lui manque dans les rapports juridiques principaux et essentiels, sans lesquels ne saurait pas plus subsister, l'être collectif, que la personne physique.

Si nous quittons l'ancien droit, où l'on pourrait encore signaler bien d'autres exemples d'êtres de fait, pour le droit moderne, nous sommes amenés à faire les mêmes constatations.

Une branche assez nouvelle du droit, le droit international, qui déjà sous son ancienne forme de droit naturel avait avec Grotius et Puffendorf profondément anaylsé la nature des personnes morales, nous présente des applications fréquentes de la personnalité de fait. Commençons par lui. La personne, par excellence, qui domine toute la science juridique ; c'est sans contredit l'État.

En temps ordinaire il vit incontesté, et dans les relations diplomatiques, sa reconnaissance ne donne lieu à aucune difficulté pratique. Néanmoins il arrive, surtout dans les pays encore neufs du continent américain, qu'il se heurte à des insurrections violentes où il menace de sombrer. Une fraction de sa population et une partie de son territoire se détachent de lui.

La guerre civile s'organise, et deux gouvernements s'établissent qui fulminent à l'envi l'une contre l'autre. Dès lors, vis-à-vis des états étrangers se pose une difficulté. Lequel des deux gouvernements reconnaître ? Auquel accorder au moins provisoirement le droit de parler seul au nom de la nation qu'il prétend diriger ?

Dernièrement à propos du coup d'état du président chilien Balmaceda la question s'est posée chez nous, d'abord en référé à la Seine, puis en appel devant la Cour de Paris. La Cour le 9 juillet 1891. S. 95. 1. 308. après un remarqua-

ble réquisitoire de l'avocat général Sarrut, établit entre les
États la distinction de l'état de droit reconnu officiellement
par toutes les puissances, et de l'état de fait qui, sans cette
estampille officielle, conserve la plus grande partie de la
réalité du pouvoir, tient l'armée, la capitale et les finances
publiques. Partant de ces principes on permit au représentant de Balmaceda de prendre livraison des navires que
ce dernier avait commandés, alors que Président légal, il
exerçait légalement son mandat et de les conduire au Chili
pour s'en servir contre les congressistes révoltés. L'arrêt
en somme, on le voit, admet un État de fait à agir devant
la justice de France et à y réclamer le bénéfice des contrats passés antérieurement par le gouvernement régulier
du pays, non encore sous le coup d'une guerre civile. Pour
les États on adopte donc au lieu de la fiction de personnalité si en honneur en matière de personnes collectives
privées, le criterium plus large de la réalité du pouvoir,
de la possession des principaux moyens d'action de la puissance politique, et on pose en thèse l'existence de l'état
de fait à côté de l'état juridiquement et officiellement reconnu. On ne saurait mieux faire. Les nécessités du commerce international exigeaient d'ailleurs impérieusement
cette solution. Seulement si pour la personne morale par
excellence, l'Etat, qu'une certaine théorie très suivie rend
l'unique créateur de la personnalité morale on expose tout
au long la doctrine de la personnalité de fait, pourquoi
ne pas donner aussi droit de cité à l'être de fait dans la
sphère plus modeste du droit interne ?

Nos associations ne méritent-elles pas autant de faveur qu'un État dirigé par un dictateur d'opéra comique ? Puisque l'on aime dans la thèse adverse les dilemmes, nous dirons : s'il n'y a aucun intermédiaire entre le non être et l'être juridique manufacturé par l'État, le droit international ne doit, pas plus que le droit civil, avoir recours à une institution aussi condamnable. A est A, et n'est pas à la fois A et non A. La bonne logique repousse l'identité des contradictoires. Une fois le dilemme classique mis de côté sur un point du droit, il n'a plus ni force ni valeur. Il tombe et dans sa chute il laisse place aux organismes naturels niés par une syllogistique *a priori*.

Voilà déjà la théorie du dilemme aux prises avec une grave contradiction. Relevons en d'autres. Rien de plus facile ! Car de toutes parts les antinomies assiègent la doctrine classique. Ne quittons pas tout de suite le terrain du droit international. Il est fertile en conceptions originales et neuves. Et parlons des personnes morales du droit international, non plus public mais privé, cette fois.

Au premier rang d'entre elles se place la société commerciale, que les progrès des échanges internationaux rend de plus en plus cosmopolite et extraterritoriale.

On sait que d'après la loi de 1857, les sociétés commerciales anonymes étrangères ne peuvent fonctionner en France, qu'après une autorisation administrative donnée *in globo* à leur pays : à l'Angleterre en 1862, par exemple, et avant elle par la loi même de 1857, à la Belgique. Eh bien, la question alors se pose de savoir quelle est la capacité des sociétés non reconnues en France. La jurisprudence et les auteurs ont ici aussi, sans s'arrêter à la logique des dilemmes, reconnu une personnalité de fait à ces sociétés. On permet aux créanciers français, en vertu de l'article 14 du Code civil, de les assigner devant nos tribunaux, mais elles-mêmes ne sauraient invoquer le principe de l'article 15, et assigner en justice leurs débiteurs français. Construction assez étrange que nous reverrons à propos des congrégations religieuses, et dominée visiblement par l'idée de protéger les créanciers français, dupes ou victimes, contre les agissements des sociétés étrangères, mais sans aucune réciprocité. Elle sépare l'obligation de la créance, et permet d'exercer les unes, tout en interdisant de faire valoir les autres. Il y a là, on le voit, du protectionnisme très prononcé en faveur des créances nationales et qu'on abrite sous la notion de la société de fait. Cette distinction singulière entre le côté actif et le côté passif du patrimoine de l'être de fait nous paraît difficilement explicable. Nous n'en trouvons pas de raison scientifique.

Quoiqu'il en soit, on met en œuvre pour aboutir à cette solution singulière, la notion de la société de fait. Grâce à elle, on rend possible l'accès de la justice, mais seulement comme défendeur, au néant de la doctrine classique. Encore une preuve de la valeur juridique de la personnalité de fait! En Allemagne, à propos de nos sociétés d'assurances d'Alsace-Lorraine, même débat, à la suite d'un arrêté d'expulsion pris en 1881 par le staat-

halter. Le tribunal supérieur de l'empire ou Reichsgericht
(Journal de Clunet 1883, p. 317), au cours de cette lutte
judiciaire, que nous n'avons pas ici à retracer, a recounu
tout au moins avant 1881 à nos sociétés non autorisées
une « possession d'état susceptible de leur assurer une
capacité contractuelle et juridique » sur le sol annexé. Au
fond avec plus d'ampleur, l'idée s'analyse, la même que
celle de notre jurisprudence. Elle consiste à assimiler la personnalité de fait à la personne physique sans état régulier,
et qui ne peut alléguer en sa faveur que ces faits vagues :
le nom, la renommée, le traitement : *nomen, tractatus,
fama*. A l'abri de cette situation, uniquement de fait et
d'opinion, la personne physique jouit de la pleine capacité d'agir en justice de recevoir, d'acquérir et de passer
des contrats.

Pourquoi ne pas en décider de même vis-à-vis de l'être
collectif ? qui, lui aussi, dans le cas de non reconnaissance,
vit de nom et de réputation, et, la plupart du temps, est
traité par les tiers ignorants des subtilités du droit,
comme s'il avait la pleine et entière capacité. Admettons
donc la personnalité de fait à côté de la personnalité de
droit, dans le droit public, aussi bien que dans le droit international.

D'ailleurs, le droit commercial ne consacre-t-il pas, lui
aussi, la personnalité de fait ? Il répute en effet, la société
commerciale dissoute « subsistante pour les besoins de la
liquidation », et consacre ainsi la survivance d'une personnalité sans texte qui justifie sa conduite et, rien que

pour satisfaire à l'utilité commerciale. Nous voilà donc bien loin de l'étroite théorie de la fiction, et en plein dans le domaine de la personnalité de fait. Même conception admise en faveur de la société nulle pour vice de fond ou défaut de publicité. On peut ainsi, l'assigner en justice, et faciliter sa liquidation anticipée.

Le droit administratif enfin n'ignore pas les personnalités de fait et il leur reconnaît des droits en même temps que des devoirs. Prenons par exemple l'article 111 de la loi municipale du 5 avril 1884. Ce texte admet à recevoir un don ou un legs, un hameau ou un quartier de commune, n'ayant pas encore la personnalité civile. Les habitants en pareil cas élisent une commission syndicale qui délibère sur l'acceptation de la libéralité; et l'autorisation définitive est accordée par un décret rendu dans la forme des règlements d'administration publique. Ces prescriptions de la loi de 1884, constituent une manifeste dérogation aux prétendus principes de la doctrine classique. Il y en a bien d'autres. C'est ainsi que, la loi du 15 juillet 1850, article 12 établit, à côté des sociétés de secours mutuels autorisées, les sociétés simplement approuvées, en possession du pouvoir de s'administrer librement en dehors de toute tutelle administrative. Et bien, ces sociétés approuvées, qui ne jouissent point en l'absence d'une loi, les leur accordant, des avantages de la personnification officielle (1), possèdent néanmoins

_____

(1) En ce sens, tribunal de la Seine, 25 mars 1881, S. 81, 2, 249 et note Labbé.

l'aptitude à recevoir des dons et legs mobiliers avec autorisation du Préfet, ou du Président de la République,
selon que le chiffre de la libéralité dépasse ou non 5,000 fr.
Ainsi, le décide l'article 8, du décret du prince président
du 26 mars 1852. Nous voilà donc encore en présence
d'un être de fait doué non seulement d'existence, mais
de capacité juridique.

Si l'on rapproche de ces quelques textes de lois, auxquels on pourrait en ajouter beaucoup d'autres, une jurisprudence curieuse du Conseil d'État autorisant contrairement à un arrêt de principe de la Cour de Cassation du
12 avril 1864 (S. 64. 1. 153. D. P. 64. 1. 218) les legs
adressés à des établissements non déclarés d'utilité publique, au moment du décès du testateur, quand les héritiers
ne s'opposent pas à l'exécution ; si l'on réfléchit que toutes les associations reconnues d'utilité publique, presque
sans exception, ont longuement vécu dans le fait (1),
avant leur personnification officielle, comme dans un espèce de surnumérariat, de stage, de temps d'épreuve ;
on conclura inévitablement que le droit public emploie,
approuve et consacre l'existence de fait. Nous pouvons le
dire maintenant sans crainte d'être démenti. Une vérité
se dégage de l'examen rapide auquel nous venons de nous
livrer des diverses hypothèses où apparaît avec des effets

(1) Voir par exemple un article de M. Vigié. Revue critique, année
1894, pages 410 et sq. où il cite une société pour l'encouragement de
l'enseignement primaire fondée à Beaune en 1830 et reconnue par
décret du 17 septembre 1889.

juridiques, la personnalité de fait, c'est qu'il y a évidemment une théorie générale qui relie entre elles toutes ces solutions éparses, théorie au moyen de laquelle le droit échappe à l'obsession de principes trop impérieux et trop restrictifs. Et de même que le pur droit civil place la résidence à côté du domicile, la possession d'état à côté de la filiation régulièrement prouvée par l'acte de naissance, la possession enfin à côté de la propriété, notre droit public doit à son tour renoncer à voir dans l'état la source unique de la personnification et consentir à naturaliser sans se faire prier, dans son domaine, sous le titre de personnalité de fait, l'organisme collectif, vivant tantôt sous la prohibition, tantôt sous la tolérance administrative. Au surplus le législateur lui-même dans ses lois les plus récentes, rend à ce qu'il semble, à peu près légale la personnalité de fait. En effet, quittant les prohibitions législatives et les exécutions administratives, il a porté la lutte de l'état contre les associations religieuses, sur le terrain fiscal d'ailleurs traditionnel, dans l'histoire des rapports de l'Etat et de l'Eglise. Non sans de justes raisons, il a pensé qu'au lieu d'essayer de supprimer les êtres collectifs religieux ; il valait mieux leur faire payer, tout en les laissant vivre, les droits que paient les citoyens et les sociétés de spéculation. Ainsi on prévient le danger de la mainmorte sans exciter le feu des luttes religieuses. Seulement on reconnaît en même temps par la force même des choses en agissant de la sorte une vitalité relative aux agrégats religieux. Car enfin on ne fait pas solder des impôts à un néant, mais à quelque chose de vivant. Et ce quelque chose, ou mieux ce quelqu'un, c'est précisément cette personnalité de fait que nous avons essayé plus haut de dégager de ses différents cas d'application.

Analysons ces lois fiscales et montrons-en les explicites ou implicites concessions. Vient d'abord la loi de 1880 (28 décembre) qui, dans son article 4, soumet au droit d'accroissement les sociétés ou associations civiles qui, avec l'adjonction de nouveaux membres, admettent en même temps la réversion des sortants aux restants. Cette loi eut des vicissitudes curieuses et la jurisprudence finit par décider qu'elle ne s'appliquait ni aux congrégations reconnues ni aux non reconnues. L'article 3 de cette loi plus heureux a soulevé beaucoup de difficultés mais néanmoins, a pu être mis en œuvre. Il soumet à l'impôt sur le revenu de la loi fondamentale du 29 juin 1872, les sociétés dans lesquelles, les produits ne doivent pas être distribués en tout ou en partie entre les membres. Ceci vise bien nos associations religieuses. Puis il ajoute en employant même le mot propre « les mêmes dispositions s'appliquent aux associations reconnues et aux sociétés et associations *même de fait* existant entre tous ou quelques-uns des membres des associations reconnues ou *non reconnues*. Le revenu est déterminé... soit à défaut de délibérations et déclarations à raison de 5 °/₀ de l'évaluation détaillée *des meubles et des immeubles composant le capital social*. »

Voilà donc la loi reconnaissant le mot et la chose ; et

quelques mois après les décrets de suppression, nous avons le spectacle curieux de la société de fait frappée d'un impôt spécial, analogue à celui auquel sont astreintes les sociétés de spéculation par actions ou par intérêts. Cet agrégat d'associés *ut singuli*, dont le groupement ne peut prétendre à former un corps moral, on l'investit de la personnalité de fait dans un but fiscal. On donne ainsi l'entorse la plus considérable aux principes classiques sous la pression de la réalité plus puissante que des fictions arbitraires et stériles. On fait plus. Grâce à cette loi de 1880 la société désormais possède un capital social avec des meubles et des immeubles.

L'être collectif non seulement existe en fait, mais possède un capital social. Il existe et il devient capable de posséder d'une manière distincte des individus *ut singuli* ! À notre sens. ces concessions, les associations ont le droit de les garder. Dans la pénurie des textes, elles lèvent un peu du voile qui recouvrait la pensée du législateur. On pourrait objecter : mais votre opinion, les travaux préparatoires lui donnent le plus formel démenti ! Cette observation n'est pas de nature à embarrasser. D'abord la discussion de toutes ces lois fiscales n'apprend rien, tellement y fourmillent les erreurs et les affirmations contradictoires (1), et puis la Cour de cassation elle-même ne cesse de répéter dans ses arrêts qu'il faut scruter la

(1) Il ne faut pas au reste chercher longtemps dans les documents parlementaires pour y trouver la consécration de notre théorie. Lors de la discussion de la loi de 1884, M. Jules Roche rapporteur disait

lettre du texte et non pas les travaux préparatoires (D. 90. 1. 181). « Attendu qu'en matière d'impôt, c'est avant tout dans le texte de la loi qui les établit qu'il faut chercher quelle a été l'intention du législateur et les dispositions par lesquelles il l'a manifestement exprimée dans le but de voir l'application stricte et littérale que leur teneur commande » affaire de l'enregistrement contre l'institut des frères des écoles chrétiennes. Cette application stricte et littérale exigée par la cour fait sortir tout droit de la loi du 28 décembre 1880, la personnalité de fait des agrégats religieux. Qu'on ne nous oppose pas comme comme objection qu'il y a là une fiction de guerre uniquement restreinte aux matières fiscales ! Nous répondrions à cette considération que le droit fiscal applique et ne peut bouleverser le droit commun. Se trouvant en face de la théorie, sans doute plus devinée que formulée de la société de fait, mais en vigueur et en application dans toutes les branches du droit, il l'a consacrée par un texte formel. Une fois cette notion admise, on n'a pas le droit de la scinder arbitrairement suivant les espèces et les intérêts changeants de l'État. Bon gré, mal gré, si l'on veut rester dans le droit, il faut en laisser découler une certaine capacité contractuelle, et la jouissance d'un minimum de droits et d'obligations.

Au bout du texte donc, en dépit des dogmes habituels,

---

par exemple : la loi de 1880 a trop *favorisé les êtres moraux*. Ils ont passé en se jouant au travers de la loi. » Sirey, lois annotées, 1885 pnge 75. C'est le mot avec la chose.

surgit la reconnaissance légale d'un état intermédiaire
entre le néant et l'être : l'état de fait.

Le législateur ne s'en est pas tenu à la loi de 1880. La
loi du 29 décembre 1884, art. 9, vint la renforcer en déclarant, les points mis cette fois sur les i, que l'impôt sur
le revenu et le droit d'accroissement visaient toutes les
sociétés et associations, dont l'objet n'est pas de distribuer des bénéfices et « toutes les communautés, congrégations et associations religieuses autorisées ou non autorisées ». Ici comme le dit très bien M. Rouvier dans
l'exposé des motifs d'un projet de loi, présenté à la Chambre des députés, le 4 juin 1892, « *on écarte la fiction de
la personnalité civile*, pour s'en tenir à la *réalité du
fait* », et on considère le patrimoine de toutes nos associations reconnues ou non, comme possédé en commun
par leurs membres. D'où à chaque retraite, droit de mutation à payer sur la part des biens afférente au membre
démissionnaire ou décédé, « part qui est considérée comme
recueillie par les membres restants ». Cette loi de 1884
offre de toutes, les plus curieuses singularités. Elle écarte
pour les congrégations reconnues personnes civiles leur
personnalité, et malgré qu'un accroissement apparaisse
inconcevable dans des associations personnifiées, où *ut
singuli* les membres n'ont aucun droit sur le fond social,
elle le répute, elle le feint, elle l'invente. Conséquence
rigoureuse, si l'on voulait raisonner en bonne forme :
la congrégation reconnue ne constitue plus une personne
morale, mais simplement un ensemble non pas de co-

propriétaires, mais de copossesseurs de bien indivis. Ainsi
l'exigerait la « réalité du fait ». Par une fiction nouvelle
en effet, on répute non existante vis-à-vis, des lois fiscales
les congrégations reconnues en tant qu'êtres collectifs.
On suprime une personnalité consacrée par les lois.

M. Wahl, dans une série de notes magistrales au Sirey
notamment sous Cassation 27 novembre 1889. S. 90. 1.
537, et sous Cassat. 22 mars 1892. S. 92. 1. 467, après
avoir combattu cette conception insolite et étrange de la
personnalité supprimée par une fiction d'accroissement
et montré qu'en dépit des apparences, la loi ne s'appliquait pas aux congrégations reconnues, essaie en présence
de la décision contraire de la jurisprudence de délimiter
la portée de la fiction. Il faut, nous dit-il, que contraire
au droit civil, elle soit restreinte dans les frontières les
plus étroites possibles, et limitée à l'objet pour lequel elle
a été introduite.

Et, en effet, si l'on tirait de la suppression de la personnalité des congrégations, ses conséquences nécessaires,
voilà à quoi on arriverait. La congrégation reconnue, et
cette thèse a été développée par les avocats des congrégations devant la Cour suprême, comme tout corps moral
agit en justice, et est poursuivie par les tiers, en la personne de son chef, le supérieur général. Logiquement, la
situation devrait changer complètement avec la fiction de
non personnalité introduite en 1884. Désormais, plus de
supérieur d'un corps qui n'existe plus en droit et qui ne
peut plus dès lors se manifester à l'extérieur par des or-

ganes. Resterait alors la seule possibilité de poursuites
contre les membres *ut singuli* de la congrégation. Eux
seuls seraient les légimes contradicteurs de l'administration. Cette rigoureuse conséquence de la loi de 1884, rendrait plutôt malaisée la tâche du fisc. Il lui faudrait user
de[son droit de communication. pour chercher dans les
livres des congrégations les noms de tous ses débiteurs ;
puis, poursuivre sans exceptions tous les membres ainsi
révélés ; car, s'il y a solidarité en matière de droits d'enregistrement permettant de poursuivre l'intégralité, la totalité du droit d'accroissement, contre chacun des congréganistes ; il faut, pour que la condamnation devienne
commune à tous les membres survivants, une poursuite
concurrente. Sans cela, en effet, l'exécution ne saurait
être poursuivie contre ceux qui n'ont pas figuré au jugement de condamnation.

Dans ces conditions et la propriété de la congrégation
étant reconnue subsistante partout, sauf en matière fiscale,
les congréganistes, souvent sans patrimoine, constitue-
raient des débiteurs tels que le fisc perdrait à peu près
tous ses droits.

Ces multiples dangers semés comme à plaisir sur les pas
de la Régie, si l'on admettait cette augmentation, ont
poussé la Cour de cassation à la rejeter absolument. Il est
vrai que ses raisons, sans le vouloir peut être, viennent
tout à fait à l'appui de notre théorie de la personnalité de
fait des communautés. Qu'on en juge plutôt. L'arrêt de
la Chambre des requêtes du 22 mars 1892. S. 92. 1. 467.

nous déclare en effet qu'il importe de s'en tenir en matière fiscale à la seule teneur de la loi. Et comme la loi
dit : « les impôts seront payés par les congrégations reconnues et non reconnues » ; la Cour conclut de ces expressions littéralement interprétées, que c'était contre la
congrégation autorisée, être moral représente par son supérieur général, et non contre les individus *ut singuli* que
l'administration devait décerner la contrainte. Fort bien,
dirons-nous à notre tour. Admettons que telles soient les
conséquences logiques de l'interprétation littérale des textes que vous préconisez. Mais comment ne voyez-vous
pas que ce raisonnement mène aussi en droite ligne à la
reconnaissance de la personnalité de fait des communautés religieuses non reconnues ? La loi quand elle parle
d'elles ne se sert-elle pas en effet des mêmes expressions
révélatrices et n'édicte-t-elle pas que les impôts seront
payés « par les congrégations non autorisées » ? Et cela,
notons-le dans une seule et même phrase en ayant
recours à ce que le droit romain appellerait un *con-
junctio verbis*, c'est-à-dire en réunissant dans le même
membre de phrase les deux espèces de congrégations.
Donc, et dans la note par nous déjà citée (S. 92. 1. 467. 2°
colonne *in fine*) M. Albert Wahl esquisse cette conséquence,
les congrégations non autorisées sont aussi les seules dé-
bitrices de l'impôt au lieu des membres, qui ont seuls
dans l'opinion générale, des droits sur le patrimoine commun. « Conséquence tellement absurde qu'elle cesse d'être
dangereuse » affirme M. Wahl. Absurde, oui peut-être,

dans la théorie classique, mais nullement avec notre système de l'organisme de fait. Et d'ailleurs dans la pure
doctrine de MM. Laurent et Orts les congréganistes *ut singuli*, personnes interposées, sans *animus domini*, vis-à-vis
d'un être inexistant, n'ont ni la propriété ni la détention,
mais une simple relation de fait avec le patrimoine corporatif : leurs droits se résument à une détention pécaire
d'une propriété qui, suivant les opinions : ou bien est restée
aux anciens propriétaires, ou bien appartient à l'État comme
bien sans maître, en vertu du principe déposé dans l'article 537 du Code civil. Nous avions donc raison de le dire
tout à l'heure : derrière toutes ces lois fiscales se devine et
souvent apparaît comme une institution légale, la personnalité de fait. Sans son secours, on en arrive à reconnaître
des droits, et une propriété juridique à des personnes interposées en se basant comme les rédacteurs de nos lois
fiscales sur la réalité du fait.

Cette légitimité des droits de fiduciaires, ne nous paraît
s'expliquer que difficilement dans la rigueur du droit, à
moins qu'on ne veuille ainsi consacrer la théorie de M. de
Vareilles, qui dans sa généreuse sollicitude pour l'association, arrive à lui donner une capacité libre et illimitée en
face de l'État désarmé et impuissant. Et telle ne nous semble pas l'intention du législateur ! Donc malgré M. Wahl
nous pensons que le danger apparaît plutôt dans son système de la propriété juridique des seuls congréganistes
vis-à-vis du fisc, que dans l'autre opinion. Au demeurant,
l'article 9 de cette curieuse loi de 1884, *in fine* se charge

de consolider notre raisonnement. Qu'y lisons-nous en effet? Ceci « Le revenu est déterminé à raison de 5 0/0 de la valeur brute des biens, meubles et immeubles *possédés* ou *occupés par les sociétés*... etc, » Parle-t-on de la propriété juridique des congréganistes? Non du tout, mais de celle de la société et de celle de l'être corporatif. Cela semble concluant! Oh sans doute la loi affecte de parler à propos de nos sociétés de possession et d'occupation, et non de propriété. C'est intentionnel, ainsi que le prouvent les travaux préparatoires. Seulement, si l'être collectif est un néant, il n'a pas l'*animus domini* et il ne saurait posséder. Il n'a pas de volonté pour contracter et il ne peut occuper des locaux à titre de prêt de bail ou de dépôt.

Vous lui reconnaissez la possession et l'occupation, et par suite donc la volonté et l'*animus domini*. Que lui manque-t-il alors, pour exercer en droit et en fait la propriété? Rien. Il fallait le tout ou rien. Par l'imprudente concession de la loi, passe la reconnaissance de la capacité d'occuper, de posséder. Et cette reconnaissance a comme aboutissement logique et inévitable le libre accès au droit de propriété! C'est que la théorie du néant, si on la veut garder intacte, et l'appliquer dans toute sa rigueur, exige le silence absolu dans les lois sur des êtres inexistants puisque nés en dehors d'elles, et en même temps le renoncement à toutes impositions! Que si l'on préfère la lutte fiscale à des prohibitions difficiles à maintenir et à pratiquer, la logique fatalement conduit à la reconnaissance

d'une certaine personnalité et d'une relative capacité.
Toutes les lois en arrivent là. La dernière d'entre elles,
établissant un droit d'abonnement en remplacement des
complications du droit d'accroissement, abandonnées à
cause de leurs bizarreries par trop prononcées, qui en
rendaient presque impossible l'application (loi du 16 avril
1895), nous semble sur ce point la plus éloquente de
toutes. Examinons en effet ses dispositions.

L'article 3, de cette loi du budget du 16 avril 1895,
s'exprime ainsi : « le droit d'accroissement établi par les
articles 4 de la loi du 28 décembre 1880, et 9 de la loi du
29 décembre 1884, est converti en une taxe annuelle et
obligatoire sur la valeur brute des *biens meubles* et *immeubles possédés* par les congrégations, communautés
et associations religieuses *autorisées ou non...* etc.». Impossible de douter cette fois-ci. On néglige même le terme
d'occupation pour ne plus employer que celui de possession. Les congrégations non reconnues possèdent donc.
La loi le reconnaît. Ce n'est pas tout. L'alinéa 2 du même
article 3 nous dit : « ne sont pas soumis à la taxe les
biens *acquis avec l'autorisation du gouvernement,* servant à des œuvres d'assistance gratuite..... soit aux
œuvres des missions françaises à l'étranger », d'où il
résulte en conséquence logique qu'il peut y avoir des
biens acquis sans l'autorisation du gouvernement. Or,
soumises par leurs acquisitions à une vigilante tutelle
administrative, les congrégations autorisées ne peuvent
acquérir ainsi. Restent donc les congrégations non recon-

nues, qui toujours de par leur indépendance même, acquièrent sans autorisation. La loi estampille indirectement on le voit, ces acquisitions et en parle, non pour
les proscrire, mais pour leur refuser simplement la faveur de l'exemption d'impôt, par décret rendu en conseil
d'état. Concession qui a son prix !

Enfin l'article 7 de la même loi en son alinéa 2, tran-
chant la question examinée par l'arrêt des requêtes de
1892, déjà cité édicte que « pour les associations religieuses reconnues, l'action en recouvrement de la taxe
sera valablement dirigée contre le supérieur ou la supérieure et pour toutes les *autres associations,* contre tout
membre agrégé à un titre quelconque aux dites associations », des deux côtés, en dépit de la finesse d'expressions
de la loi, on ne poursuit en réalité que l'organe de la congrégation, le supérieur de droit ou le supérieur de fait, et
le législateur consacre implicitement, une fois encore, la
personnalité de fait. Enfin nous lisons dans l'article 9 :
« toutes *prescriptions* et péremptions, en matière de droits
et d'accroissement, à la charge des congrégations, communautés, associations autorisées ou *non autorisées,* qui
seraient acquises... etc. » Dernier aveu et aussi précieux
que les autres ! Cette association non autorisée que successivement, nous avons vue occuper, posséder, acquérir,
ester en justice, en la personne d'un de ses membres,
nous la voyons maintenant prescrire contre le fisc. Ce
dernier trait achève le tableau. Nous aidant de toutes ces
concessions de la loi fiscale, nous sommes en mesure

maintenant de résumer toute cette délicate discussion.

Essayons de le faire. Organismes de fait, affectés au service d'une idée désintéressée : le soulagement des pauvres et des malades, ou la propagation de la foi à l'étranger, pour citer les termes mêmes de la loi du 16 avril 1895, les associations jouissent en tant qu'êtres collectifs vivants d'une capacité appropriée à leur but. Capacité resserrée par le principe de plus en plus dominateur de la spécialité, mais reconnue par la loi elle-même. Que comprend-elle ? Le local sans lequel le service ne saurait s'exercer, et dont la perte serait la mort de l'être collectif, la passation des contrats usuels de la vie de tous les jours, la responsabilité civile dans les termes de l'article 1382 du Code civil, l'accès de la justice, au moins, en qualité de défendeur, les biens donnés ou légués dont la famille de l'aliénateur n'attaque pas la validité, en vertu du principe d'ordre public de l'article 910, et enfin la possession de la fortune mobilière et surtout des valeurs au porteur, possession insaisissable et fuyante contre laquelle la théorie la plus classique, n'a aucun pouvoir sérieux. Car, ainsi que le disent les allemands, le titre au porteur se constituant à lui-même son propre créancier, qu'importe l'individualité qui se cache derrière le porteur ? On doit au papier ; il faut lui payer. La puissance publique reste désarmée.

Cet aperçu à grands traits de la capacité de nos organismes de fait, l'examen détaillé de la jurisprudence nous permettra de le compléter. Mais avant d'entrer dans cette

analyse, nous voudrions exposer et discuter 2 ou 3 arrêts
choisis parmi les principaux et rechercher si leur conception d'ensemble diffère réellement de la nôtre; puis ces
vues générales prises sur la masse enchevêtrée de décisions contradictoires que nous offre la jurisprudence, nous
entrerons dans le sujet lui-même. Afin d'éviter les confusions et les redites, nous envisagerons tour à tour les acquisitions à titre onéreux, à titre gratuit et enfin les obligations et l'action en justice. Annonçons tout de suite que
en somme les arrêts n'ont jamais poussé si loin l'intraitable logique que la doctrine. Ébranlés par les difficultés
des espèces et des considérations d'équité toujours influentes, et quelquefois prépondérantes, dans la solution
des procès, ils ont laissé là beaucoup des principes généralement admis pour suivre des conceptions très voisines
de celles que nous soutenons. Sous le bénéfice de cette observation, qu'il importait de poser en commençant, demandons-nous de prime abord la ligne générale suivie par
la jurisprudence, le principe d'ensemble d'où la plupart
du temps elle déduit ses décisions d'espèces. Ainsi instruits,
en effet, l'examen des différents côtés de la vie corporative nous apparaîtra sensiblement moins pénible.

CHAPITRE VII

LE FONCTIONNEMENT DES ASSOCIATIONS RELIGIEUSES. THÉORIE GÉNÉ-
RALE DE LA JURISPRUDENCE. APPLICATION DE CETTE DOCTRINE
AUX ACQUISITIONS A TITRE ONÉREUX, A TITRE GRATUIT, AUX ALIÉ-
NATIONS, AUX OBLIGATIONS, ET A L'ACTION EN JUSTICE.

Toute jurisprudence obéit à des principes ou proclamés
ou cachés. Les jugements et arrêts, dans l'examen des espèces diverses, qui amènent devant la justice les organismes de fait que les lois prohibent, mais que la vie de tous
les jours reconnaît et consacre, se laissent eux aussi guider par des vues d'ensemble souvent plus libérales et plus
juridiques que celles de la doctrine. Nous n'en voulons
pour preuve que quelques arrêts assez connus et qui
affirment très nettement l'existence de la personnalité de
fait.

Les faits à propos desquels ils ont été rendus ne manquent pas d'intérêt. Enhardis par les nouvelles doctrines
de l'Église qui considèrent les biens de l'association,
comme la propriété indivise des membres « ut singuli »,
les héritiers des congréganistes, ont essayé, et non sans
logique d'ailleurs, de réclamer la part de leurs auteurs. Ils
ont revendiqué. Les Tribunaux ne les ont pas tant en

France qu'en Belgique suivis sur ce terrain. Citons d'a
bord l'affaire Parabère.

Le père Parabère aumônier de l'armée d'Afrique avait la
propriété apparente d'une maison sise en Afrique, qu'il
détenait pour le compte de l'ordre des jésuites. A sa
mort action contre les jésuites intentée par des frères
utérins. La cour d'Alger D. 1869. 1. 313, dans un arrêt
que M. le comte de Vareilles appelle un chef-d'œuvre
de raisonnement et de rédaction, les déboute. Ses attendus, après avoir établi la notoriété de l'interposition en
faveur de la Compagnie de Jésus, en déduisent l'absence
absolue de droit chez les héritiers. L'immeuble, l'abbé
l'avait acquis au moyen des deniers de la Compagnie. Il
ne figure donc pas dans la succession qu'il laisse. Et l'arrêt termine ainsi : « à côté de la non existence légale des
congrégations il y a leur existence de fait, les tribunaux
ne sauraient admettre qu'une association religieuse non
reconnue, mais existant au grand jour, avec la tolérance
de l'État, puisse être dépossédée par tout venant des biens
qu'elle détient... ils ne sauraient investir les héritiers
sans substituer une *possession injuste* à une *possession irrégulière.* » Confirmation par la Chambre des requêtes, le
1er juin 1869. 1. 313. D. 69, qui se base uniquement au
reste, sur le caractère de fait de la question discutée et déclare pleinement valable l'arrêt d'Alger tout entier fondé
sur la non démonstration par un héritier des droits de son
auteur. Cette raison essentiellement du domaine du pou-

voir d'appréciation des Cours d'appel ne laissait en effet aucun moyen d'intervenir à la Cour suprême.

Très juste décision, proclame M. de Vareilles. Sans doute extérieurement l'abbé seul, vis-à-vis des tiers, apparaissait propriétaire. Mais avec ses co-associés il avait fait une contre-lettre. Contre-lettre par laquelle, ou bien il opérait une sous-aliénation non transcrite et uniquement valable *inter partes*, ou bien il se reconnaissait propriétaire *ad tempus* s'obligeant à « dare » aux autres associés, créanciers de l'immeuble de la sorte, mais créanciers d'une obligation de donner, à effet translatif, retardé à la date qu'il leur plaira (1). Dans le doute, ajoute M. de Vareilles-Sommière, la seconde hypothèse doit être présumée, car elle a plus d'avantages au point de vue fiscal.

(1) M. de Vareilles Sommières dans sa réponse aux critiques de M. Beudant (Revue critique 1895, page 232) comprenant la subtilité de ces combinaisons essaie de les rendre claires. Il emploie pour cela une comparaison familière. 4 enfants, nous dit-il, ont quelque argent. Ils le mettent en commun pour acheter une tarte. L'un d'entre eux va l'acheter chez le pâtissier. En vertu de l'article 1138 et du principe du transfert de la propriété *solo consensu*, aussitôt la tarte entre les mains du mandataire, chacun des enfants est propriétaire d'un 1/4 de la patisserie. Il réclamera sa part quand il voudra mais il est bien et dûment propriétaire. Eh bien il en va de même pour les acquisitions d'une association... C'est tellement la même chose que si un des associés faisait comme l'enfant et réclamait son quart d'un immeuble acheté, on lui répondrait : mais pardon ! Vous violez les conventions ! Vous avez promis d'affecter vos biens à l'entreprise sociale ! Vous n'avez pas le droit de manquer à vos engagements ! Le malheureux associés se retournera vers l'article 1869. Comme les sociétés religieuses M. de V. nous l'avoue sont presque toujours à durée limitée, cet article lui servira peu. Force lui sera d'attendre le terme, ou la dissolution par la volonté unanime, et ce sera long !

Tout cela évidemment semble on ne plus ingénieux.
Seulement, outre la subtilité manifeste de ces alternatives, la conséquence que l'on en tire, de l'absence de droit
des héritiers, nous paraît fausse de tous points. En effet
dans la première des combinaisons, nous n'en disconvenons pas, il y a sous-aliénation, il y a communication de
propriété, mais M. de Vareilles l'avoue lui-même, entre
eux, nos associés sont *copropriétaires*. Et bien tout est là.
Donc le père Parabère était copropriétaire, donc ses consorts avaient droit à une fraction aliquote de la propriété.
Précieux aveu, et non moins précieuses conséquences !
Quant à la seconde combinaison, la situation s'analyse
encore de la même manière. Les autres associés sont
créanciers d'une part de propriété indivise. Mais le propriétaire de façade en garde lui aussi une part, et quand
la volonté arbitraire des coassociés se fixera et permet-
tera enfin à l'effet translatif de jouer, elle n'en subsistera
pas moins, et les héritiers la trouveront dans le patrimoine
de leur auteur. Ah ! nous le savons bien ! M. de Vareilles
ajoute : l'associé prend l'engagement d'affecter les biens
à lui confiés à la poursuite du but social. Cet engagement
la « coupable revendication » des héritiers vient le troubler. Cet engagement, c'est le fameux contrat d'association. Par malheur son intervention détruit l'habile échafaudage des alternatives ouvertes aux congréganistes.
Grâce à lui, leur propriété devient tout juste une ombre.
La réalité de la domination unique du but la fait évanouir.

La vérité est qu'il n'y a point dans l'affaire Parabère de propriété *ad tempus*, ni de sous aliénation *inter partes* dont on retarde jusqu'à nouvel ordre la révélation aux tiers par l'effet de la transcription. Non. Mais simplement un mandat d'acheter, exécuté par un père pour l'organisme auquel il est agrégé. Sur sa tête la propriété n'a fait aucune impression. Rien donc, que ces choses très claires, au lieu du circuit ingénieux imaginé par l'opinion contraire. Confusément l'arrêt d'Alger a senti ces nécssités fondamentales et au lieu de chercher un biais dans la torture de la volonté des parties, il a affirmé l'existence de fait de la congrégation. Et puis un peu effrayé de son audace, il s'est rejeté sur les circonstances de la cause. Ce qui permet à la Cour de cassation de ne pas casser un arrêt où « le demandeur ne justifiant pas suffisamment des des droits de propriété de son auteur devait être débouté de sa demande » S. 70, I, 57 arrêt du 1er juin 1869.

L'arrêt d'Alger a été fort attaqué, et surtout par M. Beudant. Il laisse là, s'écrie le savant professeur dans le vague, sans sujet et sans propriétaire, des biens en l'air seulement possédés par une idée et par des œuvres, contrairement à tout le Code civil. M. Orts, au contraire, n° 307 ne voit dans cette situation rien de contraire à son système sinon les attendus de l'arrêt. Les héritiers d'un prête-nom, d'un précariste nous dit-il ne sauraient revendiquer. Pourquoi en serait-il autrement pour les hoirs de nos congréganistes interposés ? La propriété réside toujours sur la tête des anciens propriétaires et à leur défaut, l'Etat les remplacera.

Les héritiers des membres constituent des tiers *penitus extranei*. Nos arrêts ne se trompent donc point. Ils forment, ajoute M. Vautier dans sa thèse sur les personnes morales, le couronnement du système de l'interposition. Si on l'admet, il convient logiquement, en effet, de ne rien greffer sur l'apparence et le déguisement des prête-noms. Sans attache avec les biens, ils ne transmettent rien à leurs héritiers dont le débouté s'imposait dans l'espèce soumise à la Cour d'Alger et à la Cour suprême. Justification absolument contraire, on le voit, aux attendus de l'arrêt, posant nettement en principe l'existence de fait, et tirant d'elle seule la raison juridique de décider.

L'arrêt d'Alger ne resta pas isolé. Les héritiers de Lacordaire eurent « l'audace » de revendiquer, en se fondant sur des raisons similaires, 7 couvents dominicains. La Cour de Toulouse et la Cour de cassation 30 mai 1870. S. 70. 1. 342 rejetèrent encore une fois leurs prétentions. Les couvents, déclarent ces arrêts, proviennent des quêtes et des offrandes recueillies par la propagande infatigable du célèbre dominicain, restaurateur de son ordre. Le frère du *de cujus* Léon Lacordaire ne justifiant point de la propriété de son auteur, qui, en réalité est un simple dépôt, doit succomber dans son action. Puis la Cour de cassation continue, heureuse de découvrir une raison de droit civil par où s'échapper : le frère du défunt doit prouver son droit de propriété. « Par conséquent au pétitoire, il ne peut se prévaloir des vices du titre et de la possession des défendeurs, lesquels ne sauraient lui fournir le moyen de s'enri-

aux dépens d'autrui ». Les dominicains exercent une possession douteuse, peut être même viciée mais ils possèdent ;
et l'héritier demandeur au pétitoire ne peut que faire la
preuve de sa propriété. Il ne la fait pas. Il succombera
sans que le possessoire lui puisse fournir aucun argument
recevable. !Ainsi les arrêts Lacordaire moins hardis que
ceux Parabère, au moment de parler de nos organismes de
fait, se réfugient dans le pétitoire et le possessoire. Ils arrivent d'ailleurs, par ce moyen détourné, à la même conclusion : la propriété absolument étrangère aux congréganistes et reposant sur un être de fait que la protection
des intérêts des tiers et le respect des 'droits acquis conduisent à affirmer existant. Notons en passant que l'héritier
de Lacordaire, faisant notre raisonnement de tout à l'heure,
avait soutenu devant la Cour de cassation qu'il lui appartenait au moins un droit de propriété indivis. Ce fut peine
perdue. La Cour répond que la précarité de la possession du
grand dominicain, attestée par l'arrêt attaqué, suffit à écarter des conclusions subsidiaires en licitation de la copropriété indivise des immeubles corporatifs. Et en effet il
n'y avait là ni copropriété ni propriété, mais des relations
de fait avec les biens possédés, exercées par un organe
d'une personnalité de fait.

Nous ne pouvons qu'approuver la doctrine de ces arrêts.
Notre opinion en sort sans peine et comme spontanément.
Car si les associés ne possèdent point même indivisément,
qui va posséder, sinon la congrégation ? Du moment que
l'on admet l'axiome : sans propriétaire pas de propriété, le

raisonnement vous conduit là de lui-même. Il importe de
choisir entre une propriété en l'air et la propriété de quelqu'un. Sans aucun doute l'option pour la propriété de
l'être de fait s'impose. Donc il possède, ou du moins il
sert de substrat à une possession qu'en dernière analyse il exerce pour la satisfaction d'une idée ou d'une
œuvre désintéressée. Or les idées, l'état ne saurait ni les
reconnaître ni les supprimer. Elles existent absolument. On le voit, quelque chose empêche notre patrimoine
d'affectation de tomber dans le néant, c'est le fait, et
au-dessus de lui l'idée qui l'a créé, et qui le légitime.
Nous avons ainsi des biens dont le maître existe, sans
apparaître au premier coup d'œil, ainsi que dans la propriété ordinaire des personnes physiques mais n'en vit pas
moins dans la conscience obscure des tiers, et prend enfin
pleine connaissance et entière révélation de lui-même dans
la volonté commune des unités composantes.

Le courant d'idées dont les arrêts Parabère et Lacordaire portent l'empreinte a eu en Belgique sa répercussion.
Citons entre autres décisions l'arrêt Brouwers de la Cour
d'appel de Liège 20 juillet 1880. S. 82. 4. 1. Il s'agissait
des béguinages, que peu respectueux d'une tradition poé-
tique, notre directoire à supprimés en 1795. Les anciennes
béguines dans le but de reconstituer l'antique corporation
dissoute avaient acquis de l'État des biens. La Cour de
Liège refusa aux héritiers la revendication de ces pro
priétés dont leurs auteurs, simples titulaires apparents, ne

possédaient rien que l'usage extérieur pleinement insuffisant pour justifier des droits héréditaires.

Tout cet ensemble de décisions accorde déjà à notre
organisme de fait, dans les luttes soutenues contre lui par
de prétendus héritiers, impuissants à justifier leurs droits
au pétitoire, la force de résistance que donne la possession et son exercice. D'autres jugements plus hardis encore lui concèdent le droit d'agir, à côté du droit de se
défendre en opposant la force inerte de la situation de
fait bien assise. Droit assez timidement proclamé, nous
l'accordons, mais enfin reconnu, ce qui est déjà quelque
chose. Les Tribunaux consentent à cet oubli momentané
des théories régnantes dans des cas graves. Il s'agissait
d'un délit pénal causant un dommage à la propriété corporative dans les premières en date de ces espèces : un vol
au détriment de l'ordre des Jésuites en 1845, et la dévas-
tation des immeubles appartenant à la Compagnie de Jésus
en septembre 1870 à Marseille à la faveur des troubles
qui agitèrent alors cette ville.

L'arrêt de cassation de 1845 (545. 1. 478) à propos du
premier cas, condescend à affirmer qu'il y a vol, même
quand une congrégation en est la victime. Car, dit-il, l'article 379 du Code pénal emploie l'expression vague de la
chose d'autrui. La Compagnie aurait droit même en outre a
la restitution des objets volés. Elle n'a pas fait cette demande.
Mais elle aurait pu la faire. Elle aurait pu aussi se porter partie civile au procès qui se déroulait, en Cour d'as-
sises, paraît implicitement et à mots couverts insinuer
l'arrêt. Vient maintenant l'affaire de Marseille. La Cour

d'Aix y déclare la commune de Marseille tenue des
dégâts en vertu de l'article 1, titre IV de la loi du 10 Vendémiaire an IV, encore alors en vigueur. Ses considé-
rants cette fois-ci s'attachent à la propriété apparente
des pères demandeurs, et en déduisent le droit de recla-
mer réparation du préjudice causé par la surveillance in-
suffisante de la commune sur les attroupements armés.
Les lois sur les associations ne sauraient constituer un
moyen de défense et une cause d'immunité vis-à-vis de
l'auteur des dommages, ou de celui qui en répond, conclut
la Cour. Faible argumentation. Il fallait dire que le droit
exceptionnel de la loi de Vendémiaire ignore les théories
du droit civil. Du moment qu'il y a dégât et attroupement
sur le territoire communal la responsabilité apparaît. Le
représentant de la personnalité de fait demandera réparation au nom du corps lésé ! On ne peut l'en empêcher. La
subtilité du droit ne prévaut point contre la réalité du
dommage ! Ou sans cela les êtres collectifs en seraient ré-
duits à réclamer comme un bienfait ce très ancien canon
du moyen âge sur lequel le droit d'alors bâtit la réinté-
grante, et à implorer le bénéfice de ce *remedium spolii*
admis par les temps les plus agités et les plus tristes de
notre ancienne France.

Donc malgré des attendus sans profondeur, voilà un
rôle positif de défense active reconnu à l'association. La
Cour de Bruxelles suit cet exemple en matière de contrefaçon de la marque célèbre de la Grande-Chartreuse. (S.
83. 4. 38). Elle condamne le contrefacteur belge. Et, sans

hésitation, elle reconnaît ici, les droits individuels de propriété des associés « pleinement libres d'acquérir et de posséder sauf le for intérieur qui n'est pas du domaine de la
loi. »

Il y a là presqu'une affirmation du contrat d'association
Seulement l'arrêt ajoute : l'exploitation d'un indéniable caractère industriel à laquelle se livre la congrégation la
rend une véritable société de fait dans le sens de l'article
1832, avec la réalisation de bénéfices pour objet. S'il n'y a
en droit pas société en présence du non partage des
bénéfices réalisés soumis au contraire à une affectation
pieuse, au moins il y a société de fait. Et, comme en droit
commercial, ainsi que nous l'avons vu plus haut, fourmillent les sociétés de fait, le délit de contrefaçon ne saurait
sans danger ne pas être puni vis à vis d'elles. Il faut imposer à des concurrents le respect d'une marque célèbre, ou
sans cela il n'y aurait plus de sécurité dans les relations
commerciales. Donc, malgré les systèmes des civilistes,
la Grande Chartreuse, société de fait, victime d'une contre
façon la pourra faire réprimer. Même solution donnée par
le tribunal de Lyon 1er août 1879. (Annales de la propriété
industrielle de Pataille. 89. 330. et tribunal de la Seine
29 janvier 1879. Pataille. 79.313). Une certaine protection
légale existe, ces décisions le proclament, pour la Personnalité de fait. Et la nécessité l'exigeait. On ne pouvait laisser sans garanties légales, des biens la plupart du temps tolérés par le pouvoir, et qu'aujourd'hui même il soumet à
l'impôt. Un *outlaw* ne paie pas de contributions régu-

lières. Le respect du droit, que l'abandon de certains biens
à toutes les entreprises des tiers, comme ceux de *l'hostis*
dans le très vieux droit quiritaire, troublerait profondément, a, en toutes ces espèces parcourues, conduit la jurisprudence vers la raison et la justice.

L'analyse plus intime de la vie corporative de nos sociétés, que nous allons à présent opérer, ne nous offrira
plus les mêmes aperçus devinés d'instinct sous l'irrésistible impulsion des faits. Nous n'aurons plus devant nous
qu'une « mer de doutes » où une théorie générale ne se
dessine guère. Elle se forme mais elle n'existe pas encore.
La doctrine classique abandonnée dans les grandes occasions, quand il s'agit de protéger une liqueur appréciée,
ou d'empêcher une criante injustice, reprend tout son
empire dans les espèces plus obscures ! Bref c'est l'incertitude complète d'une jurisprudence indécise.

Notre examen du détail de la vie corporative, nous allons le commencer par l'élément essentiel du fonctionnement d'un être collectif : l'acquisition des biens à titre
onéreux d'abord, puis à titre gratuit. Les associations religieuses font fréquemment appel à la ressource des acquisitions à titre onéreux. D'une nature moins apparente et
moins contentieuse que les donations et les legs, elles ne
suscitent pas dans le clan des aliénateurs, les réclamations
sans fin qu'élève la famille légitime frustrée de ses droits
et de ses espérances.

Elles font apparaître en outre beaucoup moins le danger de la mainmorte, qui éclate au grand jour dans le cas

d'une donation ou d'un legs. Petit à petit ainsi, malgré les décrets prohibitifs, les congrégations non reconnues ont su, avec des détours habiles, reconstituer parcelle par parcelle un peu de leur patrimoine. Chose étonnante d'ailleurs, et que seule l'histoire peut expliquer, elles conservent une certaine aversion pour les facilités des valeurs mobilières. Se souvenant sans doute de la lutte acharnée de l'église du moyen âge contre le crédit et l'intérêt, elles s'acharnent à acquérir des immeubles, et surtout à bâtir. L'immeuble dans la fixité inébranlable de son assiette les attire. Sa durée indéfinie convient à leur continuité historique souvent plusieurs fois séculaire. Elles aiment à confier à la force de résistance et à la permanence de la terre leur rêve d'immuabilité.

§ 1. Les acquisitions à titre onéreux

Ici un principe domine et les auteurs et les tribunaux. Les congrégations n'existent pas. Donc elles ne peuvent acquérir. Cette doctrine très simple, dérivée de l'état créateur de la personnalité de deSavigny, à une filiation curieuse. Elle est passée en notre droit, sous l'influence du traité de droit civil d'Aubry et Rau, (t. 1. 384, p. 190, note 32) qui l'avait prise lui-même dans Zachariæ, auteur d'un livre sur la nature de la personnalité morale, et de divers opuscules relatifs à des questions connexes. Quoi-

qu'il en soit, ces idées régentent encore les décisions judiciaires. Leur influence se devine aisément là même où
elle n'est pas expressément consacrée.

L'acte d'acquisition que l'on rencontre d'abord dans le
fonctionnement d'une congrégation, c'est la dot conventuelle, l'aumône dotale, qui accompagne chaque nouvelle
agrégation de novices. On appelle quelquefois ces prestations et les conventions qui s'y ajoutent, le contrat d'entrée en religion. Un arrêt de la Cour de cassation du 9 novembre 1859. (S. 60. 1.37. D. 60. 1. 70) annule un pareil
ensemble de stipulations, comprenant le paiement d'une
somme fixe à titre de dot ou de trousseau, en échange des
avantages à venir de la vie commune, paiement promis
d'ailleurs à un seul des congréganistes traitant en son
nom personnel, au moins en apparence.

Cet arrêt conforme à la théorie de l'inexistence légale
nous semble pécher par excès de sévérité. En effet le novice tirera incontestablement de la vie commune, certains
avantages. Il se forme ainsi un véritable contrat à titre
onéreux synallagmatique. L'annuler serait violer le principe d'équité naturelle que nul ne peut s'enrichir aux dépens d'autrui. La jouissance de la vie commune cause
une certaine diminution du patrimoine corporatif. Le
membre doit indemniser la communauté, car sans cela,
il s'enrichirait sans cause. Dans la limite de l'enrichissement et de la perte, nous croyons donc à la validité de
l'acquisition dérivant du contrat d'entrée en religion.
Bien entendu, si cette convention cachait une donation

déguisée, l'annulation s'imposerait, ou la réduction en cas d'une donation indirecte. Réduction, jusqu'à due concurrence de la valeur de la participation aux avantages de la vie commune, tant en santé qu'en maladie. Ce point ne nous semble d'autant moins douteux qu'ainsi, tout en écartant les conséquences anti juridiques de l'arrêt de la Cour de cassation, on esquive le danger de prêter la main à une constitution de mainmorte libre et occulte. L'arrêt de la cour de Grenoble, 27 mars 1857. S. 58. 2. 163. D. 58. 2. 119, à propos duquel avait statué l'arrêt précité de la Cour de de cassation, s'appuyait sur une assez curieuse argumentation. Il disait ceci pour justifier la validité du contrat d'entrée en religion qu'il admettait : Les congrégations non reconnues, par *a contrario* de la loi de 1825, ne peuvent acquérir à titre gratuit, mais pourquoi là où les congrégations non reconnues acquièrent sans autorisation, ce qui arrive par exemple, en matière mobilière, les congrégations reconnues ne le pourraient-elles pas non plus ? La tolérance du pouvoir et le caractère respectable de leur but imposent cette solution d'ailleurs implicitement consacrée par la loi de 1825, qui abroge par le fait même qu'elle ne les renouvelle plus, les prohibitions des lois de 1790 de 1792 et du décret de messidor an XII. Tout ce raisonnement évidemment faux dans son interprétation de la loi de 1825 qui a laissé de côté la question générale du régime administratif des associations religieuses, repose sur une idée assez fine. Il y a des contrats qui exigent une capacité, plus sévèrement mesurée que d'autres.

Distinction qu'à Rome on établissait déjà entre les contrats du *jus civile* et du *jus gentium* et qui, à propos de la question vitale en droit international privé des droits de l'étranger en France, garde encore la faveur de la jurisprudence. Eh bien, cette capacité nécessaire et primordiale qu'on n'a jamais refusée à l'étranger, la Cour estime qu'on ne doit point la refuser non plus à la personnalité de fait. Et nous nous rangeons à son avis. Comme l'étranger, la congrégation est en dehors de la loi française qui ne la veut point connaître, mais malgré cette méconnaissance, elle n'en constitue pas moins une personne. L'acquisition d'une somme d'argent, en retour de certaines charges morales et pécuniaires assumées, rentre dans cette capacité du *jus gentium* élémentaire et fondamentale, qu'on ne saurait nier à tout être qui vit. Concédons-la donc aux associations religieuses. Nous ne nous dissimulons pas au reste que la Cour de cassation n'a pas adopté ces idées. Dans son arrêt de 1866, 12 mars, le plus récent à ce sujet S. 66. 1. 292, elle proclame à son tour, la validité du contrat d'entrée en religion, seulement elle le fonde sur l'engagement personnel du supérieur de la communauté. Il s'établit ainsi entre le novice et le supérieur un contrat commutatif onéreux, qui n'engage que deux personnes physiques, et nullement le corps qu'on entrevoit pourtant bien un peu derrière son supérieur. Cette interprétation de volonté torture pas mal les intentions des parties, mais dans le but louable de ne pas blesser la doctrine régnante qui d'ailleurs se basant sur l'interposition du supérieur, se garde d'adopter la solution de l'arrêt et le critique assez vertement. Tant il est toujours vrai de dire que les bonnes intentions ne sont jamais récompensées !

Dans le cercle des acquisitions à titre onéreux, nous rencontrons après l'entrée en religion les contrats de tous les jours et en particulier la vente d'immeubles, à laquelle nos communautés ont souvent recours. Un point d'abord non douteux. La vente prouvée par les circonstances de la cause, donation indirecte, ou déguisée, ne tient pas. Elle est nulle. Voir pour la vente constituant une libéralité déguisée l'arrêt assez récent de Grenoble, 6 avril 1881, S, 82. 2. 13. D. 82. 2. 9.

Quant à la vente véritable, la jurisprudence, dans une suite d'arrêts, dont il serait fastidieux de reproduire ici la longue énumération, l'annule aussi. Son opinion paraît sur ce point définitivement arrêtée. Pour la justifier, elle tire argument d'abord de tous les textes révolutionnaires si significatifs et puis surtout de l'article 4 de la loi du 24 mai 1825. En effet cette loi très importante, relative aux communautés autorisées de femmes, leur défend l'acquisition à titre onéreux sans autorisation. D'où un *a contrario* dont l'incontestable valeur entraîne la jurisprudence. L'établissement non reconnu ne doit donc point prétendre aux droits que le reconnu ne peut exercer que couvert par une autorisation. Car sans cela, puisque des deux côtés on paie les mêmes impôts, (et encore l'association reconnue paie-t-elle en plus la taxe sur les biens de main-morte), où gîterait bien l'avantage de la personnification officielle ? Sous peine de rendre inutile l'estampille légale il faut forcément admettre le raisonnement de la jurisprudence. Le rejeter serait transformer arbitrairement la personnalité de fait en une personnalité de droit, et l'état actuel de la législation ne le permet pas.

Le principe posé, de toutes parts surgissent les difficultés et bien souvent très ardues. Comme elles se présentent sous les mêmes formes pour les acquisitions à titre gratuit, nous les examinerous après l'étude de ces dernières.

La Belgique a généralement suivi les idées de notre jurisprudence française. Et elle l'a fait bien souvent à propos des béguinages supprimés chez nos voisins, par la loi du 18 août 1792 à la suite de l'invasion française et des victoires de Dumouriez, et une seconde fois en 1796, par le Directoire.

Le tribunal de Hasselt, 3 janvier 1878, avait considéré les anciennes béguines, en possession de biens qu'elles avaient rachetés à l'État, comme les « negotiorum gestores » inattaquables des hospices : ce qui était un moyen habile de sortir de la difficulté.

L'opinion du tribunal n'a pas eu de lendemain. La Cour de Liège, 20 juillet 1880.(S. 82. 4. 1. D. 81. 2. 41) déclare au contraire, que les béguines réalisent leurs acquisitions non pour les hospices, mais pour l'ancienne congrégation sans existence légale, qu'elles voudraient reconstituer. Il y a là, dans l'opinion de la Cour, une vente dont l'annulation s'impose, car elle se base sur la simulation et sur la fraude à une loi d'ordre public. Remarquons que, comme M. Beudant, la cour remplace l'idée d'interposition qu'elle juge inadmissible par rapport à un être inexistant par celle de simulation. Précision de mots soutenable quand on croit à l'inexistence de la congrégation, mais fausse de tous points, quand on y voit une personnalité de fait citée par les lois des finances et produisant des effets juridiques dans le cercle de sa capacité restreinte. Nous maintiendrons donc l'expression d'interposition, au reste consacrée par l'usage. Elle a le mérite de bien rendre extérieurement l'apparence, l'ombre vaine, qu'est dans les contrats le religieux, simple organe de l'être de fait dont il incarne la volonté et auquel il prête la ressource de son individualité physique. Sur lui la propriété ne s'arrête pas une minute; il la communique aussitôt au corps qui se manifeste par lui.

§ 2. Les acquisitions à titre gratuit.

Sur cette question, les doutes ne se sont pas élevés avec la même force que vis-à-vis des acquisitions à titre onéreux. A peu près tous les juristes, sauf M. le comte de Vareilles-Sommières, se prononcent nettement pour l'absolue incapacité des congrégations non reconnues. Leurs arguments ont beaucoup de valeur. Ils se peuvent résumer ainsi :

1° L'article 906 du Code civil combiné avec l'article 725

du même code exige, pour que l'être physique soit apte à
recevoir à titre gratuit, qu'il soit au moins conçu. Or ici,
cette particulière conception de la personne morale qu'on
appelle la reconnaissance manque absolument. Donc aucune capacité de recevoir. Et même si la reconnaissance
se réalisait après la libéralité, on ne saurait tolérer qu'elle
puisse rétroagir. Telle est la jurisprudence des tribunaux
judiciaires (voir notamment Cassation 21 avril 1864). Le
Conseil d'État plus libéral, revenant sur sa jurisprudence
antérieure, assimile la personnalité de fait à la conception
visée par l'article 906, et admet à recevoir un établissement non reconnu à ces deux conditions : 1° que l'établissement ait la personnalité au moment de l'acceptation,
2° que les héritiers du disposant ne mettent pas d'obstacle à l'exécution de la libéralité.

Le Conseil d'État a certainement raison. Et l'analogie
qu'il établit entre la conception de l'être physique et la
personnalité de fait de l'être collectif, est originale et
vraie. Il y a là un état embryonnaire que doivent tra-
verser toutes les personnes physiques ou morales avant
d'arriver à la plénitude de la capacité. S'il ne constitue
pas la véritable vie juridique, il suffit au moins pour écarter les articles 906 et 725. Nous n'insisterons donc pas
sur l'argument qu'on prétend tirer de ces textes. Arrivons
tout de suite aux autres raisons alléguées qui, elles, nous
paraissent vraiment irréfutables.

2° L'article 902 du Code civil déclare avec une netteté
tranchante que la capacité est la règle et que l'incapacité

est une exception qui doit être consacrée par la loi. Or
tous les textes administratifs de la Révolution et de l'Empire que nous avons déjà tant de fois cités ne proclament-
ils pas clairement l'incapacité des congrégations non reconnues ? Un être collectif qui ne peut se réunir, à *fortiori*
ne peut recevoir. Qui dit l'un dit aussi l'autre. C'est l'évidence même.

3° Cette argumentation est renforcée par l'article 910.
Il réclame l'autorisation de l'État pour les libéralités aux
établissements d'utilité publique, aux hospices, et aux pauvres d'une commune. Son esprit donc, sinon son texte
s'opposent manifestement avec la certitude de la vérité
aux prétentions des congrégations non reconnues.

4° L'article 4 de la loi de 1825, dont le texte accorde
aux seules communautés religieuses de femmes, reconnues,
l'acquisition à titre gratuit, et encore sous la sanction
d'une autorisation administrative, complète la démonstration.

La grande majorité des jurisconsultes et la jurisprudence rendent hommage à l'irrésistible force de ces considérations. Seul M. de Vareilles-Sommières trouve la démonstration d'une faiblesse extrême. Elle n'allègue que
des *a contrario*; et l'*a contrario*, observe-t-il, est très
mauvais et presque sans valeur quand il s'agit de sortir
du droit commun, pour entrer dans l'exception. De plus
ici, il se double d'un *a fortiori*. Car nous dit, non sans un
léger soupçon de paradoxe, le savant jurisconsulte, si la
congrégation reconnue a le droit de recevoir des libérali-

tés, à plus forte raison, la non reconnue ! La dernière,
en effet, n'a que pour peu de temps ce droit (article 1869.
C. civil). La première l'a pour toujours. La nécessité de
l'autorisation n'est donc que la rançon d'une situation privilégiée.

Nous répondrons qu'en droit public, où la plupart du
temps les textes manquent, on est presque toujours bien
obligé de se contenter d'induire une solution des rares
monuments législatifs que l'on possède. Et puis, l'esprit
des textes invoqués n'apparaît pas douteux. C'est d'abord
Bigot de Préameneu, dans son rapport sur le titre des donations et des testaments qui donne pour fondement à l'article 910, la souveraineté que doit exercer le gouvernement sur le « zèle et la piété » des citoyens et par le
vague de ces deux expressions laisse libre champ à l'extension de l'article aux congrégations, dont le « zèle et la
piété » deviendraient sans de sages restrictions, autrement
menaçantes que ceux des hospices ou de bureaux de bienfaisance, c'est enfin tout le travail législatif de la loi de 1825 !
visiblement traversé surtout à la chambre des pairs par un
courant hostile aux congrégations, alors favorisées en sous
main par le pouvoir ! Courant qui se traduit avec énergie
dans une proposition d'un député demandant la vente obligatoire après 5 ans des biens acquis par les congrégations, pour
éviter la recrudescence de la mainmorte. Cette proposition
est repoussée comme trop sévère et peu pratique, « malgré la
force des raisons, sur lesquelles elle s'appuyait », et jamais
la discussion ne perd de vue l'inexistence des congréga-

tions non reconnues. La loi de 1825 elle-même, répond à
une défiance des Chambres vis-à-vis du gouvernement.
Les ministres prétendaient en effet, que la loi de 1817
n'exigeait pas une loi, mais une simple ordonnance pour
reconnaître une congrégation. Pour soutenir cette prétention, ils excipaient habilement de la gêne que l'examen répété de statuts de congrégations causerait au législateur, et des termes pourtant clairs de la loi de 1817.
A ces motifs de la loi de 1825, M. de Vareilles oppose
l'article 5, donnant 6 mois aux congrégations non reconnues alors existantes (1) (auxquelles la loi permet de
se faire reconnaître, soit dit en passant, au moyen d'une
simple ordonnance), par mesure toute transitoire, pour
opérer la translation de leur patrimoine. de l'ensemble
des associés au corps nouveau. Cette interprétation est
vraiment divinatoire. D'après l'article 4 *in fine* les congréganistes ne pourront disposer en faveur de la com-
munauté que du 1|4 de leurs biens. Eh bien, le gouver-
nement leur accorde un délai de 6 mois, pour opérer la
distinction de leur patrimoine propre, et du patrimoine
corporatif, sans être entravés par les exigences de la loi
nouvelle. La circulaire ministérielle du 25 juillet 1825 (2)
nous l'explique : auparavant un membre ou deux possédaient tous les biens de la corporation qui existait en

---

(1) Cette faveur s'étend aussi aux communautés qui seraient autorisées à l'avenir, dans un même délai de six mois après l'autorisation
accordée.

(2) Recueil de Duvergier, année 1825, page 224.

ait. L'octroi de ce délai facilitera le passage des biens à leur véritable titulaire : la congrégation reconnue (1).

Dans tout cela nous cherchons en vain : l'ensemble des associés et le contrat d'association. Alors, les livres généreux et éloquents des défenseurs des congrégations ne pouvaient franchement pas être prévus. Aussi la circulaire de l'évêque d'Hermopolis ne souffle mot de pareille théorie. Dénaturant tant soit peu la loi de 1825 par une interprétation que les juristes d'alors contestèrent sévèrement, elle se borne à dire que l'article 5, permettra aux congréganistes pendant les 6 mois, de faire passer tous leurs biens à la congrégation, aux lieux et place de la famille légitime. Qu'on se hâte, conseille l'évêque, après les 6 mois, cette heureuse combinaison ne pourrait plus être tolérée ; le droit de disposition tombera alors au 1\4 sans aucun moyen possible de se soustraire au texte im-

_____

(1) Citons les paroles du rapporteur de la loi à la Chambre des pairs ; elles sont significatives « c'est au moment même qu'une communauté s'établit et avant qu'elle ait pu obtenir avec l'autorisation d'exister la capacité légale d'acquérir, qu'elle est appelée le plus ordinairement à recevoir. Or comme elle ne peut, à cette époque, *ni acquérir une donation, ni faire une acquisition,* il arrivera souvent que pour les premiers actes, on sera forcé d'avoir recours à des interpositions de personnes et dès lors un délai quelconque était nécessaire pour que, après l'autorisation obtenue, ces premiers actes puissent être régularisés sans préjudice pour l'établissement. etc. *Moniteur* du 11 février 1825 ».

Les rédacteurs de la loi de 1825 ne pensaient nullement, on le voit, au contrat d'association. Ils déniaient à l'association non autorisée toute aptitude à recevoir à titre gratuit ou à titre onéreux. Dans ces conditions que peut bien valoir l'argument que l'on tire de l'article 5 de la loi de 1825 ? Il ne sert qu'à renforcer la théorie classique.

périeux de la loi. Il faut l'avouer, cette circulaire ne se
conformait guère à l'esprit de la loi. Ses rédacteurs ne
s'étaient résignés qu'avec peine en effet, et sous le coup
de la crainte d'altérer la belle ordonnance du Code civil,
habilement semée dans les esprits par les orateurs du
gouvernement, et Dieu sait si pareille considération surtout alors, manqua jamais son effet, à abandonner leur
idée première de la fixation de la réserve à 3[4, vis-à-vis
des congrégations reconnues. On le reconnaîtra, il y a là,
une tendance de protection de la famille et d'une énergie
toute particulière qui légitime les *a contrario* de nos tribunaux.

C'est qu'on ne pensait point, en l'an de grâce 1825, aux
théories libérales d'aujourd'hui, mais aux progrès de la
congrégation. Etat d'âme qu'allait traduire la célèbre protestation de M. de Montlosier contre l'ordre des Jésuites,
et sur lequel nous ne pouvons ici nous étendre. Quoiqu'il
en soit, jamais idées ne furent plus éloignées de celles du
système du contrat d'association. Et le ministre lui-même
parle d'existence de fait, de propriété mise sur la tête de
un ou de deux prête-noms, mais nullement d'ensemble des
associés et de contrat innommé. Bien plus, il déclare aux
sociétés de fait que sans doute le gouvernement les laisse
vivre et se former librement, mais que si elles désirent
acquérir à titre gratuit ou onéreux, la personnification
ne leur serait pas d'un faible secours et leur offrirait les
avantages d'une propriété régulière, inconnus à l'état de
fait. Précieux aveu dont nous prenons note et que le ton

général de la circulaire invitant les congrégations à se faire approuver et les assurant soigneusement que l'examen des statuts ne sera pas sévère, rend encore plus important ! — Nous croyons toutes ces raisons suffisantes. Elles justifient pleinement les arguments que l'on a coutume de tirer des articles 902, 906, 910 du C. civil et 4 de la loi de 1825. En présence de pareils textes, la convention d'association, si, ce que nous nions absolument, elle constituait l'image du contrat de société, infailliblement tomberait devant l'article 6 du Code civil qui interdit de déroger par des conventions particulières aux lois qui intéressent « l'ordre public » ! Car y eut-il jamais loi autant d'ordre public que celle qui régit la constitution de la propriété en ce pays et limite « le zèle » de l'Église « régulière » dans l'acquisition des biens ?

On insiste dans l'opinion contraire et l'on dit : Rarement l'aliénateur à titre gratuit risquera la folie d'adresser au corps comme tel sa libéralité. Non, plus sage, il donnera à un membre envisagé dans son individualité en lui imposant la condition d'affectation à l'association religieuse. Nous le voulons bien, seulement avec l'appréciation actuelle que les tribunaux font des conditions, surtout depuis l'implicite consécration par la loi du 30 octobre 1886, de leur manière de voir, la libéralité ne vaudra pas plus ainsi.

A leur sens, en effet, l'article 900 sur les conditions contraires à l'ordre public, et c'est ici le cas ou jamais, ne permet d'appliquer la règle de l'effacement pur et simple de la condition, que quand la condition n'a pas été la cause « impulsive et déterminante de la libéralité », expressions que répétent les arrèts avec la monotonie d'un refrain. Lors au contraire que la condition se révèle impulsive et déterminante, toute la libéralité tombe. Solution originale, mais à peu près admise par tous depuis la loi de 1886 dont l'article 19 parle d'action en révocation de la donation à une commune, pour inéxécution des conditions et charges, malgré l'article 900 déclarant la condition contraire à l'ordre public, seulement non écrite, et malgré les souvenirs romains de la célèbre controverse engagée à ce sujet entre les Sabiniens et les Proculiens.

Donc le legs ou la donatien *sub conditione* ne constitue nullement un moyen de salut pour les libéralités aux congrégations. Les aliénateurs peuvent plaider : ils gagneront leurs procès dans l'état actuel de la jurisprudence. Car bien évidemment le disposant ne s'est pas préoccupé du tout de la personne du ou des bénéficiaires, mais de la destination pieuse à laquelle il affectait sa libéralité. Quand on lègue, ou donne à des couvents ; on ne pense nullement à M. X. ou à M. Y. en effet.

Bien loin de là. On songe tout simplement à faciliter son salut par des œuvres au plus haut degré méritantes. Eh bien, cette intention de la partie qui se dépouille, la jurisprudence la considérera comme la cause impulsive et déterminante qu'elle s'applique tant à dégager de l'article 900. Voilà tout ce qu'on obtiendra avec l'intervention de l'idée des legs *sub modo*. On peut regretter ce résultat mais il s'impose. Est-il si mauvais que cela d'ailleurs ? La crainte de la mainmorte, le frisson qu'on éprouve à sa seule pensée, raillé avec une verve si acérée par M. Van den Heuvel méritent pourtant qu'on s'y arrête. L'histoire montre avec quelle facilité se produit l'accroissement d'un patrimoine corporatif consacré à l'idée religieuse. Dans une législation qui se propose comme but le fractionnement de la propriété et sa divisibilité maxima, le passé nous donne un avertissement, qu'en dépit de railleries répétées, il ne nous semble prudent ni d'oublier, ni de dénigrer.

La jurisprudence en son ensemble sauf quelques arrêtés clairsemés et loués beaucoup d'ailleurs par le système du contrat d'association, n'a jamais discuté les principes d'incapacité absolue posés si nettement dans la doctrine. Et elle admet cette opinion rigoureuse sans aucune des fluctuations que nous avons pu constater, à propos des acquisitions à titre onéreux. D'abord, elle annule la libéralité adressée à la congrégation comme telle et en nom. La chose allait de soi. En pareil cas s'affirme une violation ouverte des lois. Elle est tellement manifeste que M. Van den Heuvel la compare à la stipulation du romain promettant cent, *si Titius* touche du doigt le ciel. Et M. de Vareilles d'ajouter : un semblable aliénateur qui s'obstine à prendre une vaine ombre pour son légataire est certainement atteint de folie et cela nécessite l'application à son don ou à son legs de l'article 901 du Code civil annulant les dispositions à titre gratuit pour insanité d'esprit du disposant. A ce compte là, si l'on répute folie le fait de prêter la vie à un être collectif non reconnu, bien des philosophes, des juristes et des économistes tant en Allemagne qu'en France et en Angleterre, mériteraient les honneurs de l'interdiction. Cette intransigeance logique nous semble légèrement paradoxale. Nous la regarderons comme une boutade plutôt que comme une affirmation de principes.

Donnons quelques arrêts. Voilà par exemple un arrêt assez ancien de la Cour de cassation 8 août 1826. S. chronol, qui repousse une libéralité adressée aux jésuites en vertu et de l'édit de 1764 et de l'article 902 du Code civil et cela au lendemain de cette loi de 1825 que la théorie du contrat d'association déclare si favorable à « l'ensemble » des associés.

Un avis du Conseil d'État du 22 avril 1831 juge impossible l'allocation d'un subside par un conseil général sur les fonds du département à un établissement non autorisé : le secours ou l'encouragement au moyen d'une subvention constitue en effet un mode d'acquérir à titre gratuit.

A un moment donné on essaya un raisonnement qui n'était que spécieux. On dit : nous concédons l'annulation quand il s'agit des congrégations de plus de 20 personnes tombant sous le coup de l'article 292 du Code pénal et de la loi de 1834.

Mais celles au-dessous de ce chiffre fatidique de 20 sont licites. Donc leur capacité, pas plus que leur formation ne doit connaître aucunes lisières.

La Cour de Caen 31 mars 1846. S. 46. 2. 431. et la Cour de Paris 20 mai, 1851 S. 51. 2. 321, firent successivement justice de cette argumentation. L'article 291 écarté, restent en effet tous les textes révolutionnaires qui, eux, ne séparent pas, au moyen d'un chiffre arbitrairement choisi, ce qui est permis de ce qui est ou toléré ou défendu.

Mais le plus souvent au lieu du legs naïf à la communauté, le disposant emploie le détour traditionnel et d'une réussite fréquente de l'interposition avec *fideicommis*. La libéralité en apparence alors vise les associés *ut universi* ou bien un ou plusieurs d'entre eux. Ce masque, certains arrêts isolés n'ont pas voulu le lever. Un arrêt de Grenoble notamment du 13 janvier 1841. S. 41. 2. 87, rendu sur des dons et legs consentis par un des congréganistes au profit de ses coassociés, se refuse à envisager la possibilité d'une interposition. L'établissement non autorisé n'existe pas, pourquoi le faire intervenir, alors que les légataires constituent des personnes physiques pleinement capables qui malgré la meilleure volonté du monde ne peuvent rien transmettre au néant ?

Ainsi raisonne l'arrêt et il en conclut que, la propriété doit rester sur la tête du prête-nom. Il y a aussi en ce sens un jugement très longuement motivé du tribunal d'Agen (S. 43. 2. 33.) cité *in extenso* dans le livre de M. de Vareilles, pages 66 et 67, qui en affirme la haute valeur doctrinale. Ce jugement ne veut pas examiner s'il existe ou non une interposition. En effet les incapacités sont de droit étroit et dans l'espèce (un legs à 3 carmélites d'Agen)

les légataires sont capables, et tout autant le couvent lui
même, simple agrégat de personnes, composant une société volontaire, fortuite et passagère. Nous ne trouvons pas
en conséquence la moindre interposition, « puisque dans
et l'autre l'un cas la volonté de la testatrice est légitime et
doit être exécutée ».

Ces décisions judiciaires négligent par trop d'appuyer
leurs affirmations tranchantes. Elles professent pour la pétition de principe un culte manifeste. Du reste, rejetée en
appel et en cassation, leur théorie n'a guère trouvé d'a-
deptes. Une masse d'arrêts dont nous ne pouvons prétendre faire l'énumération, proclame sans cesse (il y a à peu
près un arrêt là-dessus dans chaque cahier mensuel du Sirey
ou du Dalloz), l'impossibilité de donner indirectement aux
associations non reconnues. Très logiquement la Jurisprudence, se base sur sa conception de la société de fait, pour
écarter l'idée soutenue par M. Beudant de l'interposition inconcevable, par rapport à un néant. La personnalité de fait
permet, selon elle d'appliquer le système des interpositions
et du fideicommis sans aucune difficulté. Du moment
qu'on l'admet à produire des effets, il faut l'admettre aussi
à justifier le système de l'interposition. Tout se tient en
notre question. Notons que la preuve de l'interposition
n'exige point pour sa réalisation, la démonstration du concert frauduleux, entre le gratifié et l'aliénateur, ainsi qu'un
engagement ferme du bénéficiaire envers la congrégation.
Non en ces matières, on se comprend à demi-mot. Il suffit, pour l'annulation de la disposition d'établir l'intention

du testateur de favoriser la seule congrégation, et nulle-
lement les membres *ut singuli*.

Peu importe l'existence ou non d'un concert frauduleux
ou d'une collusion de la part des bénéficiaires extérieurs
de la libéralité. Ce principe est constant en jurisprudence.
Les motifs d'un très récent arrêt de cassation 20 juin
1888. S. 90. 1. 118. D. 89. 1. 25 l'exposent, en lui donnant
l'autorité d'un principe définitivement fixé dans la pratique
judiciaire.

Il demeure entendu que si l'arrière pensée que l'on
croit celle du testateur ne se trouve justifiée par aucun des
faits de la cause, que si par exemple le légataire, de la plus
entière bonne foi, ne transmet rien à la congrégation, et
applique le legs, purement et simplement à son unique
patrimoine, les tribunaux ne pourront modifier l'attribution de la libéralité. On ne saurait admettre la présomption légale d'interposition que M. Emile Ollivier entre autres (Revue pratique, 1858. p. 112) élève contre les religieux. En dehors de l'article 911, il n'y a point d'interposition légale, mais des interpositions de fait qu'il appartient
au demandeur de prouver. La qualité de congréganiste
n'ôte ni n'enlève aucuns droits. Nous ne sommes plus au
temps où l'État, uni étroitement avec la religion, sanctionnait les vœux par la mort civile. Si le demandeur ne démontre pas chez le disposant l'intention de tourner la prohibition, le legs restera en pleine et incommutable propriété
au défendeur absous.

Telle nous paraît être la vérité et au reste doctrine et

jurisprudence se prononcent généralement en ce sens. En somme la lutte, comme nous le disions en commençant ce paragraphe, est moins vive, très sensiblement pour les dispositions à titre gratuit que pour les contrats à titre onéreux. On possède en effet ici des textes qui jettent quelque lueur et ne permettent pas de grandes hésitations.

Nous aboutissons ainsi pour les 2 espèces d'acquisitions à une règle identique. Dès deux côtés incapacité absolue. Seulement, la plupart du temps, dans les contrats, les héritiers légitimes ne poursuivront pas la congrégation en nullité. Ils la laisseront libre maîtresse des biens acquis. La nullité dépend en somme de la détermination que prendront les intéressés. Toutefois, leur action, ils la garderont tant qu'elle ne sera pas prescrite.

Il s'agit donc de déterminer la durée de cette prescription. La restitution donnera en outre lieu à des comptes de fruits et d'impenses. Bref, il se posera en l'occurrence toutes les questions qu'une revendication a coutume d'amener. D'où la nécessité du paragraphe suivant que nous consacrerons à l'action de l'aliénateur et de ses ayants cause, à sa durée, et à ses effets.

§ 3. L'action de l'aliénateur ou de ses ayants-cause. Sa nature, sa durée et ses effets.

Écartons tout de suite un cas qui ne saurait donner lieu à aucun doute. Si l'aliénateur est resté en possession, à l'action de la communication revendiquante, il opposera l'exception de nullité. Rien de plus simple on le voit. S'agit-il d'un legs ; il sera caduc, et les héritiers resteront en possession des biens. Donc cette première hypothèse de non exécution de l'acte de transfert, ne soulève pas de difficultés. La situation change de face quand l'acquisition s'est réalisée par l'exécution. Alors l'association religieuse est investie de la détention précaire des choses aliénées ou données. L'aliénateur ou ses ayants-cause, ont à prendre en ce cas le rôle actif de revendiquants. Ils prouveront leurs droits d'abord, puis ensuite l'interposition de personnes qui constitue le moyen le plus communément employé de tourner les lois et réglements. La preuve exigée du droit de propriété écartera, nous l'avons vu plus haut dans la partie générale de ce chapitre, les interposés et leurs ayants-cause. En possession non d'un droit, mais d'une simple relation matérielle, avec la chose, ils n'ont qu'une forme *sui generis* de détention toute précaire et sans étiquette bien précise dans la langue du droit. En face de cette vague détention nominale et corporelle, le fameux adage *beati possidentes* jouera le plus naturellement du monde, laissant à la congrégation la possession incontestée du patrimoine corporatif.

Nos revendiquants devront, outre leur droit de propriété, prouver aussi l'interposition. Cette démonstration, la jurisprudence la veut solide et bien assise. C'est ainsi qu'on n'annulera pas le legs de 5 ou 6.000 francs adressé à la supé-rieure d'une communauté non autorisée à la charge d'élever et d'instruire au couvent, une jeune enfant laissée d'ailleurs parfaitement libre d'embrasser la vie religieuse ou laïque. (Cass. 26 fév. 1862 S. 62. 1. 974. D. 72. 1, 535), non plus que celui fait au supérieur d'une communauté, d'hommes cette fois-ci, dans le but d'assurer la célébration d'un certain nombre de messes à dire, à un autel dûment spécifié, pour le repos de l'âme du disposant. Paris 29 novembre 1877. S. 77. 2. 330. D. 78. 2. 233. Dans ces deux cas en effet, et il y en a bien d'autres du même genre, la congrégation n'apparaît plus que comme une exécutrice testamentaire au service de ce que) les Romains appelleraient des *priæ causæ*. Le fardeau de la preuve, à la charge du demandeur, ainsi que contrairement à MM. Orts et Ollivier, (pour lesquels ce serait à la communauté à écarter la présomption légale d'interposition qui pèse sur elle), l'affirme unanimement la jurisprudence, ne constitue donc point quelque chose de facile et d'aisé.

Il faudra sonder les intentions du disposant et scruter l'attitude du bénéficiaire. Rarement on trouvera une preuve écrite. La destination à donner aux biens, le gratifié, sans avoir besoin de papiers ni d'écriture, la tirera de l'affection spirituelle qu'il avait pour le défunt et de l'intention dominatrice qui gouvernait ses dernières volontés. A quoi bon, entre parties, qui se contentent au lieu de la clarté trop vive des actes où même des paroles, de volontés vaguement cachées dans la demi-teinte et qui se comprennent le plus souvent sans s'exprimer, la solennité du contrat arrêté dans une forme matérielle ? Aussi à défaut de la preuve testimoniale qui manquera fréquemment en présence du mystère où se complaisent pareilles libéralités, les revendiquants prouveront la fraude à la loi par l'aveu, le serment, l'interrogatoire sur faits et articles ou même en vertu de l'article 1353 du Code civil, destiné à recevoir ici une application répétée, par les présomptions graves précises et concordantes tirées de faits connus de la cause à ce fait inconnu, la substitution du tout à l'organe dans une acquisition à titre gratuit, très orthodoxe d'apparences.

Ces présomptions formeront des signes extérieurs qui permettront sans trop de crainte d'erreur de présumer ce qui s'est passé entre le congréganiste et sa communauté. Citons en quelques-unes, au hasard des espèces les plus récentes. C'est par exemple le manque de ressources personnelles de ceux qui achètent d'opulents immeubles. Tribunal de la Seine 1er février 1879 sous Paris 21 février 1879. S. 80. 2. 177. D. 79. 2. 22. dans l'affaire célèbre du mur mitoyen de l'hôtel des pères du Saint-Sacrement ; même indice dans le procès du père Parabère déjà vu plus haut. Le titre de père procureur du couvent pris dans l'acte ne suffirait pas : d'autres présomptions doivent s'y adjoindre. Procès de la Grande-Chartreuse à Bruxelles et à Grenoble (D. 87. 2. 9. 8 février 1886). Tout cela relève souverainement du juge du fait et échappe à la Cour de Cassation.

Supposons que le demandeur a satisfait à toutes les exigences de cette preuve compliquée, quelles vont être maintenant les restitutions à effectuer par la communauté défen-

deresse. La règle est simple et nette. Le revendiquant re-
prendra l'immeuble en son état lors de la restitution,
l'argent dans son entier s'il n'a pas été employé, et si l'on en
a fait usage l'enrichissement réalisé ou les objets acquis
avec lui. Aucune restitution ne semble possible si l'argent
a été consommé pour les pauvres ou les malades.

On revendiquera rarement de l'argent. La seule hypothèse où cela se présentera paraît celle des dots et trous-
seaux. Elle semble de nature à entraîner des solutions
libérales, car il se produit alors entre les cocontractants
un véritable contrat commutatif onéreux.

Ce n'est pas pourtant ce que pensent les arrêts. Ils
imposent presque tonjoursle remboursement de la somme
verséeà titre de dot ou de trousseau, lors de l'entrée en
religion. Les communautés ont essayé ici d'une finesse ;
elles ont ouvertement stipulé la somme acquise, comme
prix d'une vente fictive. La jurisprudence ne s'est pas
arrêtée à ces dehors. Et elle a condamné, malgré le déguisement pris,les congrégations à la restitution (Lyon 23 février 1867. S. 67. 2 355) soit à la religieuse elle-même,
quittant le couvent, soit à ses héritiers si elle est décédée
très peu de temps après son admission au noviciat.

Naturellement en cas d'aliénation à titre onéreux, l'a-
liénateur revendiquant doit rendre le prix.

Le système du contrat d'association nous oppose l'illogisme de ce droit reconnu à un pur néant. Le reproche
porte vis-à-vis de la théorie classique, mais non point
contre ceux qui considèrent la communauté religieuse,

comme une personnalité de fait qu'on ne peut dépouiller impunément. Il y a là un être toléré par l'administration et admis à l'honneur de figurer sur les listes de
contribuables, par les lois de l'État : on ne saurait donc
lui refuser l'application du droit commun des actions en
justice.

Et puis, et c'est une paradoxale peut-être mais fine observation de Gierke, en assignant en justice l'interposé
non pas *ut singulus* mais comme organe d'une personne
collective dont on prouve l'existence et la volonté d'acquérir, on reconnaît par là même à la communauté la
qualité de défenderesse en la personne de son organe. On
lui fait les honneurs de la reconnaissance, pour en tirer
parti contre elle sans doute, mais on le fait. Dès lors comme
il n'y a qu'une sorte de défendeurs et tous avec les mêmes
droits, nous ne voyons pas bien pourquoi la restitution
du prix n'existerait pas vis-à-vis des communautés, seules,
dans une instance en revendication. — Cela constituerait
une véritable violation du droit que personne... pas même
M. Orts n'a jamais soutenue.

Arrivons aux comptes de fruits. En matière immobilière,
la communauté sera réputée de mauvaise foi et devra restituer tous les fruits. L'article 549 C. civ. impose cette solution. Car la congrégation possède bien, comme il l'exige,
en vertu d'un titre dont elle est la dernière à ignorer les
vices et elle se trouve dès lors en état manifeste de mauvaise foi. En ce sens se prononce entre autres l'arrêt
Ovize 5 mai 1879. S. 79. 1. 313. D. 80. 1. 145 que nous

retrouverons d'ailleurs plus loin. Le principe ne peut soulever de contestation. C'est un des cas où absolument comme un être individuel, un être collectif fait preuve de mauvaise foi.

Des fruits la logique même des choses rapproche presque toujours les impenses. La congrégation a-t-elle droit à leur restitution ? La jurisprudence en général se montre sur ce point favorable aux prétentions des congrégations. Cette question rarement pratique pour les libéralités qui ne sont, pour les êtres collectifs religieux, la source d'aucune dépense, se pose assez souvent pour les dots conventuelles. Les tribunaux, nous l'avons vu plus haut, en imposent la restitution : oui, mais *cum onere*. Le corps moral défendeur est autorisé à défalquer de la somme réclamée, les dépenses qu'il a effectuées pour l'entretien du congréganiste qui se retire, ou pour les bonnes œuvres accomplies sur sa demande. En ce sens, les deux arrêts Mille, Lyon. S. 67. 2355 et de Guerry, Paris. S. 58. 2. 145, qui caractérisent très remarquablement le contrat d'entrée en religion, et auxquels déjà nous avons bien des fois fait allusion. S'agit-il d'un legs d'un congréganiste qui a fait un long séjour dans la maison, les défendeurs imputeront sur les revenus du legs jusqu'à la demande en justice, la dépense réalisée pour l'entretien du *de Cujus*. L'arrêt Leroy. Cassation 22 décembre 1851. S. 52. 1. 33. D. 52. 1. 37, déclare même pleinement licite, l'abandon de ses revenus, consenti par un membre à l'être collectif, et il se fonde sur cette idée qu'il y a là simplement la contre-partie des engagements pris par la communauté. C'est une autre forme du contrat commutatif d'entrée en religion. Voilà tout.

Jusqu'ici nous avons parlé de la preuve, dans l'action des aliénateurs et des effets juridiques auxquels elle conduisait. Mais nous n'avons pas donné un nom à leur action. Il reste à combler cette lacune. Pour déterminer la nature de cette action, tout dépend du point de savoir quel est le caractère précis de la nullité, qui inficie le contrat générateur de l'acquisition.

La plupart des juristes le déclarent inexistant. Pour l'annuler il ne faut nullement s'adresser à la justice. Une simple revendication suffit, et elle écartera le contrat, sans qu'aucune poursuite spéciale soit dirigée contre lui. Les tribunaux constateront simplement le néant de la convention en vertu de laquelle possède la congrégation et feront droit aux prétentions du revendiquant, si elles leur paraissent fondées. On reconnaît là toute la raideur intransigeante de la théorie de la nullité d'inexistence, opérant de plein droit, avec l'imprescriptabilité pour sanction. Appuyée sur des textes vagues et sur des déclarations plus vagues encore du premier consul et, dans la majorité des hypothèses, sans aucuns effets pratiques la distinguant nettement des autres nullités, elle semble heureuse de trouver ici un terrain favorable d'application où puissent jouer les caractères principaux que lui reconnaissent ses partisans.

Pour nous, toute cette théorie ne tient pas. Elle a beau

essayer de se baser sur des analogies avec l'enfant non conçu, avec l'enfant mort né, quelquefois même sur des phrases solennelles ; ces apparences de raisonnement ne nous fournissent pas un texte précis. Et il n'y a pas de nullité sans texte (1).

A quoi bon dès lors cette troisième classe de nullités, que ni les lois civiles, ni la tradition historique ne viennent justifier. Pour le mariage même, où l'on invoque le texte le plus spécieux art. 46 du Code civil, la jurisprudence semble l'écarter de plus en plus en plus en refusant à des collatéraux l'action en nullité d'un mariage inexistant, action pourtant dans la pure théorie de l'inexistence ouverte

(1) Ce texte M. Lacour, revue critique 1881, pages 30 et sq. en une savante étude relative au procès des Pères du Saint-Sacrement le trouve dans l'article 1117 du Code civil. Cet article nous dit que la convention contractée par erreur violence ou dol n'est pas *nulle* de *plein droit* mais donne lieu à une action en justice.

De ces expressions du code prises à la lettre on pourrait tirer par *a contrario* que la nullité de plein droit ne donne lieu à aucune action en justice.

Malheureusement cette opinion extrême, personne ne l'admet. La raison en est simple. Les mots « de plein droit » n'ont aucune signification spéciale dans le Code civil. « Ils n'expriment pas l'idée d'une nullité qu'il ne serait pas nécessaire de faire prononcer. Destinés à faire ressortir telle ou telle intention du législateur, ces termes n'ont même pas de signification propre et invariable : le sens qui doit y être attaché se détermine *secundum subjectam materiam* ». Aubry et Rau, anc. édit. tome 1. § 37, page 157, note 18, *in fine*. On ne saurait mieux dire. Il y a plus au reste ! Dans un cas manifeste de nullité relative : l'acte passé par un interdit ; l'article 502 du Code civil emploie l'expression nullité de droit. Comment dès lors est-il possible de fonder une théorie sur une terminologie à ce point incertaine ? C'est la rendre aussi fragile que sa base.

à tous les intéressés. Ici même, nous la verrons agir semblablement. La doctrine la plus généralement suivie, une fois admis le néant de la congrégation non autorisée en tire de suite cette conséquence que les aliénateurs agiront par l'action en revendication, comme s'ils n'avaient pas passé de contrat relatif à la chose aliénée.

La propriété étant restée sur leur tête, ils n'ont en quelque sorte qu'à étendre la main pour la reprendre. Mais pendant combien de temps durera leur action ? Alors surgissent les embarras. Une nullité d'inexistence, répond M. Lácour dans un article de la Revue critique, tome 10 (1881) page 35, est imprescriptible. Les personnes interposées avec lesquelles la convention a été passée, n'ayant évidemment pas *l'animus domini* ne sauraient prescrire, pas plus que la congrégation dont *l'animus domini* n'a aucune valeur juridique, la loi ne lui reconnaissant pas la personnalité. Or, le voile du contrat écarté, et sa nullité imprescriptible le permet toujours, pour éteindre une revendication il faut une possession de 10 à 20 ans à titre d'usucapion, ou de 30 ans *animo domini,* si on n'a pas le juste titre et la bonne foi. L'écoulement d'un laps de temps est impuissant par lui-même sans l'adjuvant de la possession acquisitive d'un tiers à opérer l'extinction de la *Rei Vindicatio*. Donc 30 ans, 100 ans, même une possession immémoriale de la congrégation, sans *animus domini* puisque sans existence légale, laisseront à l'ancien propriétaire la possibilité d'agir en revendication. Seul dans le droit d'aujourd'hui il aura l'*æterna auctoritas* du rude droit des XII Tables. Sa revendication sera éternelle et sera possible tant que l'être collectif détiendra les biens. Cette opinion consacre vraiment le triomphe de l'intraitable logique des principes juridiques. Beaucoup d'auteurs la professent, entre autres M. Th. Tissier dans son traité des dons et legs aux établissements publics paru en 1890.

M. Beudant, dans une note sous Dalloz, 80, page 147, fameuse dans les annales du sujet, recule devant la longueur de la durée que l'on attribue ainsi à la Revendication. Se basant sur l'article 2262, il déclare l'action de l'aliénateur ou de ses ayants-cause bien et dûment prescrite par le délai de 30 ans. Seulement, de la sorte, outre la faiblesse de l'argumentation que l'on déduit du texte, de l'article 2262, trop général, pour avoir une suffisante précision on ne fait qu'éloigner la difficulté. Après 30 ans en effet, puisque « l'ordre public s'oppose à ce que l'on mette en question des faits remontant à plus de 30 ans », les biens acquis vont se trouver sans maître. M. Beudant, non sans quelque hésitation, les attribue à l'État.

C'est la confiscation, supprimée dans nos lois, subitement restaurée sur un point spécial. Et comme le meuble ne rentre pas dans le champ d'application de l'article 539 du Code civil sur les biens sans maître, il appartiendra au premier occupant, même à l'aliénateur s'il veut le reprendre, puisqu'il n'y a pas de réintégrande pour les meubles dans notre droit actuel. La confiscation d'un côté, la mainmise brutale sur la chose de l'autre, voilà les conséquences du système du savant jurisconsulte. Nous croyons qu'elles suffisent à le condamner.

Avec MM. Aubry et Rau, t. 2, p. 322 § 210, note 4 et p. 396, § 219 et tome 8, p. 429, § 773, nous croyons la revendication uniquement éteinte par une possession *animo domini* de 30 ans, ou une usucapion. Seulement nous croyons aussi à la capacité de prescrire des personnes de fait. Nous n'en voulons pour preuve que la loi du 29 décembre 1884 et celle d'avril 1895, qui parlent sans cesse des biens que *possèdent* les associations non reconnues et dont la dernière autorise même la prescription à l'égard du fisc. Si à l'égard du fisc les communautés prescrivent, pourquoi ne le pourraient elles pas aussi vis-à-vis des anciens propriétaires ? Le fisc agit au nom de l'État, gardien de l'ordre public, et dans l'intérêt de la liberté des citoyens actuels et à venir que compromettrait la diffusion de la mainmorte, et on prescrit contre lui ! L'aliénateur ou ses ayants-cause défendent un intérêt privé, tellement privé même que quelquefois leur action repose sur la violation d'engagements loyalement pris de part et d'autre. Quand, usant d'un droit de repentir analogue à celui de la loi *Cincia* sur les donations à Rome, peu de temps après l'aliénation, celui qui l'a consentie en réclame l'anéantissement, est-il plus intéressant que le fisc ? Pourquoi dès lors l'éternité à cette revendication ? On ne le comprendrait pas. Le temps l'arrêtera, comme il arrête le fisc lui-même.

La congrégation possède en vertu d'un titre dont elle

connaît les vices. Elle se trouve donc de mauvaise foi.
Au bout de 30 ans, par suite elle triomphera contre la
revendication de l'aliénateur ou de ses ayants cause. Et
sa possession constituera une partie de ce patrimoine
dont les lois de finances frappent les éléments constitutifs.
Cette solution nous semble la juste contrepartie de toutes
celles de la jurisprudence admettant la vitalité de la personnalité de fait. La rejeter, c'est manquer de logique et
se refuser à opérer le synthèse de toutes les opinions
éparses, émises çà et là dans le fouillis enchevêtré des
espèces.

La jurisprudence arrive aux mêmes résultats pratiques,
mais au moyen d'un biais. Constatons d'abord que pour
les legs et contrats où figure ès noms la communauté non
reconnue dans tout l'éclat de sa non reconnaissance, elle
aurait peut-être, ainsi qu'on le peut induire de l'esprit
général de son système d'ensemble, proclamé la nullité
d'inexistence des conventions passées entre les parties.
Malheureusement la pratique dans la disette de pareils
cas à examiner, ne lui a pas fourni l'occasion de formuler ces principes.

Par contre, elle a eu à se prononcer, à propos de la forme
classique, du contrat à personne interposée. L'arrêt de
principe sur ce point est l'arrêt Ovize, Cassation 5 mai 1879.
S. 79, 1. 313. D. 80. 1. 145 et la note précitée de M. Beudant. Il s'agissait d'une vente, contenant une donation
déguisée, passée par l'intermédiaire de personnes interposées au profit de la congrégation des frères de Saint-Via-

teur. L'arrêt commence par affirmer que la vente paraît
bien inficiée d'une nullité radicale et d'ordre public. Il ne
parle pas du tout, on le notera, de la prétendue nullité
d'inexistence des interprètes. Toutefois la vente tient debout
par provision, tant que les tribunaux n'en ont pas décidé
l'annulation. Or, pour qu'ils prennent pareille décision,
une action en nullité de la vente s'impose « préalable-
ment à toute revendication » et elle tombe fatalement
sous le coup de l'article 2.262 du Code civil, d'après lequel tant réelles que personnelles, les actions se prescrivent par 30 ans. D'où la chambre des requêtes conclut,
qu'en déclarant l'action des consorts Ovize éteinte par le
laps de 30 ans, la Cour de Lyon, le 12 juillet 1878, n'a
violé aucune des dispositions légales alléguées contre elle
par le pourvoi.

La prescription date du jour de l'acte et non du décès
de l'aliénation, remarquons-le. Si comme dans l'espèce
Ovize, les héritiers n'invoquent que le droit de leur au
teur et non pas un droit à eux exclusivement personnel,
cette considération est de nature à raccourcir fortement
les délais qui leur sont ouverts.

Telle est l'action qui sanctionne la règle de l'incapacité
absolue d'acquérir les biens posée par les tribunaux et
par les auteurs. Tels sont ses effets, sa durée et les
comptes qu'elle entraîne. On voit qu'en somme, la rigueur prohibitive des principes, subit beaucoup d'exceptions. La nullité d'inexistence, ici comme en matière de

mariage, la jurisprudence semble vouloir complètement l'écarter. Et dans ces conditions, nous nous trouvons en face d'un patrimoine dépendant de la volonté des aliénateurs et soumis à la condition potestative à leur égard, d'une absence de repentir pendant 30 ans. Mais ce laps de temps écoulé, au détenteur précaire, qui ne sait la veille s'il ne sera pas dépossédé le lendemain, succède un possesseur véritable. S'il n'a pas l'étiquette officielle, le *dominium ex jure quiritium*, il tient au moins les choses sous son entière maîtrise, et cela à l'exclusion de tous autres. Ce résultat curieux d'une quasi propriété prétorienne n'a rien d'ailleurs qui doive surprendre. La personnalité de fait tolérée et taxée par le pouvoir y conduit en droite ligne. Les droits des tiers, le souci de l'équité, sinon l'absolue logique chère à quelques esprits rigoureux, justifient au surplus l'originalité d'une semblable création.

§ 4. Aliénations. Obligations et responsabilité. Action en justice.

L'aliénation n'a pas eu la fortune d'occasionner des décisions judiciaires. Étant admis les principes des arrêts cités dans les paragraphes précédents, les tiers, acquéreurs de la communauté non reconnue, pourront se voir actionnés par les aliénateurs originaires (1). La possession de

(1) Il ne faut pas se dissimuler d'ailleurs qu'une pareille solution est plus que bizarre. L'intérêt social favorise les aliénations et en les

10 ou 20 ans jointe à l'addition du juste titre et de la bonne foi les mettra à l'abri des dangers d'une revendication. Au surplus, ainsi que l'affirme l'arrêt de la Cour de cassation du 21 avril 1873. S. 75. 1. 258. D. 74. 1. 320, jamais les communautés ne pourront solliciter elles-mêmes l'annulation, en se basant sur la législation spéciale des congrégations reconnues. La chose allait toute seule au surplus, car le gouvernement n'a à exercer aucune tutelle sur des sociétés qu'il prohibe et qui dès lors ne sauraient tirer un principe de nullité de ce que l'aliénation n'a pas reçu l'homologation administrative, exigée pour les associations autorisées.

Des aliénations passons aux obligations. Nous savons déjà qu'on reconnaît aux communautés religieuses le droit de se porter créancières, en cas de legs adressés par des congréganistes, ou de dots conventuelles, et de retenir sur les sommes revendiquées la valeur des dépenses d'entretien effectuées. Mais il y a là une créance encore un peu effacée, qui se paie par compensation, ou par rétention sur une créance contraire de restitution des demandeurs revendiquants. S'opposant par voie d'exception, elle se prête plus

déclarant nulles, les auteurs vont à l'encontre du bon sens et de l'utilité.

Il serait plus sage de reconnaître la validité de semblables mutations. La jurisprudence qui admet la personnalité de fait des communautés religieuses devrait bien consentir à cette concession. Le pouvoir d'aliénation est un de ces pouvoirs élémentaires qui accompagnent toujours une capacité. Du moment que l'on tolère l'action en justice qui peut aboutir à un déplacement de propriété en fait, il faut tolérer aussi la *libera administratio* avec le droit d'aliéner.

facilement à la faveur de la jurisprudence. Voir entre autres arrêts sur ce sujet, les arrêts Guerry et Mille, célèbres à beaucoup de points de vue dans l'histoire de notre question.

Plus difficilement la jurisprudence accorde aux autres créances la sanction par excellence de l'action en justice. Une fois seulement croyons-nous, un arrêt de la Cour d'appel de Toulouse (Fabre. S. 57. 2. 481) a montré ce libéralisme.

Il s'agissait d'un legs, revendiqué par les héritiers du sang, qui avait conduit la congrégation à des constructions et embellissements supérieurs à la somme recueillie.

L'arrêt reconnut à la Communauté appauvrie par le legs le droit d'actionner les revendiquants en dommages et intérêts.

Nous savons déjà en outre que pour les créances issues de délits et quasi délits résultant d'atteintes caractérisées à la possession des congrégations, l'action en justice appartient sans conteste aux communautés religieuses. Cette concession capitale des décisions judiciaires, nous l'avons montrée tout au long, dans l'introduction générale de ce chapitre. Nous n'avons ici qu'à en rappeler l'existence.

Dans la plupart des cas, les arrêts refusent l'action en justice à la corporation, agissant comme telle, et représentée par son supérieur. Seulement la règle posée se tourne facilement, au moyen de la clause de stipulation personnelle, sous entendue et suppléée par les Tribunaux et Cours. C'est ce que décide entre autres l'arrêt Trouillet 12 mars 1866. Cassation S. 66. 1. 292 et D. 66. 1. 193, en validant les engagements pris par les tiers envers la supérieure d'une communauté religieuse de femmes, sauf réduction pour la portion qui aurait le caractère de libéralité envers la Communauté. Cet arrêt déclare en outre que dans ces limites, l'action de la supérieure considérée comme créancière en son nom personnel, est recevable et fondée.

Si nous envisageons maintenant les obligations de la communauté envers les tiers, nous assistons à un mouvement curieux de jurisprudence. D'abord un arrêt d'Aix (2 janvier 1825) sur les pénitents noirs d'Arles. S. chr. 1825, très logiquement classique, autorise les pénitents à exciper de leur néant pour ne pas exécuter leurs obligations. Malheureusement l'arrêt ne voit pas que, pour satisfaire la raide géométrie juridique, dont il paraît avoir le culte, il faudrait ne pas admettre même ce fameux néant à soutenir ses prétentions en justice, car par définition même, il est condamné au défaut perpétuel devant les tribunaux.

Le prieur dont on proclame d'ordre public l'exception de défaut de qualité ne devrait pas à plus forte raison être admis à présenter des conclusions.

Et de fait on a été jusque-là. Il s'est trouvé un tribunal qui a eu cette audace de logique. C'est le tribunal de la Seine, le 3 avril 1857. L'affaire qu'il tranchait ainsi fut alors célèbre. La marquise de Guerry poursuivait en restitution les supérieurs de la communauté de Picpus. C'est le procès connu de Guerry contre Picpus, où plaidèrent Berryer, Dufaure, Emile Ollivier et où conclut l'avocat général Oscar de Vallée.

Eh bien, le jugement du tribunal de la Seine déclara que sans existence légale, la communauté de Picpus ne pouvait ni être actionnée en justice ni y être représentée.

MM. Clamageran et Ollivier, dans la Revue pratique, alors naissante, l'un en 1857, l'autre en 1858, critiquèrent très virulemment cette jurisprudence. Le fond de leur argumentation très brillante d'ailleurs s'analyse ainsi. Illégale, la communauté non reconnue ne saurait intenter une action en justice : ses droits et ses créances constituent des élément platoniques de son patrimoine, sans la vitale sanction de l'action en justice. Mais illégale, elle peut être action née en justice. Son illégalité même lui impose l'obligation de cesser d'être, que la contrainte judiciaire fera exécuter par le moyen de condamnations au profit des créanciers. Et que les supérieurs et prieurs n'excipent pas par conclusions de leur défaut de qualité, en alléguant qu'un être illégal ne possède point de représentants légaux, car à côté du supérieur de droit il y a le supérieur de fait, véritable représentant utile, en qui s'incarne la communauté.

Nous ne comprenons point du tout, l'obligation de cesser d'être tant prônée par MM. Clamageran et Ollivier. Si elle existe, son seul créancier, c'est l'État qui en imposera l'accomplissement par la voie administrative ; mais comme le dit dans ses Pandectes, le juriste allemand Bekker, la justice n'a pas à faire de la haute police administrative, par rapport aux associations. Qu'elle laisse ce soin au pouvoir exécutif. A chacun son rôle et sa fonction. De plus, nous n'apercevons pas comment, en faisant payer son dû à une communauté, on la fera cesser d'être. Et de fait, depuis 1860, les tribunaux qui admettent en justice les congrégations à titre de défenderesses ne les ont pas encore détruites. L'exécution loyale de ses engagements ne ruine point un débiteur solvable comme nos associations. Malgré le tour étrange de cette argumentation, soutenue au reste avec une éloquence chaleureuse par les auteurs précités, la jurisprudence admit la solution sans les raisons, en se basant simplement sur l'équité naturelle et la détention des biens par les défendeurs.

En matière d'obligations, on actionnera en justice le supérieur représentant de fait de l'être collectif; en matière de dispositions à titre gratuit, le congréganiste interposé, ou le supérieur, s'il détient une partie des biens revendiqués déjà passés en la possession de la congrégation.

L'examen du fait démontrera si le supérieur prend ou non part à la gestion du patrimoine corporatif : on le déboutera s'il se contente d'une mission purement spirituelle. En effet, la hiérarchie et la distribution des fonctions n'étant pas légalement établies par la loi pour nos associations, au juge appartiendra la détermination du supérieur de fait ou de l'administrateur gérant, et au pis aller, il pourra valider la poursuite contre un simple membre, détenteur des biens en totalité ou pour partie. Inutile de citer des arrêts. Il nous faudrait en effet rementionner toutes les décisions déjà vues dans les diverses situations que comporte le fonctionnement du patrimoine corporatif. Car dans tous les procès en restitution de biens réclamés par la famille légitime du disposant, la question préliminaire de la qualité des défendeurs ne manque pas d'intervenir tout d'abord. Contentons-nous donc de cet exposé de principes.

On arrive facilement ainsi à isoler en fait le patrimoine de la communauté non reconnue de celui de ses membres, en prêtant aux administrateurs la qualité de supérieurs de fait de l'œuvre qu'ils dirigent et administrent. L'étendue de la responsabilité de ces administrateurs, paraît différemment appréciée d'ailleurs, suivant les décisions judiciaires. La Cour d'Aix par exemple, sur une fourniture de marchandises commandée par les administrateurs d'une confrérie pour les besoins de leur chapelle, la décide non solidaire (1). Les arrêts de Guerry (Paris et cassation 8 mars 1858, et 4 mai 1859) prononcent au contraire la

_____

(1) Un arrêt d'Orléaus, 30 mars 1859. Sir. 57. 2. 481 se prononce aussi pour la non solidarité. Les associés se sont tenus, à son avis, que sur les biens qu'ils possèdent à titre de prête-noms, et sur les biens propres de l'association. Il en donne pour preuve l'article 1862 du Code civil,

La Cour d'Orléans, avant d'arriver à cette solution, nous donne quelques attendus véritablement touchants. Qu'on nous permette d'en citer des extraits. « Les congréganistes abdiquent le nom de leur père et lui substituent un nom qui ne leur rappelle ni les joies de la famille, ni les doux souvenirs de l'enfance, jamais plus ils n'entendent le nom que si souvent leur mère prononça, etc. » Toute cette littérature, si elle n'est guère une preuve décisive, a le mérite peu banal de faire intervenir le sentiment dans la théorie de la solidarité ! Elle vaut bien qu'on la cite pour la rareté du fait !

solidarité à raison de l'indivisibilité du fait de la participation à la jouissance et à la répartition des sommes reçues (article 1202 du Code civil). Au fond l'antinomie se trouve plus apparente que réelle. Ces décisions veulent dire tout simplement que la condamnation ne portera pas sur les biens personnels des administrateurs, mais sur ceux de la communauté qu'ils détiennent. De cette sorte sur le patrimoine corporatif, chacun des défendeurs est tenu de la condamnation pour le tout. Quant à ses biens propres, comme il n'a pas obligé le sien en s'obligeant, ils demeureront à l'abri de toute condamnation. On dédouble de cette façon très ingénieusement la personnalité et la responsabilité de chacun des congréganistes.

En outre, dans le cas de la confrérie, la Cour d'Aix (1) s'est laissée probablement aussi entraîner par l'analogie de la société civile, où au rebours de la société commerciale, à moins de stipulation contraire ou de faute commune, il n'y a pas solidarité encourue par les directeurs et administrateurs (article 1862 du Code civil). Au surplus

---

(1) Saisissons cette occasion de dire quelques mots des confréries si étrangement traitées par la Cour d'Aix en 1825. Les confréries, déclarait Portalis dans un rapport du 28 messidor, an XIII, quoique supprimées par les lois révolutionnaires, ont si peu d'importance qu'elles peuvent se former sans autorisation du gouvernement. Et une décision de Portalis du 4 août 1808 ajoute qu'en leur imposant l'autorisation, on leur reconnaîtrait une influence qu'elles n'ont pas.

Une ordonnance en Conseil d'État, 28 mars 1831. D. J. G. culte nos 257 et 426, juge que l'évêque et le curé sont en possession du droit de dissoudre les confréries qui se consacrent au service divin. Seulement elles relèvent de l'article 291, si elles se réunissent ailleurs

généralement on impose la solidarité à cause de la commune détention des biens et l'arrêt d'Aix est resté isolé.
Ainsi on sépare nettement l'universalité corporative du
patrimoine des associés, et on érige en entité à laquelle il
ne manque que la vie, les biens de l'être collectif. Partout
d'ailleurs dans le domaine de plus en plus large et riche
des sociétés et associations, le même travail s'opère, et la
responsabilité quitte la personne, pour un patrimoine
extérieur aux individus, et indépendant de leur fugitive
individualité.

Très prononcé pour les sociétés civiles, achevé pour les
sociétés commerciales, cet effort de sécession de la personne physique d'avec la personnalité morale, se dessine
comme on le voit en traits un peu confus encore pour les
communautés non autorisées. Il importait de signaler
cette tendance que l'avenir se chargera sans doute de développer.

Avant de clore ce chapitre, disons quelques mots de la
dissolution des communautés religieuses non reconnues.

que dans un lieu consacré au culte. Quant à leur capacité patrimoniale, un jugement du tribunal des Andelys (17 juin 1884) la considère
à peu près comme nulle. Associations de fait, dit-il, elles ne peuvent
ni recevoir, ni posséder. Les dons que l'on veut leur adresser, il faut
les faire à la fabrique dont elles sont l'accessoire. Les membres de la
confrérie possèdent indivisément les biens, les valeurs et les objets
mobiliers. A la dissolution on les partagera entre eux, y compris la
bannière. C. de C. belge 4 septembre 1837. D. J. G. culte n° 305. Les
confréries forment donc une curieuse relique des associations religieuses d'autrefois. Et ce sont les évêques et les curés qui les dissolvent !

Nous n'avons pas parlé de la dissolution à propos des associations laïques. Nous n'en parlerons que très peu maintenant : Qu'on ne s'en étonne pas ! Nous croyons en effet que l'organisme réel de l'être collectif, produit d'une commune volonté, doit dépendre d'elle au moment de sa mort, comme au moment de sa naissance. L'assemblée générale des associés, ou l'organe directeur, suivant les statuts, fixera le sort du patrimoine de l'être qui disparaît. Ou bien les associés ordonneront le partage entre les individus conformément aux règles posées par les art. 815 et sq. du Code civil, ou bien ils affecteront toute l'entité patrimoniale à des associations qui poursuivent un même but. L'arbitraire de leur volonté ne rencontrera aucun obstacle. En effet l'association dissoute, le but cesse d'asservir les biens à leur destination ; il n'y a plus que des droits qui cherchent un propriétaire et dont la juxtaposition d'individus qui les possède, règle souverainement le sort. Les lois ne disant rien ; il faut admettre la complète autonomie des associés en matière de liquidation.

On ne saurait, comme on le propose, en présence du caractère privé de nos associations, faire intervenir l'application des rares textes administratifs qui s'occupent de la dissolution des personnes morales (loi du 15 mai 1850 art. 10 sur les sociétés de secours mutuels, loi de 24 mai 1825. Art. 7 sur les congrégations religieuses de femmes, loi du 12 juillet 1875, art. 12 sur les établissements libres d'enseignement supérieur,) et ordonnent la restitution des legs aux donateurs et ayants-cause, et la distribution par l'État, du surplus des biens aux établissements similaires. Ces textes sont trop spéciaux pour pouvoir être étendus à d'autres situations. Ils apparaissent donc plutôt comme l'expression d'un idéal à accomplir que comme la réalité. Dans le silence de la loi sur nos associations désintéressées, nous sommes forcés de laisser libre jeu à la volonté de la majorité des associés, et de nous contenter de leur recommander de faire prédominer l'affectation qui n'est plus, sur le désir d'arrondir leur patrimoine ! Préceptes platoniques dira-t-on, mais qui nous l'espérons n'en seront pas moins observés.

Il n'existe en effet, aucune autorité chargée aujourd'hui de veiller sur les affectations des sociétés privées qui se dissolvent. Ce rôle qui appartenait jadis dans le très haut moyen âge à l'évêque, n'est plus qu'un souvenir historique.

Après tout, aucun droit ne sera lésé par l'autonomie que nous laissons aux membres de l'association qui cesse de vivre. Les donateurs se sont dépouillés irrévocablement par par une espèce de *derelictio*. Ils connaissaient toutes les incertitudes juridiques de l'être collectif, auquel ils confiaient leurs biens et la réalisation de leurs dernières volontés. Ils savaient que le seul moyen de fonder une œuvre qui laisse une certitude de durée, c'est de s'adresser à une personne morale publique. Ils ne l'ont pas fait. Qu'ils en supportent les conséquences ! Si plus tard les associés fatigués d'être unis, se partagent entre eux les biens communs, leur conduite ne violera aucune règle de droit. Le donateur en effet se dépouille irrévocablement, quand il fait une libéralité. Il ne saurait prétendre lier perpétuellement les volontés d'une association privée.

D'ailleurs en partageant entre eux les biens sociaux, les membres de nos sociétés sans but lucratif auront avec notre système rarement occasion de violer quelque principe. Les libéralités dans notre théorie ne susciteront pas de difficultés, puisque nous les avons interdites. La volonté commune qui avait donné la vie à l'être collectif s'étant éteinte, rien doctrinalement n'empêche donc chacune des volontés particulières qui subsistent d'opérer la mutation du tout à la partie. Voir à peu près en ce sens, note Labbé, sous S. 81. 2. 249. Cf. Aix. S. 1875 2. 103.

Nous en avons fini avec le fonctionnement des communautés non autorisées.

Résumons-le rapidement.

A peu près reconnues comme personnalités de fait, la jurisprudence plus timidement dit *sociétés de fait*, les associations religieuses sans but lucratif peuvent ester en justice en matière de délits, de quasi délits et de propriété d'héritages. Dans les autres cas, il y a controverse et doute. Elles ne peuvent en principe, suivant les jugements et les arrêts, ni acquérir à titre gratuit ou onéreux, ni aliéner les biens ainsi acquis. Toutefois, après l'écoulement du laps de 30 ans sans réclamation de la part des déposants ou des anciens propriétaires, la congrégation jouit de tous les dehors du *dominium*.

Somme toute, en s'adressant à des cocontractants sûrs, les acquisitions des communautés ne seront pas souvent contestées. Jointes à des achats de meubles, à des dons manuels d'effets mobiliers, très difficilement attaquables en pratique, elles formeront ce patrimoine très limité, mais existant qu'exige le raisonnement et que l'équité réclame. Au fond donc les associations religieuses, comme les sociétés idéales laïques, sont gouvernées par leur but. Il les circonscrit et il les borne. Il leur permet de s'agiter et de vivre, mais il ne leur permet pas d'oublier pour la richesse le désintéressement de leur destination.

Enfermée dans sa sphère spéciale et propre, l'association ne saurait certainement dans ces conditions prétendre, de nos jours ainsi qu'autrefois, aux immenses biens-fonds, aux forêts, aux vignobles, aux prairies, bref, à toutes les magnificences de la grande propriété terrienne. L'État la cantonne étroitement dans sa religieuse destination. Ses lois civiles et ses lois fiscales ne cessent de veiller aux progrès de la mainmorte et de les arrêter aussitôt qu'ils s'accentuent.

Est-ce un mal, est-ce un bien ? M. Van den Heuvel déplore la sévérité inflexible que le pouvoir social déploie de plus en plus contre les œuvres religieuses. Vous condamnez, s'écrie-t-il, dans son livre, les associations pieuses au rôle des lazzaronis napolitains, dormant la tête à l'ombre et les pieds au soleil, sans toit pour abriter leur pittoresque misère ! Cette boutade un peu vive nous semble plus spirituelle que vraie ! A part en effet toutes les incertitudes d'une inexistence légale, dont la loi tant attendue sur les associations fera sans doute disparaître, le jour encore éloigné où elle sera votée, les subtilités gênantes pour les contrats où figurent des religieux, les congrégations ont-elles tant que cela à se plaindre de l'état actuel des choses ?

En aucune façon. Malgré la limitation des ordres religieux dans leur fonction essentielle de contemplation, de méditation et de prière, jamais ne fut plus marquée l'efflorescence de la vie monacale. Les progrès de la science, en laissant autour de la connaissance un large cercle d'ombre, se montrent impuissants à enrayer ces élans de mysticisme rêveur qui poussent les hommes vers la paix profonde des cloîtres. Ne l'oublions pas : au milieu de ce siècle, comme le rappelle M. Taine, l'ordre le plus rigoureux de tous, celui des trappistes s'est considérablement agrandi. La foi, mourante à la fin du siècle dernier dans les monastères, y est aujourd'hui ardente et forte.

Tout cela prouve que les établissements du clergé régulier, d'une durée plusieurs fois séculaire, n'ont pas été frappés au cœur, ainsi qu'on le dit, par les prohibitions de la doctrine et de la jurisprudence. Ils ont eu tout simplement à subir les conséquences des principes posés par la révolution.

Cette crise passagère ne constituera plus bientôt qu'un lointain souvenir, avec la renaissance générale des associations et des groupements sociaux. Sachons donc nous garder aussi bien d'un pessimisme outré que d'un optimisme trompeur !

TITRE TROISIÈME

LA CAPACITÉ DE L'ASSOCIATION DÉSINTÉRESSÉE EN LÉGISLATION. TENDANCES NOUVELLES. SON AVENIR LÉGISLATIF.

———

CHAPITRE VIII

APERÇU SUR LE RÉGIME FISCAL DES ASSOCIATIONS LAIQUES DÉSIN-TÉRESSÉES (1) ET DES CONGRÉGATIONS NON RECONNUES, DANS SES RAPPORTS AVEC LEUR CAPACITÉ CIVILE.

Les lois fiscales présentent, en notre matière, beaucoup d'intérêt. Ce sont en effet, nous le savons déjà, les seuls textes qui parlent autrement que pour les prohiber des associations non reconnues. Plus haut, nous avons pu

(1) Nous ne parlerons dans ce chapitre presque exclusivement que des communautés religieuses non autorisées. Les associations laïques dé-sintéressées ne nécessitent par contre quelques mots. Nous avons déjà eu l'occasion de parler des cercles et sociétés à cotisations; quant aux autres associations elles supportent les mêmes impôts que les ordres et congrégations, avec seulement quelques légères différences, que nous indiquerons chemin faisant. Dans ces conditions, on voit que nous n'avons pas à nous étendre longuement sur leur compte.

constater, que la conception qu'elles paraissent s'en faire, diffère beaucoup de celle généralement soutenue par les auteurs. Ce coup d'œil rapide, jeté sur la fiscalité des congrégations, nous permettra de compléter une démonstration ébauchée, et de montrer, qu'au fond, malgré les vives déclamations, dont retentit la presse, elles possèdent une situation plus avantageuse que celle des congrégations reconnues. Il y a là une bizarrerie anormale qui explique pourquoi les congrégations non reconnues, ne cessent de se fortifier et de s'accroître, en dépit des prescriptions d'une législation, en apparence très restrictive.

La théorie générale de l'administration de l'enregistrement sur les associations religieuses non reconnues est très simpliste. A la différence des congrégations reconnues, qui constituent des établissements d'utilité publique (Sol 3 février 1887. Garnier. Rép. per. n· 7,574), la régie ne voit dans les congrégations non reconnues que des sociétés privées soumises, comme telles, en matière d'enregistrement et de timbre, aux règles générales de perception.

Cette thèse s'appuie en somme. sur le même raisonnement que celle de M. de Vareilles-Sommières. Confondant les apparences extérieures de l'agrégation religieuse avec sa nature juridique intime et profonde, elle l'assimile au contrat voisin : la société. La nullité d'un pareil contrat, évidente dans la rigueur du droit, n'arrête pas d'ailleurs le fisc comme elle arrêterait les jurisconsultes. A quoi aboutit en effet une pareille nullité ? A ceci tout simplement : que le contrat de société, si société il y a, n'existe pas vis-à-vis des tiers, au premier rang desquels figure l'administration de l'enregistrement. Ces tiers sont toujours en droit d'opposer la nullité aux associés.

Mais on ne peut les forcer à s'en prévaloir. Le tiers consultera ses intérêts et il tiendra l'acte soit pour valable, soit pour nul, suivant ce qu'ils lui conseilleront. Ces principes s'appliquent certainement en matière fiscale. La jurisprudence les traduit en disant : que les nullités ne sont pas opposables aux agents de l'enregistrement. Le receveur n'est pas un juge. Il doit considérer les actes tels qu'ils se présentent à lui et sans se laisser guider par des considérations étrangères aux actes eux-mêmes (1). Confer. sur le principe, Cass. 13 janvier 1890. S. 1891.1.38. et cassat. 24 avril 1893. S. 94. 1 195.

L'administration qui a fait application de ce principe aux sociétés nulles, en tant que formées entre époux, ou parce qu'elles n'avaient pas obéi aux prescriptions du Code de commerce, pourrait en tirer parti contre les congrégations religieuses et justifier ainsi leur assimilation avec les Sociétés privées. — En réalité son système

---

(1) Il est vrai que comme contrepartie, la jurisprudence reconnaît à la régie le droit d'invoquer une nullité si elle y a intérêt. Voir arrêt de Cassat. (19 janv. 1881, S. 1882, I. 275) et Trib. de Cholet (6 fév. 1890. S. 92. 2. 60 et la note) à propos, dans le premier cas d'une société verbale et dans le second cas d'une société sans forme légale. Mais il n'y a là que la seconde branche d'une alternative, et elle est aussi inattaquable que la première.

s'appuie sur des considérations plus empiriques que juri-
ridiques. Et cela explique que la Régie n'ait pas tenté de
le soutenir ainsi que nous venons de le faire. On ne saurait trop le lui reprocher. Placé en face de lois d'un sens
incertain, et d'une portée ambiguë, le fisc a assis sa perception sur les analogies extérieures. Aussi bien la confusion des travaux préparatoires ne pouvait lui apporter
aucune lumière.

Toutefois à la réflexion une singularité étonne. Elle
rend incohérente la doctrine de la Régie.C'est qu'en effet,
la Société civile privée régie par les articles 1832 et sq,
du Code civil, sur laquelle l'administration modèle la situation fiscale des associations non reconnues, a subi dans la
jurisprudence une évolution caractéristique. Elle est
devenue personne morale. Depuis des arrêts récents, si
la doctrine discute encore le nouveau principe, la jurisprudence le consacre définitivement. Eh bien, dans ces
conditions, la régie pour être logique, devrait reconnaître
aux congrégations non autorisées la personnalité civile
des Sociétés privées. Voilà où la conduit directement son
assimilation un peu téméraire.

Elle n'ira pas jusque là sans doute, à cause des textes,
qui refusent l'existence aux associations religieuses non
habilitées. Ce qui prouve qu'elle a eu tort de poser en
thèse un principe dont les conséquences logiques violent
les idées reçues en doctrine. — Il eut mieux valù se prévaloir de la jurisprudence sur les associations non reconnues. Elle fournit en effet une justification plus correcte.

On se rappelle que la grande majorité des arrêts reconnaît aux êtres collectifs dénués en droit de personnalité la capacité de s'obliger. On en donne diverses raisons, les unes bizarres les autres spécieuses. Ici elles ne nous importent pas. Nous n'avons qu'à retenir la solution qu'elles prétendent expliquer. Supposons donc cette solution acquise : la première des obligations d'un être déclaré capable de s'obliger, sans contredit, paraît bien celle de payer les impôts. Donc ce paiement s'impose aux associations non autorisées malgré le vice de leur constitution. Quiconque est capable de s'obliger vis-à-vis des tiers ne peut pas non plus opposer son incapacité à l'Etat. La première des conséquences entraîne forcément la seconde. Ceci posé, quels impôts vont devoir acquitter nos associations ? Elles ne constituent pas des établissements publics, mais des groupements purement privés, dominés par une destination désintéressée. On comprend dès lors qu'en présence de cette situation la Régie ait rapproché les associations qui nous préoccupent des sociétés privées. En fait d'êtres collectifs le droit fiscal français ne connaît que l'établissement et la Société. L'association religieuse a été classée au petit bonheur dans un de ces deux cadres uniformes.

Nous ne nous en plaignons pas trop. Toutefois nous voudrions faire remarquer dès le début de cet aperçu, qu'il n'y a là qu'un expédient fiscal. Expédient, qui ne s'appuie pas sur un raisonnement en forme, mais sur la nécessité de trouver une assiette et une justification à une perception commandée par les principes du droit. Que les parti-

sans du contrat d'association, ne revendiquent donc pas
en leur faveur, le système de l'enregistrement. Il s'explique, nous le répétons encore une fois, par un effort analogue à celui des juristes romains cherchant à faire rentrer
un contrat de vive force dans un des moules uniformes
consacrés par l'usage. L'assimilation du reste n'est qu'ap-
proximative. En bien des points la Société privée, de par
son caractère, licite, public, officiel, subit un traitement
beaucoup plus onéreux que l'association religieuse. Cette
dernière, en effet, toujours prête à s'évanouir, pour ne plus
laisser apparaître que quelques membres *ut singuli*, parvient bien souvent à échapper aux investigations du fisc
et à dissimuler sa matière imposable.

Les idées générales sur lesquelles se fonde la régie
nous étant maintenant connues, mettons-les en présence
des différents actes de la vie des congrégations.

Le premier et le plus important de tous, c'est la constitution du fonds commun, qui servira à réaliser la destination religieuse du groupement corporatif. On peut lui
assimiler l'adjonction d'un nouveau membre, accompagnée
d'un apport mobilier ou immobilier. Cette adhésion qui
n'est pas autre chose en somme que le prolongement, la
continuation de la constitution sociale, paie comme elle
un droit fixe : le même que celui auquel sont astreintes
les sociétés privées. Ce droit a subi les vicissitudes
des droits fixes. La loi du 28 février 1872 (art. 1 et 2
l'a transformé avec tous les autres en un droit gradué, à
son tour converti par la loi du 28 avril 1893, en un droit

proportionnel. De sorte qu'à la suite de ces modifications répétées la quotité du droit s'élève aujourd'hui à 0,20 0/0. Il ne s'agit ici, ne perdons pas de vue ce point important, que des congrégations non reconnues (1). Pour elles donc l'assimilation avec les sociétés privées reste entière au moins par rapport aux actes de constitution du fonds commun ou d'adhésion à une société déjà formée. Mais la situation change si nous envisageons les communautés reconnues.

Celles-ci se chargent dès le début de cette étude de nous montrer le véritable traitement de faveur dont bénéficie la société, qui n'a pas jugé à propos de solliciter la moindre approbation, au détriment de celle qui plus naïve, a cru devoir obtenir l'habilitation administrative.

Qu'on en juge plutôt : Cette dernière supporte en cas d'adhésion d'un novice, non plus le droit de 0,20 0/0 mais le droit renforcé de 2 0/0 si le nouveau membre apporte des meubles, et de 5,50 0/0 s'il apporte des immeubles. L'administration et les tribunaux considèrent l'entrée en religion comme un bail à nourriture dans l'espèce d'un apport mobilier, et comme une vente dans l'hypothèse d'un apport immobilier. Ces principes consacrés par la juris-

---

(1) Un arrêt de Cassation de 1855 (7 novembre) rapporté dans le répertoire alphabétique de Garnier v· association, n· 12060 paraît étendre aux communautés non autorisées le droit de bail à nourriture de 2 0[0 des articles 60 § 2 n· 5 et § 5 n· 2 de la loi de frimaire, an 7, Seulement ses motifs exclusivement applicables aux congrégations autorisées, repoussent la portée générale que paraît leur donner le répertoire de Garnier.

prudence amènent une différence de tarification uniquement en faveur des agrégations sans personnalité civile.
Premier avantage bizarre de la non personnification et que
d'autres vont accompagner ! Après la loi du 29 décembre
1884 on a bien essayé, il est vrai, de faire disparaître cet
illogisme inexplicable. Mais la jurisprudence, désormais
fixée sur le sens de la loi de 1884 ne permet plus d'y voir
qu'une fiction d'accroissement, et non pas, comme on
l'avait soutenu d'abord, une suppression de la personnalité
des congrégations reconnues au point de vue fiscal, rendant possible la perception du droit de 0,20 0/0 au lieu
de celui de 2 0/0, ou de 5,50 0/0. Donc aujourd'hui l'inégalité subsiste encore entièrement.

De la constitution de la société religieuse et de l'adhésion des nouveaux membres, la logique rapproche d'elle-
même la retraite d'un des associés, et les conséquences
qu'elle entraîne, pour la composition du patrimoine de
l'association. On le sait par avance, les communautés non
reconnues, sont tout entières fondées, sur le double mécanisme des clauses de réversion et d'adjonction. En cas
de retraite d'un des congréganistes, la clause de réversion
joue son effet. L'administration de l'enregistrement, avant
les lois de 1880 et de 1884 et de 1895, essaya de la soumettre à l'impôt. D'abord elle réclama mêmes droits que
dans l'espèce de la succession entre étrangers, c'est-à-dire
9 0/0 et avec les décimes 11,25 0/0. Les congrégations
luttèrent et réussirent un moment à faire traiter la réversion par les tribunaux comme un contrat à titre onéreux

aléatoire, soumis au droit de transmission qui frappe les cessions de parts d'intérêts ou d'actions des sociétés à être moral, et qui est de 0,50 0/0 (1). Ce ne fut d'ailleurs qu'un triomphe passager et la jurisprudence en arriva bientôt, au moins en première instance, au droit de 5,50 0/0 pour les immeubles et de 2 0/0 pour les meubles : double taux auquel elle se tint jusqu'à la loi de 1880. Nous n'avons pas à développer cette évolution jurisprudentielle. Aujourd'hui elle n'offre plus qu'un intérêt historique très restreint. Les dispositions législatives actuelles ont en effet complètement refondu, ainsi que nous le verrons plus loin, toute cette partie de la législation fiscale.

Quand une congrégation passe de l'état de fait à la reconnaissance légale. la question s'est posée de savoir s'il fallait appliquer alors les droits de mutation et de transcription. Jusqu'en 1880, on avait décidé la négative (2).

(1) Voir à ce sujet, un jugement du 13 janvier 1871 du tribunal de Mortagne rapporté dans le répertoire alphabétique de Garnier, page 624, tome 1. v° association et au dictionnaire des droits d'enregistrement, page 139. Rendu à propos d'une communauté de Trappistes, il insistait sur le siège fixe et la personnalité morale des congrégations non reconnues. D'où il déduisait non pas comme la Cour de Cassation depuis les 7 arrêts de 1852 qui fixèrent momentanément sa jurisprudence, le droit de 0,50 0[0, mais celui de 2 0[0, car disait-il, dans l'hypothèse d'une réversion, il n'y a pas négociation ou cession, mais accroissement, et par conséquent, il faut appliquer le droit de 2 0[0 de l'article 69 § 5 n· 1 de la la loi du 22 frimaire, an 7.

Toute cette évolution de la jurisprudence fiscale est très curieuse. Plus nette et plus logique que la juriprudence civile elle découvre et consacre franchement la personnalité de fait des congrégations non reconnues.

(2) A la suite du décret du 31 janvier 1852 sur les communautés religieuses de femmes, une décision ministérielle du 25 juin 1852,

Cette solution de faveur s'appuyait sur la rigueur de l'opinion inverse obligeant les communautés à acquitter en cas de reconnaissance les droits de mutation sur un acte qui en somme ne faisait que consacrer le titre déjà existant en fait du véritable propriétaire. Pour ces raisons, on se contentait du droit fixe et on ne percevait pas le droit proportionnel.

Une décision ministérielle du 3 avril 1880 vint faire cesser cette situation. Garnier n° 5470. Désormais on appliquera, prescrit-elle, le droit commun. Un arrêt de cassation du 26 juillet, 1880, S. 81. 1. 132 a eu à mettre en pratique cette disposition nouvelle. La prenant, dans son esprit et non dans sa lettre, il impose pour la perception du droit proportionnel l'acceptation de l'acquisition par la Communauté. La seule déclaration unilatérale des acquéreurs ne suffit pas et tant que n'intervient pas le consentement de la congrégation, les valeurs acquises doivent être comprises dans la déclaration de succession des congréganistes, sur la tête desquels, réside toujours officiellement la propriété.

Telles sont les décisions spéciales aux congrégations non reconnues que présente la législation de l'enregistre-

---

décida de n'imposer qu'un droit fixe de 3 francs dans le cas d'une pareille rétrocession de biens d'une personne de fait à une personne de droit. Toutefois il fallait que dans les 6 mois de la reconnaissance il intervînt une déclaration expresse des Congréganistes interposés, affirmant leur détention, pour et au nom de la communauté, des biens achetés à ses frais. Cf. la loi de 1825 et la circulaire ministérielle y annexée.

ment. On le voit. Ce n'est pas à propos des droits d'enregistrement proprement dits de la loi de frimaire, que se
posent les grandes controverses du sujet.

Elles ont trait toutes aux impôts spéciaux qui frappent
la mainmorte des ordres et congrégations. Avant d'aborder le droit d'accroissement et l'impôt sur le revenu, avec
lesquels nous les rencontrerons, disons quelques mots du
timbre. Sociétés privées, les congrégations non reconnues,
n'ont pas à timbrer leurs registres du personnel et les autres pièces qu'elles tiennent généralement. Nous pouvons
donc nous borner sur ce point à un simple procès-verbal
de carence.

L'impôt sur le revenu, sollicitera plus longtemps notre
attention. Il a été établi par la loi du 29 juin 1872 au taux
de 3 °/₀ élevé à 4 °/₀ par l'article 4 de la loi du 26 décembre 1890. Le texte du législateur de 1872, ne parlait
que des intérêts, dividendes et produits des actions de
toute nature des sociétés, compagnies, ou entreprises
quelconques, financières, commerciales, industrielles ou
civiles. Il ajoutait comme donnantlieu à perception, à ces
intérêts, dividendes et produits, les arrérages et intérêts
des emprunts et obligations des départements, communes
et établissements publics, ainsi que des sociétés, compagnies et entreprises ci-dessus désignées.

On voulut appliquer ces dispositions aux congrégations
religieuses. Celles-ci gagnèrent leur procès contre l'administration. Arrêt de cassation du 3 avril 1886. La Cour
dans cette décision raisonne ainsi. La loi de 1872 s'atta-

che au fait de la *distribution* de revenus d'intérêts ou de bénéfices et rien qu'à ce fait. Eh bien, cet élément es-sentiel ne se réalise pas dans les congrégations. Les bé-néfices recueillis y sont employés en bonnes œuvres. Les associés n'en recueillent aucune part. Par conséquent la loi de 1872 apparaît manifestement inapplicable. Il importe peu que les revenus s'accumulent en fait dans la caisse corporative, au détriment de l'État. La loi ne s'attache qu'au signe tangible de la distribution. Nous ne devons pas suppléer à l'insuffisance des précautions prises par elle.

La mise en distribution seule lui a paru le signe repré-sentatif auquel il fallait se fier.

Le juge ne peut que suivre cette pensée du législateur, quelque regrettables qu'en semblent les résultats prati-ques.

La loi de finances du 28 décembre 1880 essaya de met-tre fin à ces divergences d'interprétation. Son article 3 porte que l'impôt établi par la loi du 29 juin 1872 sera payé par les sociétés, dans lesquelles des produits ne doi-vent pas être distribués en tout ou en partie, entre leurs membres.

Et les nouvelles dispositions s'appliquent aux associa-tions reconnues et aux sociétés ou associations, même de fait, existant entre tous ou quelques-uns des membres des associations non reconnues. Le revenu est déterminé à défaut de déclarations et de délibérations des représentants

des sociétés ou associations, à raison de 5 0/0 (1) de l'éva-
valuation détaillée des meubles et et des immeubles composant le capital social ; ces dernières prescriptions fortement attaquées par les associations religieuses, qui ré-
sistèrent à leur application, furent remaniées, presque
aussitôt par la loi du 29 décembre 1884.

Il faut le dire. Les congrégations s'étaient noblement
jouées du législateur (2). L'impôt qui devait produire
4 millions et demi ne donna que 200,000 francs. Aussi ce
fut dans les chambres un tolle général contre les procédés
des communautés. La loi de 1884 répondit à un désir unanime de refonte d'une législation aussi imparfaite. Cette
loi, par son article 9, essaya, sans succès d'ailleurs, de
trancher toutes les controverses suscitées par l'esprit pro-
cessif des congrégations. Elle détermine le revenu frappé
par l'impôt, à raison de 5 0/0 de la valeur brute des biens

(1) Qu'on le remarque. D'après les lois de 1872 et de 1880 le droit
n'est perçu sur le revenu forfaitaire de 5 0[0 qu'en l'absence de déclaration ou de délibération. Cette fixation légale du taux de l'impôt
ne constitue donc pas le droit commun, mais une exception, une véritable clause pénale, sanctionnant la faute ou la négligence de la
Société, tenue de la taxe sur le revenu. Nous insistons sur ce point
pour bien marquer la différence avec la loi de 1884, où le forfait de
5 0[0 va toujours être perçu, et deviendra un droit commun, auquel
les assujettis ne pourront absolument pas échapper.

(2) Pour échapper à l'impôt sur le revenu de la loi 1880, elles intro-
duisirent dans leurs statuts une clause de bénéfices. Pour échapper à
la loi de 1872, la clause de non distribution des bénéfices, fondamentale dans les associations religieuses, suffisait. Enfin, pour échapper au
droit d'accroissement, elles rayèrent de leurs constitutions corporatives les fameuses clauses d'adjonction et de réversion et sur toute la
ligne le fisc resta ainsi impuissant et désarmé.

meubles ou immeubles, occupés par la société. L'évaluation légale, ne constitue, au reste; qu'un forfait, qu'un
minimum.Que si un revenu supérieur est constaté, l'impôt se calcule d'après cette constatation. La taxe s'acquitte, sur la remise d'une déclaration détaillée, faisant
connaître directement la consistance et la valeur des biens.
Ainsi donc, comme les sociétés privées, les associations
religieuses non reconnues supportent l'impôt sur leurs
revenus, et les intérêts et arrérages de leurs emprunts.
La clause d'adjonction et de révision n'est plus exigée. Il
suffit à la légitimité de la perception que l'association se
signale, par ce fait : la non distribution totale ou partielle
de revenus entre ses membres. Lors, au contraire, que la
société a un but intéressé, caractérisé par la mise en distribution de parts d'intérêts ou de dividendes, elle relève
de la loi de 1872 et non de celles de 1880 et 1884.

La distinction mérite l'attention. Dans le cas de la société intéressée, en effet, le droit se calcule sur les dividendes, et à défaut de dividendes dans la commandite à
parts par intérêts à raison de 5 0/0 du montant de la commandite. Par contre, dans le cas de la société désintéressée, il se calcule à raison de 5 0/0 de la valeur brute
des biens meubles ou immeubles occupés par la société,
et cela encore,à défaut de la constatation d'un revenu supérieur. Si l'on ajoute à cette première raison de distinguer,
que la société intéressée ne paie pas le droit d'accroissement des lois de 1880 et 1884,on comprend avec quel soin
les associations religieuses s'efforcent de prouver devant

les tribunaux le caractère purement lucratif de leur groupement social. Donc, quoique soumises au même impôt
que les sociétés privées, les associations désintéressées
le paient différemment. Les deux situations assimilées en
thèse par le fisc commencent donc à diverger entièrement. Cette différenciation que commande la nature des
choses ne fera que s'accentuer au reste, dans le cours de
cet examen des règles fiscales.

Elle montre combien est grossière et empirique l'assimilation de la régie. De plus en plus, les associations
religieuses s'écartent de cette analogie prétendue avec les
sociétés privées. Fictions de sociétés pour les besoins de
l'administration, elles acquittent une fiction d'impôt sur
des revenus fictifs. Qu'elles aient des revenus ou n'en
aient point, il leur faut payer. La loi n'a cure des revenus :
elle ne frappe que le capital. Et comme le capital se cache,
pour l'évaluer, les lois de 1880 et de 1884, prennent 5 0/0
des biens possédés ou occupés.

En réalité, on ne devrait donc pas dire impôt sur le
revenu, mais impôt sur le capital apparent. Au revenu,
souvent absorbé par une destination pieuse ou charitable,
la loi fiscale ne fait pas attention ! Elle s'attache uniquement à ce qui paraît, à ce qui se manifeste extérieurement, à l'immeuble surtout, et en cela elle continue de
vieilles traditions fiscales. Ce capital fixe et visible subit
une taxe très forte de 5 0/0, alors que le taux des place-
ments tombe partout vers le taux de 2 1/2. Différence
surtout sensible pour les congrégations reconnues qui,

plus difficilement, parviennent à cacher sous les apparences de la propriété individuelle, des fractions de leur patrimoine. Les communautés non reconnues, par contre,
trouvent sans peine, dans les souplesses aisées du maniement des valeurs au porteur, un moyen de tourner la loi.
Quoi qu'il en soit de ces réalités pratiques, nous pouvons
dès à présent, saisir la fausseté de l'assimilation de la
société intéressée des articles 1832 et sq. du Code civil
avec les associations désintéressées. La légitime circons-
pection de toute législation vis-à-vis de la mainmorte,
suffit à expliquer la divergence qui se manifeste dès le
début de ce chapitre. L'État encourage en effet les sociétés
de spéculation qui augmentent la richesse d'un pays. Il se
défie, au contraire de plus en plus, dans l'hypertrophie
chaque jour plus prononcée du rôle moral et altruiste qu'il
aime tant à remplir, de la force d'enrôlement et de la
puissance politique de l'idée religieuse.

Ces considérations qui dominent aujourd'hui à peu près
partout, les rapports financiers des États avec les Églises,
devraient inspirer chez nous des idées juridiques tout autres. Nos lois, pour le moment, se contentent de deviner,
de pressentir, et malheureusement elles ne semblent pas
encore très disposées à passer de la période des pressenti-
ments à celle des innovations.

En attendant cette vue plus nette des choses, passons
en revue la création des lois de 1880 et 1884, qu'on appelle à tort, l'impôt sur le revenu. Nous n'avons pas à le
décrire ici, dans tous les détails assez compliqués de son

mécanisme. Seule nous préoccupe la question des rapports de son organisation avec la capacité civile des congrégations. Cette pénétration réciproque du droit fiscal et du droit civil, qu'autorise et commande même la pénurie des textes, se manifeste surtout dans quelques arrêts intéressants que nous allons examiner. Avant d'y arriver, rappelons que les termes des lois de 1880 et 1884 semblent donner raison à cette conception de la personnalité de fait que nous avons tenté de développer plus haut.

C'est d'abord la loi de 1880 qui frappe de l'impôt les associations reconnues ou non, et les associations même de fait entre membres d'associations reconnues. C'est ensuite la loi de 1884, votée au lendemain des décrets, dans une période d'hostilité encore très prononcée entre l'État et la mainmorte des corps réguliers, qui s'approprie à son tour ce langage. Tant il est vrai de dire que la vérité scientifique ne perd jamais ses droits !

Et qu'on le remarque, la loi fiscale en 1880 et en 1884 qualifie le but ou l'objet de nos associations religieuses. Il consiste, nous dit-elle, par opposition aux sociétés régies par la loi de 1872, dans la non distribution des produits aux membres de la communauté. Distribution ou non distribution, voilà dira-t-on un critérium clair et frappant avec lequel on pourra nettement distinguer la société intéressée de la société désintéressée. Certes ! Mais l'étrange situation en présence de laquelle nous met alors le législateur ! D'un côté, une société traitée de pur néant par la grande ma-

jorité de la doctrine, et de l'autre, des membres absolument étrangers aux résultats de l'entreprise sociale. Sur
la tête de qui vont se fixer ces revenus, où l'État prélève
sa dîme ?

Ils flottent en l'air dans les systèmes généralement
reçus, et à moins de les affecter à leur destination désintéressée, à la manière de Brinz et Bekker, nous ne voyons
pas le moyen de sortir de l'imbroglio autrement que par
des subtilités.

Au contraire tout s'explique, si l'on admet l'existence
d'un être de fait, propriétaire du patrimoine corporatif.
Cette personne soutient ce château de cartes qui s'effon-
drerait sans elle. C'est elle qui occupe, qui possède, pour
nous servir des expressions caractéristiques du 2e alinéa
de l'article 9 de la loi du 29 décembre 1884. Nous n'a-
vons plus devant nous un vide et une ombre vaine, mais
une réalité sensible. Le plus piquant de l'affaire, c'est que
la loi reconnaît et donne son estampille dans ces articles, à
un être de fait ! Ce qui fait une nouvelle forme de reconnaissance à ajouter à celles que nous connaissons déjà.
On peut donc, dirons-nous, distinguer dans l'état actuel
de notre droit quatre situations pour les associations : l'association établissement d'utilité publique, l'association reconnue au point de vue de la police administrative, l'association désintéressée reconnue par la loi fiscale, et enfin
l'association illicite en contravention avec l'article 291
du Code pénal. Enumération curieuse et qu'il suffit d'é-

noncer pour montrer combien nous avons besoin d'une
loi sur les associations.

Les lois créatrices de l'impôt sur le revenu ont, comme
il fallait s'y attendre, suscité bien des controverses. Le
contraire aurait surpris, étant donné l'absence complète
d'idées directrices, et de système juridique bien net que
révèlent les travaux préparatoires. Les congrégations
tirent largement parti au reste, des incertitudes des formules législatives ; et elles mènent contre l'État une lutte
continue où elles ne font pas preuve toujours et d'une
grand bonne foi et d'un absolu respect de la loi. C'est
ainsi par exemple que devant les tribunaux elles ont soutenu que l'impôt sur le revenu ne devait pas se calculer
sur les biens loués qu'elles occupaient. Et pour soutenir
cette prétention elles se basaient sur les expressions de la
loi : biens possédés et « occupés ». Ces termes vagues et
nébuleux se ressentent du manque de netteté des idées du
législateur sur les associations non reconnues. Les considérant en droit comme frappées d'une nullité absolue, et en
fait comme très vivantes, et soumises à l'impôt, il ne sait
guère quelles expressions employer pour concilier ces deux
situations, dont l'opposition semble bien difficile à voiler. De
là ses expressions ambiguës et incertaines. Pour caractériser la propriété des communautés, les lois de 1880 et de
1884 restent par suite dans le fait : elles se servent du mot occupation, du mot possession. Elles ne le veulent pas aller
plus loin. Car ce serait, disent les travaux préparatoires, reconnaître la propriété des communautés non reconnues. Ces

dernières ont essayé de tourner à leur profit l'imprécision
de langage des lois fiscales. Mal leur en a pris. Alors que
dans beaucoup d'autres procès elles obtenaient des interprétations favorables, la Cour de Cassation S. 94. 1. 513.
a infligé à leur argumentation sur les locaux loués un complet échec, mérité d'ailleurs. Les attendus de la Cour ne
manquent pas d'une certaine originalité. Au lieu de répondre simplement aux congrégations que la généralité du
mot occupation ne permet pas de distraire les locaux loués,
des biens sur lesquels on calcule le forfait de 5 0/0, réponse
d'autant plus topique que les lois de 1880 et 1884 ne
s'attachent nullement à la productivité des biens, mais à
leur existence seule, dont elles font le signe révélateur du
capital social, la Cour éprouve le besoin d'ajouter à cette
considération péremptoire, qu'en matière fiscale, il faut
chercher des arguments, dans le texte seul de la loi, et se
garder de consulter les travaux préparatoires. Étrange et
nouvelle règle d'interprétation qu'explique la confusion
des débuts parlementaires sur toutes ces questions, mais
qu'il paraît au moins singulier de poser en thèse ainsi que
le fait la Cour de Cassation ! Cet aphorisme n'est pas au
reste sans lui plaire : car elle ne cesse de le répéter, sans se
lasser, toutes les fois qu'elle a à s'occuper des lois de 1880
et 1884. Elle a pour lui un véritable amour d'inventeur !

A cette controverse sur le sens précis des mots occuper et posséder et qui a, on le peut constater, un rapport
intime avec la théorie générale de l'association religieuse
non reconnue, dernièrement est venue s'en joindre une

autre plus curieuse encore, et qui met en cause, tout le système légal, dans la profondeur insondable de son illogisme.

La loi du 29 juin 1872, art. 1er, § 2 soumet à l'impôt
sur le revenu, les intérêts des emprunts des sociétés, compagnies ou entreprises quelconques. Le 27 novembre 1894,
un arrêt de la chambre civile de la Cour de cassation rapporté dans Sirey (96. 1.r cahier. 1. 49 et la note de
M. Albert Wahl) a décidé que les intérêts des emprunts
des congrégations autorisées, devaient supporter l'impôt.
Son unique argument paraît consister dans la personnalité indéniable des congrégations autorisées, qui fait
d'elles des « collectivités subsistant indépendamment des
mutations qui peuvent se produire dans leur personnel ».
La régie adoptant la même manière de voir en conclut
dans une solution du 27 mars 1893, que l'impôt sur les
intérêts des emprunts ne s'applique pas aux congrégations
non autorisées. Elles n'ont pas en effet, déclare l'administration, « une existence propre et indépendante de celle
de leurs membres ». Les emprunts qu'elles contractent,
les religieux *ut singuli* dans la réalité des faits les sous-
crivent et non pas la congrégation, sans existence, et incapable de s'obliger directement. Ce qui établit encore
une différence injuste entre les congrégations reconnues
et non reconnues ! Différence qui n'est pas la première et
qui malheureusement ne sera pas la dernière !

M. Wahl dans la note annexée à l'arrêt combat la doctrine de la régie et de la Cour. Pour lui, la perception de
l'impôt sur les emprunts n'a aucun rapport avec la per-

sonnalité reconnue ou non à l'association redevable. Son
principal argument repose sur le texte de la loi de 1872.
Cette loi en effet, assujettit à l'impôt les sociétés civiles
et cela en 1872, à une époque, où soutenue avec ardeur
jusque vers le milieu du siècle, par Troplong et ses disciples, la personnalité des sociétés civiles paraissait définitivement repoussée, par une jurisprudence constante.

D'où M. Wahl tire cette conclusion, que si l'on donne aux
mots « société » et « entreprise » dont se sert la loi de
1872, une large portée, il faut faire rentrer, sous leur champ
d'application, toute collectivité, toute association, sans
se préoccuper nullement de la prétendue condition de personnalité, exigée à la fois, et par la Cour, et par la Régie.

Nous ne méconnaissons pas la valeur de cette argumentation. Toutefois nous croyons qu'on pourrait arriver à la
même solution au moyen d'autres raisons. A notre avis en
effet, asseoir une perception sur une dispersion individuelle paraît difficile.

M. Wahl le sent si bien qu'il nie la disparition, prétendue par la Régie, du lien collectif, derrière les droits individuels des religieux co-emprunteurs. « Peu importent,
déclare-t-il, les subtilités du droit. L'intention des associés
n'est pas la même que s'ils avaient voulu contracter pour
leur compte personnel, ils emploieront le produit de l'emprunt à la prospérité de l'association... ils le rembourse-
ront cet emprunt, sur les biens qu'ils ont acquis ou qu'ils
possèdent en commun dans l'intérêt de la collectivité, et

non sur la partie de leur patrimoine dont ils se réservent l'usage personnel ».

On ne saurait mieux dire. Au fond, malgré toutes les objections de la doctrine, il y a dans l'association non reconnue, deux patrimoines, le patrimoine individuel et le patrimoine corporatif. Et à ce dernier patrimoine seul, doit s'attaquer la loi fiscale. Mais les individus écartés, en vertu de la manifeste intention des associés, à qui vont donc appartenir ces biens que la volonté commune des religieux isole d'eux-mêmes pour en former une entité distincte ? L'enregistrement sort de la difficulté par une approximation et un à peu près, en assimilant aux sociétés privées l'association non lucrative. Malheureusement la table de concordance, où l'on mettrait en parallèle ces deux institutions juridiques, serait plutôt une véritable table de discordance.

Dans ces conditions, au lieu de ces équivalences dont chaque application se charge de démontrer l'inexactitude, ne vaudrait-il pas mieux, sans peur pour des mots, donner à ces biens sans maître apparent, un propriétaire. Ce propriétaire, nous le connaissons, c'est l'être collectif qu'engendre la volonté commune des religieux réunis en association. Être qui, comme tous les êtres, possède une personnalité, sinon en droit, au moins en fait. Cette personnalité, que nous révèle l'analyse attentive de l'intention des parties, a une existence propre et indépendante des membres qui la composent. On peut lui appliquer dès lors la loi de 1872.

Comme les sociétés, les entreprises, les compagnies et
les établissements publics, la congrégation non reconnue
nous présente ainsi en dernière analyse une collectivité indépendante des mutations de son personnel. Il y a symétrie
dès lors dans les différents cas d'application de la loi de
1872. Reste la question de la nullité absolue des congrégations dans notre droit public.

Elle soulève peu de difficultés puisque c'est un principe
fiscal que les nullités ne sont pas opposables aux agents de
l'enregistrement. Puis, nous l'avons fait remarquer tout
à l'heure, les lois de 1880 et de 1884 ont donné la reconnaissance fiscale à nos associations non reconnues. Leur
personnalité de fait n'est *plus extra legis pœnam* : la
loi en parle et la sanctionne absolument, de même que par
exemple, après un an elle protège la possession. L'inexistence a fait place à une capacité très élémentaire, encore,
mais en fin de compte extérieure et apparente. Cet état
indécis, entre la prohibition et la reconnaissance officielle,
ne peut guère s'expliquer dans la doctrine classique. Si,
au contraire on voit une personne dans toute association,
l'assujettissement à la loi de 1872 ne soulève plus les mêmes
difficultés. L'être de fait paiera pour ses emprunts, et
s'il s'y refuse, on actionnera son organe de direction devant les tribunaux ; ou, si l'on préfère, tous les associés
détenteurs pour la société, mais tenus seulement *propter
rem.*

Les controverses que nous venons d'exposer sont à peu
près les seules qui mettent en jeu l'influence exercée par

l'impôt du revenu sur le régime juridique de la congrégation non autorisée.

Cette taxe de 4 0/0 calculée à raison d'un revenu de 5 0/0 de la valeur brute des biens meubles ou immeubles occupés ou possédés paraît au premier abord très pesante. Elle l'est moins dans la réalité.

La Cour de cassation (S. 95. 1. 362. Cassat. Civ. 24 juillet 1894) en effet, se refusant toujours à chercher en dehors du texte interprété littéralement les raisons de décider, a dénié à l'administration le droit d'expertiser les meubles des congrégations. Cet arrêt permet aux communautés de dissimuler une grande partie de leur avoir au fisc. Que si comme on le leur recommande elles mobilisent toute leur fortune la loi ne sera guère respectée ! Ici encore la congrégation non reconnue tire de sa liberté même, les plus grandes facilités, pour échapper au contrôle fiscal, et cette jurisprudence lui donnera la partie belle vis-à-vis de la Régie.

Ainsi donc toujours et partout, les faveurs et les avantages appartiennent à la société irrégulière. De l'impôt sur le revenu, passons au droit d'accroissement. Organisé par l'article 4 de la loi du 28 décembre 1880, il frappait du droit de donation ou du droit de mutation par décès, suivant les cas, l'accroissement de part des membres restants, par suite de la retraite d'un de leurs associés, dans les sociétés ou associations civiles qui reposaient, sur la combinaison des deux clauses d'adjonction de nouveaux membres et de réversion au profit des non sortants.

Cette formule du législateur de 1880 n'eut en pratique aucun succès. Tous les assujettis à l'impôt surent profiter du texte pour y échapper. Les associations non autorisées changèrent leurs statuts et en firent disparaître les fameuses clauses d'adjonction et de réversion. Les communautés autorisées démontrèrent victorieusement qu'il n'y avait pas d'accroissement en cas de retraite d'un de leurs membres, puisque sans droits sur l'actif social appartenant à l'être moral, le membre sortant ne transmettait rien aux restants. Le jeu naturel de la personnalité morale rendait dès lors impossible tout accroissement au sens de la loi de 1880.

Cette argumentation sans réplique, et les procédés d'une ingéniosité raffinée de communautés non reconnues, enlevèrent au fisc à peu près tout moyen d'appliquer la loi. Il fallait atteindre cette matière imposable, qui savait si bien se dissimuler. Ce fut l'œuvre de la loi du 29 décembre 1884. Son article 9 in principio fait rentrer dans le champ d'application du droit d'accroissement toutes les associations, communautés, ou congrégations religieuses, autorisées, ou non, et toutes les sociétés et associations dont l'objet n'est pas de distribuer leurs produits en tout ou en partie entre leurs membres. Du reste nous connaissons déjà ces expressions : l'article 9 dans son 1er alinéa visant à la fois l'impôt sur le revenu et le droit d'accroissement. Nous ne reviendrons pas sur la reconnaissance implicite donnée par la loi de 1884 aux

communautés non reconnues. C'est là une concession
dont on sait déjà en effet toute l'importance.

Le point capital de cette loi de 1884 éclaircie et inter-
prétée par les arrêts de la Cour de cassation consiste dans
l'écart de la personnalité civile. Craignant ses conséquences, incompatibles très souvent avec la fiscalité nouvelle
qu'il introduit, le législateur s'en débarrasse résolument.
Au point de vue de la loi de 1884, il n'y a plus dans les
associations reconnues ou non reconnues, désormais qu'un
agrégat d'individus. Exagérant en somme la tendance
individualiste de la théorie du contrat d'association, et
se refusant à tenir compte de la volonté des parties et de
l'opération juridique qu'ils accomplissent, cette conception
ne voit rien au delà de la juxtaposition des personnes
physiques. Allant plus loin, elle présume même l'accroissement, là où il ne se produit pas ; elle le feint dans les
congrégations autorisées, de sorte que la fiction de la personnalité civile, si fiction il y a, disparaît pour laisser
place à celle de l'accroissement. Vraiment dans cette
législation fiscale des communautés religieuses, on
marche dans le royaume des ombres !

Fiction, l'impôt sur le revenu qui frappe un revenu
supposé, fiction, le droit d'accroissement qui s'exerce sur
une pseudo-mutation de propriété ! Cette lutte de l'État et
des ordres religieux se ressent réellement de la subtilité des
adversaires que le fisc a à combattre. Devinant bien les
dissimulations qui tariront subitement la fortune des re-
devables, ce dernier s'efforce de tout prévoir au moyen de

présomptions qui, par malheur, violentent les principes les moins incontestés du droit. De là toute cette foule de fictions.

Quant à nous, ces tendances du législateur de 1884, nous paraissent des moins juridiques. Espérons qu'elles ne joueront que le rôle d'un expédient passager. La vérité réside, en effet, non pas dans cette négation de toute personnalité, mais dans l'affirmation générale de la personnalité.

Le droit d'accroissement reposant sur l'idée du droit personnel de chacun des coassociés, appelé au partage à la dissolution du bien social, ne tient aucun compte de la nature intime de l'association désintéressée.

Il semble ne prendre considération que de l'extériorité et de la visibilité des opérations juridiques intervenues. Il devait susciter des coutroverses sans fin. Cela n'a pas manqué. La Cour de cassation rejetant tout argument, tiré des travaux préparatoires, a généralement tranché les difficultés soulevées contrairement aux prétentions des congrégations, surtout reconnues. Les congrégations perdirent leurs procès. Elles eurent beau soutenir qu'il n'y avait pas accroissement dans l'hypothèse de la retraite d'un de leurs membres, puisque rien ne pouvait être transmis aux membres restants, par quelqu'un qui n'avait aucun droit personnel.

Vains efforts ! La Cour les débouta, et elle devait le faire devant la formule impérieuse de la loi. Le législateur, en effet, possède la faculté de créer des fictions. Il est pleinement libre de supposer des mutations qui n'interviennent pas, en compensation de celles qui se produisent réellement et qui demeurent insaisissables au fisc.

Voilà pourquoi, avec juste raison, la Cour suprême a donné gain de cause à la Régie vis-à-vis des communautés reconnues.

Quant aux associations non reconnues, aucun doute sérieux ne s'élevait sur leur situation. L'article 9 de loi de 1884 supprimait la double condition de l'adjonction et de la réversion, et n'exigeait plus que la destination désintéressée. La controverse, en présence de cette clarté de la loi, et de la généralité de ses termes, fut désarmée (1). On porta la discussion sur un autre terrain. Quittant le rôle d'interprète, on traita la question de pure législation de la valeur juridique de la loi de 1884. On la déclara illégale et anti-rationnelle. M. de Vareilles-Sommières, notamment en 1893, publia à ce sujet une brochure très originale intitulée : l'accroissement et les congrégations. Nous allons en discuter la doctrine, cette réserve faite bien entendu, qu'en pratique l'interprète qui n'a pas à juger les lois, ne pouvait qu'appliquer la loi de 1884 et que tout cet examen n'aura qu'une importance purement doctrinale, d'autant plus doctrinal même que la loi du 16 avril 1895 a consacré la suppression du droit d'accroissement.

Pour M. de Vareilles-Sommières, la notion même d'accroissement jure avec les conceptions des lois de 1880 et de 1884. En effet, qu'appelle-t-on accroissement, dans la langue juridique, sinon « l'extension d'un droit par suite

(1) Voir pourtant l'arrêt de Cassation, S. 95. 1. 296. Dames de la vie commune, et surtout la célèbre instruction de la régie nᵒˢ 268, 857.

de la défaillance d'un droit de même nature qui lui faisait
concurrence sur le même objet » ? Il se produit en pareil
cas plutôt non décroissement qu'accroissement. Les
exemples classiques du legs et de la succession sont con-
vaincants à ce sujets. Eh bien, il n'en va pas autrement en
matière de société ou d'association. L'associé qui se retire
« cesse d'avoir eu une part et n'aliène point sa part. » Il
est réputé n'avoir jamais acquis de part indivise dans le
fonds social, et les associés non sortants, sont réputés
avoir toujours eu par contre des parts plus fortes dès l'origine. Donc l'accroissement ne constitue pas une aliénation
mais une résolution. Il ne fait que donner aux parts des
associés qui restent « l'ampleur à laquelle elles étaient
éventuellement appelées ». D'où résulte cette conséquence
fiscale que l'accroissement ne devrait donner lieu à aucune perception. Pourquoi lui faire payer des droits, en
effet quand on n'a jamais songé à en imposer aux héritiers, aux légataires, aux membres des tontines qui en bé-
néficient ? La législation de 1880 et de 1884 repose sur la
plus grave des hérésies juridiques. Elle fausse le sens
d'une expression traditionnelle dans la science du droit, et
à l'arbitraire elle ajoute l'illégalité.

Nous pensons qu'en se plaçant sur le terrain des droits
individuels des associés *ut singuli*, comme paraissent
l'avoir voulu faire de temps en temps les législateurs de
1880 et de 1884 : il y a bien peu de chose à répondre à
l'argumention serrée de M. de Vareilles. Elle se sert habilement des principes du droit, et elle bénéficie de la brume

où n'a pas cessé de se maintenir la discussion des lois sur le régime fiscal des associations religieuses. A notre sens pourtant, M. de Vareilles, s'il a raison au point de vue du pur droit privé, ne tient aucun compte, et en cela d'ailleurs, il reste d'accord avec l'esprit général de son système, de la nature des associations, de la théorie de la personnalité de fait, et de la nécessité où se trouve l'État de saisir une occasion de perception, un expédient fiscal, un pis aller, pour frapper la mainmorte des congrégations. Au reste, le législateur possède, disons-le encore une fois, le droit de créer des fictions et c'est ainsi qu'il a procédé en 1880 et en 1884. Son œuvre décèle l'incertitude et l'embarras. Nous le voulons bien. Les enchevêtrements des combinaisons qu'il avait à taxer expliquent ses tâtonnements et ses hésitations. Il cherchait sa voie. Toute cette discussion d'ailleurs, n'a plus aujourd'hui que l'importance d'un souvenir historique. La loi de finances du 16 avril 1895 est venue, en effet, répondre à un mouvement général, qui partout se prononçait en faveur de la suppression du droit d'accroissement. Indépendamment des erreurs juridiques sur lesquelles il se basait, cet impôt ne pouvait subsister du reste, parce qu'il donnait l'exemple toujours dangereux d'une loi discutée dans son principe et, en outre, donnant dans l'application des résultats bien inférieurs aux prévisions budgétaires, par suite de la fuite de la matière imposable. Le Président du Conseil le déclara très nettement à la Chambre. « Nous sommes, dit-il, parfaitement résolus à faire exécuter les lois et nous esti-

mons qu'il n'est pas bon qu'une loi votée il y a dix, quinze
ans, alors même qu'elle renferme des imperfections, soit
ainsi tenue en échec. » Le projet primitif du gouvernement
ne visait que les congrégations religieuses, qui seules
avaient résisté au fisc, et mené contre lui la lutte que
l'on sait. Sur la proposition de M. Clausel de Coussergues, on y joignit, pour éviter l'apparence de voter une
loi d'exception, les sociétés et associations civiles dont l'objet n'est pas de distribuer des bénéfices entre leurs membres, sociétés déjà visées par les lois de 1880 et de 1884.

Une différence sépare toutefois les associations civiles
des congrégations, au point de vue de l'application de la loi
du 16 avril 1895. Les premières ne sont astreintes au droit
d'abonnement que si leurs statuts contiennent les deux
clauses de réversion et d'ajonction : les secondes par contre, y sont soumises sans autre condition que leur caractère bien prouvé d'ordre ou de communauté religieuse.
Qu'on ne se figure pas donc, comme on ne le fait que trop
souvent dans les polémiques quotidiennes, que la loi de
1895 ne frappe que les congrégations. Non. Il y a là une
erreur. A côté d'elles, et elles sont bien évidemment les
contribuables les plus nombreux et les plus riches, viennent
se placer d'autres assujettis. Leur nomenclature a paru
dans la Revue d'administration où elle occupe 24 pages.
Bornons-nous à citer dans toute cette longue liste, la société
de législation comparée, l'association des anciens élèves
de l'école normale supérieure, la ligue de l'enseignement,
l'association fraternelle des ouvriers et employés de che-

min de fer français, l'œuvre de refuge israélite, le comité
de bienfaisance israélite, l'ouvroir protestant, l'asile évan-
gélique, etc. Cette énumération de quelques associations
prises au hasard, suffit à prouver que le législateur de
1895 n'a nullement eu l'intention d'enrichir nos codes
d'une loi d'exception.

La tendance à laquelle il a obéi, autant qu'elle se laisse
dégager des travaux préparatoires, nous paraît tout autre.
Sans parler du motif d'ordre politique, que nous venons
de signaler plus haut, et qui était la ferme volonté de remplacer une loi, dont le texte, sans application sérieuse, ne
pouvait qu'amener chez les contribuables, ce dédain qu'on
éprouve toujours pour les formules législatives mal con-
çues, la commission du budget et le gouvernement semblent avoir suivi toujours la même idée. Cette idée, la
voici. Les sociétés commerciales, les sociétés civiles de
spéculation paient plus d'impôts que les sociétés désintéressées. Et pourtant ces dernières présentent d'incontes-
tables dangers économiques et sociaux à cause de leur
tendance à immobiliser leurs biens dans la mainmorte. Il
y a là une anomalie qu'il faut faire cesser, s'est dit le législateur, et cette considération paraît avoir joué le plus
grand rôle dans son esprit. Elle revient à chaque pas dans
les travaux préparatoires de la loi. Montrons ce qu'elle a
de juste et de vrai.

Les Sociétés commerciales forment leur fonds social
au moyen d'actions et d'obligations ; ces titres, qui sont
nominatifs ou au porteur, acquittent des droits nombreux

et assez élevés : droits de timbre proportionnel, taxe de transmission de 0,50 0/0 sur les titres nominatifs et taxe annuelle de 0,20 0[0 sur les titres au porteur. A ces impôts les congrégations religieuses échappent complètement, puisqu'elles n'émettent ni actions ni obligations, et puisque la part d'un congréganiste n'est ni cessible ni négociable.

Si l'on ajoute le droit d'enregistrement gradué sur les constitutions de société qui sera rarement payé, et le droit de dissolution qui sera plus rarement payé encore, avec la stabilité proverbiale des associations entre religieux, et si l'on réfléchit que les apports des congréganistes nouveaux et les libéralités des étrangers prendront presque toujours la forme d'un don manuel qui restera facilement inconnu au fisc, on se dira que voilà bien des avantages pour les congrégations. Non seulement donc elles ne donnent pas prise à l'impôt par la mise en œuvre de leurs bénéfices, mais encore les biens qui leur arrivent par l'effet d'adjonctions nouvelles de membres ou par suite de libéralités, vont accroître le fonds social, sans que le fisc ait généralement un moyen pratique de découvrir l'apport nouveau, presque toujours effectué de la main à la main.

Ces bénéfices dont les imperfections du système fiscal antérieur à la loi de 1895, permettaient aux congrégations de cumuler les avantages, ce fut la constante pensée du législateur de 1895 de les faire disparaître. Il fut aussi touché de l'iniquité de la distinction établie par les lois de 1849 et de 1872. Ces lois en effet asseyent la taxe des biens de mainmorte sur les seules congrégations recon-

nues et leurs immeubles, et se gardent de taxer les biens
des communautés non reconnues. Le législateur frappé de
cette singulière inconséquence en déduisit la nécessité
d'un tarif compensateur imposé aux associations non reconnues. Partant de ces vues maîtresses la commission et
le gouvernement se mirent à l'œuvre.

On ne voulut pas toucher à l'impôt sur le revenu que
payaient aussi les sociétés commerciales; on avait trop le
désir en effet d'établir une parfaite symétrie entre les
deux situations. Dans la discussion le rapporteur général
M. G. Cochery justifia le forfait de 5 0/0 imposé aux congrégations par cette considération qu'il constitue le droit
commun pour les sociétés civiles, sans conseil d'administration, et dont par suite la situation ne peut être suivie
par l'enregistrement. Convaincue par ces raisons la loi
de 1895 n'entreprit la réforme que du droit d'accroissement. Elle le remplace par un droit d'abonnement de
0,30 0/0 pour les communautés autorisées, et de 0, 40 0/0
pour les communautés non autorisées. Que représente ce
droit et sur quelles idées juridiques repose-t-il ?

Le législateur en l'instituant ne veut pas comme celui
de 1884 « écarter la fiction de la personnalité pour s'en
tenir à la réalité du fait ». Il ne se figure pas les associations sous la forme d'agrégats d'êtres physiques copossesseurs d'un fonds commun. Non. Il se rend mieux
compte de la volonté des parties. Il a poussé plus avant
l'analyse du but poursuivi par les associés. Au lieu de
quelques individus, pourvus pour les besoins de la légis-

lation fiscale, d'une propriété dont les canons de leur ordre, ou les statuts de leur association ne parlent pas, les rédacteurs de la loi de 1895 voient, sinon très clairement, au moins confusément, d'un côté un être moral, et de l'autre des administrateurs, des usagers du patrimoine de cet être moral (1).

Le droit d'abonnement ne se propose pas de remplacer les droits de mutation que ne paie pas la mainmorte irrégulière des congrégations. Il laisse ce soin à la taxe des biens de mainmorte pour les congrégations reconnues.

(1) M. Wahl, dans une note très remarquable, publiée au recueil de Sirey (S. 90, I. 537) sur la question si connue de la pluralité des déclarations, exigée par la régie, soutint bien avant le législateur de 1895, le système que ce dernier paraît vouloir adopter.

Voici quelle est l'argumentation du savant professeur. La cour de cassation, commence-t-il par remarquer, a, en un arrêt du 14 novembre 1877 (S. 78. 1. 44), appliqué aux réversions par retraite ou décès dans les congrégations non reconnues, le droit modéré de 0,50 0/0 qui, en vertu de l'article 69 § 2 n° 6 de la loi du 22 frimaire, an VII, frappe les cessions de parts ou d'actions dans les sociétés. Eh bien, pourquoi ne pas raisonner de même pour les sociétés autorisées ? Pourquoi ne pas assimiler les droits d'un congréganiste d'un établissement reconnu à ceux d'un associé sur le patrimoine de la société dont il fait partie ? Pourquoi, enfin ne pas faire payer l'impôt uniquement au domicile du défunt selon le prescrit de l'article 27 de la loi du 22 frimaire, an VII, en matière de paiement de droits mobiliers ?

Sans insister sur cette conséquence qui intéresse très indirectement notre sujet, remarquons, et c'est ici l'important, que M. Wahl au cours de son article, ne cesse de placer sur le même pied, les droits des membres des communautés autorisées ou non.

Dans les deux cas, il y a pour lui une part d'intérêt dans une société à individualité distincte de celle des individus, part qui est donc mobilière par la détermination de la loi (art. 529 du Code civil).

Nous verrons que la loi de 1895 n'a fait que reproduire cette doctrine.

Quant aux congrégations non reconnues, elles paient comme tout le monde les droits de mutation ; aussi le projet du gouvernemeut n'avait pas, dans la pensée primitive de ses auteurs, voulu instituer à leur égard un tarif différentiel. Leurs biens non immobilisés, soutint avec une certaine obstination, le gouvernement, ne sortent nullement de la circulation générale des richesses : ils passent de mains en mains suivant les lois ordinaires. Rien n'y fit. La Commission du budget et la Chambre, avec une insistance, qui finit par lasser la résistance du Sénat, établirent un tarif de 0, 40 0/0 sur les congrégations non reconnues à la place des 0, 30 0/0 uniformes défendus par le gouvernement. Ce taux de 0, 40 s'explique aisément. La taxe des biens de mainmorte imposée aux communautés reconnues s'élève à peu près à 0, 10 0/0, si on la calcule sur cent. Eh bien, ces 0, 10 0/0 ajoutés aux 0, 30 0/0 font justement les 0, 40 0/0 de la loi de 1895. On saisit là sur le vif le désir profond des chambres d'opérer la péréquation du régime fiscal des deux classes d'associations. Une pensée d'égalité et de justice a inspiré ce tarif différentiel. On a prétendu le contraire, mais, à tort, selon nous.

Car en théorie sans doute, les associations religieuses non reconnues ne soustraient pas leurs biens à la circulation économique — et le trésor ne perd rien. Mais en pratique ? Tout le monde connaît, et l'histoire se charge au reste de le prouver, la fixité des propriétés ecclésiastiques. Dire d'un bien qu'il est d'Église, éveille tout de suite dans l'esprit l'idée d'immuabilité dans la propriété, l'exploitation, et même le mode de culture. Les économistes n'aiment guère, même en général, les biens des ordres et congrégations à cause de leur peu de productivité et de l'éloignement marqué de leurs sages possesseurs pour la culture intensive.

De sorte que, dans le terre à terre de la réalité, le fisc n'encaissera que très peu de droits de mutation sur des biens, qui semblent tenir, adhérer à l'association, avec la même force que celle-ci tient à la destination, au but, à l'œuvre qu'elle ne cesse de poursuivre dans l'indéfini de la durée.

Ces motifs nous font trouver heureuse la pensée des chambres établissant une différence de taxation.

Arrivés à ce point, nous savons que le droit d'abonnement, sauf dans les 0,10 0/0 de son tarif imposés aux communautés non autorisés ne représente pas les droits de mutation par décès ou entre vifs que devraient acquitter les biens sociaux, si des êtres physiques les possédaient. Que représente-t-il donc ? L'analogie de la société civile à forme anonyme nous aidera à le comprendre. Les sociétés anonymes par actions en effet paient le droit de mainmorte sur leurs immeubles, et l'impôt du revenu sur leurs titres ; en plus, à chaque fois que les titres d'action ou d'obligation changent de mains par suite de décès du titulaire, ils acquittent le droit de 11 fr. 25 0/0, si la mutation s'opère d'étranger à étranger entre non parents. Eh bien, ce droit, les sociétés désintéressées le soldent-elles ? En aucune façon. Jusqu'à la loi de 1880, elles jouissaient à cet égard de la pleine immunité.

L'accroissement vint mettre fin à cette imprévoyance de la législation fiscale. Seulement en 1880 et surtout en 1884, on eut le grand tort de ne pas entrer assez avant dans l'examen du phénomène juridique de l'accroissement. On le considéra comme équivalent à peu près à celui qui se produit entre colégataires par indivis quand l'un d'entre eux vint à mourir ou à renoncer. Les difficultés sans nombre que les tribunaux eurent à trancher, montrèrent une fois de plus, qu'analogie n'est pas raison. Renseigné par l'expérience, le législateur de 1895 repousse le système trop simple des lois de 1880 et de 1884. Pour lui, le droit d'accroissement représente les droits de mutation sur les parts d'intérêts. Ainsi on rétablit l'égalité des charges entre les sociétés désintéressées et les sociétés intéressées. Sans doute le congréganiste qui se retire, ne transmet pas à ses héritiers une valeur vénale comme l'actionnaire d'une société anonyme ou en commandite, mais cette retraite devient pour la congrégation le principe d'un enrichissement. En effet, au moment de l'entrée en religion, elle s'était engagée en échange de la dot conventuelle apportée par le nouvel adhérent, à subvenir à son entretien. La sortie du membre la délie de ses obligations. La quote-part qu'elle employait pour remplir envers le congréganiste qui s'en va, toutes les clauses du contrat d'entrée en religion perd désormais cette affectation spéciale et vient grossir la caisse commune. C'est cette réversibilité que frappe le droit d'abonnement. Il y a là un fait de transmission semblable à celui qui se produit dans les mutations d'actions et de parts d'intérêts des sociétés. Son existence suffit à légitimer une perception fiscale.

Combien, on le remarquera, nous nous éloignons ainsi de la conception étroite de la loi de 1884 ! Au rebours de ses devanciers, le législateur de 1895, reconnaît une personnalité fiscale à toutes les associations dont il réglemente la situation. Il ne disperse plus leur fortune corporative en autant de parts aliquotes qu'il y a de membres dans la société.

. Plus avisé, en face de la possession unique et sans durée déterminée de l'être moral, il ne reconnaît aux membres qu'une créance d'aliments, qu'un droit d'usage, que leur assure, comme contre-partie de leur apport conventuel, le contrat d'entrée en religion. Qu'on ne crie pas à l'inégalité et qu'on ne compare pas aux bénéfices fastueux des actionnaires des compagnies des finances de commerce et d'industrie, le maigre salaire du « dévouement, du travail et de la souffrance ».

En effet, il est évident qu'il y a là dans ce droit d'habitation en commun, de participation à la vie commune, et d'entretien souvent pendant toute la vie, une charge qui a sa valeur. Sa disparition enrichit indiscutablement le communauté religieuse. Et puis il faut, en présence de corps qui ne meurent guère, un critérium à l'État, sollicité impérieusement par les nécessités budgétaires de

soumettre aux mêmes impôts tous les êtres collectifs. Ce
critérium, la retraite d'un membre le lui fournit, par analogie avec les sociétés intéressées. Que les assujettis ne se
plaignent pas trop. Ils échappent en dépit du nouvel impôt,
à bien des droits qu'acquittent les sociétés à but lucratif.
Les titres au porteur, dont se garnit de plus en plus leur
portefeuille, par suite de dons ou d'apports prenant maintenant de préférence la forme de la tradition de la main à la
main, constituent une partie grandissante de leur fortune
qu'ils soustraient sans efforts à l'étreinte des lois fiscales.
Le législateur laisse donc encore bien des ressources à
l'esprit inventif des associations religieuses.

En tout cas la base juridique, sur laquelle on a édifié la
loi nouvelle ne manque pas, au moins par comparaison
avec les idées émises en 1884 d'une certaine valeur. Le
droit d'abonnement ne constitue plus un impôt qui nécessite pour sa justification, fictions sur fictions.

Il a pour assiette un phénomène très clair : la retraite
d'un associé et l'enrichissement qui en résulte pour la
société à laquelle il appartenait.

De ce principe, tous les détails du nouvel impôt se tirent
aisément. Entre autres son chiffre. On l'a établi en prenant la valeur vénale des biens des congrégations, valeur
que permirent de déterminer les statistiques dressées à
l'occasion de l'application de l'impôt sur le revenu. Sur cette
valeur on calcula ce que par an aurait dû donner régulièrement le droit d'accroissement, au taux de 9 0/0. Ce résultat, une fois obtenu, il fut facile de découvrir qu'une taxe

de 0,30 0/0 par an en assurait la perception. Aussi se
décida-t-on pour ce chiffre de 0,30 0/0.

Ce qui nous intéresse dans cette évaluation, c'est que le
rendement du droit d'accroissement par année, fut calculé au moyen de la donnée fournie par la statistique que
les biens des particuliers changent de mains tous les 35
ans, durée que l'âge souvent élevé des membres des congrégations fit baisser à 30 ans. Ce procédé de tarification
nous montre bien que les rédacteurs de la loi ne perdirent jamais de vue, leur constante pensée de l'équivalence de la réversion et de l'accroissement avec les muta-
tations de parts d'intérêt dans les sociétés civiles.

Le droit d'abonnement porte sur la valeur brute des
biens meubles et immeubles, possédés par les associations
soumises à l'impôt. L'expertise, en cas d'insuffisance
dans la déclaration de valeur et de consistance des biens,
s'exerce sur les meubles comme sur les immeubles. Plus
donc sur ce point de controverses possibles comme pour
l'impôt sur le revenu.

Jusqu'ici nous constatons dans la loi de 1895, et c'est
un progrès indéniable, une conception juridique plus fine
de la nature de l'accroissement. Cette amélioration ne doit
pas seule figurer à l'actif du législateur de 1895. Nous en
trouvons une autre, et d'une très grande importance, dans
son œuvre. Malheureusement, elle ne paraît s'appliquer
qu'aux congrégations autorisées. Voilà en quoi consiste
cette seconde innovation. Sur la proposition de M. Claus-
sel de Coussergues, il a été décidé qu'un décret rendu en Con-

seil d'État pourrait exempter de la taxe d'abonnement les biens acquis avec l'autorisation gouvernementale, sous la condition expresse d'affectation à des œuvres d'assistance gratuite ou à celles des missions françaises à l'étranger (art. 3 *in fine* de la loi). Si l'État s'aperçoit que l'affectation spéciale vient à disparaître, l'exemption sera retirée de la même manière qu'elle a été octroyée, c'est-à-dire par un décret rendu en Conseil d'État.

Le gouvernement a très énergiquement insisté sur ce point qu'il y avait là une pure faveur du gouvernement, ne pouvant donner lieu qu'à un recours gracieux et non à un recours contentieux. Le ministre, dans l'application de cette disposition de la loi de 1895 ne relèvera que du Parlement, sauf la possibilité pour les intéressés en cas de retrait de l'autorisation, sans raisons de fait sérieuses, c'est-à-dire sans que la destination des biens ait en quelque manière changé, d'attaquer le décret de révocation de l'exemption par la voie du recours pour l'excès de pouvoir, ouvert contre tout acte administratif, même intervenu après avis du Conseil d'État.

Dans cette disposition nouvelle que le jeu des amendements a fait annexer au texte de la loi, nous voyons le germe déjà distinct de ce que nous croyons constituer pour les biens des êtres moraux, une *summa divisio*. En effet, à notre avis, il importe de séparer avec soin dans la théorie de la capacité juridique des associations, leur patrimoine d'affectation de leur patrimoine de spéculation et d'exploitation. Le premier répond au but qu'incarne l'association, c'est-à-dire, à l'œuvre dont elle a assumé la charge. A ce but, à cette œuvre, il fournit les moyens de se traduire extérieurement, de se mettre en contact avec le monde matériel. On ne conçoit pas le 'groupement social désintéressé sans ce patrimoine d'affectation. Une destination implique, la logique le veut, une chose qu'on dirige vers elle. Un but sans moyens de réalisation devient une ombre vaine. Voilà pourquoi l'idée de patrimoine d'affectation, forme avec l'idée d'association non lucrative, un ensemble dont les parties se tiennent irrésistiblement les unes les autres. Sans pauvres, sans infirmes, sans malades, sans lits et sans locaux y a-t-il un hospice, y a-t-il un hôpital? Non, bien évidemment. La personnalité de fait ou de droit réclame impérieusement pour exister un siège légal et tout un matériel approprié à sa destination.

Donc nécessité du patrimoine d'affectation sans lequel l'association ne peut que périr, et son œuvre avec elle.

Au contraire, les associations dévient de leur but, quand elles achètent des terrains au-delà des besoins de ceux au soulagement desquels elles se vouent, et quand elles veulent rivaliser de puissance avec les sociétés industrielles et financières. Elles tendent alors à se créer un second patrimoine, d'une utilité très indirecte pour leur œuvre, mais en revanche fort dangereux pour l'État. C'est ce second patrimoine que nous nommons leur patrimoine d'exploitation et de spéculation. Comme en l'amassant, la société désintéressée n'agit pas autrement que les sociétés commerciales et financières, avec juste raison l'État lui impose le même traitement fiscal qu'aux groupements de capitalistes dont elle imite les procédés. Il a d'autant plus le droit de suivre une telle ligne de conduite, que la force d'expansion de l'idée qui peut disposer d'une imposante puissance financière, est par cela même accrue dans de très fortes proportions.

Périls qui ne se présentent pas en sens opposé dans l'hypothèse des sociétés intéressées où les bénéfices recueillis ne servent en dernière analyse qu'à la satisfaction de besoins ou de goûts individuels, sans réaction prononcée sur l'organisme social.

Ce patrimoine de spéculation que les sociétés non lucratives tendent sans cesse à former, la loi de 1895 essaie de l'isoler du patrimoine d'affectation : tentative timide, puisqu'elle ne s'applique qu'aux communautés autorisées, vis-à-vis desquelles seules, rassuré par ses larges pouvoirs de tutelle, l'Etat s'est résigné à accepter cette concession ; mais enfin tentative dont il faut savoir gré aux auteurs de la loi de 1895. Désormais l'idée d'affectation et de but, restée un peu étrangère à notre droit public jusqu'en ces derniers temps, a réussi à le pénétrer.

Peut-être, nous le souhaitons en tout cas, fera-t-elle son chemin et finira-t-elle par s'étendre à toutes les associations.

Quelles que soient les destinées que l'avenir lui réserve, nous pouvons dire que son adoption mettrait un terme à bien des débats où l'on se dispute faute de s'entendre. Une fois cette superposition chez l'être moral, de la per-

sonnalité agissante en vue d'un but, et du propriétaire
voulant, comme tous ses congénères, augmenter sa fortune,
bien saisie et bien comprise, les Chambres mettraient plus
de hâte à refondre nos textes sur les associations dans
une loi nouvelle leur accordant avec la liberté de formation, la possibilité de posséder un patrimoine en rapport
avec leur but social.

Sans doute, les lois actuelles, libéralement interprétées,
permettent d'arriver à peu près au même résultat, mais
une réforme législative, que d'ailleurs la lenteur de la
procédure parlementaire ne nous permet guère d'espérer,
porterait enfin la lumière là où aujourd'hui elle ne se
trouve guère, et ne fût-ce que pour cela le législateur
devrait bien quelque jour y penser !

Cette distinction des deux rôles de l'être moral, et des
deux destinations entre lesquelles se partage son patrimoine, ne constitue d'ailleurs que la reprise de traditionnelles tendances, auxquelles constamment a obéi le Pouvoir social, dans ses rapports avec la mainmorte des corps
et des communautés. Rarement il a eu recours à des
mesures violentes, mais presque toujours par des procédés fiscaux, d'abord rudimentaires et empiriques, puis
raffinés et subtils, il s'est efforcé d'enfermer les associations dans une trame bien serrée de prohibitions financières, rendant uniquement possible la réalisation de l'œuvre
qu'elles poursuivent et qui est leur seule raison d'être et
d'agir. Tantôt confusément, tantôt clairement, il a compris que les groupements désintéressés se basent sur des

idées et que, comme aux hommes, on doit aux idées la liberté. Une idée qui, en plus de son domaine nécessaire et essentiel consacré à sa conservation et à sa diffusion, dispose de nombreux *latifundia* immobilisés dans la stagnation de la mainmorte, étouffe toutes les autres, en même temps qu'elle menace et la liberté des citoyens, et l'action du gouvernement ! Ce dernier l'a toujours compris et de là provient sa perpétuelle hostilité contre l'association non lucrative et ses membres.

L'article 3 *in fine* de la loi nouvelle a repris la succession des édits et des ordonnances d'autrefois ; il est le dernier retentissement d'un long et traditionnel effort.

Seulement pour la première fois, il énonce le principe au lieu de le laisser dans le vague.

La loi de 1895, se rattache donc en somme à un puissant courant historique. Elle ferme au moins provisoirement une série de documents législatifs inaugurés par Philippe III en 1275 pour ne parler que des communautés religieuses et de la France.

Le moment est venu de conclure sur le régime fiscal des associations dont nous examinons la situation. Ce régime ne diffère maintenant que très peu de celui des sociétés intéressées. La loi de 1895 a établi ce parallélisme, avant elle plutôt désiré que réalisé dans la pratique. L'esquisse que nous avons tracée de son œuvre nous a montré qu'elle ne méritait pas le mal que l'on en dit. Aux fictions des lois de 1880 et de 1884, elle a substitué une recherche plus exacte des droits réciproques des associés et de l'association prise en elle-même. A un texte d'une application malaisée, elle a substitué une formule qui semble claire et à l'abri de la controverse.

Ce sont là des avantages sérieux et qu'il ne faut pas méconnaître. Grâce à cette loi nouvelle, quelques lumières éclairent enfin la situation des associations non autorisées. Elles paraissent désormais en possession d'une nouvelle espèce de reconnaissance, *la reconnaissance fiscale*, et même ajouterons-nous d'une personnalité légale, à demi indistincte encore, mais que l'avenir sans doute se chargera de développer. Les résultats de l'évolution juridique suivie dans ce siècle par les êtres collectifs, se dessinent donc maintenant. Un grand pas est fait dans la voie de l'abandon de la théorie factice inventée par de Savigny, de la personnalité manufacturée par l'État. Il reste à la jurisprudence, à entrer à son tour en lutte et à quitter la timidité de ses attendus pour des conceptions à la fois plus neuves et plus vraies. Le courant qui depuis quelques années, semble se manifester dans ses décisions donne tout lieu de croire à une pareille transformation !

CHAPITRE IX

Dans ses lignes générales comme dans ses détails, la législation française nous a montré plutôt des désirs de liberté et de capacité que ces choses elles-mêmes. Sous l'influence des nécessités du commerce juridique et du souci de la sécurité des contractants, la jurisprudence, s'inspirant de considérations libérales, pleinement étrangères d'ailleurs à l'individualisme exaspéré de notre Code civil, a fait une place de plus en plus importante à l'association laïque sans but lucratif et d'intérêt général. Aux congrégations elles-mêmes, une certaine personnalité flottante mais susceptible de produire des effets juridiques déterminés quand l'équité l'exige, a été reconnue. Autour de textes très restrictifs, et les cernant de toutes parts, se bâtit ainsi un droit coutumier à tendances favorables aux associations. Ce sentiment très vif qu'a maintenant l'opinion de la valeur sociale de premier ordre du groupement corporatif comme préservatif vis-à-vis des dangers qu'entraîne la liberté économique, en isolant l'individu et en le ravalant au rôle infime d'une unité dans une somme, aide beaucoup au surplus à cet esprit nouveau, qui de la pratique, il faut l'espérer, passera dans les lois et les Codes.

A l'étranger, au moins dans la grande généralité des cas, les idées dominatrices d'où les lois déduisent leurs solutions positives, décèlent un libéralisme plus extérieur, et qui non content d'animer la jurisprudence, apparaît dans les lois civiles et administratives, et quelquefois même s'affirme avec éclat dans la constitution. Au droit coutumier, volontairement bienveillant, vient s'ajouter ici le droit écrit.

La revue que nous allons passer des diverses dispositions de la législation étrangère, plus qu'aucun raisonnement à la trame serrée, nous fera saisir combien nous avons besoin de cette loi sur les associations, que l'on promet toujours et que l'on ne vote jamais! Ces réformes que nous ne nous décidons pas à affecter résolument, les pays qui nous environnent les réalisent avec la belle ardeur de gens qui y voient un remède infaillible et une sûre garantie de progrès. Quand les suivrons-nous à notre tour? Et qu'on ne crie pas à l'importation étrangère. N'en déplaise au chauviniste auteur de la Genossenschaftstheorie, notre passé médiéval en effet, dénote un essor de l'association dont l'élan égale, s'il ne le surpasse, celui des races germaniques. Il s'agit donc tout simplement pour nous, de retrouver des habitudes un peu oubliées, en corrigeant leur exubérance désordonnée d'autrefois, par la clarté et la logique que notre esprit moderne se plaît à donner à toutes ses institutions.

En tout cas, et on ne saurait trop le répéter, l'encouragement le plus puissant à modifier la législation actuellement existante en France, nous est fourni par l'examen des textes étrangers. Tous, dans une mesure plus ou moins large, donnent droit de cité à l'association libre et désintéressée, mais presque tous aussi sinon prohibent, au moins limitent sévèrement le pouvoir des congrégations dans l'ordre des biens et des contrats.

Cet ensemble de législations, d'un aspect confus au premier abord, se partage, si on le considère attentivement, en trois groupes de pays à peu près nettement séparés, par des divisions tranchées, les unes des autres, et qui sont le *groupe germanique*, le groupe *anglo-saxon*, et le groupe *des pays latins*. Le premier admet en droit et en fait la capacité des associations à but non pécuniaire ; le second la consacre généralement en fait, et l'érige en maxime de droit coutumier ; la troisième la proscrit complètement, ou tout au moins ne la concède qu'avec de graves et importantes restrictions.

Tous ces systèmes législatifs exposés, nous rechercherons s'il se présente des conflits de lois et les solutions qu'ils comportent. Car l'étude des lois étrangères, entraîne toujours après elle, la discussion et la résolution des difficultés que leur combinaison amène dans la réalité des faits.

§ Ier **Pays germaniques.**

Le plus libéral de tous les états que nous rangeons sous cette commune rubrique, c'est sans contredit la Suisse. Son code fédéral des obligations paru en 1881 consacre aux sociétés un chapitre spécial d'une très vive originalité (art. 710 et sq.). Il distingue 3 espèces de sociétés : les sociétés simples demeurées sous l'empire des principes de la « societas » romaine, les sociétés économiques et financières, et enfin les nôtres : les sociétés à but idéal.

Le législateur fédéral prescrit d'abord à cette troisième classe de sociétés des conditions de publicité : l'inscription sur la feuille officielle du commerce. Moyennant cette formalité en somme très anodine, les associations désintéressées obtiennent la personnalité civile ; et cela même si le droit cantonal consacrait une solution contraire. A la dissolution, l'assemblée générale décide du sort des biens sociaux ; sa volonté souveraine que la loi respecte, les attribue, soit à un autre établissement de même genre, soit aux associés liquidataires. Que si une cause illicite déclarée telle par une sentence judiciaire, amène la cessation de la société, le juge ne prononce au lieu et place de l'assemblée générale que, seulement dans le silence des statuts. Toutefois quand l'association présente un but d'intérêt public, il détermine alors nécessairement l'emploi de l'actif.

On le voit, la dissolution est entourée d'un luxe heureux

de garanties et s'abrite toujours derrière la protection im
partiale et sérieuse d'une décision judiciaire ainsi que
l'édicte aussi du reste notre loi de 1884 sur les syndicats
professionnels.

Le législateur fédéral passe alors à une question très
discutée en Allemagne, notamment dans les états du Sud,
celle de la situation juridique de l'association non enre-
gistrée. Il la résout dans le sens le plus libéral.

Tandis en effet que la société à but économique ou
financier est privée en pareil cas de toute personnalité,
l'association à but idéal jouira de la personnalité, si le
droit cantonal ne s'y oppose pas, Et on donne de cette
faveur généralement la raison que voici : le désintéressement exige moins la publicité que la spéculation
commerciale : à quoi bon, dans ces conditions, se montrer
plus sévère que le législateur cantonal, étant donné surtout que les lois fédérales s'efforcent de faire prédominer
des idées plus larges et plus libres que celles des cantons,
bornés par leur horizon étroit et leurs rancunes souvent
mesquines de petites républiques jalouses.

Que si le droit cantonal refuse la personnalité, on en revient à la *societas* romaine avec l'obligation personnelle
et solidaire de ceux qui ont figuré dans les actes passés
avec les tiers, sauf leurs recours contre les autres membres de la société non parties à l'acte dont il s'agit.

Clôturant ce chapitre, l'article 718 renvoie pour certaines
associations à la constitution de 1874. Ce renvoi, dont
nous sommes surpris de voir M. Van den Heuvel tenir si

peu de compte dans son livre sur nos associations, vise tout simplement les congrégations religieuses, seules soumises en Suisse à un régime répressif (articles 51-52 de la Constitution de 1874). Nous n'avons pas ici à retracer l'histoire du Sonderbund et à rappeler l'incurable défiance vis-à-vis des ordres religieux qu'elle a fait naître dans les esprits des Suisses. La constitution de 1848 traduisant l'état d'âme d'alors supprima les jésuites et les ordres qui en dépendent. La constitution de 1874 accentua encore cette déclaration de guerre du législateur de 1848. L'article 27 de ladite constitution proclame l'instruction soumise à la puissance de l'autorité civile, en même temps que laïque, obligatoire et soustraite à tout caractère confessionnel. L'article 50 donne compétence aux autorités fédérales pour juger des difficultés produites par la création d'une congrégation non autorisée ou la scission d'une d'entre elles déjà autorisée. Les jésuites et les sociétés affiliées, réédicte le texte de l'article 51, sont et demeurent exclus de la fédération et toute action leur est interdite soit à l'église, soit à l'école.

Ces prohibitions, un arrêté fédéral peut d'ailleurs, si la nécessité l'ordonne, les étendre à d'autres congrégations dont, dit textuellement l'article 51 *in fine* « l'action serait dangereuse pour l'Etat ou troublerait la paix entre les confessions. »

A ces dispositions très significatives, se joint l'article 52 interdisant de fonder de nouveaux ordres ou de rétablir ceux qui ont été dissous.

Rien de plus faux dès lors que de répéter sans cesse

comme le font beaucoup de défenseurs des congrégations religieuses : nous demandons la liberté comme en Suisse ! Cette liberté tant demandée et si vantée à, la place des textes révolutionnaires un peu perdus de vue aujourd'hui, mettait des textes clairs, impératifs, et formels insérés dans la loi la plus en vue de toutes : la constitution. Nous ne voyons pas, mais du tout, ce que gagneraient au change les ordres religieux ! Reconnaissons donc qu'un souffle hostile aux patrimoines de mainmorte a passé sur la Suisse comme sur la France, mais sachons aussi attribuer au Code suisse de 1881, l'honneur d'avoir fait pour la première fois place nette, entre la société romaine et la société commerciale, à l'association désintéressée, et de lui avoir octroyé la personnalité avec ses longs espoirs, et ses vastes pensées, moyennant quelques formalités très simples et peu gênantes.

S'il est des réformes plus bruyantes, il n'en est pas de plus utiles !

Allemagne. — En Allemagne, la législation est loin de présenter la clarté de celle de la Suisse. Chaque état a sa législation et indépendamment de cette complexité amenée par la non unification du régime des associations, le législateur se complaît à multiplier les lois spéciales à certaines associations, leur accordant tels ou tels avantages soigneusement et minutieusement énumérés. Citons d'abord ces faveurs particulières ; nous parlerons après des législations particularistes et enfin de la législation impériale.

Les corporations, pour commencer par elles, obtiennent de par la loi sur l'organisation du travail les honneurs de l'incorporation : Reichs Gew. O. § 97, § 99. Elles l'ont d'emblée. Seulement la loi, au lieu de leur concéder en termes exprès la personnalité, se sert d'une périphase : « die retchte einer korporation, die retche einer juristichen person ». Même traitement de faveur pour les sociétés d'assurances contre les maladies, en échange d'une simple approbation des statuts à titre de contrôle administratif.

Une loi du 6 juillet 1884, § 9, accorde la personnification aux sociétés professionnelles d'assurances contre les accidents.

Elle aussi emploie la périphrase et non le mot propre de personne juridique. « Ces sociétés, déclare-t-elle, sont capables d'avoir des droits et de s'obliger et en ce cas, le seul patrimoine corporatif, et non les biens des individus, supporte le poids et les conséquences de l'engagement. Elles peuvent ester en justice soit comme demanderesses, soit comme défenderesses ». Nous citons ce texte pour montrer avec quelle adresse le législateur tourne autour de l'expression juste, sans l'employer.

D'ailleurs toutes ces lois spéciales, la fameuse trilogie bismarkienne des lois d'assurance ouvrière les a coordonnées en un système complet et se suffisant à lui-même, que ce n'est pas ici le lieu d'exposer.

Quelques associations restent en dehors du mouvement général en faveur des sociétés que décèlent tous les textes.

Ce sont les associations socialistes. Le parti « sozial demokrat » tout le monde le sait, fut poursuivi avec acharnement par le chancelier de fer. Bismark fit promulguer contre lui une loi d'exception mais d'une durée temporaire Reichsgestz, vom 21 oktober 1878). Après la chute du fondateur de l'empire allemand, sa politique sociale lui a survécu. Le ministre Kœller l'année dernière, en 1895, prononça la dissolution de toutes les associations socialistes. Celles-ci obéirent, seulement au lieu de se disperser, elles émigrèrent à Hambourg, ville libre, où elles purent se rire impunément des foudres du pouvoir.

Une action judiciaire engagée à ce sujet est encore pendante devant les tribunaux. La lutte continue entre les socialistes et l'Etat. Dernièrement à une représentation donnée par un cercle socialiste le gendarme de service fit interrompre comme subversif le Guillaume Tell de Schiller. Ce petit détail indique l'ardeur du combat ! Mais parlons maintenant des législations particularistes. De la Prusse d'abord.

En Prusse, la loi sur les mines concède la personnalité aux associations d'ouvriers, sauf refus d'approbation de l'administration des mines si les statuts contrarient le droit. Les Wassergenosseneschaften analogues à nos associations syndicales libres de la loi de 1865 possèdent la personnalité en Alsace-Lorraine d'après notre loi même de 1865, et en Prusse, grâce à la loi du 1er avril 1879.

Seule condition: rédaction de statuts conformes au droit. En dehors du champ d'application de ces textes spéciaux, la Prusse comme la France subordonne à l'autorisation gouvernementale l'acquisition de la personnalité par les associations.

Dans tout l'empire. même réglementation restrictive pour les Sociétés religieuses et spirituelles : nous la retrouverons plus loin.

Nous en avons fini ainsi avec les lois spéciales ; somme toute leur domaine d'élection, c'est la Prusse encore privée d'une loi générale sur les Sociétés et associations.

En Bavière, cette loi existe. Dans cet état, les sociétés qui ne cherchent ni [à acquérir ni à s'occuper d'affaires financières industrielles ou commerciales reçoivent en vertu de la loi du 29 avril 1869, après reconnaissance de la régularité de leurs statuts, les droits d'une société approuvée et la subjectivité juridique (die eigne rechtsubjektivitat). Seulement si des lois spéciales l'exigent, une approbation de l'Etat devient nécessaire. Les articles 10 à 26 de la loi décrivent tous les avantages de la personnalité juridique : action en justice, contrat, responsabilité, sous les traits que nous avons déjà pu voir dans les lois spéciales citées plus haut.

En Saxe, une loi du 13 juin 1868 consacre à peu près le même système. A défaut de textes restrictifs particuliers, le législateur saxon fait dériver la personnification de l'immatriculation au genossenschaftsregister comme la Suisse. Et pour se conformer aux § 62 et sq. du Code civil saxon, la loi de 1868, ajoute que la registration, vaudra reconnaissance par l'État. Ainsi elle tourne au moyen d'une ingénieuse fiction le principe déposé dans le Code civil, de la reconnaissance de l'État, seule créant la personnalité juridique.

Enfin à Bade une loi du 17 novembre 1883 sur les associations considère la formation d'une société à durée indéfinie non approuvée, et dont le but appartient au droit public, comme une entreprise délictueuse à laquelle une prescription de 20 ans ou l'approbation gouvernementale enfin intervenante, confèrent la personnification.

Nous arrivons maintenant à la situation spéciale des associations religieuses à laquelle nous avons déjà fait allusion plus haut. Leur histoire est bien connue. Depuis 1870 jusqu'à 1880 à peu près, l'Allemagne a été agitée par une lutte ardente entre l'Eglise et l'Etat. Ses péripéties, sur lesquelles nous n'avons pas ici à insister, ont pris un caractère tellement violent vers 1875 que pour les décrire, partout on faisait allusion aux dramatiques souvenirs des grandes luttes du sacerdoce et de l'Empire. L'avènement de Léon XIII en 1878, et le retour de Bismarck à une politique plus modérée terminèrent la lutte. De nouveau le Saint Empire allait à Canossa ! Dans la bataille, les congrégations n'avaient pas été les moins frappées. Une loi du 23 février 1870 subordonnait les libéralités qu'on leur ait adressé à l'autorisation du pouvoir civil et édictait, plus sévère que notre article 910 du Code civil, l'amende comme sanction vis-à-vis des auteurs de libéralités et des chefs d'institution se mettant en possession sans autorisation. La loi du 4 juillet 1872, obligatoire pour tout l'empire, expulse les jésuites et les congrégations connexes, et charge de l'exécution le Conseil fédéral.

Une décision du 5 juillet 1872 du Conseil fédéral appliqua ces mesures de rigueur. Les jésuites ont un délai de 6 mois pour fermer leurs établissements. En cas de contravention, expulsion pour les membres étrangers, et fixation de certains séjours pour les congréganistes autochtones. Un autre décret du Bùndesrath en date du 20 mai 1873 étend les dispositions prises contre les jésuites aux Rédemptoristes, Lazaristes, prêtres du Saint-Esprit et du Sacré-Cœur de Jésus.

Comme le pape avait excommunié les auteurs de toute cette législation, 5 lois lui répondent en 1875. La deuxième qui est du 31 mai 1875 déclare les ordres et congrégations expulsés du territoire Prussien. Quant à leurs biens, des fonctionnaires civils les administreront. L'exposé des motifs justifie ces exclusions en masse par cette considération que les biens démesurés des communautés sont une menace pour l'avenir de l'état. Exception est toutefois faite par les ordres hospitaliers.

Avec l'avènement de Léon XIII, le kùlturkampf perd beaucoup de son acuité. En 1879, le ministre Von Puttkammer inaugure l'ère des concessions. La loi du 14 juillet 1880 qui marque à peu près la fin de cette querelle de 10 ans laisse la suspension graduelle des mesures prohibitives prises pendant le kùlturkampf, au pouvoir discrétionnaire du gouvernement.

Enfin la loi du 21 mai 1886, permet la reconstitution
lente et progressive des communautés dissoutes,à l'exception de la Compagnie de Jésus. Sur 18 établissements
fermés en 1875, 17 se rouvrent. Quant au patrimoine de
ces corps religieux, l'article 5, § 4,de la loi du 27 avril 1887
(annuaire de lég. étr. 88, t. 7, 315), en ordonne la restitution, une fois obtenue la reconnaissance comme personne
publique. Et cette reconnaissance, la loi du 7 mai 1887
l'accorde à 17 établissements religieux nommément dési-
gnés. Quoi qu'il en soit de ce retour en arrière, opéré par
la législation allemande sous la poussée de la force de
jour en jour croissante du Centre catholique, les congrégations ont perdu dans la mêlée tant soit peu de leurs privilèges d'autrefois.

De temps en temps, un prédicateur d'un ordre non reconnu qui vient prêcher une mission, se fait expulser.
La capacité juridique dépend uniquement de la concession
gouvernementale. Bref, existence incertaine et précaire,
capacité à la merci d'une autorisation gouvernementale,
voilà la situation actuelle en Allemagne des communautés
religieuses.Là aussi, l'État se défend contre les envahissements continus de la mainmorte et resserre dans d'étroites
limites les libéralités à titre gratuit que la loi de 1870
continue toujours à régir (1).

(1) D'ailleurs le code pénal de 1871 punit jusqu'à 6 mois de prison la
participation à une association où l'on exige l'obéissance passive à
des chefs connus ou inconnus pour des buts tenus secrets et non in-
diqués à l'administration. R. St. Gb. § 128. Au témoignage autorisé

Il y a quelque temps, le Reichstag en fin juin 1896, a voté le nouveau Code civil allemand.

A l'exemple du Code suisse, ce Code contient des dispositions sur le régime des associations. Elles consistent dans l'octroi de la liberté de formation, sauf enregistrement sur le registre du commerce, avec droit d'opposition à l'administration, si la société en projet se propose un but idéal. Le droit d'opposition conduit à une décision judiciaire prononçant ou non suivant la nature de l'espèce et l'opinion des juges la dissolution de l'être corporatif.

Ainsi le législateur impérial est venu enfin mettre en pratique l'article 4 n° 16 de la constitution de l'empire allemand qui faisait rentrer dans la compétence fédérale, les lois sur la presse et les associations. Les principes posés par les constituants de 1848 reçoivent désormais leur application. Les législations particularistes ont donc vécu. Et en somme le législateur impérial adopte pour son œuvre de législation unitaire les principes des lois bavaroises et saxonnes de 1868 et 1869. Naturellement les lois relatives à des associations spéciales restent en vigueur malgré les réformes opérées dans le droit commun. Donc pas de changement pour les associations religieuses et politiques.

Autriche Hongrie. Voisine de la législation allemande,

---

de Von Liszt. Droit criminel, page 623, 7e édit. Berlin, Güttentag : ce texte s'applique et aux Freimaurer (francs-maçons) et aux geistliche orden, entre autres, les jésuites, si les conditions légales sont remplies, notamment celle d'obéissance passive.

celle de l'Autriche-Hongrie se range d'elle-même sous notre rubrique.

Le § 26 du Code civil autrichien accorde la personnalité à toutes les sociétés permises, et les lois constitutionnelles du 21 décembre 1867 accordent le droit de former librement des associations aux citoyens autrichiens, du moment qu'ils se conforment toutefois à la loi du 15 novembre 1867 qui exclut formellement de son champ d'application les ordres et congrégations. En fait, les communautés religieuses jouissent d'une grande liberté. Une loi avait été votée en 1874 et en 1876 par les députés et les seigneurs. Elle prescrivait pour toutes les congrégations l'approbation gouvernementale, approbation d'ailleurs impossible, quand la communauté se fondait sur des vœux perpétuels, comptait des étrangers dans son sein, ou n'avait pas pour chef un Autrichien domicilié dans sa patrie. Elle s'est heurtée au refus de sanction de l'empereur. Elle exigeait aussi pour l'acquisition, même à titre onéreux, l'autorisation du gouvernement ou de la loi, notons-le en passant. Aujourd'hui la sécularisation du mariage votée par les Chambres a suscité en Autriche une sorte de Kùlturkampf.

Peut-être à la faveur de cette lutte qui paraît se prolonger, la loi de 1874 ou une loi analogue réussira-t-elle à obtenir l'approbation de l'empereur. Contentons-nous pour le moment de remarquer que la monarchie austro-

(1) Cette loi rend libre la formation des associations, sauf droit d'opposition à l'administration dans les 4 semaines de la déclaration. Le mois écoulé, l'association est licite.

hongroise paraît à son tour travaillée des mêmes appréhensions et des mêmes craintes des établissements religieux
que nos lois françaises depuis la Révolution. Il y a là un
courant qui entraîne partout après lui quelques débris
des prérogatives des communautés. L'État, de plus en plus
envahissant, redoute la force d'expansion des idées de renoncement mystique et de soumission absolue à une règle
qui animent les congrégations.

Ces conceptions nouvelles du pouvoir politique dominent les esprits dans les pays germaniques, comme en
France, et elles réduisent à un rôle purement idéal les
communautés religieuses, désormais maintenues à l'écart
des libéralités, dont l'amoncellement finit par dresser
pierre par pierre, un patrimoine aussi résistant et aussi
durable que l'œuvre pieuse qu'il sert.

En terminant sur l'Autriche-Hongrie, disons que la Hongrie reconnaît la personnalité des associations, sous la
surveillance de l'autorité administrative qui examine leurs
statuts.

Notre étude des pays germaniques peut se synthétiser
donc ainsi : capacité générale des associations laïques,
capacité menacée ou supprimée des communautés religieuses. Avec les législations latines, nous descendons d'un
degré dans l'échelle du libéralisme. Dans ces pays, où
survit encore profonde la tradition du despotisme romain,
la loi ne parle plus guère des associations. Elles vivent
dans le fait plutôt que dans le droit.

§ 2. — Les pays latins.

La Belgique possède à peu près la même législation que la nôtre, quant aux associations. Lors de la conquête de la Belgique par l'armée républicaine, les commissaires envoyés par le gouvernement révolutionnaire, s'empressèrent de supprimer, comme en France, les ordres et les congrégations. Le moyen de procéder autrement, dans la logique révolutionnaire érigeant tout de suite à l'universel les principes absolus qu'elle posait, au premier desquels se plaçait l'incompatibilité de la vraie liberté avec les corps et les ordres! Ces mesures trop rudement appliquées avec une énergie ignorante des lentes transitions et des acheminements nécessaires, causèrent pour une bonne part la désaffection des Belges vis-à-vis de la France. Après des vicissitudes diverses, étrangères d'ailleurs à ce sujet, les Belges annexés à l'empire français, gardèrent jusqu'à sa chute le Code civil et le Code pénal français qui sont, comme on le sait, des moins favorables à l'association.

Le vote de la constitution de 1831 suivit leur fameuse scission d'avec les Hollandais. Ses articles 14, 15, 16 proclament la liberté des cultes et l'article 20 reconnaît aux Belges le droit de s'associer, sans que ce droit puisse être soumis à aucune mesure préventive (1). D'où semble décou-

(1) Article 20 « les Belges ont le droit de s'associer ; ce droit ne peut être soumis à aucune mesure préventive ».

La section centrale avait élaboré au Congrès un projet d'article 20,

ler la liberté, non seulement de se former, mais encore
d'agir et de contracter. Il n'en est rien. En Belgique aujourd'hui, grâce aux efforts énergiques de MM. Orts et Laurent, la capacité se distingue nettement de l'existence licite
et libre. L'État retire et octroie la personnalité sans laquelle
il n'y a qu'un néant et une nullité d'inexistence. La rigueur
des principes, comme le dit M. Laurent, rend presque impossible l'existence des associations désintéressées.

Reflétant cette inflexibilité doctrinale, la jurisprudence
que nous connaissons déjà un peu à cause de sa parenté
intime avec celle de la France, admet l'interposition et la
nullité d'inexistence, en les tempérant de temps en temps
par la notion indécise et vague, faute de la fouiller suffisamment, de la personnalité de fait. On l'admet, par exemple, pour la compensation en cas de revendication : des
impenses faites avec les sommes réclamées (Bruxelles
5 juin 1858. Pasicrisie 1858. 2. 133. Mais jamais l'interposition ne trouve grâce devant les principes. Voir entre
autres arrêts, celui de Bruxelles, (28 juin 1867. Pas. 1868.
1. 23). Un arrêt de la Cour d'appel de Bruxelles (13 mai 1861

qui ajoutait au texte actuel des dispositions sur la personnalité civile
des associations pour laquelle il exigeait une loi. De plus, ce projet
interdisait aux associations personnifiées de faire aucune acquisition à titre gratuit ou onéreux sans l'assentiment du pouvoir législatif, ce qui aurait donné pas mal de besogne aux Chambres !

Ces paragraphes furent trouvés trop spéciaux et non en rapport
avec une loi constitutionnelle. Ils furent rejetés. Mais cela n'empêche
pas, dit M. Thonissen (const. belge annotée, p. 97), les lois antérieures de rester en vigueur et de n'accorder la personnalité qu'aux seules
associations reconnues par la loi.

Pasicrisie 1862. 1. 274), déclare nulle et non avenue la société universelle entre religieux.

Bref, ces décisions judiciaires envisagées dans leurs
raisons et leurs motifs ne diffèrent de celles de la France
que par un peu plus de sévérité et beaucoup moins de
souplesse.

Quant aux associations laïques, mêmes difficultés dans
les deux pays. Citons un procès curieux à leur égard. En
1879, devant le tribunal de Louvain, un président d'orphéon réclame un instrument (il s'agissait, pour appeler
les choses par leur nom, d'un trombone à coulisses) et
des partitions, à un dépositaire négligent. Le substitut
s'élève avec indignation au nom des principes sacro-saints
contre pareille action de la part d'un néant juridique.
Sans intérêt pas d'action, proclame-t-il. A la lumière de
cette vérité, il conclut au débouté pur et simple du président et même des sociétaires. Car, président et sociétaires
ne peuvent revendiquer qu'un trentième de partition ou
de trombone. Ils n'ont par conséquent aucun intérêt à
revendiquer les dits objets. L'intérêt réside donc dans
l'être moral sans capacité que le président s'imagine représenter. Or, cet être n'est qu'un vain simulacre, puisqu'il n'est pas reconnu ! Le dépositaire doit rester tranquillement dès lors, en possession : il n'a pas d'adversaire !
La logique le veut, le droit le commande impérieusement !
Le tribunal de Louvain, n'osant pas rejeter des déductions aussi profondes, trouva dans un biais de procédure,
heureusement découvert, le moyen de ne pas consacrer

cette théorie impeccablement tirée des principes généraux de la science juridique.

Voilà déjà un jugement curieux. En voici un autre. Le président de la Société colombophile de Liège fait transporter des pigeons et néglige de solder le prix de ce transport. Le tribunal de Liège (15 mars 1876.Cloës, t. 26, page 325) le condamne à payer la trentième partie des 44 fr., 35 que devait la société, en se fondant sur ce fait que, simple agrégation d'individus, de 30 individus dans l'espèce, l'association, quand elle s'endette, s'endette 30 fois en la personne de chacun de ses membres, responsable seulement de sa part virile et numérique.

A Gand on réclamait une coupe et un calice à la confrérie de l'arbalète qui les détenait depuis les décrets de 1793. L'action était soutenue par le domaine national précisément nanti en 1793 des biens des corps supprimés. Le Tribunal, le 12 juillet 1882, Journal des tribunaux belges, 82, col. 596, rejette la revendication en se fondant sur la prescription des membres actuels complétée par celle des anciens. La longueur du temps écoulé a fait en cette hypothèse un peu oublier au tribunal les sentences de la doctrine. Que si plus logiques, nous raisonnons comme le tribunal de Liège nous rencontrons une difficulté. La société a dû varier en personnel de 93 à 1882. Et, comme chaque membre prescrit pour une fraction, nous nous demandons ce que deviendront les fractions en trop ou en moins, laissées là par suite de la variation du chiffre des adhérents!

Le tribunal de Gand néglige malheureusement dans sa formule trop vague de dissiper notre pénible incertitude !

Ces quelques arrêts suffisent à nous donner une esquisse de la législation Belge. Le talent de MM. Orts et Laurent a réussi, malgré l'article 20 de la constitution de 1831, à gêner chez nos voisins la croissance des associations.

C'est le triomphe de la méthode *a priori* profondément dédaigneuse des traditions et des précédents, défendue par M. Laurent avec une ardeur d'apôtre. Son avant-projet de Code civil belge allait plus loin : il interdisait aux congrégations la personnification, annulait *ipso jure* les contrats passés par elles, et tirait grand parti de l'interposition présumée de plein droit dans les contrats où figurait un congréganiste. Bien plus, les communes, à défaut de la revendication au bout de 3 mois, par les aliénateurs, avaient le droit d'action, et, si elles ne bougeaient pas, un contribuable ou enfin l'État succédait à leur droit. Les biens ainsi recueillis servaient à alimenter le budget communal de l'enseignement primaire. Toute dénonciation comme dans la Rome des Césars, conférait à son auteur le 1/4 des biens qu'elle faisait enlever à la congrégation non reconnue. Ce projet, plutôt inspiré par des considérations politiques que par une vue sereine et impartiale de l'état de la question, tomba avec le parti libéral belge aux élections de 1884. Retenons-en cette affirmation mise par le jurisconsulte belge au frontispice de son œuvre, que l'association, absolument comme l'expropriation sous la Révolution, ne se justifie que par des raisons de *nécessité pu-*

blique et qu'elle naît, vit et meurt sous la suprématie
toute puissante de l'État. Cette double proposition, énon-
cée comme un fait de science incontestée, nous montre
les progrès réalisés en Belgique par le système de Savigny et cela à une heure où l'Allemagne tend de plus en
plus à en secouer l'accablante influence. Sous l'action de
luttes politiques très vives, la Belgique a eu aussi, on le
voit, son Kulturkampf à l'exemple de la Suisse, de l'Allemagne et de l'Autriche actuelle. Et malgré le texte si libéral de la constitution de 1831, les groupements désintéressés dans le pays d'élection des confréries des ghildes
des unions et des corporations connaissent tout comme
chez nous les incertitudes d'une jurisprudence balancée
entre les rigueurs des juristes hostiles à l'association, et
des considérations d'équité et de respect des contrats toujours graves et souvent irrésistibles.

Néanmoins l'esprit d'association a en Belgique réalisé
d'immenses progrès.

Un projet personnifiant les associations professionnelles
et les associations désintéressées languit à la Chambre des
représentants. Son long sommeil n'empêche pas les sociétés de couvrir tout le pays de leurs locaux, de leurs bi-
bliothèques et de leurs bâtiments d'instruction professionnelle. On s'efforce de reconstituer la famille corporative
et la fraternité des ghildes d'autrefois. Le Hainaut et les
Flandres se placent à la tête de ce mouvement inspiré par
le réveil de tendances profondes que les juristes avaient
essayé de faire disparaître. Il suffit de parcourir ces pro-

vinces pour comprendre quel puissant organe de progrès
et d'apaisement est l'association libre et propriétaire.
Tout ce renouveau de l'esprit corporatif contraste avec la
doctrine juridique toujours obstinée dans le système de
de Savigny.

Il est piquant de voir pareil désaccord entre le droit et
les mœurs. Dans un pays où l'association non personnifiée constitue un non être, où Verhaëgen, le fondateur de
l'université libre de Bruxelles, était contraint de l'installer dans sa propre maison, n'est-il pas curieux d'assister
au développement grandissant de trois universités de fait,
l'université libre de Bruxelles, l'université catholique de
Louvain, l'université socialiste de Bruxelles et à la naissance d'une infinité de cercles, de sociétés désintéressées
ou religieuses, vivant fort bien malgré leur inexistence
légale ?

En tout cas il y a là un spectacle que nous ne retrouverons pas chez les autres pays latins et en particulier
chez les Italiens.

L'Italie, à la suite de la conquête de 1870 et de la disparition du pouvoir temporel des papes, étendit à l'État
romain la loi Piémontaise du 29 mai 1885 et les lois italiennes des 7 juillet 1866 (1), 29 août 1868 ; 11 août 1870,

_____

(1) Voilà ce que dit à cet égard le texte fondamental, l'article 1
de la loi du 7 juillet 1866.

« Ne sont plus reconnus dans l'Etat, les ordres, les corporations ou
les congrégations religieuses et séculières, et les communautés, qui
emportent la vie en commun et ont un caractère ecclésiastique. Les

par la loi du 10 juin 1873. Ces lois déniaient aux ordres
religieux qui pratiquent la vie en commun toute personnalité civile et attribuaient leurs biens, comme devaient le
faire plus tard les lois allemandes de 1875, à une administration d'État chargée de les affecter à des destinations
d'utilité publique du même genre. A Rome, la loi de 1873
organise un système de vente aux enchères pour le surplus des biens non pourvus d'une destination pieuse ou
bienfaisante, vente dont le prix alimentera un fonds spécial
que l'autorité destine à des usages religieux et charitables,
et servira en même temps à allouer des pensions aux membres des ordres dissous. On reconnaît dans cette dernière
mesure l'équivalent des décrets de 1790 et 92 à l'époque
de notre Révolution. Les maisons où résident les généraux des ordres existant aussi à l'étranger, dénommées
maisons généralisées, sont tolérées (sauf celle des Jésuites)
dans les limites nécessaires à l'habitation personnelle et
aux bureaux de chaque supérieur ou général. Quand la
vente aux enchères prescrite en 1873 ne produit rien, la
loi du 18 juillet 1881 autorise, sous certaines conditions la
vente à l'amiable des biens sécularisés.

Ajoutons que l'État perçut une taxe sur les ventes, et
que les communes reçurent une partie de leur produit qui
fut consacrée au soulagement des paroisses les plus
pauvres.

maisons et les établissements appartenant aux Ordres, aux corporations, aux congrégations et aux communautés susdites sont supprimées ».

Rien de plus libéral, s'écrie M. Giorgi, op. cit., pages 506 et 507. Nous n'avons pas fait en Italie une affaire de spéculation fiscale, comme l'impétueuse révolution française ; bien au contraire, nous avons respecté la légalité et la justice, nous avons restitué au commerce les biens immobiliers et avec le fonds spécial provenant de la vente, nous avons pourvu aux besoins du culte et de la bienfaisance, en ne donnant qu'une petite part aux communes et au fisc. Jamais réforme ne fut ni plus modérée, ni plus sage ! Elle est, conclut M. Giorgi, tout à l'honneur de la jeune Italie. Les instituts catholiques surabondaient dans le pays ; les corporations religieuses ne secouraient plus les infirmes et les pauvres et n'étaient composées que de religieux adonnés à une inutile vie contemplative. N'était-ce pas dès lors le devoir de tout gouvernement moderne, de supprimer ces restes morts des siècles passés (*reliquie morti dei secoli passati*). Giorgi, page 471) ?

On le voit, les auteurs italiens secondent avec une belliqueuse ardeur les efforts de leur gouvernement dans sa lutte contre l'Église.

Et de même que dans les pays germaniques, une scission s'est faite en Italie, entre les associations religieuses et les associations laïques, les unes interdites, les autres permises.

La jurisprudence italienne prohibe toute libéralité, soit directement, soit par personne interposée aux corps religieux supprimés. Voir par exemple Cass. Napoli. 24 nov. 1868 (journal la Legge, 18. 1. 128). Cet arrêt annule une

institution par fideicommis adressée à la maison supprimée des jésuites de Naples. Un arrêt de la Cour de cassation de Rome (8 mai 1877. Legge XVIII.1.383) proclame
la nullité d'une disposition faite à deux *monsignors* pour
qu'ils en procurent le bénéfice à des confréries et à d'autres
entités de même nature supprimées par les lois de 1866 et
de 1873. La Cour de cassation de Turin (13 septembre 1877
legge XVIII, 1. 61) fait subir le même traitement à une
libéralité par fideicommis que la congrégation de femmes
de San Giuseppe de Camogli avait reçue par l'effet d'une
institution testamentaire. Adde Cass. de Rome 8 mars 1877.
(Foro, 77. 1. 454) et Confer, article 838 du Code civil
italien.

Cette jurisprudence ne diffère guère de la nôtre. Ce
sont les mêmes solutions appuyées par les mêmes principes.

En revanche, les associations laïques sont libres en Italie. Leur formation n'exige aucune autorisation gouvernementale. La doctrine italienne se prononce en grande
majorité dans ce sens. Elle s'appuie sur l'article 32 de la
constitution qui permet les réunions pacifiques, et que le
Parlement et la jurisprudence s'accordent pour étendre
aux associations ordinaires avec des administrateurs, des
chefs et une organisation. Cette interprétation résulte
d'une discussion à la Chambre des députés, le 3 et le 4
avril 1879 et de décisions célèbres de Bologne (13 décembre 1879, Legge 80.1.59) et de la Cour de cassation de
Rome (16 février 1880, Foro 80.2.74) qui refusèrent de

condamner les membres d'une société internationale d'ouvriers. Tenons donc pour valables les associations non
habilitées par l'administration. Ces sociétés libres n'ont pas
la personnalité civile. L'article 2 du Code civil italien ne
l'accorde en effet, sous l'influence du système de Savigny tout puissant lors de sa rédaction qu'aux *êtres légalement reconnus*, soit par la loi, soit par un décret
royal.

Les associations non incorporées sont par conséquent
soumises en Italie aux variations de la jurisprudence. On
leur accorde en général une existence rudimentaire, une
personnalité occulte non opposable aux tiers, mais obligatoire pour tous ceux qui sont liés par le pacte social.
Au moins en général, car la jurisprudence n'est en ces
matières qu'un « labyrinthe de contradictions » laberinte
de contradizioni. Giorgi. op. cit. p. 157.

Analysons la brièvement. Elle refuse d'abord la capacité
de recevoir à titre gratuit à nos associations. Affaire du
testament de Giovano Battisto Dentone léguant des biens
à la société maritime de secours mutuels de Nervi avant
la loi de 1886 sur les sociétés de secours mutuels. Cass.,
Torino, 11 avril 1888 (Foro XIV. 1. pag. 1 et sq. et la
note).

Une capacité s'affirme surtout par l'action en justice.
Les tribunaux italiens dénient la plupart du temps le droit
d'agir en justice aux associations non érigées en personnes
morales. C'est ainsi que la Cour de cassation de Turin,
18 août 1880 (Foro 81.1.28), déclare nulle l'action en

justice du représentant d'un comité constitué pour l'érection d'une statue et juge que tous les membres du comité sont obligés chacun pour leur part et portion, et directement, vis-à-vis du sculpteur auquel ils se sont adressés. La Cour de cassation de Rome 19 février 1879. Foro 79. 1.146 va plus loin encore que notre Cour de cassation française. Elle décide qu'un corps non reconnu ne peut comparaître en justice en la personne de son directeur, sans que le magistrat n'élève d'office une fin de non recevoir contre la nullité d'une pareille procédure.

Il faut comme chez nous que tous les associés figurent ès noms dans les papiers timbrés.

Toutefois les tribunaux et les cours même, résistent à cette importation déraisonnable d'une des plus singulières théories en faveur de l'autre côté des Alpes. Et ils ont grandement raison. Il y a là une règle que l'Europe ne devrait pas mais du tout songer à nous envier.

C'est ce qu'à compris la Cour d'appel de Catane qui dans un arrêt récent du 16 novembre 1888 a admis un cercle d'ouvriers de Catane à agir en justice par l'intermédiaire de son président. Foro tome XIV. I. p, 353. Contra C. de cass. de Turin, 31 décembre 1886, mon. des trib. année 1887, page 200.

Voilà la condition générale des associations non reconnues en Italie (1). Des lois spéciales inspirées de cette

(1) Une forme d'association y est particulièrment en honneur. Nous voulons parler des conzorti ou associations d'amis de l'enseignement supérieur. D'Italie elles sont passées en France, où elles ont conquis

sollicitude et de cette solidarité grandissantes qui poussent de plus en plus les gouvernements à intervenir dans
la mêlée sociale et à tâcher de faire vibrer chez l'ouvrier la
fibre de la prévoyance et de l'épargne, sont récemment
venues en tirer quelques associations économiques. Citons la loi du 15 avril 1886 sur les sociétés de secours
mutuels, et celle du 15 juillet 1888 sur les sociétés de
caisses d'épargne, qui personnifient ces deux formes si intéressantes de groupement, mais renferment leur activité
dans de certaines limites, dont la transgression est sanc-
tionnée au besoin par une sentence judiciaire de dissolution (article 7 de la loi du 15 avril 1886, 15 et 23 de la loi
du 15 juillet 1888).

La législation de l'Italie ne diffère donc pas grandement
de la nôtre. Une loi du 5 juin 1850 complète la ressem-
blance en imposant à tous les corps personnifiés laïques
ou ecclésiastiques l'autorisation par un décret royal en
Conseil d'État, pour les acquisitions d'immeubles et les ac-
ceptations de legs ou de donations. (Adde art. 932 et 1060
du Code civil italien, visiblement inspirés de notre article 910 qu'ils étendent et élargissent.)

Portugal. — Le Portugal n'a rien à nous envier. Son
Code pénal de 1885 pourtant tout resplendissant encore
de nouveauté, dans ses articles 271 et suivants, consacre
nos prohibitions impériales en les augmentant tant soit peu,

rapidement droit de cité, grâce aux services signalés qu'elles rendent à
ceux qui étudient et à la science.

par la fixation à 10 personnes du chiffre fatidique, à partir duquel la liberté devient une dangereuse atteinte aux
droits de l'État. Les congrégations religieuses à moins de
se faire habiliter par le roi comme les y autorise l'article 6
de la charte constitutionnelle du 29 avril 1826 et l'article 75
combiné avec lui, tombent sous les rigueurs de cette législation plus que défiante vis-à-vis de l'esprit de groupement et d'union. On promet en Portugal une nouvelle loi
sur les associations. Elle ne semble pas très pressée de
paraître, ce qui est encore une analogie avec la France.

Espagne. — Les Espagnols fidèles à des traditions historiques (1) périmées dans la plupart des états européens,
proclament la religion catholique, religion d'état. Congrégations et ordres enseignent et prêchent des missions chez
eux librement : leur établissement ne soulève pas de contestations. Toutefois, l'article 13 de la Constitution de 1876,
ne permet le droit d'association que dans un but temporel.
Une loi de 1887 introduisant dans la péninsule, le système
suisse et bavarois, concède la capacité et la liberté, en

---

(1) On peut dire que la mainmorte des corps religieux a tué l'Espagne
aux XVIIe et XVIIIe siècle. Elle a couvert le pays de ces plaines immenses, sans vie et sans habitants, qu'on appelle des « despoblados ».
   Voir la belle étude de de Laveleye dans son œuvre posthume, le
gouvernement dans la démocratie tome I. p. 236 et sq. A la fin du
XVIIe siècle, il y avait en Espagne 86,000 prêtres, 60,000 moines.
33,000 nonnes, 9,000 monastères et 958 couvents. Sous Philippe III
on comptait 32,000 dominicains et franciscains. Sur 6.000.000 d'habitants, 200.000 personnes menaient donc une vie contemplative. Ce
fut une des principales causes de la décadence de l'Espagne.

échange de l'inscription sur un registre. L'autorité judiciaire, en cas de contravention dissout le corps, par l'autorité de son jugement. Cette formule législative tend peu
à peu, on le voit, à s'imposer partout : simple et nette, elle
nous paraît vraiment la solution de l'avenir.

Pour en finir avec les pays latins, disons quelques
mots du Nouveau-Monde et de ses républiques remuantes
du sud et du centre.

Le Brésil qui vient de chasser en 1890 l'empereur Don
Pedro et d'établir la République, a proclamé, par un décret
du 7 janvier 1890, la séparation de l'Église et de l'État. Ce
décret, dans ses articles 3 et 5, reconnaît la liberté des associations religieuses, du moment que sans intervention
du gouvernement, elles ont fait inscrire leurs statuts au
greffe de la Provedoria. Quant à l'acquisition des biens,
les lois protectrices de la mainmorte en vigueur sous
l'empire, ont été supprimées et le droit commun devient
de tous points applicable (Annuaire de lég. étrangère
année 1891, pages 906 et sq.). Encore une adhésion de
cette jeune république à la doctrine allemande de la registration.

Le Mexique, depuis l'exécution de l'empereur Maximilien
à Queretaro, s'est lancé dans la lutte religieuse. La loi
organique du 14 décembre 1874 notamment (art. 19 et 20),
défend absolument, sous des peines sévères contre les chefs
et directeurs, la formation ou la reconstitution, d'ordres
religieux. En pareil cas, il se produit un délit d'assemblée
illicite et d'établissement clandestin, même si chaque con-

gréganiste possède une habitation séparée. Nous sommes loin des tendances du Brésil·quoique, ici aussi, la séparation des églises et de l'État constitue la règle fondamentale. La logique du reste, perd un peu ses droits dans la la nouvelle Espagne, soumise comme les républiques de l'Amérique centrale et de tout l'hémisphère sud au mal chronique des Révolutions. L'état de Salvador présente à peu près la même législation que le Mexique.

Le Vénézuela dans sa constitution reproduit à peu près l'article 20 de la constitution Belge.

Quand à la Colombie et à la Bolivie, elles reconnaissent la religion catholique à titre de religion d'État et assurent aux biens possédés par les ordres et congrégations toutes les garanties que la loi accorde aux particuliers dans la constitution et l'administration de leur patrimoine.

L'Équateur se trouve en pleine révolution anti-religieuse.

Tels sont les principes consacrés par les lois et les Codes des peuples latins. Au milieu des contradictions dues à l'histoire politique et au génie particulier de telle ou de telle nation, ils révèlent une même crainte de l'association religieuse. De là, toutes ces dispositions législatives multiples accumulent les défenses sur les prohibitions. Chez les peuples anglo-saxons, auxquels nous arrivons maintenant, nous trouverons moins de lois, mais un droit coutumier très favorable au groupement, et comme jailli de la source pure du sentiment national, qui ne conçoit guère l'individu que comme membre d'un groupe, d'une ligue, ou d'une union, dont la durée illimitée et la puissance incontestée confèrent à sa chétive personnalité physique tout le lustre et le prestige du corps dont elle fait partie intégrante. Dans ces pays, le problème du droit public se pose, non point entre l'État et l'individu, mais entre l'État et les êtres collectifs.

§ 3. Pays anglo-saxons.

L'Angleterre dont on connaît l'orageuse histoire politique, prohibait déjà au XIIIe siècle les associations de travailleurs. Les sociétés de dissidents furent au moment de la Réforme l'objet des mêmes interdictions. Malgré ce passé peu libéral, Blackstone proclamait néanmoins au XVIIIe siècle, la liberté des associations. La Révolution française fut en Grande-Bretagne le signal d'une sorte de terreur blanche, qui amena les statuts de Georges III prohibant en 1795 et en 1799 les associations (1). Une loi de

(1) Ces lois qui contrastent fortement, avec l'allure générale de la législation anglaise, sont le résultat de cette espèce de terreur qui régna en Angleterre après l'exécution de Louis XVI. Des sociétés populaires s'étaient formées dans les pays sous le coup de l'enthousiasme tout d'abord excité par notre révolution. Entre autres la société radicale pour le développement des principes constitutionnels dirigée par Cartwright et Horne Tooke et qui couvrit le royaume uni de sociétés de correspondances affiliées, à l'instar du club des Jacobins. Cette agitation radicale fit frémir de terreur les wighs et les torys. Tous oubliant leurs dissensions se serrèrent autour de Pitt et votèrent une série de mesures presque terroristes. La solitude se fit aux communes autour de Fox, l'éloquent leader de l'opposition.

La plus restrictive de toutes ces lois de circonstance, c'est le bill

1811 défendit même l'affiliation des associations, et leur
fédération. Aujourd'hui, ces mesures de réaction sont
tombées dans l'oubli. Les sociétés scientifiques et charitables se forment, contractent et se fédèrent librement.
Régulièrement, le gouvernement de la Reine pourrait intervenir pour faire respecter les lois restrictives que l'on
viole tous les jours, mais il se garde bien de procéder
ainsi, et laisse les coudées franches aux initiatives individuelles. Grâce à ce régime libéral, tandis que les minis-
tères anglais se contentent des splendeurs modestes du
palais de Whitehall, les clubs et les sociétés possèdent de
magnifiques locaux, absolument comme nos antiques
confréries du moyen âge.

Le port du costume religieux catholique est interdit en
Angleterre. Les moines étrangers ne pourraient s'établir
dans le Royaume-Uni qu'en vertu d'une permission précaire et toujours révocable. La sanction de cette disposition, empreinte encore des haines d'autrefois contre le
papisme, serait le bannissement perpétuel. Cette pénalité
menaçante s'applique si peu que, en 1873, un membre
des communes inquiété des progrès des associations et
des congrégations religieuses, déposa, mais sans succès
d'ailleurs, une motion d'enquête (1).

dé 1799 qui assimile à des lieux de désordre les sociétés de lecture et
de discussion non autorisées, et s'efforce d'exterminer définitivement
les sociétés de correspondance. On excuse jusqu'à un certain point la
conduite de Napoléon et son article 291 quand on voit comment agissait alors le peuple le plus libéral de ce temps.
    (1) Un bill célèbre de 1851 rendu à la suite d'une bulle du Saint-

En Angleterre, au reste, l'incorporation, sauf exception pour les sociétés par actions et les banques, exige une loi, ou charte d'incorporation (1). Les associations formées

Siège, établissant en Angleterre des diocèses et leurs circonscriptions interdisait toutes donations et substitutions aux évêques catholiques en vertu de leur titre. Bien plus il déclarait d'avance ces donations et substitutions nulles et de nul effet et placées sous la gérance de l'État chargé de les consacrer, soit à la même destination, soit à tout objet qui lui semblerait bon. Ces dispositions législatives que ne désavouerait pas un disciple de M. Laurent ne furent jamais appliquées. L'esprit de liberté a tellement de force de l'autre côté de la Manche, que la loi votée dans un moment de colère ne reçut jamais d'exécution. Des corporations religieuses catholiques se sont formées. Chaque jour même il s'en établit de nouvelles. Elles vivent et agissent dans l'indépendance la plus complète. Tout cela prouve qu'en Angleterre la lettre de la loi diffère profondément de la réalité des faits. Il ne faut donc en notre matière n'en tenir qu'un compte restreint. Ainsi seulement on s'explique, qu'avec des lois à peu près aussi restrictives que les nôtres, la Grande-Bretagne, soit la terre promise de l'association.

(1) Cette nécessité de l'incorporation remonte à de vieux statuts très lointains. Au moyen âge suivant l'exemple de la France, la royauté s'arrogeait le droit non pas de personnifier les sociétés, mais de leur permettre de se réunir. Elle habilita ainsi les guilds ou corporations qui forment le collège électoral de la cité de Londres, par une série de chartes dont la plus ancienne remonte à Edouard le confesseur. Le collège d'Eton, pour citer un fait connu, a été incorporé en 1440 par Henri VI. Par contre, les Inns of court (Lincolns'Inn, Middle Temple, Inner temple et Grays'Inn) ne peuvent invoquer aucune charte.

De nos jours la vieille règle demeure respectée, mais détournée de ses origines historiques par l'infiltration du système de de Savigny. On distingue deux degrés dans la personnalité morale. L'association non incorporée ne peut acquérir que le premier. Après un examen d'un fonctionnaire appelé le *registrar* qui s'assure de la légalité de ses statuts, elle reçoit une personnalité juridique limitée à sa destination et lui permettant d'agir en justice et de posséder des biens et une caisse sociale. Voir par exemple, la loi de 1871 sur les trades unions, la loi de 1875 sur les friendly societies. Quant au second degré de per-

librement avec certaines formalités de publicité ne constituent donc que des êtres de fait. Ce qui ne les empêche
d'ailleurs, ni de vivre, ni quelquefois même d'agiter profondément le pays. Au surplus, l'incorporation officielle
sert surtout à donner des droits régaliens à la corporation
qui le sollicite, à lui permettre de jouer un rôle administratif, et de lever des taxes, ou de nommer des députés
aux assemblées délibérantes (comme par exemple le font
les vieilles universités d'Oxford et de Cambridge). L'association incorporée après un bill privé, est soumise à un
régime très différent de celui de nos personnes morales.
Les droits et les obligations ne naissent pas sur la tête de
l'être collectif, du *corporate body*, non : ils naissent sur
la tête, soit du président du comité directeur (*overseer*),
soit sur celle de chacun des administrateurs, ou « *trustees* » qui se répartissent les attributions, suivant une
savante division du travail.

C'est ainsi que le patrimoine du Comté repose sur la
tête du clerc de la paix, qui est le secrétaire du conseil
de Comté. C'est ainsi que les biens des fondations reposent sur des trustees ou des charity commissioners, et
qu'avant les lois récentes créatrices du Town Council, une

onnification, il ressemble à notre reconnaissance d'utilité publique.
Il ne faut pas se dissimuler d'ailleurs que ce droit rigoureux et restrictif ne cadre pas avec la pratique et avec la réalité. Ce serait se
tromper gravement que de juger par lui la condition des associations
anglaises. Sans guère se préoccuper des formes légales, elles croissent
et se multiplient en toute liberté et l'Angleterre est vraiment leur
pays d'élection !

grande partie des biens des villes appartenait nomina-
lement à des trustees associés, incorporés par le Parlement.

C'est ainsi que les « Wardens » et « assistants » des
corporations de liverymen dont l'ensemble forme le corps
qui élit le lord maire, possèdent la propriété apparente
des immenses biens de leurs ghildes, dont le revenu en
1880, était évalué à 800.000 livres !

Toutes ces singularités prouvent que la notion de la
personnalité morale, est restée fortement frappée en Angleterre de l'empreinte des idées du moyen âge (1). Elle
garde encore l'aspect d'une construction intermédiaire
entre la personnalité de l'individu, et celle de l'être collectif. Au surplus, ces conceptions juridiques, étranges et
surannées n'ont pas entravé le progrès de l'esprit d'association dans le Royaume-uni. Et l'on peut dire que rien ne
se fait de grand en Angleterre, sans qu'un vaste mouvement corporatif ne l'ait amené et préparé. Nul pays n'a

(1) La loi récente du 13 août 1888 sur le gouvernement local traduit bien ce caractère gothique de la personnalité morale. Voir
par ex. :
Art. 1. « The council of each county shall be a *body corporate,*
and shall have a perpetual succession and a common seal and power
to acquire and hold land for the purposes of their constitution, *wit-
hout licence in mortmain...* All duties and liabilities of the inha-
bitants of county shall become and be duties and liabilities of the
council of such county... »
Cette loi d'actualité pourtant n'aurait pas été déplacée chez nous au
XIVe siècle. Ce qui prouve encore une fois combien nos voisins d'Outre-Manche affectionnent l'archéologie juridique et la législation historique.

donné tant de place à l'association dans sa vie publique ;
et aussi nul pays n'est ni plus libre ni plus sage !

Les colonies anglaises de l'Australie et de la Nouvelle-
Zélande, qui apparaissent un peu comme un laboratoire
d'expérimentation sociologique, où l'on met à l'épreuve
les doctrines les plus hardies, admettent la séparation de
l'Église et de l'État, et la plus absolue liberté d'association dans l'ordre spirituel comme dans l'ordre laïque. Là,
ainsi qu'en beaucoup d'autres parties du droit, elle dépassent la mère-patrie.

Au Canada, des élémentaires formalités de publicité
ouvrent à toute association, y compris les congrégations,
l'accès de la Personnalité. Et de fait, les ordres religieux
y possèdent des Écoles et une université, l'université La-
val. Nul pays, somme toute, ne possède législation plus
tolérante et plus libérale.

Le Canada applique à nos vieilles traditions corporatives
françaises les qualités de savoir faire pratique et d'habileté matérielle qu'il a acquises au commerce de la race
anglaise. En présence de ce passé si bien mis en œuvre
et renaissant dans le présent, pourquoi douterions nous
de notre goût et de notre aptitude pour l'association ? Les
tendances existent. Il ne leur manque plus que l'instrument
législatif qui malheureusement persiste à faire défaut.

Les État-Unis, dans leur constitution, proclament la liberté des cultes, d'association et de réunion. Toutefois
l'incorporation exige une loi de l'État où la société a son
siège social.

L'État de New-York en particulier soumet les associations incorporées au contrôle de la Cour suprême de l'État
et limite à 150.000 dollars leur fortune mobilière, à
500.000 dollars leurs acquisitions immobilières, et enfin
à 50.000 dollars leurs revenus.

La loi du 11 avril 1876 règle la situation des associations non incorporées. Les administrateurs (trustees)
qu'elles se choisissent forment un collège doué de la personnalité morale qui administre, contracte et este en justice
au nom de la Société. Leurs revenus ne peuvent excéder
le chiffre de 25.000 dollars. En cas de dissolution, le patrimoine corporatif est affecté par les « trustees » à une
œuvre similaire.

Ces solutions se rapprochent beaucoup du système que
nous avons préconisé nous-mêmes. Tout en reconnaissant aux sociétés non lucratives la liberté pleine et entière, elles limitent leur capacité dans la mesure de leur
destination. C'est à peu près l'idéal législatif.

La Louisiane et la Californie vont plus loin encore.
Elles se contentent, même pour les congrégations religieuses, d'une élection de directeurs ou de la nomination
d'un conseil d'administration jointe à un dépôt des statuts
bien et dûment signés ; et aux prix de ces peu assujetti-
santes exigences, l'incorporation est obtenue.

Le Nouveau Mexique poussé par un zèle religieux des
plus ardents avait en 1879 accordé une Personnalité civile
illimitée à la Compagnie de Jésus. Cette concession a été
annulée par le Congrès qui la déclare en opposition for-

melle avec l'article 1889 des statuts des État-Unis, qui in
terdisent aux assemblées des États de conférer un privilège spécial à une communauté. Ne croirait-on pas entendre comme une réminiscence de ce texte des XII Tables,
affirmant avec une brièveté raide et fière son aversion pour
les lois spéciales : *non sunt privatæ leges* ? Ajoutons que
généralement en Amérique les biens des congrégations
sont exemptés de tout impôt et en Louisiane les congréganistes eux-mêmes.

Ainsi s'achève cette esquisse de la législation étrangère (1). Presque partout les nations étrangères se montrent favorables aux progrès de l'association. Un mouvement commun les pousse à y chercher un moyen d'apaiser
le feu des luttes économiques et sociales. L'obstacle à peu
près universel à la sympathie croissante des gouvernements et des États, c'est la question des congrégations.
Les pays en effet les plus avancés vers la solution vraiment scientifique de notre problème réservent la situation juridique des ordres religieux.

En tout cas, tirons de notre revue rapide cet enseignement, que, au moins pour les associations laïques désin-
ressées, l'étranger, avec sa formule si nette et si simple

_____

(1) Nous n'avons pas fait de division à part pour les pays slaves et
scandinaves. En notre manière, en effet, ils ne se distinguent point
par leur originalité de législation.

La Suède et le Danemarck ont à peu près adopté les principes de
la constitution belge. Quant à la Russie, elle exige pour toutes les
associations l'autorisation préalable du pouvoir, sauf celles qui n'ont
trait qu'à l'art, à la Science ou au plaisir.

de l'incorporation sous condition de publicité, nous ouvre
le chemin. Tôt ou tard, il faudra que nous le suivions.
La liberté et la capacité deviennent le droit coutumier
européen. Qu'attendons-nous donc, pour rompre définitivement avec la loi Chapelier sur les associations, et pour
laisser enfin libre carrière à cet instrument fécond d'apaisement et de progrès, qu'on appelle le groupement scientifique, littéraire ou charitable?

On désespère à force d'espérer toujours. Le mieux en
présence de l'inaction du législateur, semble de favoriser
dans notre pays les coutumes et les habitudes corporatives.

Leur influence grandissante fera sans doute aboutir la
réforme attendue. Sans cela, il faudrait désespérer de nos
mœurs aussi bien que de nos lois !

Pour compléter cet exposé de droit comparé, il importe
d'y ajouter quelques notions, forcément très brèves, sur
les conflits de lois. Nous serons courts et même laco-
niques, car le manque de précédents et d'arrêts nous
oblige à dresser à peu près un procès verbal de carence.
Toutefois de quelques questions connexes, résolues par
les tribunaux, nous essaierons de dégager des raisons de
décider et des résultats positifs.

Pour les établissements publics étrangers un avis célèbre du Conseil d'État en 1854 leur reconnaît le droit,
du moment qu'ils sont autorisés dans leur pays d'origine,
de recueillir des libéralités en France, avec l'approbation
du gouvernement, et d'y ester en justice,

Il leur applique donc l'article 910 considéré par lui comme d'ordre public international. Et sa décision à la fois libérale et sagement protectrice des droits de l'État français repousse nettement la théorie longuement développée par Laurent dans son droit civil international. Ce livre du jurisconsulte belge dénie à la personne morale, création artificielle de la loi étrangère, aucune efficacité au-delà des frontières et du droit territorial. Au fond c'est toujours la même théorie de l'être collectif mis au monde par l'État qui se développe dans l'intraitable logique de ses conséquences. De la sorte on arrive à la fin du XIXe siècle à restaurer la conception féodale de la souveraineté soutenue jadis avec tant de vigueur par D'Argentré, Burgoyne et Voët. Moins arriéré, le Conseil d'État en 1854 a pensé que l'établissement public étranger, pourvu par sa loi personnelle des avantages de l'incorporation ne troublait pas l'ordre public français en venant y passer des actes de la vie civile autres que des actes à titre gratuit. Démembrement des fonctions gouvernementales dans son pays, sur le territoire étranger il n'agit qu'en simple particulier, s'engageant dans des rapports de droit simples et usuels, et par conséquent une fois sauvegardées les lois d'intérêt général, que le législateur territorial édicte pour se préserver contre les accroissements de la mainmorte, nous devons rentrer dans la capacité et la liberté.

Pour les associations sans but lucratif au contraire la situation paraît tout autre. Un principe fondamental de droit international privé, c'est celui que contient l'article 3 du Code civil : les lois d'état et de capacité suivent le national au delà de ses frontières. Eh bien, ce texte ne distingue pas et sa généralité compréhensive englobe les personnes morales comme les personnes physiques. Dans ces conditions le juge étranger que n'influencera pas la théorie de la personne morale strictement et exclusivement territoriale émise par Laurent, consultera la loi et la jurisprudence du pays de l'association et, comme cet examen, eu égard aux êtres collectifs dont nous nous occupons, ne lui révèlera que prohibitions légales et déclarations judiciaires d'incapacité, il ne pourra faire autrement que de déclarer la Société litigante un pur néant. Il semble au reste impossible de lui demander plus : là où, dans le pays d'origine, quelques œuvres doctrinales très clairsemées et un petit nombre d'arrêts, hardis de solution mais nébuleux d'attendus, affirment uniquement la capacité, comment en bonne conscience, pourrions-nous exiger des magistrats étrangers un système plus hardi que le nôtre ? Fatalement les tribunaux se fermeront à l'étranger devant l'association désintéressée. Peut-être si elle se donne comme un agrégat d'individus sans âme commune et sans lien fédératif, la traitera-t-on moins sévèrement, mais encore le pacte social et l'être collectif formé transparaîtront bien vite sous les apparences d'une simple collection d'êtres physiques. — Tout au plus les juridictions étrangères se fondant sur notre jurisprudence très favorable aux sociétés d'intérêt général de tir et de courses,

iraient-elles jusqu'à les admettre à exercer les droits
de personnes morales en pays étranger, et notamment
jusqu'à leur accorder le libre accès en justice soit en
demandant, soit en défendant. Au surplus cette éventualité ne nous semble même pas très réalisable, car ces
associations tirent toute leur capacité de la jurisprudence
et les tribunaux étrangers, à la suite de la Cour de Cassation belge en 1843 à propos de nos sociétés commerciales
par actions, se verraient en position de dire : quoi de plus
fragile qu'une jurisprudence auquel il manque l'appui d'un
texte de loi clair et précis ? Nous ne voulons pas d'un pareil
état ambigu et incertain et l'article 3 du Code Civil ne
nous semble pas s'appliquer en l'occurence.

Toutefois nous savons déjà que le droit international
reconnaît droit de cité à la personnalité de fait et tire de
son existence des conséquences juridiques. Si une question contentieuse relative aux Sociétés dont s'agit, s'élevait devant une juridiction extraterritoriale, il nous paraît
évident que l'on ferait jouer une fois de plus, les principes
de la Personnalité de fait si souvent consacrés par nos tribunaux vis-à-vis des sociétés commerciales étrangères non
autorisées.

Ces principes, on sait en quoi ils consistent. Réduisant
à la portion congrue la personnalité de fait, ils lui attri-
buent ce seul effet de permettre la poursuite des créanciers
nationaux contre l'être collectif étranger débiteur. Cela
rappelle assez l'obligation de cesser d'être avec laquelle
MM. Ollivier et Chamageran expliquent semblable résultat

vis-à-vis des congrégations non reconnues. La Société
peut être actionnée mais ne peut actionner. Elle est condamnée à un rôle passif. Cette conception toute favorable aux nationaux s'inspire encore de ces idées en honneur dans le Code Michaud de 1629 qui, pour déterminer
si un jugement étranger était ou non exécutoire en
France, prescrivaient l'affirmative en cas de décision favorable aux nationaux et la négative en cas de jugement donnant gain de cause à étranger. Eh bien, la même tendance
dissimulée à peine, sous des raisons juridiques, se fait
jour dans le traitement actuel de la personnalité de fait
en droit international. De même que le pupille romain non
habilité dans le premier État du droit romain se faisait
rendre la chose vendue, tout en conservant le prix, nos
tribunaux dans un esprit outré de protection nationale, permettent l'action au seul citoyen contre l'être de fait qui
lui doit et ne l'accordent pas à l'être de fait. L'analogie des mobiles produit l'analogie des effets, et fait
ressembler notre droit international à l'antique droit des
quirites.

Nous croyons, pour toutes ces raisons, qu'aux sociétés
désintéressées, non reconnues en France personnes morales, les tribunaux étrangers, ou les nôtres, dans l'hypothèse inverse, accorderaient d'office les avantages plutôt
négatifs du reste de la personnalité de fait, réduite à sa
plus simple expression. Ne nous dissimulons pas d'ailleurs
que rarement des juridictions auront à trancher pareils
débats. L'association non lucrative en effet, les congré-

gations religieuses mises à part, n'offre nullement un
caractère cosmopolite. Sans doute elle affirme assez souvent son existence dans des concours ou des congrès internationaux, mais à ces voyages à l'étranger, qu'accompagnent des banquets, des discours, et qui rapportent aux
sociétaires des prix et diplômes destinés à figurer à la
bonne place dans les fastes de la corporation, se borne
son activité extraterritoriale. Seules les puissantes compagnies de finances, commerce ou industrie, rayonnent
sur plusieurs pays où elles se présentent, non plus en
hôte d'un jour, mais en être juridique qui acquiert des
droits et contracte des obligations. Plus casanière, la
société non lucrative ne met en œuvre sa capacité juridique que dans son pays et quelquefois même dans un
secteur très peu étendu tout autour de son siège social.

Les congrégations, obéissant aux nécessités de leur
nature intime d'établissements publics de cet état international que forme l'Église catholique, tendent en sens
inverse à se répandre partout et l'on connaît la part brillante qu'elles ont prise à l'œuvre de la colonisation en
Afrique et dans l'Extrême-Orient. Mais, abstraction faite
de ce rôle civilisateur, il nous semble que l'on ne fait pas
assez intervenir dans l'examen de leur capacité ce caractère de personnes internationales qui distingue beaucoup
d'ordres et de congrégations. Et pourtant ces congréga-
gations à l'action internationale ont à Rome leur maison-
mère et leurs supérieurs! Les lois italiennes leur reconnaissent la libre possession, sauf pour les jésuites, de ces

immeubles qui constituent le siège légal de l'organisme
corporatif. Dans de telles conditions, les groupements qui
se forment en France ne participent-ils point de la nullité
dont les frappe leur loi d'origine, celle-là même qui
d'après l'article 3 du Code civil règle leur état et détermine leur capacité ? La réponse affirmative nous semble
découler logiquement de la question. Les provinces des
ordres religieux que leurs statuts délimitent, avec ce sens
profond de la classification administrative, que l'Église a
retiré de son union intime des derniers siècles avec les
empereurs romains, que constituent-elles, sinon des succursales de la maison-mère qui siège à Rome ? Succursales dans les circonscriptions desquelles se trouvent les
institutions dont l'esprit de l'ordre commande l'entretien :
collèges, couvents, et noviciats. Pourquoi dès lors ne pas
appliquer à ces rameaux détachés du tronc principal la
législation de la maison-mère du pays natal ? Envisagé
sous cette nouvelle phase le problème paraît plus clair.
On comprend mieux pourquoi, sans donner d'ailleurs la
raison de cette affinité secrète, les tribunaux mettent en
œuvre vis-à-vis des congrégations et des personnes morales étrangères le même raisonnement emprunté au droit
international, admettant la poursuite contre elles, mais ne
leur permettant pas d'agir contre leurs propres débiteurs.
Dès lors, ne peut-on pas dire que les maisons des congrégations internationales par elles établies en France, subissent la loi infligée par l'Italie à la branche maîtresse
de l'ordre ? Personne ne peut renoncer à la capacité de

son pays d'origine. Elle adhère à chacun comme l'ombre au corps. Pourquoi les démembrements de l'église échapperaient-ils à l'universalité d'application de ces principes?

A notre sens, on n'a pas assez insisté sur le caractère de personne internationale que présentent les communautés religieuses. Il nous semble de nature à jeter quelque lumière sur la capacité desdites communautés. Seuls les projets législatifs s'en sont préoccupés. Le projet Waldeck-Rousseau, en 1883, déniait toute personnalité à ces associations « dont les desseins sont tellement vastes qu'on n'y aperçoit plus la patrie ». Un projet autrichien en ce moment-ci en discussion reproduit les mêmes prohibitions. Et de fait, autant le législateur peut se montrer favorable aux ordres exclusivement composés de nationaux, autant dans une loi sur le régime des associations il a le droit de se défier de ces êtres collectifs recevant leur direction et leur ligne de conduite de supérieurs étrangers auxquels forcément demeurent inconnus et les aspirations et l'esprit général d'une nation dont ils ne sont pas les citoyens! Dans la pratique, ce cosmopolitisme par destination des ordres n'a guère été relevé que dans des attendus de jugements mais sans en tirer d'ailleurs de conclusion spéciale. Ils passent à côté de la question et ne la découvrent pas.

Dernièrement à propos de l'affaire célèbre Plessis-Bellière, successivement plaidée devant le tribunal de Montdidier, la Cour d'Amiens, et la Cour de cassation (S. 95, 2,

57, et la note Pillet), s'est discutée la capacité de l'Église
elle-même dont les congrégations constituent les établissements publics. La Cour d'Amiens, a infirmé le jugement
du tribunal de Montdidier qui déclarait le pape, chef visible
de l'église catholique, apte à recevoir en France un legs
sous la condition de l'autorisation du gouvernement, dérivant de l'article 910. Elle se sert, dans ses attendus, du
raisonnement que voici. Un legs adressé au pape, s'adresse
en réalité, non pas au souverain temporel, mais à l'Église
catholique qui s'incarne en sa personne. Or l'Église catholique ne figure pas dans la liste des établissements
auxquels la loi du 18 germinal an X accorde la capacité
de recevoir à titre gratuit. L'arrêt ajoute dans un attendu
où on voit poindre un peu des principes que nous déve-
loppions plus haut : « il eût été illogique que la législation
française qui restreint en la soumettant à une autorisation du gouvernement l'aptitude à posséder des établissements ecclésiastiques nationaux se fût départie de ces
règles de prudence vis-à-vis du Saint-Siège qui non *seulement est installé hors de France, mais dont l'action directrice s'exerce surtout en pays non français.* »

On le voit, la Cour d'Amiens reconnaît, mais très subsi-
diairement, ce trait distinctif commun à l'église aussi bien
qu'aux établissements ecclésiastiques : la diffusion extraterritoriale, et en fait état pour refuser en France, au chef
de l'Église catholique la faculté de recevoir des legs. L'arrêt d'Amiens de même que M. le conseiller Cotelle dans
son rapport à la Chambre des requêtes, considère l'Église

catholique comme une gigantesque association sans but
lucratif, que sa qualité de sujet étranger ne saurait exonérer
des lois françaises restrictives de la mainmorte religieuse :
c'est-à-dire l'article 910 du Code civil et la loi de 1817 qui
en étend le texte et en développe la pensée. Sans entrer
dans le fond du débat, constatons que les magistrats
d'Amiens, au lieu de se demander si l'Église, prise en elle-
même ne constituait pas, dans les règles du droit international, une personnalité nécessaire, comme l'appelle M. Pillet dans la note remarquable qui accompagne au Sirey l'arrêt
dont s'agit, se sont contentés de placer la question sur le
terrain du droit public français. Prenant note de l'absence
de toute indication relative à la capacité de l'église dans le
Concordat et la loi de 1817, ils lui refusent l'aptitude à
recueillir des libéralités. Le Saint-Siège, ajoutent-ils, est
installé hors de France et exerce son action sur toute la
chrétienté. Il constitue donc une institution étrangère, s'il
en fut jamais. Qui pourrait comprendre dès lors la capacité
illimitée que revendiquaient pour lui dans le procès Plessis-
Bellière ses défenseurs, alors que tant d'entraves resserrent
de toutes parts, dans l'intérêt de l'État, les moindres établissements ecclésiastiques nationaux, où palpite le cœur
de l'Église, tels que les séminaires, les congrégations reconnues, les archevêchés, les évêchés et les chapitres ?

L'arrêt d'Amiens, on le remarquera, applique à la
papauté les raisonnements consacrés par une jurisprudence, aussi stable que la loi, en matière de communautés
non autorisées. C'est toujours la même tendance, qui le

guide et lui fait tirer des prohibitions des établissements approuvés, par *a contrario*, l'inexistence de ceux que ne vise aucun texte et que n'éclaire aucune réglementation administrative.

Après tant d'autres arrêts déjà commentés par nous, et relatifs à des associations plus humbles, l'arrêt d'Amiens tranche donc par des solutions identiques, le sort du Saint-Siège lui-même !

Retenons de la discussion brillante et passionnée qui s'est engagée autour du procès Plessis Bellière cette constatation précieuse.

Retenons-en aussi la négation de la personnalité civile de l'Église catholique, et son assimilation à un établissement ecclésiastique non reconnu par la loi française. C'est le premier de tous, remarque même un des attendus de la cours d'Amiens. Ainsi se complète le système.

Du premier au dernier degré de l'échelle, il ne varie ni de caractère ni de nature. Les congrégations, institutions, dont se sert l'Église, comme l'État de ses établissements publics, pour remplir son œuvre, sont dans la doctrine jurisprudentielle des êtres purement de fait. L'Église qui leur communique l'impulsion et leur donne la vie ne saurait prétendre à cette personnalité nécessaire, que l'on s'accorde à reconnaître à l'État. Pas plus que ses dépendances, elle ne possède en France l'individualité juridique, reconnue par la loi, sans laquelle, chez nous, les personnes morales ne mènent qu'une existence précaire et toujours à la merci des variations de la ligne politique suivie par le pouvoir. Elle aussi ne forme qu'une personnalité de fait et, à ce qu'il paraît résulter de l'arrêt d'Amiens, nullement internationale, mais nationale. Il y aurait autant d'Églises catholiques que de pays catholiques. Et dans chacun de ces pays, l'Église, le premier des établissements ecclésiastiques, subirait les lois qui régissent le moindre séminaire ou le plus modeste chapitre. La qualité qu'elle possède indiscutablement de constituer un établissement ayant, d'après la loi italienne des garanties, son siège à l'étranger, ne serait qu'un motif de plus, pour entraîner la pleine incapacité. Mais ce ne serait pas un élément dominateur, dans la résolution de cette controverse difficile.

Ce raisonnement visiblement empreint à l'égard du catholicisme français des tendances gallicanes et nationalistes éloquemment affirmées par la célèbre déclaration de 1682, et qui furent jadis celles de toute l'Eglise de France, scinde curieusement l'Eglise, au point de vue de sa capacité civile, en autant d'associations qu'il y a de territoires où elle exerce son influence spirituelle. Le Saint-Siège politiquement parlant, serait au moins par respect, déférence, et courtoisie, une personne de fait du droit international public : juridiquement parlant il ne formerait que le gouvernement d'un conglomérat d'associations sans but lucratif d'une portée strictement territoriale et régies sans aucune exception par les lois administratives de leur pays sur les associations, les établissements ou les fondations. Conglomérat d'ailleurs par lui-même, dépourvu de capacité

juridique, étant donné le silence absolu que garde sur lui
le droit public français.

Cette fragmentation originale repose en somme sur les
traditions nationalistes de la politique de l'Etat vis-à-vis
de l'Église, traditions étroitement défendues par les juristes de l'ancienne monarchie et dont en France la trace ne
s'est jamais perdue. Il paraitraît bien invraisemblable, et
cette considération justifie la jurisprudence, que le travail
de Napoléon attaché à ce passé encore vivant malgré la
tourmente révolutionnaire, eût proscrit ces idées en les
passant sous silence dans le Concordat. Non. Sachons
reconnaître là, toujours le même esprit hostile aux êtres
collectifs religieux, n'accordant qu'à quelques communautés poursuivant des œuvres utiles à l'État le bénéfice
de l'incorporation, et à toutes les autres associations
ecclésiastiques, depuis le moindre couvent, jusqu'à l'É-
glise elle-même refusant la liberté d'action et la capacité
civile qui la fortifie. De la sorte, le cercle se ferme autour
de l'Église et de tous les côtés sa maîtrise sur les biens
que l'entraînement mystique pousse à lui confier, se heurte
à des difficultés sans nombre. De plus en plus sous la
poussée des législations hostiles, elle tend à devenir une
simple association spirituelle, ne possédant que les biens
nécessaires à l'accomplissement de son auguste mission,
et grande, non plus par ses richesses, mais par son long
passé et la puissance de son ascendant moral ! — Sur ce
bref exposé des conflits de lois qui nous a permis de compléter notre esquisse des associations religieuses, en faisant

intervenir l'Église elle-même, il ne nous reste plus qu'à clore ce chapitre par une constatation et une espérance.

La constatation sera celle-ci : à peu près partout, sauf dans les pays neufs, tels que le Canada, l'Amérique et les colonies anglaises des mers du Sud, la liberté de l'association laïque désintéressée ne s'accompagne jamais de la capacité illimitée d'acquérir et de posséder, laissée aux ordres et congrégations. Sinon prohibées, au moins toujours restreintes, les communautés religieuses n'ont en outre presque constamment en matière de libéralités immobilières qu'une aptitude soigneusement limitée.

A cette constatation qui a son prix, ajoutons l'espérance que le mouvement corporatif, qui de tous côtés chez nous recueille les approbations et suscite les enthousiasmes, finisse par sortir enfin des ouvrages de doctrine et des salles des académies où il se confine trop jusqu'ici. Répandu dans le grand public et la foule anonyme, infailliblement il nous doterait, perspective entraînante et idéale ! de la loi que nous attendons et qui comme le Code civil nouveau des Allemands, ou le Code fédéral suisse de 1881, moyennant une déclaration de sa naissance, accorderait à l'association, la liberté et les moyens de l'exercer !

CHAPITRE X

L'article 291 du Code pénal qui faisait de la faculté de s'associer, non un droit primordial, mais une faveur jalousement octroyée par le pouvoir, ne suscita pas de sérieuse opposition dans la doctrine avant la chute du second empire. Jusque-là il y eut des protestations timides et intermittentes, mais pas de mouvement bien prononcé. Les Chambres de la Restauration passèrent à plusieurs reprises à l'ordre du jour, sur des pétitions réclamant la liberté d'association en 1821, en 1823 et en 1829. L'esprit de défiance de la législation révolutionnaire et impériale les animait toujours. Elles craignaient en outre de prêter par là des armes aux congrégations, dont le relèvement si remarquable de l'état précaire, où la Révolution les avait fait tomber, excitait alors les craintes de tout le parti libéral.

Il faut ajouter aussi que la manie des clubs et des sociétés secrètes qui sévissait avec fureur à cette période de notre histoire, dans les rangs de l'opposition inconstitutionnelle, conduisait des penseurs et des politiques très fins, et très pénétrants, à condamner en bloc la liberté d'association, dont ils ne voyaient que les excès et les dangers, mis sans cesse en lumière par la violence des passions et des luttes de partis.

La Révolution de 1848 n'accorda un moment la liberté qu'aux sociétés les moins nécessaires de toutes, les sociétés politiques. Cette courte tolérance ne fit d'ailleurs que montrer leur turbulence et les dangers de tout ordre qu'elles pouvaient susciter. L'empire naturellement se garda bien de favoriser l'association. A part quelques mesures bienveillantes en faveur de la mutualité, il appliqua avec vigueur le Code pénal et la loi de 1834. Il agit si bien qu'à l'assemblée nationale tous les partis semblaient convaincus de la nécessité d'une loi libérale sur les associations.

En 1871, sur la proposition de M. Tolain, une commission fut nommée pour élaborer la réforme voulue par tous. Elle rédigea un projet que l'assemblée ne vota point, malgré tous les efforts du rapporteur, M. Bertauld. Ce projet que l'on appelle généralement du nom de son principal rédacteur, le projet Bertauld, déclarait libre la formation de toute association moyennant une déclaration préalable à l'autorité administrative.

Toutefois un droit d'opposition était reconnu au Procureur général dans les 15 jours de la déclaration pour des causes malheureusement très vaguement indiquées. Parmi elles se trouvaient des motifs d'une menaçante généralité, tels que l'entrave au fonctionnement des pouvoirs publics et l'atteinte à la morale ou aux cultes. Non déclarée illicite par l'autorité judiciaire, l'association formait une per-

sonne morale, libre de mener une vie juridique, indépendante et sans entraves, sous la réserve néanmoins de
l'application, à ses acquisitions à titre gratuit, du système
de l'article 910 du Code civil.

Le projet fortement combattu un peu de tous les côtés
de l'assemblée n'eut aucun succès. Il armait les tribunaux
d'un large pouvoir de contrôle, qui cadrait mal avec nos
idées françaises. On fut unanime à repousser cette innovation qui, pourtant fonctionne aujourd'hui dans les états
de l'Allemagne du sud notamment, et sans aller si loin,
a été consacrée en certains cas déterminés, par la loi de
1884 sur les Syndicats professionnels (articles 8 et 9 de
la loi). Il est vrai que ces cas sont nettement fixés dans
l'œuvre du législateur de 1884. On a su, alors ne pas rester dans les indécisions vagues et les formules trop
vastes qui caractérisaient le projet Berthauld. Quoiqu'il
en soit, ce projet avait le grand mérite d'attacher par un
indissoluble lien, la personnification à l'association. Il se-
couait courageusement l'influence du système de Savigny
et dépouillait l'État de ce rôle singulier de créateur qu'on
prétend à toute force lui attribuer. Ce sont là des considérations de nature à faire regretter son échec. Les partisans des libertés de l'association retrouveront difficilement, esprits mieux disposés et époque plus favorable. Ils
ont perdu là la plus heureuse des occasions.

En 1880 M. Dufaure déposa un projet que M. Jules Simon reprit à la mort de son auteur en le modifiant un peu.
Aux termes de cette proposition de loi Dufaure et Simon,

l'association devenait libre de se former, à la double condition de déposer des statuts, et de déclarer sa naissance.
Ces deux formalités au surplus ne suffisent pas dans le
projet Dufaure et Simon à lui faire acquérir la pleine personnalité juridique. Non. Le projet organise deux personnalités. Celle du premier degré et celle du second degré.
La première des deux : la personnification restreinte,
donne à la société le droit de s'administrer et de posséder
un patrimoine composé uniquement des apports des associés, de leurs cotisations et des économies que la prudence
de la gestion administrative permettra de réaliser. D'ailleurs les apports ne peuvent comprendre que des objets
mobiliers ou les immeubles strictement nécessaires à
l'accomplissement du but idéal dont l'association se propose d'assurer la diffusion et les progrès.

Les excédents des recettes sur les dépenses seront employés en acquisition de valeurs mobilières. En dehors du
placement des apports et des économies, aucune acquisi-
sitions mobilière ou immobilière ne pourra être affectuée
par les sociétés munies de la personnalité du premier degré.
Quant à celles qui plus heureuses auront obtenu la reconnaissance d'utilité publique dont le projet fait le 2ᵉ degré
de personnification, leur condition juridique ne différera
pas de celle de nos établissements d'utilité publique. C'est-
à-dire que ce sera l'entière capacité sauf les stipulations
des statuts et le frein puissant de l'article 910. Ce projet,
au fond, se rapproche beaucoup des idées que nous avons
cru devoir soutenir dans tout le cours de ce livre. Il en-

trevoit la distinction que l'on peut établir dans le patrimoine des associations, entre le patrimoine d'affectation
et de but, et celui de spéculation. Malheureusement moins
libéral que le projet Bertauld, il maintient une division
d'excellence pour quelques associations, que l'État, après
un certain temps d'épreuve, transformerait, en vertu de
son pouvoir créateur, en établissements d'utilité publique,
avec tous les pouvoirs et toutes les vastes perspectives de
la personnification complète. Système qui a les défauts de
tous les moyens termes, parmi lesquels le moindre est de
ne contenter personne! En effet de deux choses l'une : ou
bien la personnalité morale n'est pas asservie à un but, et
alors elle doit avoir la faculté de spéculer et de trafiquer
librement à l'instar des sociétés commerciales ; ou bien
une affection la domine, et alors elle ne doit pas sortir de
ce rôle organique et de cette fonction pour laquelle seule
on l'a créée. Faute de prendre nettement parti entre les
deux branches de l'alternative, le projet Dufaure et Simon
voté n'aurait abouti qu'à des demi résultats, et en somme
n'aurait guère changé la situation des associations désintéressées, puisque on peut tirer des lois existantes la personnalité de 1er degré qu'il prétend découvrir ; et puisque
sur quelques points même la jurisprudence actuelle se
montre plus favorable que la proposition.

La vérité réside donc plus encore dans le projet Bertauld qui au moins se débarrasse des assujettissants
« axiomes » de Savigny. Nous ne considérons point, pour
toutes ces raisons, comme un avantage du projet Dufaure

et Simon le maintien de l'établissement d'utilité publique
à titre de prix, à titre de récompense suprême pour les
associations méritantes. Nous préférerions pour toutes les
associations l'égalité avec la liberté, sauf quelques exceptions bien entendu, car l'absolu n'habite pas ce monde,
pour des sociétés de beaux arts de sciences ou de lettres.
Il nous paraît en effet que les idées, avec leur corollaire
pratique, les œuvres, ont droit toutes, quand elles sont licites, à un égal traitement. Ainsi on les laisse rendre les
effets heureux qu'elles peuvent produire et on évite le
résultat funeste d'une idée seule libre, au milieu des autres asservies. Ce résultat est mortel pour la liberté de la
pensée.

Et pourtant infailliblement la concentration d'une fortune importante dans les mains des corporations privilégiées par l'État, le produira, par suite du jeu naturel de la
personnalité de premier ordre que ces dernières possèdent,
tandis que le reste des êtres collectifs ne dispose que d'un
embryon de personnalité. Dans ces conditions, qu'on accorde à tout le monde la personnalité pleine, ou a tout le
monde la personnalité démantelée ! Le moyen terme du projet que nous examinons, outre qu'il n'ajoute rien aux situations actuelles, grève l'avenir d'un inconnu dangereux.
Aussi nous ne regrettons pas le rejet de la proposition
Dufaure et Simon, le 6 mars 1883 au Sénat par 169 voix
contre 122.

Cet échec provoqua une nouvelle proposition de loi due

cette fois à l'initiative gouvernementale. Il aboutit en
effet à la présentation du projet Waldeck-Rousseau.

M. Waldeck-Rousseau, alors ministre de l'intérieur le
rédigea à la suite du rejet du projet Dufaure et Simon
pour répondre aux critiques de l'opposition qui accusait
le gouvernement de vouloir la mort des associations libres. Ce projet se ressent un peu de l'acuité de la lutte
très ardemment engagée au moment de sa rédaction, entre l'État et les congrégations. Il commence par prohiber
les sociétés à cause illicite et par déclarer délictueuses
toutes conventions fondées sur une cause illicite. Puis il
reconnaît aux associations la faculté de se former librement.

Deux exceptions toutefois viennent restreindre cette
règle générale. La première a trait aux associations entre
français et étrangers, la seconde aux associations religieuses. Ces deux formes d'association restent soumises à
l'autorisation préalable du pouvoir. Au fond les deux cas
rentraient dans un seul, celui des congrégations, dont,
s'écriait à la tribune de la Chambre M. Waldeck-Rousseau,
« la conception de l'humanité est si large qu'elle ne laisse
même pas de place à la patrie ».

Le projet vivement frappé du caractère international et
cosmopolite des congrégations les soumettait toujours à
l'autorisation quand elles comptaient dans leur sein des
associés de différentes nationalités. Cette restriction au
droit commun se comprend, et au surplus depuis les décrets, les communautés religieuses semblent être deve-
nues plus exclusivement nationales.

Elles ne restent plus internationales que, par leurs statuts et leurs constitutions qu'elles ne peuvent changer, et qui font d'elles des succursales d'une maison-mère italienne.

Mais la seconde exception du projet, qui consiste à exiger de toute association religieuse, à cause de sa seule qualité, l'autorisation préalable, paraît des moins libérales. Elle ne servirait qu'à perpétuer les doutes et les incertitudes de la situation actuelle. Et le projet le pressent si bien qu'il annule les conventions tendant à créer des sociétés non autorisées.

A la requête d'un membre du ministère public ou des intéressés le tribunal, rendra un jugement portant défense de reconstituer l'association sous quelque forme que ce soit. Quant aux biens aliénés au profit de la communauté illégalement formée, l'État les restituera dans les 6 mois aux aliénateurs qui de leur côté rendront le prix à leurs acheteurs. Faute de revendication pendant le délai de 6 mois, l'État s'emparera des biens en vertu de ses droits de maîtrise sur les biens sans maître. Dispositions qui rappellent, adoucies d'ailleurs, les prohibitions de l'avant-projet du Code civil belge de M. Laurent. Votées, elles n'auraient fait que compliquer la situation, et probablement après quelques efforts d'application, l'État rebuté par la persistance obstinée des congrégations à reconstituer sans cesse, en sous main, leur patrimoine, malgré ses défenses, en serait revenu de lui-même par lassitude à l'état de choses antérieur, c'est-à-dire à la personnalité de fait, au patrimoine de tolérance, et à la lutte portée seulement sur le terrain fiscal.

Le reste du projet dans sa partie relative aux associations autres que les congrégations, contenait d'originaux remaniements de législation. C'est ainsi qu'il définissait le contrat d'association. Il n'implique pas l'accumulation des richesses, disait-il, mais il l'exclut. L'association n'est qu'une mise en commun d'activités et de volontés. Acquiert-elle des biens, un second contrat se juxtapose au premier, et ce contrat, c'est celui de société civile ou commerciale, quelquefois même le quasi contrat d'indivision. Cette deuxième convention se détache nettement de la première. Elle est soumise à une réglementation juridique différente. On lui appliquera tout simplement les règles générales des sociétés ou de l'indivision. Il y a dans tout cela des idées très justes et très originales, malheureusement fort exagérées. Frappé par le caractère idéal du but de l'association, ce système lui refuse toute relation possible avec les biens. Nous croyons que c'est aller trop loin dans des déductions tirées d'un principe vrai. Une société idéale sans quelque peu de fortune, sans un local où s'abriter, est condamnée, sinon à une mort rapide, au moins à une lente agonie.

Le projet Waldeck-Rousseau méconnaît donc les lois des êtres collectifs. Il ne voit pas qu'entre eux et le reste des hommes, il faut le trait d'union que forme un patrimoine d'affectation.

Voulant leur bien, il les conduit à la ruine par la route

la plus sûre qui fut jamais. Notons toutefois qu'il les débarrasse des entraves de la règle : nul ne plaide par procureur, en donnant à leurs administrateurs la faculté de
les représenter dans les actes, ou en justice. Par malheur,
arrivé là, le projet tourne court brusquement et s'empresse de définir la personnalité, « la fiction légale en qui
réside la propriété des biens de l'association ». Non content de cette concession au système de Savigny et de Müh-
lenbruck il exige pour l'octroi de cette personnalité, tantôt un décret en forme de règlement d'administration
publique, tantôt, mais pour les congrégations seules, une
loi. Bien plus, chaque aliénation des sociétés sans but lucratif devrait être habilitée par un décret en forme de ré-
glement d'administration publique et la clause de réversibilité, nulle et illicite de plein droit, ouvrirait l'action en
dissolution de l'association qui l'insèrerait dans ses statuts.

L'ensemble de ces mesures restrictives s'expliquait par
la crainte de l'envahissement de la mainmorte. L'adoption
du projet aurait rendu certainement très pénible la vie des
êtres collectifs, sans cesse tenus en bride et astreints, pour
la moindre acquisition ou aliénation, à des paperasseries
sans fin. Leur légalité les aurait fait sans doute soupirer
après leur irrégularité d'antan !

Le projet se perdit dans les archives parlementaires et
les chambres plus avisées, au lieu de multiplier les lisières
qui étouffent déjà à peu près chez nous l'esprit d'association, cherchèrent par des mesures fiscales à maintenir
dans des limites fixes et stables l'accroissement de la main-

morte. Cette politique traditionnelle en France ne fit pas oublier pourtant la liberté d'association dont la loi de 1884 sur les syndicats professionnels, avait montré la puissance et indiqué les résultats heureux. Nous faisons allusion aux syndicats agricoles, qui surent tirer un si sage parti de la loi de 1884.

Le 2 juin 1888, M. Floquet, Président du conseil, déposa à la tribune de la Chambre des députés un nouveau projet. Comme la proposition Waldeck-Rousseau, il proclame le principe de la liberté d'association et, comme elle aussi, il soumet à des restrictions graves les sociétés composées de Français et d'étrangers.

Sans une autorisation préalable que le gouvernement est maître au surplus de toujours révoquer, elles ne peuvent ni s'établir ni se fonder. Et la menace d'un arrêté de dissolution sans motifs, que la proposition permet au pouvoir exécutif de prendre, avec une pleine autorité discrétionnaire, contre les associations, dont le siège est à l'étranger, ou dépend d'une autre association ayant son siège à l'étranger, vient renforcer encore la précarité de leur condition. La suite du projet se montre vis-à-vis des associations laïques plus libérale que la proposition Waldeck-Rousseau. Nous n'insisterons pas sur ses dispositions, ne voulant pas charger outre mesure, cette rapide revue des idées qui paraissent se dégager de l'initiative gouvernementale, ou parlementaire.

Disons seulement que le projet distingue à la suite de M. Jules Simon deux personnalités, l'une privée, l'autre of-

ficielle : la personnalité restreinte donnant seulement le
droit de contracter, d'ester en justice, de posséder un local et
de placer des économies en rentes nominatives sur l'État.

L'esprit du système que nous avons soutenu paraît donc
consacré en partie par ce projet. Le 16 janvier 1892, le
ministère de Freycinet, déposa un nouveau projet, le dix-
huitième depuis 1871 en les comptant tous. C'est le projet
Fallières et Constans. M. Constans reprend la nécessité de
l'autorisation judiciaire qui faisait en 1872 le fond de la
proposition Bertauld. Le ministère public empêchera les
associations de se former, ou poursuivra leur dissolution,
en cas de clauses contraires à l'ordre public, aux lois, et
aux bonnes mœurs. Parmi ces dernières, le projet range
la trilogie des vœux de pauvreté, de chasteté, et d'obéissance. M. Constans revient en outre à la distinction originale, introduite par M. Simon, dans le projet Dufaure. Il
distingue lui aussi deux personnalités, la personnalité pleine
conférée par la loi seule, et la personnalité restreinte permettant de posséder des biens dans la limite des besoins
de l'œuvre entreprise (habitation en commun, réunion des
malades, vieillards, et orphelins assistés).

Elle permet en outre d'ester en justice par l'intermé-
médiaire d'un administrateur. On le remarquera, le projet
Freycinet tend à faire de la personnalité restreinte la
personnalité de droit commun, puisqu'il subordonne à une
loi la personnalité pleine. Cette innovation nous paraît un
progrès. Nous ne concevons guère, pour les raisons déve-
loppées plus haut, que dans des cas très rares, l'associa-

tion érigée en établissement d'utilité publique. La nécessité d'obtenir une loi réaliserait rapidement l'égalité entre les associations. D'autre part, la personnalité restreinte, qu'on pourrait un peu élargir, accordant avec la liberté le nécessaire en fait de biens, le grave problème de la liberté d'association serait ainsi tranché dans les conditions les plus heureuses. Chaque agrégat corporatif se renfermerait dans son cercle statutaire, et sans nuire à l'État, les citoyens pourraient se serrer les uns contre les autres, se sentir les coudes, et quitter enfin leur isolement actuel pour jouir des bienfaits du groupement.

Le projet réglemente avec sévérité les associations qui pratiquent la vie en commun, c'est-à-dire les congrégations religieuses. Les associés qui se retireront, reprendront leur apport sans qu'on leur puisse opposer aucune compensation. Le gouvernement aura le droit de visite. Si des communautés religieuses comptent des étrangers parmi leurs directeurs, ou se rattachent à des groupes fonctionnant à l'étranger, elles encourent, même autorisées, une dissolution administrative, et leurs membres, des peines sérieuses.

Tel est le dernier projet ministériel, le projet Freycinet, Fallières et Constans. Il se distingue des autres par une vue plus nette de la personnalité de l'association désintéressée, et il incline à raréfier la reconnaissance d'utilité publique. Ce seraient là de sérieuses innovations, si elles parvenaient à être votées. Malheureusement, la question brûlante du sort des congrégations empêche toujours le succès des projets de loi sur les associations.

Cette pierre d'achoppement arrêtera longtemps encore sans doute, les plus généreuses initiatives. Beaucoup de bons esprits prétendent que, le préliminaire de toute réforme sérieuse du droit d'association, serait la séparation des églises et dè l'État (1). Si elle était votée, disent-ils, le législateur aurait toute latitude pour importer chez nous le système anglo-saxon, et pour édicter à l'égard de tous les ètres collectifs le même droit commun. Si la liberté de la société non lucrative, dépend, ainsi que cette opinion le soutient, de la solution d'un problème aussi discuté que celui de la séparation des églises et de l'État, nous pouvons nous résigner aux longueurs de l'attente ! Le jour de la loi abrogatrice des articles 291 et sq. du Code pénal ne s'annonce pas comme très prochain !

Que les juristes se résignent donc, sans trop espérer dans le législateur, à demander à la jurisprudence de jour en jour, en notre matière plus prétorienne et plus libérale, l'amélioration des textes vieillis et des tendances usées jusqu'à la corde, contre lesquels vient se briser le renouveau de l'esprit corporatif du pays !

(1) Le projet Floquet dans la prévision de la séparation des églises et de l'Etat assignait aux associations religieuses simplement déclarées la possession libre des immeubles consacrés au culte.

Une pareille concession ne rendrait pas très dangereuse pour l'État la séparation des églises. Il réduirait le clergé au rôle des confréries pieuses actuelles qui pourvoient dans les églises au culte de tel ou tel saint, leur patron. Perspectives peu brillantes, et qui nous laissent loin de la législation américaine et de la large liberté qu'elle reconnaît aux cultes et aux sociétés qui les font vivre !

CHAPITRE XI

CONCLUSION

Vue Synthétique du sujet. Justification sociologique de la théorie adoptée. Conclusions finales.

Le dernier chapitre permet de pressentir vers quel devenir marche l'association sans but lucratif, Les propositions présentées aux chambres reflètent toutes une même pensée, sous la diversité des solutions qu'elles préconisent. Pensée de limitation autant que de liberté ! Les moyens employés peuvent diverger : la conception d'ensemble ne varie point. Si on veut l'association enfin arrachée à l'accablante tutelle du pouvoir, on la veut aussi restreinte dans son aptitude patrimoniale. Il ne nous appartient pas de dire avec plus de précision, quelles destinées inconnues l'avenir réserve à la Société sans but lucratif,

Tout ce que nous pouvons faire, c'est indiquer quel semble être le courant dominant dans les esprits des juristes et des politiques. Eh bien, autant qu'on en peut juger, ce courant favorise le système que cet ouvrage a essayé de dégager des lois et de la jurisprudence. Nous n'éprouvons aucune suprise devant ce résultat.

Tôt ou tard il devait s'imposer. La pratique s'éloigne tous les jours sans s'en rendre peut-être un compte très exact, de la conception de l'État fabricant de personnalités juridiques, qu'elle avait un moment accueillie avec un certain enthousiasme. Elle revient aux véritables traditions juridiques dont le souvenir ne s'est jamais perdu dans l'âme populaire où souvent se gardent fidèlement les institutions temporairement disparues. L'histoire, nous l'avons vu, proteste tout entière contre les assertions de la doctrine classique. Déjà à Rome les empereurs et le Sénat n'accordaient pas la personnalité mais le *jus coeundi* et souffraient que malgré des textes formels en sens contraire, les soldats se liassent entre eux par une infinité de petites associations qui sont comme l'aurore de la mutualité dans le monde antique. Rome tombée, le moyen âge n'opposa à l'épanouissement, des ghildes, confréries, communes, fraternités et corporations, la barrière d'aucune théorie juridique. Il les laissa naître, vivre, et mourir sans affirmer sur elles ses droits régaliens. La monarchie absolue, plus autoritaire, en revint au *corpus juris*.

Elle mesura étroitement le *jus coeundi* ; elle ne s'occupa pas de la personnalité. Le mouvement philosophique du xviiie siècle, puis la tourmente révolutionnaire, donnèrent grand crédit à la théorie de la suprématie du souverain sur les personnes morales.

Exposée dans les débats parlementaires, elle parut trop subtile aux réformateurs du consulat et de l'empire qui supprimèrent la difficulté en supprimant l'association.

Malheureusement le premier consul avait compté sans l'E-
glise et l'amour qu'elle eut toujours pour l'association, depuis les pauvres collèges funéraires du temps de Tibère et
de Néron, jusqu'aux puissantes congrégations actuelles.

Les congrégations et communautés s'obstinèrent à vivre
malgré les actes de décès qu'on leur opposait. La jurisprudence se mit à l'œuvre et dressa une construction prétorienne, à la fois timide et hardie, dont le plus grand mal
n'est pas l'illogisme mais l'incertitude.

De cette théorie que nous avons appelée la théorie de
la personnalité de fait, elle passa par une transition facile
a un système nouveau et original sur la personnalité de
droit. Elle distingua parmi les sociétés laïques approuvées
des préfets et de leurs bureaux, et échappant ainsi aux
pénalités de l'article 291 du code pénal, deux classes : les
sociétés d'agrément et les sociétés d'intérêt général. Et
courageusement, sans prendre garde aux dogmes de l'É-
cole qu'elle froissait, elle conféra une capacité limitée aux
associations d'intérêt général.

Les décisions auxquelles nous faisons allusion en ce
moment datent de quelques années. C'est dire qu'elles
sont encore hésitantes et discutées. Toutefois elles paraissent avoir acquis rapidement l'autorité qui s'attache aux
arrêts de principes. Leur crédit et leur influence montrent
que le mouvement jurisprudentiel s'engage dans une nouvelle voie et que des limitations de la personnalité de fait
des congrégations, il arrive par une lente et prudente évolution, aux limitations de la capacité, désormais reconnue,

de l'universalité des associations non officiellement autorisées.

Or la doctrine juridique, non pas chez nous, où les
questions de personnalité morale n'ont pas été malheureusement approfondies, mais en Allemagne, aboutit aux
mêmes solutions. Seulement les prémices de son raisonnement ont l'ampleur vaste qui caractérise la spéculation
germanique. Nous avons cru que l'on pouvait faire pénétrer dans notre droit l'originalité de ces conceptions. La
doctrine a emprunté à l'Allemagne les idées de Savigny qui
tendaient au despotisme. Pourquoi n'emprunterait-elle pas
celles de Gierke et Brinz qui conduisent vers la liberté et
nous rapportent l'écho lointain des coutumes de tout notre
passé juridique ? Pour ces raisons et d'autres encore,
nous nous sommes prononcé en faveur d'un système
mixte qui essaie de concilier les deux doctrines de Brinz et
Gierke, en disant que l'association désintéressée constitue
une personne collective réelle, un être organique vivant,
libre dans le monde des idées, mais limité à la satisfaction
de son but, en matière de capacité patrimoniale. Doctrine
profondément opposée à celle que soutient M. de Vareilles
Sommières ! Là où l'éminent doyen de la faculté libre de
Lille ne voit qu'une dispersion d'individus momentanément réunis par le lien d'un contrat, innommé, mais semblable à tous ceux que contient le Code civil et gouverné
par les mêmes règles, nous voyons un tout organique nettement distinct des individus épars dont les volontés unies
l'ont formé. Entre ces deux conceptions, il y a l'infini

d'une contradiction fondamentale. La théorie du contrat d'association, appliquant à une institution de droit public des règles de droit privé, arrive à construire un patrimoine de spéculation et de rapport et à le permettre aux sociétés désintéressées malgré leur but, leur destination et leur nature. Nous repoussons au nom des intentions des parties méconnues, au nom des intérêts de l'État sacrifiés, au nom des principes du droit violés, cette doctrine et ses conséquences. L'association idéale n'a pas de domaine privé, elle n'a qu'un domaine public.

Les associés n'ont aucun droit sur son patrimoine.

Ils sont des gérants et des administrateurs, ils ne sont pas des propriétaires absolus.

M. de Vareilles-Sommières n'a pas tenu assez compte de cette idée de l'affectation. Nous avons essayé de montrer la place prépondérante qu'elle prend dans toutes les branches du droit et le grand avenir qui semble lui être promis.

Grace à elle, les concepts qui dominent le monde, peuvent se refléter dans un ensemble de biens, ou dans un groupement d'individus, auquel ils assurent la perpétuité que la nature refuse à l'être physique. Sous la servitude de la destination la fondation se développe, l'association vit et s'accroît.

Il est vrai que l'on s'élève avec ardeur contre le patrimoine limité par son but que nous préconisons. Nous avouons ne pas comprendre cette résistance obstinée. Elle ne procède que d'une continuelle confusion établie en-

tre la société intéressée et la société désintéressée. Si les
partisans des théories individualistes consentaient à se dégager de l'influence des principes du droit civil sur les
sociétés (articles 1832 et sq.) ils éviteraient et cette erreur et cette illusion.

Au lieu de cela, ils ne peuvent se soustraire à la hantise
du droit civil. Ils torturent ses textes et ses doctrines
avec une subtilité digne d'un meilleur sort. Malheureusement au bout de ces argumentations subtiles il n'apparaît
que des analogies contestables et des comparaisons plus
ingénieuses que vraies. Nous ne suivrons pas sur ce terrain les théories individualistes et nous nous en tiendrons,
et aux principes du droit public, et à cette personnalité collective dont elles ne veulent pas entendre parler, et qu'elles
qualifient du « trouble de la vision intellectuelle »

Qu'on nous permette cependant, puisque l'on traite d'hallucination l'assimilation des sociétés désintéressées avec
des êtres vivants, de défendre brièvement au point de vue
sociologique la thèse peut-être originale, à coup sûr raisonnable, que nous avons adoptée. Il est inutile de rappeler avec quel talent Spencer l'a, dans de nombreux écrits,
soutenue et propagée. On connaît aussi le livre de l'Allemand Schæffle « Baù und Leben des Sokialen Korpers »
lui prêtant le secours d'une systématisation puissante.
Contestée en France, malgré le beau livre de M. Espinas,
sur les sociétés animales, et son adoption partielle par
la « Science sociale » de M. Fouillée, cette opinion y fait
néanmoins de grands progrès et y est de plus en plus con-

sidérée comme une des grandes hypothèses qui dominent la Sociologie.

Dans ce livre, nous avons essayé, à la suite de l'école germanisante de Gierke de l'appliquer à un cas spécial : l'association désintéressée. Plus limitées et plus restreintes, les petites sociétés humaines se prêtent mieux que l'État à la théorie biologique de Spencer. C'est d'elles, il nous semble, qu'il faudrait partir et non de la Société tout entière. Elles possèdent une cohésion, une union, que ne possède pas l'État à un si haut degré. Nous les voyons naître, se développer et mourir, tandis que le processus vital de l'État nous offre un champ d'expérimentation beaucoup moins facile. Par l'analyse de leurs lois, nous pénétrons mieux celles de la Société et de l'État.

Les associations formées entre les citoyens d'une même nation donnent au tout dont elles font partie la force puissante, d'une union plus intime entre ses éléments composants. Elles augmentent la liberté individuelle tout en élevant au maximum la faculté de résistance de l'État.

Autant la théorie organique appliquée à l'État soulève de doutes et d'objections, autant cette même théorie appliquée aux corps sociaux élémentaires paraît heureuse et vraie.

Le système de l'organisme social, en dépit de la protestation isolée de Spencer, conduit ses partisans à fortifier encore les pouvoirs de l'État, devant lequel l'individu ne joue plus que le rôle effacé d'un atome ou d'une cellule. Si l'on admet la réalité de l'association, on ne s'expose ni aux mêmes dangers, ni aux mêmes conclusions. Le groupe où s'agrège le citoyen est un groupe volontaire. Une réunion de volontés libres l'a formé aujourd'hui, elle peut le dissoudre demain. L'individu ne donne à l'association qu'une fraction de son temps et de son argent ; il partage entre plusieurs corps son activité désintéressée. La multiplicité des liens sauvegarde l'indépendance et la liberté du citoyen. Le peu que l'associé sacrifie à son groupe est compensé . et bien au-delà par la protection qu'il reçoit à son tour de l'unité organique dont il fait partie (1).

Libre d'entrer dans les différents cercles sociaux qui s'offrent à lui, et d'en sortir à sa guise, le citoyen bénéficie de leur concurrence et de leur accroissement. Les associations que leur nombre grandissant rend rivales s'efforcent de l'attirer dans leur sein par des concessions et des avantages de plus en plus accentués. Un même individu arrive à répartir sa vie entre beaucoup de petits groupes. Les uns lui accordent des honneurs, que les autres lui refusaient. C'est l'éternelle histoire de l'esclave antique qui, au milieu des collèges de la Rome impériale, oubliait un moment sa condition juridique et les misères de la servitude. Les associations ont ainsi formé dans tous les temps, un véritable « tissu social » qui libère l'individu de la tyrannie des institutions organisées. On ne saurait donc douter de leur force rédemptrice et de leur pouvoir libérateur. A la lumière de cette vérité, on comprend la profonde politique du législateur romain qui interdisait de

_____

(1) (Voir là-dessus le livre de G. Simmel, Sozial differenzirung).

faire partie de plus d'un collège (loi I. § 2. D. de coll. et corp. 47. 2.)

Les légistes de cette époque, la plus autoritaire qui fut jamais, avaient nettement perçu que les associations sont une des causes de la liberté ! Ne l'oublions pas !

La réalité vivante que nous reconnaissons aux associations, ne menace donc ni l'individu, ni l'État. L'individu parce qu'il gagne un solide appui, l'État parce qu'il gouverne un ensemble plus organisé et plus discipliné.

Ces dangers écartés, il est facile de montrer combien l'existence de l'être collectif répond aux données psychologiques et aux faits sociaux. Les êtres physiques isolés qui sous le rayonnement d'un idéal quelconque, conviennent d'établir une association, sentent, aussitôt cette création menée à bonne fin, qu'il se forme au-dessus d'eux un vivant, avec une volonté distincte de la leur. Ce phénomène d'expérience s'explique par des raisons psychologiques. Un groupe d'hommes rassemblés ne sent plus ce que sent chaque individu ; le système nerveux des unités composantes, surexcité par la réunion et par les lois encore inconnues qui dominent les collectivités et les foules, s'exalte et finit par concevoir la société comme une réalité objective. Il passe sur les associés un souffle de vie commune.

Les différences individuelles se fondent dans une similitude nettement sentie et perçue. La volonté sociale dirige chaque associé vers la fin qu'elle s'efforce d'atteindre. Les individus se fortifient les uns les autres. Sous l'influence du groupe, ce que chacun pensait confusément s'exprime avec netteté et clarté, les volontés particulières qui vacillaient, se tendent et s'affermissent. La suggestion ou l'exaltation sociale cimente fortement le groupe et lui donne une énergie extraordinaire. Les membres de l'association s'enthousiasment pour elle ; ils oublient les intérêts pécuniaires et la vulgarité de leurs exigences, et poursuivent avec passion la grandeur de leur corporation. Son honneur leur devient aussi cher que le leur. Son progrès : une chose qu'ils désirent de toute la force de leurs volontés. Arrivée à ce haut degré d'union, l'association constitue un merveilleux outil pour les grandes œuvres. Et, de fait, les associations ont figuré dans tout ce qu'on a fait de grand dans l'histoire. Là où l'État agit avec l'indifférence tranquille et la lenteur infinie d'un corps soucieux surtout des formalités et des règlements, elles agissent avec élan et ardeur. Nulle part l'exaltation sociale n'est plus marquée que dans les congrégations religieuses. Et cela explique le rôle historique si important qu'elles ont joué. L'influence déjà puissante du groupe et de la collectivité y est amplifiée dans des proportions énormes par la grâce abondante et l'enthousiasme mystique que produisent la vie contemplative et la communauté de l'existence. L'être physique arrive à ne plus s'appartenir et à oublier le monde visible pour les splendeurs du monde invisible !

Le caractère objectif d'une société ou d'une association désintéressée peut, on le voit, se justifier au point de vue de la psychologie. Il repose sur le trouble particulier et profond que cause à notre système nerveux la foule en général, ou la foule restreinte et organisée d'une corporation en particulier. « Il semble alors que les hommes forment les uns pour les autres une chaîne magnétique qui développe leurs facultés nerveuses » (1).

D'où dérive cette singulière exaltation qui transporte sur les ailes du rêve les associés au delà des limites bornées des intérêts individuels ?

A notre avis, elle trouve son fondement dans l'idée qui sert de finalité à l'association. Cette idée désintéressée, par définition même, et qui repose plus ou moins sur le renoncement et sur le sacrifice, jouit du pouvoir moteur et de l'influence active qu'ont toujours les concepts moraux. Elle agit sur le groupe des individus d'abord par attraction, puis par suggestion. Les résistances individuelles sont obligées de capituler sous la pression de la collectivité et tout le faisceau des volontés particulières se laisse dominer complètement par l'idée directrice.

Cette domination sera ce qu'est l'idée : assez lâche dans les sociétés dites d'agrément, déjà plus forte dans les sociétés laïques d'intérêt général, et enfin puissante et sans frein dans les communautés de religieux, où l'individu ne constituera plus qu'un instrument toujours obéissant et complètement asservi à son hautain idéal !

(1) M. Hauriou, La Science sociale traditionnelle, page 10. Ce livre extrêmement intéressant et original, sans adopter l'hypothèse biologique de Spencer, reconnaît une vie propre aux associations et les appelle des tissus sociaux.

Ce but, qui unit les associés, et fait d'une dispersion d'êtres épars un tout organique et vivant, trace aussi à l'association des frontières. Frontières encore indécises peut-être, mais qui deviennent de plus en plus nettes avec les progrès du droit! L'État veille à ce qu'elles ne soient pas franchies, en sa qualité d'organe chargé d'imposer le respect du droit et d'incarner les nécessités nationales. La limitation qu'il impose, dérive en droite ligne d'ailleurs du désintéressement du but choisi et poursuivi par les membres d'une association. Le caractère non pécuniaire de leur destination empêche les associations sans but lucratif de jouer à l'association de capitaux. Il n'y a rien là que de très logique et de très rationnel. L'évolution des civilisations conduira de plus en plus à différencier ces deux institutions qui se mêlent et se pénètrent dans un moyen âge tout vibrant de foi. Nous nous éloignons sans cesse de l'époque reculée où les monastères étaient à la fois d'actives sociétés d'acquisitions et d'enthousiastes communautés religieuses. Une pareille indivision de fonctions ne se retrouve plus que chez les communautés de missionnaires qui évangélisent les pays neufs ou demi-barbares.

Le droit a parcouru à ce point de vue une significative évolution. Le couvent ou l'abbaye du moyen âge formait comme un monde. Il possédait des forêts, des champs et des vignobles. Il comprenait bien souvent une école et une bibliothèque. Il s'acquittait de multiples services de charité et d'assistance. Aujourd'hui il se restreint à sa fonction religieuse. Isolé et presque claquemuré derrière ses vitraux antiques et ses voûtes en ogive, il poursuit dans le silence sa méditation mystique de l'Infini.

Chose bizarre, les grandes sociétés anonymes, il y a quelque vingt ans, tendaient vers mille buts différents, absolument comme le monastère de l'époque franque. Elles s'annexaient des cercles ouvriers, des écoles, des chapelles, des économats, des caisses de retraites et de secours, des patronages et des confréries. Ces inclinaisons à la pluralité des fonctions sont, semble-t-il, en décroissance, depuis que le régime de la production actuelle s'organise définitivement. Les lois elles-mêmes s'efforcent d'établir la séparation des sociétés désintéressées d'avec la société anonyme. Telle est par exemple l'intention manifeste de la loi de 1895 sur les caisses de retraite des ouvriers mineurs. Il semble donc vraiment, que toute institution passe de la généralité d'attributions à une différenciation stricte et absolue ; et qu'il existe là une sorte de loi dynamique.

Cette limitation désintéressée de la capacité juridique peut se justifier aussi d'une autre manière par les analogies que nous offrent les sociétés de cellules qui forment les êtres vivants. Il y a là une utile comparaison à instituer.

Or, la biologie nous apprend que les organismes inférieurs doivent observer une limite, sous peine de nuire à l'organisme supérieur. Quand une partie d'un être vivant se développe anormalement, elle atrophie les organes aux dépens desquels elle progresse et elle entraîne la maladie où même la mort du Tout. Il n'en va pas autrement pour les sociétés humaines. Si l'une d'elles empiète sur les attributions des autres, elle gêne la vie du corps social et arrête la marche de son évolution. Toute fonction en effet doit être spécialisée. Dans la série animale plus l'être est élevé dans l'échelle, plus il a d'organes remplissant chacun un rôle déterminé. La spécialisation est un signe de progrès. Quand chaque organe accomplit sa tâche propre et y reste enfermé, le tout est arrivé à la pleine harmonie de sa structure et atteint à l'apogée de son développement.

Spencer compare originalement le commerce au système circulatoire de l'organisme vivant et le gouvernement au système nerveux. Ces rapprochements ingénieux contiennent une grande part de vérité. Un être animé périrait si son cerveau se mêlait de porter le sang des poumons aux tissus, ou si ses veines et ses artères se mêlaient de diriger le système nerveux.

Une société idéale, transformant son patrimoine d'affectation en un patrimoine de spéculation, agit comme cet imprudent cerveau ou ces veines et artères si téméraires. Elle empiète sur une fonction qui ne lui est pas attribuée. Elle viole et son but et sa loi.

N'avions-nous donc pas raison de dire par conséquent, que l'idée de but forme un couple indissoluble avec l'idée d'organisme vivant agrégé à un Tout : l'État ? La relativité et la limitation constituent la règle des organismes inférieurs. Leur extension sans entraves et sans freins suppose la maladie ou la dissolution du foyer central de vie. L'existence continue alors dans les organismes secondaires. Ils suppléent par un surcroît de vitalité à la léthargie du Tout. Aperçoit-on maintenant combien la théorie de Savigny, paraît au point où nous arrivons, singulière et bizarre ? Du moment que l'on fait de l'association libre et non lucrative un être vivant formant un centre de groupement au milieu de l'organisme qui la contient : l'État ; la création de la personnalité par ce dernier, ne semble-t-elle pas inconcevable et impossible ? L'homme tire-t-il *ex nihilo* par un acte souverain les sociétés de cellules qui se constituent en lui ? Non. Souvent il les ignore. Il ne les voit que par les yeux de la science. Il sait que leur formation ne dépend pas de lui, mais des lois biologiques. Le tout ne crée pas la partie, le composant ne crée pas le composé. Rien de plus clair et de plus certain. Pourquoi ne pas admettre en sociologie les mêmes principes et ne pas reculer devant d'aussi paradoxales conséquences ? Le « trouble de la vision intellectuelle » ne peut-il pas être reproché plutôt qu'à nous, à ceux qui restent attachés à l'illogisme de ces théories *a priori* sans relations avec les faits et la philosophie sociale ? Repoussons-les donc. Elles ne se justifient pas plus au point de vue sociologique qu'au point de vue de l'histoire et du droit.

Il est temps maintenant de conclure. La personnalité réelle des êtres collectifs désintéressés aussi bien doit paraître à ce moment légitime. Successivement la science juridique et la science politique en ont affirmé la valeur. Le système dont nous avons tenté la construction se base donc sur un fondement solide. Sauvegardant les intérêts

supérieurs de l'État, empêchant l'accumulation des biens
de mainmorte, respectant la légalité et la liberté, il nous
paraît répondre aux tendances générales des politiques et
au mouvement marqué qui entraîne la pratique judiciaire
vers un avenir pressenti mais encore inconnu. Son définitif triomphe, sans supprimer la difficulté et la complexité du problème social, rendrait la situation plus claire
et les esprits plus calmes.

L'association en effet peut beaucoup contre les chimères
sociales et les rêves illuminés des utopistes. Elle finit par
donner un peu de bon sens aux plus exaltés. Sans constituer une panacée, comme on le croyait ingénument
vers 1848, elle rapproche et pacifie !

Les revendications des classes ouvrières elles-mêmes,
présentées par des associations disciplinées et puissantes
s'adoucissent un peu aux angles et perdent de leur âpreté
rude et coupante.

Ce n'est pas tout. L'individu s'habitue dans le sein des
petits groupes, où il s'enferme, à obéir à une impulsion
directrice et à tout sacrifier à un but dominant. Il y fait
l'apprentissage de l'administration, et il y comprend comment on gère un patrimoine et on manie des deniers sociaux. Petit à petit l'esprit des associés se forme ainsi
au « self government », sous l'action éducatrice des
sociétés désintéressées. Un peuple de bonne heure rompu
à l'usage de l'association, sait donner à ses réclamations
une tournure pratique et une expression lucide, au lieu
de s'attacher à l'irréel des utopies, comme on ne le fit que

trop vers 1830 et vers 1848. A cette époque, les sociétés politiques interdites et traquées furent contraintes de prendre la forme de sociétés secrètes.

Enflammés par les souvenirs des conspirations de l'antiquité classique, les clubistes d'alors s'organisèrent en confréries mystérieuses et ne réussirent qu'à compromettre leur cause, par l'exagération rêveuse de leurs doctrines. Si les associations avaient été libres, on n'aurait probablement eu ni les mêmes complots, ni les mêmes revendications exaltées. Tout se serait passé tranquillement et au grand jour ! Les réclamations auraient été claires et pratiques; peut-être même marquées au coin de ce bon sens utilitaire qui rend les réformes faciles et les succès certains !

Ce sont là de précieux avantages. L'association en a d'autres encore. Sans elle, les citoyens ne sont rien devant l'État centralisé et souverain. Semblables aux grains de sable de la grève qu'agitent en tous sens les rafales venues de la haute mer, ils constituent une poussière inconsistante, qui n'offre aucune résistance sérieuse à la tourmente des révolutions ! L'association unit les uns aux autres ces atomes çà et là dispersés. Elle les groupe en corps solides et stables, capables de résister à la fois à la poussée qui vient d'en haut, et à celle qui vient d'en bas.

La cohésion se fait ainsi dans la nation auparavant fragile et hétérogène. Les hommes se rapprochent. Les classes se pénètrent. Le culte des idées désintéressées, sur lesquelles se fondent les associations, chasse des âmes le pessimisme amer produit par le manque d'idéal, et le remplace

par la solidarité et l'amour. Selon les belles expressions
de M. Renan dans son livre sur Marc-Aurèle et la fin du
Monde antique, en un état centralisé, il règne « un froid
glacial, comme en une plaine monotone, et sans abri. La
vie reprend son charme dans ces tièdes atmosphères de
synagogues et d'églises... Les associations répondent à un
désir légitime des pauvres... Celui de se serrer les uns
contre les autres dans un petit réduit pour avoir chaud
ensemble. »

Ces quelques lignes, vraies pour le temps où la dépri-
mante compression administrative d'un empire autocra-
tique accablait Rome et le monde, paraissent malheureusement aussi s'appliquer à cette civilisation d'aujourd'hui,
dont nous sommes si fiers.

Il dépend des juristes et des politiques qu'elles ne semblent plus demain que l'expression d'un lointain passé. Que
si la réforme de la législation tarde trop, sachons au moins
dans nos mœurs devancer la loi. De tous côtés nous avons
des exemples à imiter. Seul, le Portugal, possède un Code
moins libéral que le nôtre! Les peuples anglo-saxons nous
montrent la voie où il faut s'engager, les peuples germaniques eux-mêmes, malgré leur culte un peu fétichiste de
l'État, favorisent les libres associations d'ordre non lucratif.

Ce que nos voisins d'outre-Manche, et d'outre-Rhin
font avec tant de succès, pourquoi ne le ferions-nous pas
aussi ? Ni les traditions ni les bonnes volontés ne nous
manquent.

Notre moyen âge français, connut un magnifique développement des corps et des communautés. Nous n'avons qu'à reprendre des traditions vivantes et profondes. Mettons-nous donc courageusement à l'œuvre, sans attendre passivement l'impulsion d'une réforme législative! Sachons profiter du frémissement de bon augure qui pousse de plus en plus les penseurs à préconiser dans tous les domaines de l'activité sociale, le retour à la solidarité harmonieuse que produisent des associations nombreuses et puissantes !

Aux juristes d'aider à ce mouvement universel. Qu'ils fassent l'abandon de quelques principes surannés, et de quelques doctrines vieillies, et la formule bizarre et arbitraire de l'article 291 du Code pénal sera bien près de ne plus appartenir qu'à l'histoire ! L'aube, que l'on pressent aujourd'hui, au souffle nouveau qui passe sur le pays, annonce le rayonnement de l'aurore ! — Espérons que l'association ne tardera pas à connaître des jours plus heureux. Souhaitons-le : si nous voulons voir notre France jouir enfin de ces deux grandes forces que donne à un peuple libre, la salutaire pratique de l'association indépendante et qui sont : la cohésion nationale et la pacification sociale !

Vu par le Président de la Thèse :

BOURGUIN

Vu par le Doyen :

VALLAS.

Vu et permis d'imprimer :

Le Recteur,

J. MARGOTTET.

TABLE ANALYTIQUE DES MATIÈRES

TITRE PREMIER

**Théorie générale de la capacité de l'association
sans but lucratif, envisagée en elle-même.**

(Etude historique et doctrinale.)

CHAPITRE Ier

Le droit romain. — Le bas-empire et le moyen âge. —
L'époque moderne. — La Révolution. Les Codes impériaux. — Résultats généraux de cette introduction
historique.

CHAPITRE II

CHAPITRE III

TITRE II

La capacité de l'association dans la pratique de son fonctionnement.

———

SECTION I

L'ASSOCIATION LAIQUE

CHAPITRE IV

CHAPITRE V

———

Le droit d'abonnement et les tendances nouvelles de la
loi du 16 avril 1895. — Reconnaissance officielle de
plus en plus nette de la personnalité des congrégations, au point de vue fiscal.

CHAPITRE IX

Pays germaniques. — Pays latins. — Etude particulière
de la Belgique et de l'Italie. — Pays anglo-saxons. —
Droit international. — La question récente de la Papauté et de la capacité juridique de l'Eglise.

CHAPITRE X

Les projets les plus saillants. — Progrès de l'idée de la
capacité limitée. — Son triomphe probable dans l'avenir.

CHAPITRE XI

Aperçu et résumé d'ensemble du livre. — Justification
sociologique de la théorie qu'il adopte. — Conclusions
finales.

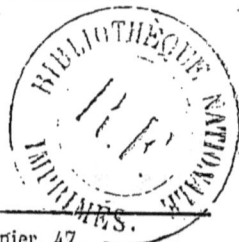

Orléans. - Imp. G. MORAND rue Bannier, 47.

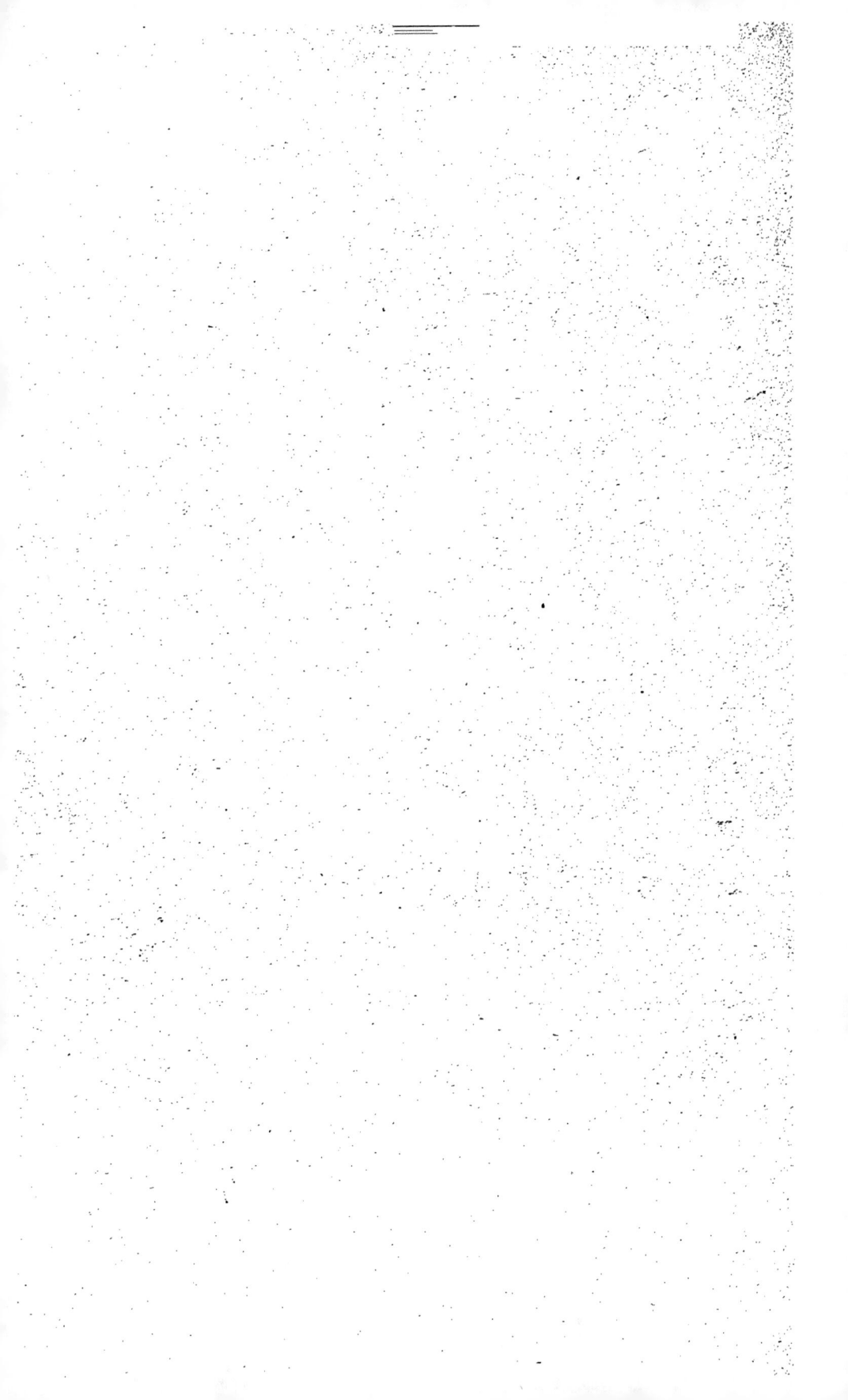